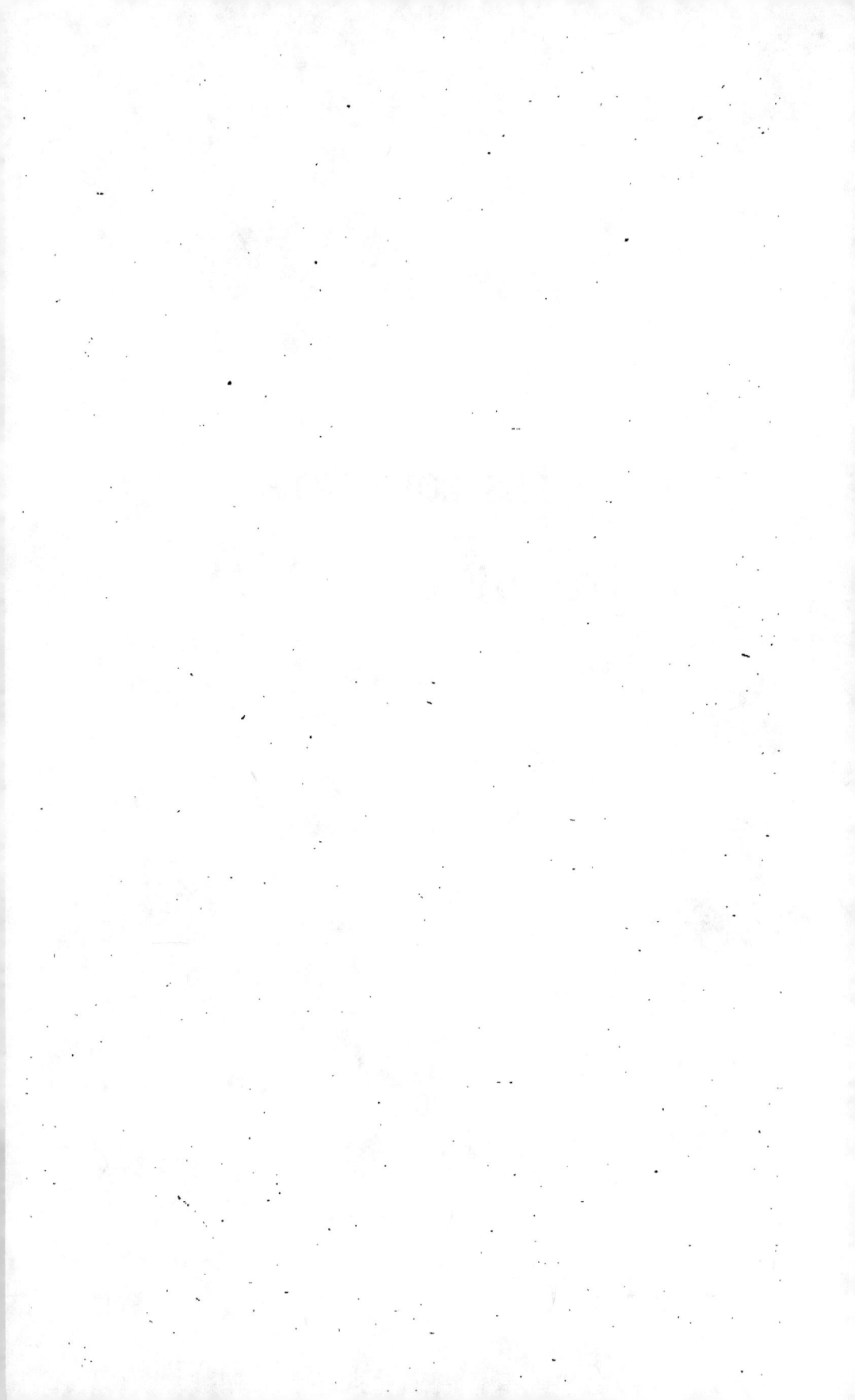

LES COUTUMES

DU BEAUVOISIS.

A PARIS,

DE L'IMPRIMERIE DE CRAPELET,

RUE DE VAUGIRARD, N° 9.

M. DCCC. XLII.

LES COUTUMES
DU BEAUVOISIS,

PAR

PHILIPPE DE BEAUMANOIR,

JURISCONSULTE FRANÇAIS DU XIIIᵉ SIÈCLE ;

NOUVELLE ÉDITION,

PUBLIÉE D'APRÈS LES MANUSCRITS DE LA BIBLIOTHÈQUE ROYALE,

PAR LE COMTE BEUGNOT,

DE L'ACADÉMIE ROYALE DES INSCRIPTIONS ET BELLES-LETTRES.

———

TOME SECOND.

A PARIS,

CHEZ JULES RENOUARD ET Cᴵᴱ,

LIBRAIRES DE LA SOCIÉTÉ DE L'HISTOIRE DE FRANCE,

RUE DE TOURNON, Nᵒ 6.

M. DCCC. XLII.

COUTUMES DU BEAUVOISIS.

CAPITRES XXXIV.

Des convenences [1] [a].

1. Moult de plés et de contens muevent par cix qui ne voelent tenir les [2] convenences et par cex qui ne voelent porter garant des cozes qu'il sont tenus à garantir [3] par lor convenences ou par le coustume du païs; et por ce noz parlerons en cest capitre des cozes dessus dites, si que cil qui mestier en aront puissent savoir les queles convenences font à tenir et les queles non, et de quoi on doit porter garant, et li quel marcié font à tenir et li quel non, et comment on en doit pledier, et comment les justices en doivent ovrer quant li plet en viennent par devant eus.

---

[1] *Chi commenche li xxxiiij chapitre de che livre, li quiex parole des convenenches, les quelles font à tenir et les quelles non; et des marchiés et des fermes, et des chozes qui sont obligieez sans convenenches; et comment paie se pi ueve sans tesmoins, et quelle choze est forche, et deffraudes.* B. — [2] *Leurs.* B. — [3] *Garder.* B.

[a] Quoique la matière des conventions soit une des parties de la science du droit que les jurisconsultes romains aient développée avec le plus de profondeur, rien cependant n'indique que le bailli de Clermont se soit aidé, en traitant le même sujet, des méditations de ses prédécesseurs. La rectitude de son esprit lui a fait retrouver, sur les conventions, tous les principes généraux du droit naturel; il n'a plus eu ensuite qu'à en faire l'application aux cas particuliers qui se présentent le plus communément, et il a rempli cette tâche avec une clarté et une précision qu'on ne peut trop admirer. Le jurisconsulte anglo-normand, Britton, qui lui ressemble sur quelques points, mais qui lui est inférieur sur tant d'autres, n'a pas envisagé les conventions d'une manière aussi générale et aussi féconde.

II.   I

2. Toutes convenences font à tenir, et por ce dit on :
« Convenence loi vaint » exceptées les convenences qui
sont fetes par malveses causes ; si comme se uns hons
convenence à un autre qu'il tuera un home por cent
livres, ou afolera, ou batera, tout soit ce que cil qui
fera ce qu'il li a convent[1] du batre ou du tuer, n'est pas
cil tenus à paier les cent livres qu'il li convenencha[2] ;
car tex convenences ne sont pas à tenir. Donques, se
li segneur sevent tex convenences, il doivent penre
les parties et eus justicier comme atains du fet par quoi
le convenence fu.

3. Autres convenences y a encore qui ne sunt pas à
tenir ; si comme se je convenence[3] à paier detes du ju
des dés, ou d'usure, ou je convenence à un home que
je li ferai lait[4] à li ou à autrui, ou aucune coze qui li
seroit plus greveuse que porfitable : tix maniere de
convenences ne font pas à tenir. Se j'ai convent à me
feme, ou à mes enfans, que je lor donrai ce que je ne
lor porroie[5] donner par le coustume du païs, le con-
venence n'est pas à tenir. Se je convenence à donner
terre qui n'est pas moie ou mueble qui n'est pas miens,
je doi fere tout mon pooir d'avoir le coze que j'ai con-
venencié, si que me convenence soit tenue ; et se je
ne puis avoir le coze, je doi du mien baillier le[6] valor,
si que convenence soit tenue.

4. Toutes convenences qui sont fetes par conditions,
se les conditions ne sont aemplies, les convenences
sont de nule valor ; si comme se je convenence à un
home que je espouserai se fille, en tele maniere qu'il

---

[1] *Il li ara en convenent.* B. *Convenanchié.* T. — [2] *Enconvenen-*
cha. B. — [3] *Se j'ai enconvenanchié.* B. — [4] *A .i. homme laidure.* B.
— [5] *Je ne puis.* B. — [6] *Jusques à le.* B.

me donra une somme d'argent ançois que je l'espouse, s'il ne me[1] baille le somme d'argent, je ne sui pas tenus à se fille espouser; ou se uns hons me convenence qu'il me donra un queval, en tele maniere que je li fache un service qui sera nommés, si je ne li fes le service, il n'est pas tenus à moi doner le queval. Par ces deus cas dessus dis poés voz entendre de toz autres cas qui poent avenir de convenences qui sunt fetes par conditions, que[2] il convient le condition aemplir premierement et puis tenir le couvenenche.

5. Convenence pot bien estre fete à autrui persone qu'à la moie, por moi et en men nom, tout soit il ainsi que je ne l'eusse[3] pas commandé ou que je n'en seusse mot; si comme se uns hons me doit vingt livres et il dit en derriere de moi à ma feme, ou à mon fil aagié, ou à aucun de ma mesnie, qui sont à mon pain et à mon pot ou à mon loier : « Je doi vingt livres à « vostre segneur, et je voz pramet[4] que je li[5] paierai au « Noel », je le puis sivir quant Noel sera passés de ce qu'il convenença à un de cix de moi paier; ne il ne porra pas dire : « Je ne voz oï nules convenences », car il m'a bien le convenence, se il l'a à un[6] des miens por mi; et toutes les persones que noz avons dites poent bien recevoir convenences por mi et creantement en mon porfit, et non pas en mon damace, se je n'en ai aucun establi[7] procureur. Mes se je l'ai establi procureur[8], il pot recevoir le commandement aussi bien contre moi quant por moi[9], s'il est contenu en le procuration. Et aussi porroit uns estranges procurerres,

<hr/>

[1] B. — [2] Car. B. — [3] L'aie. B. — [4] Je promet. B. — [5] Les li. B. — [6] Aucun. B. — [7] Establi pour. B. — [8] Mes.... procureur est remplacé par car dans B. —[9] Pour moi comme contre moi. B. Que pour moi. T.

sique les persones dessus dites ne ont[1] nul avantage de[2] recevoir convenences ou creantemens contre mi, ne que li estrange; mais por mi et en mon porfit, il le poent fere.

6. Çascuns de ma mesnie et de mes serjans si doit ouvrer et estre creus en l'office où je le mis, et ovrer de son office tant solement, s'il n'a especial commandement de mi de fere autre coze; c'est à entendre que cil que j'ai mis por garder mes bois et por vendre, s'il vendoit les blés de mes greniers[3], el non seu de mi, ou mes vins de mes celiers : je ne tenroie pas le vente, s'il ne me plesoit, tout fust il ainsi que li sergans eust reçeu[4] les deniers de le vente. Car se li sergant pooient ce fere, uns malvès sergans porroit à un cop[5] metre son mestre à poverté. Mais voirs est que se li sergans n'avoit recoilli les deniers et il me disoit : « J'ai vendu « vos vins ou vos blés à paier à tel terme », et je sor ce prendoie pleges ou fesoie penre par procureur, le vente seroit tenue, car il aparoit que je me seroie assentis au marcié que mon sergant aroit fet.

7. Pierres avoit un bois à vendre, et por le vendre il establi un sergant. Li sergans vendi le bois à plusors persones, à paier à le Toussains qui venoit après; et quant le Toussains fu passée, li deteur vinrent au sergant qui le bois lor avoit vendu et delivré, et li requirent qu'il lor donast respit de l'argent qu'il li devoient par le reson de le vente du bois, et il lor dona un an de respit. Et quant Pierres le sot, qui sires estoit de le coze, il osta de son service son sergant, et puis traist

---

[1] *N'en n'ont.* B. — [2] *En.* B. — [3] *Mes blés, ou che qui seroit dedens mes garesnes.* B. — [4] *Requeuillieu.* B. — [5] *Seul coup.* B.

as deteurs et lor requist qu'il le paiassent, et il respondirent qu'il avoient respit de cheli qui le bois lor avoit vendu; et Pierres dist qu'il ne voloit pas que li respis tenist; car por ce se ses sergans avoit li bois vendu et li premier terme assis, n'avoit il pas pooir ne autorité du terme alongier; et sor ce se mirent en droit. Il fu jugié que li respis ne tenroit pas. Et par cel jugement pot on veir que li sergans n'a pas pooir d'ouvrer fors en ce là ù il sont establi[1] et baillie de l'autorité du segneur. Et male coze seroit que, puisque li sergans a fet detes de l'avoir son mestre à paier à certain jor, que il fust puis sires d'alongier les termes en aucune maniere.

8. Or veons se cix à qui li respis fu donés du sergant, poent sivir le sergant qui le respit donna, pour le convenance qu'il ot à eus. Noz disons ainsi, que s'il lor dona le respit simplement, il ne l'en poent sivir, car il dona ce qu'il ne pooit doner et qui estoit autrui. Mais s'il dit au doner le respit : « Je voz doins le respit « de le dete mon signeur, que voz li devés, et le voz ai « en convent[2] à fere tenir », se li sires ne veut que li respis soit tenus, il poent sivir le sergant de le convenence; et convient que li sergans face tant au segneur que li respis tiegne, ou qu'il lor preste les deniers du sien, des quix il porront paier son segneur dusqu'au terme du respit. Et ensi pot estre li sergans damaciés qui plus fet de le coze son segneur et à convent garantir, qu'il ne doit.

9. Qui donne autrui coze et il convenence à garantir, se cil ne veut à qui le coze est, il ne le pot garantir;

---

[1] *Fors en che qui li establi.* B. — [2] *Et le vous enconvent.* B.

mais il convient qu'il face restor du sien à celi à qui il
fist le don, selonc le valor de le coze, par loial estima-
tion[1]. Et ce[2] meisme restor doit il fere à celi à qui il a
l'autrui coze vendue ou engagié. Et s'il estoit autre-
ment, durment porroient estre damacié cil qui aroient
receu d'aucun l'autrui coze, par louage, ou par ferme,
ou par son service, ou par escange, ou par aucunne
autre cause soufisant.

10. Convenence d'escange doit estre tele que ças-
cunne partie doit garantir à toz jors ce qu'il[3] baille; et
s'il ne le pot garantir, porce que le coze qu'il bailla en
escange n'estoit pas soie, il doit estre en le volenté de
celi à qui il doit garantir, de reprendre ce qu'il bailla
en escange, ou de contraindre celi qui l'autrui coze li
bailla, le quele coze il ne li pot garantir, qu'il li res-
tore son damace d'aussi soufisant coze et d'aussi aiesié
com le coze estoit qu'il ne li pot garantir.

11. Bien se gart cil qui pot avoir garant de le coze
qui li est baillié, que, s'on le met en plet, qu'il requiere
jor à avoir son garant pour li deffendre de quelque
coze que ce soit; car s'il va avant au plet sans celi qui
li doit garantir et sans li monstrer qu'il li viengne por-
ter[4] garant, et il le pert par plet, ou par mise, ou en
autre maniere, li garantisseres n'est pas tenus puis le
perte fete à li tenir garantie de le cose qu'il a perdue
sans li amonester qu'il l'en portast garant, se cil qui
le garantie veut avoir ne fet tant que le coze resoit[5] en
se main el meisme estat que ele estoit el commence-
ment du plet. Car de ce que je doi garantir, cil à qui

---

[1] *Pris.* B. — [2] *Chelui.* B. — [3] *Che que il li.* B. — [4] *Por porter.* B.
— [5] *Soit.* B.

je doi garantir [1] ne pot pledier en mon damace sans moi apeler; et s'il en plede et il pert, li damaces en est siens.

12. S'il avient ensi qu'aucuns face escange de heritage por heritage, et l'escange tenu an, ou plus, Pierres qui escanga à Jehan quiet en povreté, si que il vent ce qu'il ot de Jehan en escange et quanques il a; et après aucuns plede à Jehan de ce que Pierres li bailla en escange, et le pert, porce qu'il est regardé par jugement que Pierres n'avoit nul [2] droit en l'eritage qu'il bailla à Jehan en escange : que fera on de cel cas, puisque Pierres n'a rien vaillant parquoi il puist porter garantise? Revenra Jehans à l'eritage [3] qu'il bailla à Pierre, le quel heritage Pierres a puis vendu, ou il demorra à celi qui de Pierre l'aceta? Noz disons ainsi, qu'il demorra à l'aceteur, puisque Jehans avoit tenu l'escange an et jor. Mais se Pierres eust vendu l'eritage qu'il ot de Jehan par escange dedens l'an et le jor, Jehans eust l'eritage avant que li aceteres, puisque Pierres ne li peust garantir l'escange; car escange d'eritage n'est pas certainement afermés, en cest cas, devant qu'il ait esté tenus an et jor.

13. Pierres proposa ainsi, qu'il aceta un heritage, et quant il fu en le saisine du segneur et il cuida entrer en l'eritage, il trouva que Jehan en estoit en le saisine d'esploitier. Pierres li requist qu'il issist de l'iretage qu'il avoit aceté à Guillame, et Jehans dit que non feroit, car il avoit pris l'eritage à ferme au dit Guillame avant qu'il l'eust aceté à anées, les queles anées n'estoient pas encore aemplies. Et porce qu'il ne se

---

[1] *La garandise.* B. — [2] B. — [3] *R'aura Jehans l'eritage.* B.

porent acorder, li dis Pierres et Jehans vindrent en
l'assise de Clermont, et se mirent en jugement à savoir
mon se Jehans goïroit de ses anées. Il fu jugié que
Pierres, qui avoit aceté l'eritage et en estoit en saisine
de signeur, goïroit de l'iretage pesivlement et le pen-
roit el point qu'il le troveroit, sans nul empeequement
de le ferme que Jehans avoit prise. Et bien si vist Jehans
Guillame qui le ferme li avoit baillié par mot de con-
venence, qui li garantesist son marcié. Et par cel ju-
gement pot on veir qu'il a plus de peril en penre autrui
terre à ferme, ou à louage, ou à engagement, que moult
de gens ne pensent. Et quiconques vaurra entrer sai-
nement¹ et sans peril, si face tant qu'il y soit de par le
segneur de qui le terre muet, ou autrement il en porra
estre ostés, s'aucuns y entre par title d'acat, si comme
dit est.

14. Voirs est que cil qui baille se terre à ferme, à
louage, ou par engagement, et puis le vent, sans con-
dition en le vente que cil goe ses anées², il est tenus à
tant fere vers l'aceteur, que cil à qui il avoit devant le
coze baillié, le tiegne en le maniere qui li avoit devant³
convenencié. Et s'il ne le pot fere en nule maniere, parce
que li aceteres ne s'i veut acorder, il est tenus à rendre
toz les damaces à celi à qui il avoit le coze baillié, et
aveques ce, tout le porfit qu'il peust avoir en son mar-
cié par estimation de bone gent⁴.

15. Quant aucuns a baillié se terre à ferme, ou à
louage, ou par engagement, et puis le baille à un autre

---

¹ *Sagement* B. — ² *Sans mettre condition, il puisse se il veut en le
vente que chelui goïsse de ses annees.* B. — ³ B. — ⁴ *Par le pris que
bonne gent regardassent.* B.

avant que li autres en soit hors, puis s'en va hors du
païs, sans bailler ' procureur, le quel on peust sivir de
garantie, et ples muet entre les deus qui le coze
pristrent : on doit delivrer le marcié à celi qui proeve
le premiere convenence, et convient que cil à qui le
derraine convenence fu fete et qui ne set qui sivir,
atende tant que le premiere convenence soit aemplie,
et après il doit goïr de le coze selonc ce qu'il proeve le
deerraine convenence. Mais ce entendons noz se debas
en vint avant que cil alast hors du païs, ou que cil qui
s'en ala fust en ajornement avant qu'il s'en alast, ou que
li uns fust jà entrés en le coze; car se nus n'i estoit
encore entrés quant il s'en alla, ne ples n'en fu com-
menciés contre li, ne il² n'en fust encore ajornés, li
uns ne li autres ne porroit goïr de se convenence devant
qu'il revenroit ou qu'il trouveroient aucun tenant de
li cel heritage comme hoir, ou procureur establi de par
celi qui s'en seroit alés. Mais cil porroient il sivir en
le maniere dessus dite.

16. Aucunes cozes sunt obligiés de elles meismes tout
sans convenences; si comme se je loue me meson, soit
en fief ou en heritage vilain, et cil à qui je l'ai loué a de
ses biens porté en le dite meson et ne me paie pas mon
louage, je puis penre du sien sans justice³, par coustume,
tant que je soie paiés de mon louage. Et se cil à qui je
le louai me fet rescousse, se le meson est de fief, con-
traindre le puis à ce qu'il le m'amende. Et est l'amende
moie de soixante sous, se le rescousse fu fete d'omme
de poeste. Et se je louai me meson de fief à gentil home,
et il me fist rescousse quant je pris por mon louage,

---

¹ *Lessier.* B. — ² B. — ⁵ B. T.

l'amende est moie de soixante livres. Et se le meson
que je louai est tenue en vilenage, et on m'i fet res-
cousse quant g'i prend por mon louage, je doi trere
au segneur qui a le justice sor le liu, et li requerre
qu'il m'oste le force, et il le doit fere. Et si est l'amende
soie de soixante sous por le rescousse qui me fu fete.
Et par ce pot on bien veoir que cozes sont bien obligiés
sans convenences.

17. Encore en autres cas poent bien cozes estre obli-
giés sans convenences; si comme se je baille me terre
à ferme ou à louage, et cil qui à moi le prist y a mis
son labeur[1], je ne li lerai pas lever les yssues, s'il ne me
plest, devant ce qu'il m'ara fet seurté de rendre moi
ce qu'il m'en doit, tout ne m'eust il pas en convent, au
marcié fere, qu'il me[2] feist seurté; car li labeurs et li
amendemens c'on met sor[3] le liu fet le seurté, par cous-
tume, vers celi qui baille se terre. Mais par pleges ou
par gages soufisans doivent estre li bien delivré à celi
qui fist le marcié.

18. Encore se j'emprunte aucune coze, quele que
ele soit, je sui tenu au rendre, tout soit ce que je ne
l'aie pas convent[4] à rendre à l'emprunteur, si y suis je
tenus par coustume, et m'en pot cil sivir qui le coze
me presta. Et se je, el tans que le coze me fu prestée,
l'ai alouée ou perdue, en tele maniere que je ne le
puis ravoir, je suis tenus à rendre la value que le coze
valoit el tans que ele me fu prestée, et se je en nulle
maniere puis ravoir ce qui me fu presté, je doi rendre
ce meisme. Et se le coze est empirié, puisqu'ele me
fu prestée, par mi, je sui tenus à restorer le damace

---

[1] Labourage. B. — [2] M'en. B. — [3] Dessus. B. — [4] Enconvenent. B.

de l'empirement, et non pas en toutes cozes ; car s'on me preste un mui de forment, li quix vaut quarante sous quant on me le preste, et si ne vaut que trente sous quant je le rent, je ne sui pas tenus à rendre les dix sous outre, puisque je rent aussi bon forment comme on me presta. Car il soufist[1] quant on rent aussi bone coze et de cele meisme nature qu'ele fu prestée. Et li empiremens qui doit estre rendus, si est aussi comme s'on me prestoit un ceval de xx livres[2], sain de toz membres, et il afoloit avant que je le rendisse, li damaces de l'afolure doit estre rendus aveques le ce-val. Et parce que noz avons dit du fourment presté et du ceval, pot on entendre des autres cozes prestées.

19. S'aucuns prent me terre à ferme ou à louage, et il y met son labor, et ne me pot fere pleges, ne baillier gages, por ce ne perdra il pas son marcié, s'il ne m'ot en couvent à fere plege ; mais s'il le m'ot en convent, et il ne le fet, metre le puis hors du marcié. Et s'il ne le m'ot pas en convent, les yssues doivent estre mises en sauve main, en tele maniere que je premierement prengne ce qui m'est deu de le reson du marcié, et il prengne le remanant ; et s'il n'i a pas assés por mi tout paier, je doi penre ce qui y est et li oster du marcié por le defaute du paiement, dusqu'à tant qu'il m'ait rendu le defaute et fete le seurté du marcié tenir. Et s'il veut goïr du marcié et tenir, bien se gart qu'il me rende le defaute du paiement, et m'offre le seurté avant que je lieve l'autre despuelle en me main por se defaute ; car je ne seroie plus tenus à li tenir le marcié.

20. En coze prestée rendre n'a point de terme, s'il

---

[1] *Car il est bon drois que on soit quites.* B. — [2] Manque dans T.

n'i fu mis au prester; donques le pot cil demander si
tost qu'il li plest; et aussi disons noz des coses qui
sunt mises en commande. Et quant cil qui preste ou
met en commande¹, demande que on li rende, et on ne
li veut rendre, et il l'en fet ajorner par devant son
juge, et là li demande ce c'on li presta ou bailla à gar-
der : cil à qui on demande doit estre contrains à res-
pondre; et s'il connoist que le coze li fu prestée ou
baillié à garder, il doit estre contrains sans delai au
rendre. Et s'il veut jurer sor sains qu'il ne l'a pas, et
qu'au plus tost qu'il porra il fera tant qu'il le r'aura et
rendra, commandemens li doit estre fes, s'il est hons
de poeste, qu'il les rende dedens sept jors et sept nuis,
et s'il est gentix hons, dedens quinze jors; et s'il n'obeist
au commandement, il doit estre justiciés sans delai,
tant que le coze soit rendue.

21. S'on me doit sor letres et je rent les lettres à celi
qui le mes bailla, c'est bien à entendre que je me tieng
por paiés ou que j'en ai quitance fete. Donques ne
porrai je pas puis le dete demander, se je ne sui² celi qui
r'a ses letres de letres tolue ou emblée, le quel coze est
avec les vilain cas de crieme; car se cil qui se letre
bailla, le toloit ou embloit, en entention d'estre quites
de se dete, ne vaurroit pas mix que lerres.

22. Cil qui preste sor gage, s'il rent le gage à celi
qui emprunta, bien se tient à paiés, s'il n'est ainsi
qu'il rende le gage, par tele condition c'on li rende le³
dete ou c'on li baillera pleges, ou gages ausi soufisant,
ou plus; car il avient c'on rent gages par aucune de
ces convenences, par amors ou porce que li gages n'est

---

¹ *Garde.* B. — ² *Se je suif.* B. — ³ *Se.* B.

pas soufisans; mais ce n'est pas coustume c'on rende lettres sans estre paiés ou sans quitance fere.

23. Convenence qui est fete contre droit, si comme je lesse en mon testament plus du quint de mon heritage, ou se je done à me feme premiere plus de le moitié de mon heritage, ou à me seconde feme plus du quart, et se je done par convenence à un de mes enfans tant que li autre en seroient desherité, s'il estoit soufert : toutes tex convenences ne doivent pas estre tenues. Et ce c'on dit : « Convenence loi vaint », c'est à entendre de se propre coze, qui n'est pas obligié à autrui par coustume; car voirs est, par coustume, que mes heritages est obligiés à mes hoirs, se je ne le vent, ou se je ne le donne, à mon vivant, por certaine coze resnable. Ne je ne puis pas mon heritage carquier de douaires, fors que selonc ce que coustume done. Et por ce ne sunt pas tex convenences à tenir.

24. Convenence qui est fete contre bones meurs, si comme se je convenence que je ferai aucun larrecin ou aucun lait fet, ou je me lerai escommenier, ou que je porterai fax tesmong, ou que je baterai aucunne persone, ou que je li reprocerai son mal : toutes tex convenences ne sunt[1] pas à tenir. Et s'on le jure[2] à fere, mix vaut c'on prengne se penitance de son fol serement, qu'à fere mal por son serement tenir. Et s'on bailla pleges c'on feroit aucune des cozes dessus dites, et on les suit de le plevine, porce que cil qui les bailla ne veut aemplir se convenence, il ne sont pas tenu à respondre de tel convenence, car tout ce qui est con-

_____

[1] *Font.* B. — [2] *Jura.* B. T.

venencié por malice fere et contre bones mors pot
estre rapelés.

25. La justice ouvra à droit, qui prist de Pierre
vingt livres d'amende, porce que Pierres avoit fet
marcié à Jehan de batre Guillame, en tele maniere
que quant il l'aroit batu, il li donroit dix livres. Et
Jehan l'en fist ajorner par devant le justice, porce
qu'il ne le voloit paier, et le justice li fist desclairer
porquoi li dix livres li estoient convenencié; tant fist
qu'il sot le cause, et porce que Jehans fist cele bateure
à requeste d'autrui, sans desserte et sans meffet que li
batus li eust fet, il perdi les dix livres qui li estoient
convenencié; et si paia dix livres d'amende, porce
qu'il fist vilaine oevre par convenence[1]. Et les dix livres
que Pierres li devoit doner pour le fet, le justice les
leva, et avecques dix livres por le vilain marcié qu'il
avoit fet. Et par ce pot on entendre que li bailli et li
autre juge qui ont toute justice en lor terre, poent
moult fere de lor auctorité selonc ce qu'il voient les
meffès qui sont fet malicieusement. Voirs est que se
le bature n'eust esté fete por deniers, mais en caude
mellée, si comme contens muvent por paroles, l'amende
ne fust que de cinq sous, selonc nostre coustume, ou
de soixante sous, s'il i eust en le mellée fet sanc de poing
garni. Mais porce que ceste bature fu fete par malvese
cause, fist li juges moult[2] bien qui tant en leva.

26. Convenence qui est fete par force ou par peur
n'est pas à tenir. Mais force et peur si sont de[3] manieres[a],

---

[1] *Convoitise.* B. T. — [2] B. — [3] *De pluriex.* T.

[a] C'est-à-dire sont différentes.

car en dire : « Je le fis par force », il convient dire le
force, et quele, et prover, s'ele est niée de partie; et
puis regarder se le force est tele que le convenence
doie estre nule. Et aussi de cheli qui fist convenence
par peur, il doit dire la cause de le peur qu'il a; ne
por son dit il n'en doit estre creus, se le coze n'est
provée, et qu'ele soit tele c'on voie que peurs l'en
deust bien venir. Et por ce c'on voie les quix forces
et les queles peurs sont à recevoir en jugement, noz
en dirons d'aucunnes.

27. Force, si est se je tieug en me prison, si comme
enfermée ou en fers, aucun, dusqu'à tant qu'il m'ait
aucune coze vendue, convenencié ou donnée; et s'il
le me fet et m'en baille ou pleges ou gages, il a droite
action de pledier à moi que je li fis force, et le prison
provée qu'il ot le convenence el tans de le[1] prison, je
doi estre contrains que li pleges soient quite ou li gage
rendu et le convenence nule[2]. Et s'il m'avoit[3] paié et
aempli toute le convenence par ses pleges aquiter, ou
por ses gages ravoir, ou por issir de le prison sans
bailler pleges ne gages, se li sui je tenus à rendre; s'il
n'est ainsi que je soie ses sires et que, par bone dete
et loial qu'il me devoit, je le tenisse pris parce qu'il
s'estoit obligiés; car en cest cas li porroie je fere ceste
force tant que je fusse paiés, sans mort et sans mehaing.
Et s'il n'avoit riens du sien de quoi il peust vivre, je
li seroie tenus à livrer soustenance du mien tant comme
il seroit en le[4] prison. Et quant il aroit tout son vaillant
mis en moi paier, si convenroit il, par nostre cous-

---

[1] *El tans que il estoit en ma.* B. — [2] *Annullée.* B. — [3] B. *Li avoit.* A.
— [4] *Ma.* B. T.

tume, que je li delivrasse son cors. Et encore, ne avant ne après, s'il ne s'i est obligiés, je ne puis tenir le cors en prison por dete, se ce n'est por le dete le roi ou le conte, s'il n'est mes sers.

28. Aucun sont si malicieus qui contraingnent lor sougès par force de prison à fere aucunne obligation ou aucunne convenence, et quant ce vient à fere le seurté de le convenence, ou à le convenence recorder, li sires l'oste de se prison avant que le seurté fust fete, ne li recors, et li dist : « Ne dis pas que tu me faces « nules convenences par force de prison, car tu n'es « de riens en me prison, ains es en te delivre poeste, « et voil que tu le reconnoisses avant que tu m'aies « les convenences »; et cil le reconnoist et après fet le convenence. Or veons comment il porra cele convenence rapeler, s'il est deceus ou damaciés par le convenence. Il porra dire qu'il le fist par peur qu'il ne fust remis en le prison où il avoit esté; et se le prison li fu griés, bien doit estre oïs en ceste reson de peur, car on feroit moult de griés et de mesquiés avant c'on rentrast arriere en le prison c'on aroit ensayée [1]. Mes s'il n'avoit onques esté en le prison, ne il n'estoit maneciés à metre en prison, il ne seroit pas creus por dire : « Je fis le convenence par peur que je « ne fusse mis en prison. »

29. Toutes les ventes et toutes les convenences c'on fet en soi damaçant, el [2] tans c'on est en grief prison, on les pot rapeler dedens l'an et le jor c'on ist de prison [3]. Mais s'il ne le contredisoit dedens l'an et le jor qu'il

---

[1] *Essaiiée.* B. T. — [2] *En chelui.* B. T. — [3] *Qu'il seroit en delivre poeste.* B. T.

seroit en se delivre poeste, le convenence tenroit, s'il
ne monstroit loial cause de peur, par ¹ quoi il ne l'oza
debatre dedens l'an et le jor; ou s'il ne commencha à
paier aucunne coze au quief de deus ans ou de trois,
il ne le debatra pas, s'il ne li plest, devant c'on li
demandera paiement; car adont il porra dire par ma-
niere de deffense : « Je ne suis pas tenus à vous ² paier,
« porce que je fis le convenence par force de prison.' »

30. Nule force n'est sans main metre; ne ce n'est
pas peurs qui doie valoir, se je di que je fis aucunne
convenence, porce que tele personne me manecha que
se je ne le fesoie il me feroit honte ou anui ou ³ da-
mace; et il est aperte ⁴ coze que cil qui les maneces me
fit, n'est pas mes sires, ne poïssans hons, que je ne me
peusse bien porcacier de mon droit contre li, car j'ai
peur sans reson, porce qu'il me loisoit à porcacier ·
asseurement ⁵, et moi garder de damace et de fole con-
venence.

31. Se je fes pes à mes anemis et lor doins du mien
por peur qu'il ne m'ocient ou mehaingnent, et puis
voille ravoir ce que je lor donai por le pes, on doit
regarder s'il y avoit fet parquoi haine fust née, ou
guerre; et s'on voit qu'il y eust guerre ou haine, cil
qui dona por pes avoir, ne doit pas ravoir le sien,
porce qu'il y avoit cause de maltalent. Car grans porfis
est à çascun de porcacier qu'il vive sans haine, et qu'il
ne soit haïs. Et s'on rendoit ce qui est donés por tex
causes, moult de bones pes en demorroient, parquoi
grans maus porroit avenir.

---

¹ *Pour.* B. — ² B. — ³ B. — ⁴ *Esperte.* B. — ⁵ *Porche que je estoie*
trop precheus de pourcachier de li asseurement. B. T.

II.   2

32. Qui done le sien à banis, por peur du bani, se
li banis fet tant qu'il soit rapelés et quites du forban,
on li pot demander ce c'on li envoia por peur de li [1] [a].
Neporquant, je ne lo pas que cil qui aucunne coze
lor donerent ou envoierent, pledent par devant le
segneur qui l'avoit bani, se li demandere est justicha-
vles au seigneur du bani; car il querroit en grant
amende vers le signeur de ce qu'il aroit fet ayde au bani
el tans de son banissement; car qui fet ayde au bani
du segneur, ne ne recete, il quiet en l'amende du se-
gneur à se [2] volenté; ne vers le segneur ne se pot il escu-
ser qu'il le feist por peur, porce que çascuns est tenus
de penre le bani son segneur; et s'il ne le pot penre,
de lever le cri après li, et de porsivir tant qu'il soit pris.

33. Qui done ou convenence aucunne coze as baillis,
as prevos, as sergans, el tans de lor office, se li doneres,
ou cil qui fist le convenence, est justichavles à celi à qui
il dona ou convenencha, requerre pot au souvrain qu'il
lor face rendre; car tex manieres de gens ne poent ne
ne doivent penre sor ciax qu'il ont à justicier, fors ce
qui est deu [3] à lor segneurs, et qui apartient à lever por
lor sengneurs à lor office; car il apert que tel don ou
teles convenences ne sont fetes, fors que por aquerre

---

[1] *Et de ses menaches.* T. — [2] B. — [3] *Ce que on doit.* B.

[a] Le bannissemeut était une peine que les cours de justice pronon-
çaient très-fréquemment au moyen âge, et qui accroissait le désordre
de ces temps. Les *for-banis* se réunissaient en armes sur les frontières
des territoires dont ils étaient expulsés, et y commettaient toute espèce
de violences. On peut lire dans le tome Ier des *Olim*, p. 1016, une
enquête fort étendue sur ce sujet, qui montre combien cette peine
était inefficace, ou même dangereuse. Il n'est donc pas étonnant que
Beaumanoir suppose ici le cas où un homme *done le sien por peur du
bani.*

l'ayde des juges, et nus drois ne doit estre vendus. Et
s'il avient qu'aucuns lor doinst, qui ne soit pas de lor
sougès, mais il a à pledier par devant eus, ou entent
à pledier[1], et voit on bien que li ples doit mouvoir pro-
chainement, redemander pot ce qu'il lor dona. Et à
briement parler, tex gens qui sont en tex offices, ne
poent ne ne doivent penre don ne pramesse de nului,
se ce n'est de lor amis de char, ou de lor sengneurs[2],
ou de lor compaignons, si comme bailli de bailli, pre-
vost de prevost, sergant de sergant, et en tele maniere
qu'il n'aient que besongner les uns devant les autres.
Et comment on s'i doit[3] maintenir, il est dit el capitre
de l'office as baillieus[a].

34. Encore pueent il penre de leur amis de plaine
amistié et de loial foi[4]; car il est certaine coze que avant
que il feussent en l'office, premierement prenoient les
amis les uns des autres; et porce que amor n'esmueve
le cuer dou juge à tort faire[5], s'il avient qu'aucuns ait
à pledier contre aucun de cix qui sunt dit, des quix les
justices poent penre, debatre poent le justice, et con-
vient qu'autres juges lor soit bailliés.

35. Se cil qui sunt bailli, ou prevost, ou sergant, aca-
tent heritage à cix qu'il ont à justicier, nos lor loons
qu'il acatent à resnable pris, selonc le vente des liex,
et qu'il[6] ne facent pas paiemens couvers, mais facent
cler paiement et apert, devant le segneur dont li heri-
tages muet, ou devant bones gens; car autrement por-

---

[1] *Que il y plesdera.* B. T. — [2] *Sougiés.* B. — [3] *Il se doivent.* B. —
[4] *Qui sont leur afains.* T. — [5] B. Ce paragraphe manque dans A. —
[6] *Et que à aus.* T.

[a] Chapitre 1er.

roit li venderes debatre le vente por maniere de don,
ou por peur qu'il ne fust grevés; et à petites preson-
tions, le vente porroit estre rendue et rapelée au ven-
deur por l'argent qu'il en ot. Mais voirs est que ès
arrierages, li acheteres ne seroit pas tenus, se li ven-
deur ne provoit force ou maneces contre l'aceteur;
mais, en cel cas, rendroit li aceteres les levées, porce
qu'il n'aroit pas tenu par cause de bone foi. Et cix qui
veut ravoir ce qu'il vendi à celi qui justichavles il es-
toit, gart qu'il le demant dedens l'an et le jor que li
aceteres sera hors de son office, ou autrement le vente
tenroit, s'ainsi n'estoit qu'il fust empeequiés par au-
cune resnable cause, parquoi il nel peust si tost deman-
der; si comme s'il avoit essoine de cors, ou il estoit el
pelerinage d'outremer, el tans que li aceteres issi de
son office.

36. On se pot bien aidier de convenence qui a esté
fete à autre persone qu'à la soie, si comme se je fes
aucunne convenence por me feme, ou por mes enfans,
ou por mon pere, ou por me mere, ou por mon frere,
ou me suer, ou mon oncle, ou m'antain, ou por mes
neveus, c'on tenoit à tort en prison; car resons de na-
ture le done c'on soit moult courouchiés de l'enui c'on
fet à tort à persone c'on aimme et si prochaine de li-
gnage. Et por ce, se je convenence aucunne coze por
eus oster de prison, redemander le puis, se cil qui les
tenoit en prison ne moustre resnable cause parquoi il
les tenoit en prison, et que bien en peust par reson
tant avoir levé d'eus, s'il en eussent le pooir, comme
je convenenchai por'eus.

37. Tout soit ce qu'aucuns face convenence por
autrui bien, neporquant cil por qui il le fet ne l'est

pas tenus à delivrer, s'il ne li fist fere, ou s'il ne l'en dona pooir. Et por ce est il bon c'on se gart comment on se fet detes ou pleges, ou fet aucunne convenence por autrui; car cil qui s'oblige doit tenir se convenence, tout ne l'en soit nus tenus à aquiter. Et ensi pot cil qui s'obliga recevoir damace.

38. S'aucuns jura ou fiancha qu'il tenroit le convenence qu'il fist par force ou par peur, et que jamès n'iroit encontre, teles sortes de seremens n'est pas à tenir; car aussi bien pot on dire que le fiance ou li seremens fu fes par force ou par peur, comme le convenenche. Neporquant, en convenence jurée ou fiancié à tenir, on doit moult regarder quele le force ou le peurs fu, car sans grant force, ou sans grant peur provée, ne seroit pas le convenence nule.

39. Li aucun convenencent par foi ou par serement à rendre ou à paier aucune coze à certain jour, et après ne le font pas, or est à savoir s'on les pot tenir por parjures, ne oster de jugemens, ne de porter tesmonguages por tex cas : noz disons que nennil, et par le reson qui est : porce que bien pot estre que el tans qu'il convenencha le coze par foi ou par serement, il creoit qu'il eust bien pooir d'emplir le convenence au terme qui fu nommés, et après, quant ce vint au terme, il ot tel essoine qu'il ne le pot fere. Et cil ne se parjure pas qui fet son pooir de tenir ce qu'il jura. Mes bien en conviengne entre Dieu et li, car s'il n'en fist son pooir, il est parjures quant à Dieu.

40. Il avient aucunne fois qu'aucuns est pris por souspechon de cas de crieme, et por le peur qu'il a de longue prison, ou qu'il ne soit justiciés du cas c'on li

met sus, tout soit ce qu'il n'i ait coupes, il donne ou
covenence aucunne coze por estre delivrés : or veons
s'il pot redemander ce qu'il en dona, et se le conve-
nence qu'il fist est nule. Noz disons que redemander
le pot et le convenence fere de nule valeur, en tele
maniere que s'il estoit en le prison du sovrain, il se
remet à droit du cas por le quel il estoit tenus; et s'il
estoit en le prison des sougès, li sovrains li doit fere
rendre ce qu'il en dona ou convenencha. Et si doit
demorer le connissance du meffet par devers le sou-
vrain par deus resons : l'une, porce que li souget
ne poent ne ne doivent penre don ne convenence de
cix qu'il tienent por cas de crieme, ançois doivent
fere droite justice; et le seconde, porce que li sougès
en qui prison il estoit, ne li feist tort par hayne,
porce qu'il li redemanda ce qu'il avoit doné ou con-
venencié.

41. Porce que noz parlons en cest livre, en plusors
liex, du sovrain, et de ce qu'il pot et doit fere, li aucun
porroient entendre, porce que noz ne nommons ne
duc ne conte, que ce fust du roy, mais en toz les liex
que li rois n'est pas nommés, noz entendons de cix qui
tienent en baronnie, car çascuns barons est souvrains
en se baronnie. Voirs est que li rois est sovrains par
desor tous, et a, de son droit, le general garde de son
roiame, par quoi il pot fere tex establissemens comme
il li plest por le commun porfit, et ce qu'il establist
doit estre tenu. Et se n'i a nul si grant desous li qui ne
puist estre trais en se cort par defaute de droit ou par
faus jugement. Et por toz les cas qui touquent le roy,
et porce qu'il est souvrains par desor toz, noz le nom-

mons, quant noz parlons d'aucunne sovraineté qui à li apartient [a].

42. Quant aucuns se plaint c'on li a fet force, si comme de plusors personnes, il se pot plaindre et pot porsivir çascun à par li, si li plest, ou toz ensanlle; et s'il ne porsuit que l'un, cil qu'il porsuit ne pot pas dire qu'il ne respondra fors de se partie, porce qu'il ot compaignons, ançois convenra que s'il en est atains, qu'il li rende tout ce qui fu pris ou tolu à [1] force. Mes se cil qui se plaint de le force r'a ses damaces, il ne pot pas [2] sivir les autres. Et cil qui est atains du damace pot sivir ses compaignons qui furent au fet, qu'il li tiengnent compaignie de ses damaces, s'ainsi n'est qu'il les y menast; car s'il les y mena, et le force fu fete à se requeste, il ne lor porroit [3] demander compaignie de ce qui fu rendu por le force fete, anchois paiera l'amende por çascun de cix qu'il y mena, s'il n'est chevaliers;

---

[1] *Par.* B. — [2] *Puis.* B. T. — [3] *Peut.* B. T.

[a] Cette définition du pouvoir royal, qui a souvent été citée, donne en effet, et dans les termes les plus précis, la mesure des développements que la royauté avait pris en France pendant le XIIIe siècle. Le roi possédait le droit de faire, dans l'intérêt général, des lois qui obligeaient tous les chefs de l'aristocratie; de plus, il pouvait citer à son tribunal non pas seulement en cas de déni de justice, ce qui avait toujours eu lieu sous le regime féodal, mais pour faux jugement, c'est-à-dire toutes les fois que cela lui convenait, les seigneurs qui, en droit, possédaient des justices souveraines. Ces deux prérogatives ne contenaient-elles pas les éléments d'une autorité absolue? Il s'en fallait sans doute de beaucoup que les grands vassaux reconnussent la vérité des principes que Beaumanoir pose ici avec tant de certitude; mais n'était-ce pas déjà l'indice d'un changement profond dans les idées que l'assurance avec laquelle un magistrat aussi sage et aussi expérimenté que Beaumanoir proclamait la suprématie de la couronne?

mais s'il est chevaliers, il conduira les autres, et se
passera par une amende, exceptés les cas de crieme,
des quix on doit perdre vie; car en tex cas, ne pot il
garantir ne li n'autrui, s'il en sunt ataint, que il ne
soient justicié selonc le meffet; et exeptés les fes qui
touquent le souvrain, si comme s'il li font despit, ou
il vont armé parmi se tere sor[1] se deffense, ou il font
aliance contre li, ou aucunne grant desobeissance; car
en ces cas, ne garantiroit pas li chevaliers cix qui se-
roient en se compaignie, ançois aroit de çascun
s'amende. Et se li sires ne les pot penre el tans qu'il
firent le meffet, por ce ne demeure pas, s'il sunt manant
en se justice, qu'il ne les puist sivir par ajornement en
se cort, tout soit ce qu'il soient manant en ses arieres
fiés; et s'il sunt manant hors de se baronnie, sivir les
porra[2] devant le segneur desoz qui il sont couquant et
levant.

43. Se escuiers semont cix qui sunt si home de fief
ou si hoste, et les mainne aveques li fere aucunne force
ou aucun meffet, il toz seus doit rendre le damace et
paier l'amende por çascun qui furent au fet aveques li;
car si home et si oste ne li doivent pas escondire à ve-
nir à se semonse. Neporquant, s'il les veut mener en
nul lieu où il face prejudice au souvrain, ou en aucun
lieu[3] por fere aucun cas de crieme, il n'i sunt pas tenu
à obeir; et s'il les veut contraindre par force à ce fere,
par le prise de lor cors ou de lor biens, si tost comme
le coze vient à le connissance du sovrain, il les doit
fere delivrer; car se il obeissoient au commandement
de lor segneur, en fesant cas de crieme ou prejudisse

---

[1] *Armés dessus se terre, pardessus.* B. — [2] *Convenra.* T. — [3] *P.*

au sovrain, il ne se porroient pas escuser por dire :
« Mes sires le me [1] fist fere par force », ou : « Je le fis [2]
« por peur qu'il ne me haïst ou grevast. »

44. Quant aucuns demande aucunne coze, et cil
dist, contre qui le demande est fete, qu'il en a bon
garant, il doit nommer le garant et le liu où li garant
maint, et dire le coze por quoi il le doit porter garant,
si que il apere qu'il ne die pas avoir garant par barat
ne por avoir delai : et donques le cors doit regarder et
assener jor convenable, selonc l'estat que li garans est,
et selonc le liu où il maint, et selonc le grandeur de le
querele. Néporquant, on ne li doit pas doner plus
grant espasse que d'un an et un jor. Et l'an et le jor
ne doit on pas doner se li garans ne maint en estranges
teres lointaines. Et se li cas est de crieme, si comme
s'aucuns porsuit un ceval, ou aucunne coze qui ait esté
emblée à celi qui le porsuit, on ne se doit pas dessaisir
de celi qui est porsivis, por ce s'il dist qu'il en a bon
garant, car tout li larron le porroient dire por escaper.
Mes le justice qui le tient doit envoier au segneur de-
soz qui li garans maint, s'il maint el roiame, et li doit
mander qu'il tient un tel home, por tel coze que on le
porsuit; et que cil qui en est porsivis en avoue [3] tel garant
qui couque et lieve desoz li, parquoi il li [4] requiert qu'il
li envoit por le garant porter, ou por dire qu'il n'est
pas tenus au garant porter [5] ; et cesle requeste doivent
fere li segneur li un por l'autre. Mais quant cil qui est
avoés à garans vient par devant le segneur, là u il est
envoiés, se li cas est de crieme, il pot dire : « De ce nè

---

[1] *Nous.* B. — [2] *Nous le fcismes.* B. T. — [3] *A avoué.* B. — [4] *Il.* B.
— [5] Manque dans B.

« voz porterai je jà garant, car de mi, ne par mi[1],
« n'eustes voz onques le coze de quoi on voz porsuit. »
Se cil qui l'avoua à garant le veut prover par bons tes-
moins, il doit bien estre recheus à le proeve; mes s'il
ne le veut prover fors par gage de bataille, noz ne noz
acordons pas qu'il en viegne à garant; car ainsi por-
roient li larron avoer garant por eus metre en aventure
d'escaper, si en porroient maint prodomme avoir à
soufrir à tort. Neporquant, renommée doit moult la-
borer en tel cas, car legerement doit on soufrir les
gages[2] de deus hommes[3] mal renommés, quant li cas est
si orbes, c'on ne pot savoir le verité en autre maniere.

45. Quiconques trueve son garant et connoissant, et
le pot amener à jor, il est delivrés de ce de quoi on le
porsuit; mais que li garans soit soufisans et bien justi-
chavles, ou qu'il face bone seurté d'estre à droit et de
porter garant de le coze qui est demandée; exeptés les
cas de crieme, ès quix on met sus à celi qui amaine
garant, qu'il fu au fere, ou qu'il le fist fere; car de cas
de crieme dont on puist perdre vie ne membre et dont
on est acusés droitement, on ne se pot passer por
avouer[4] garant, car plusor poent bien estre acusé du
meisme meffet.

46. Por porter garant, doit çascuns laissier son juge,
et aler porter garantie de le coze qu'il bailla ou delivra,
par devant le juge où cil est emplediés[5] qui a mestier
de son garant. Et s'il n'i veut aler, il doit estre con-
trains par son segneur qu'il y voist. Et s'il a comman-
dement d'aler y, et il n'obeist au commandement, et li
emplediés pert par se defaute : il est tenus en toz les

---

[1] Ne de par moi. B. — [2] B. — [3] B. — [4] Avoir. B. — [5] Emplet. B.

damaces que li emplediés a par le defaute de se garantie[1].

47. Cil avoue[2] bon garant qui met avant resnable cause comment le coze li vint qui li est demandée; si comme s'il l'aceta en plain marcié commun, à veue et à seue de bone gent; car por ce sont li marcié establi, c'on y puist[3] vendre et aceter communement. Neporquant, on doit courre au devant des fraudes et des baras qui sunt fet ès marciés, aussi comme ès autres liex; si comme de cix qui acatent as gens qui ne sunt pas de connissance, denrées qui n'afierent pas à l'aceteur, et à mendre pris, le tiers ou le moitié, qu'eles ne valent; car en tix marciés ne pot on noter nule loiaté. Donques, se tix cozes sunt porsivies d'aucun qui les puist prover à soies, eles li doivent estre rendues et delivrées; et cil quiere son garant qui malicieusement les aceta.

48. Li bailli ou li prevost ou li sergant qui servent à cix qui tienent en baronnie, se lor sires les acuse de meffet por le reson de lor service, il ne poent pas avouer garant du segneur desos qui lor mansions sunt, tout y soient lor femes et lor enfant couquant et levant; car se lor mansions sont desos lor sougès, li baron ne vont pas pledier de ce qui lor touque en le cort de lor sougès. Et se lor mansions sunt en autrui baronnie, soit sos le roi, soit sos autrui, il doit estre renvoiés pour conter, ou por soi espurgier, en le cort du baron qu'il servi. Mais si le sergant monstroit au roi, en complaingnant, qu'il li[4] feist tort, bien doit li rois envoier à se requeste veoir[5] le droit c'on li fera,

[1] *Garantise.* B. T. — [2] *Avoue avant.* B. — [3] *Puisse.* B. — [4] *Que on.* B. — [5] *Savoir.* B. T.

et fere li avoir sauf conduit, s'il se doute de son cors ;
en tel maniere qu'il atendra droit par les homes du
baron qui l'acuse. Et s'on li fet fax jugement, ou on
li faut de droit, par une de ces deux voies pot trere le
baron en le cort du roi. Et s'il pot fausser les homes
de lor jugement que il firent encontre li, ou il pot
ataindre le baron de defaute de droit, il est delivré de
ce dont li barons l'acuse[1].

49. Moult de fraudes sont fetes en convenences de
mariages, mais partout où eles sunt connues ou pro-
vées, on ne les doit pas soufrir ; ne les convenences
fetes par derriere les parties à aucunnes des persones
qui se doivent marier, ne doivent pas tenir, car eles
sont fetes en decevant autrui, lequele cose ne doit pas
estre souferte. Pierres avoit un fil le quel il vaut ma-
rier à le fille Jehan ; et avant que les plevissailles[2] ne
les espousailles fussent fetes, il firent convenence entre
li et son fil, en tele maniere qu'il metroit son fil ès
homages de toute se terre, par tele condition qu'il
goïroit toute se vie de le moitié des fruis ; et de l'autre
moitié li fix li jura que si tost qu'il aroit espousé, il li
rendroit le moitié des fruis se vie, si que il ne tenroit
que le quart des fruis de l'eritage et li peres[3] les trois
pars. Et quant ce vint as convenences du mariage, li
peres et li fiex celerent cel quart que li fix devoit ren-
dre au pere, et s'accorderent li ami à le damoisele[a] au
mariage, porce qu'il fut plainement enconvenencié
que li fiex seroit en homage de tout et esploitans de le

---

[1] *L'acusoit.* B. T. — [2] *Plevines.* B. T. — [3] *Pierres.* B.

[a] Dans les familles nobles, les mariages ne pouvaient être contrac-
tés sans l'assentiment des parents et des amis de la demoiselle.

moitié. Et quant ce vint après les espousailles, li fix
delivra au pere les trois pars des fruis, si comme il l'ot
en convent. Quant li ami à le demoisele virent que li
fiex n'estoit tenans ne prenans que du quart, et il de-
voit estre tenans de le moitié des fruis, il sivirent
le pere de le convenence. A ce respondi li peres, qu'il
counissoit bien les convenences, mes se ses fiex li voloit
fere bonté, bien le pooit fere, et convenencié li avoit
à fere en ceste maniere avant les convenences du ma-
riage; et sor ce se mirent en droit, se les premieres
convences que li peres et li fix firent ensanle seroient
tenues. Il fut jugié qu'il estoit en le volenté du fil de
tenir le premiere convenence ou du non tenir ; car on
ne li pot[1] biau veer[2] qu'il ne feist se volenté et cortoisie
à son pere de ce qui sien estoit, s'il li plesoit. Nepor-
quant, il fu regardé que le premiere convenence fu
fete par fraude tout clerement, si que li fiex ne tenist
point le convenence si li pleust, ançois convenist qu'il
eust le moitié des fruis. Mais tout fust il ainsi qu'il
vausist tenir au pere ce qu'il li convenencha, par le con-
venence qui fust de nule valor s'il vausist, neporquant
s'il morust, le feme ne perdist point du droit[3] de son
douaire, ançois emportast autant comme se li fix n'eust
point fet de convenence au pere; car le fraude fete au
pere[4] devant les espousailles de son mari, ne li nuisist
pas à avoir le droit de son doaire, selonc ce qui fu
convenencié en le convenence du mariage. Et par cel
jugement pot on veoir que toutes fraudes là où eles
sunt conneues ou provées doivent estre destruites.

50. Plus malicieusement et en plus de manieres

---

[1] *Il ne pueent.* B. — [2] *Veoir.* B. T. — [3] B. — [4]. B.

poent estre fetes fraudes par devers l'omme qui se
marie, que par devers le feme, porce que li hons est
sires de soi et en se franque poeste, si fet et [1] pot fere
se volonté du sien tant comme il vit. Mais ce ne pot pas
le feme, car ce qui est convenencié por le feme au ma-
riage envers le mari, il convient qu'il soit tenu, quel-
que convenence le feme eust devant les espousailles
ou après, et en quelque estat que ele fust, ou veve ou
pucele ; car puisqu'ele est à autrui aliié par mariage,
ele n'a nule poeste de soi de ses convenences acomplir
sans le volonté de son mari.

51. Quant aucuns s'est obligiés par letres ou par
convenence à plusors creanciers, et il n'a pas assés
vaillant por paier, et li creancier sont plaintif : li mue-
ble et li heritage au deteur doivent estre pris et vendus
et paiés as creanciers à le livre, selonc ce que le dette
est grans. Mais ce entendons nos quant le terme des
detes sunt tout passé ; car s'il y a aucun creancier dont
li termes ne soit pas venus, il ne pot pas demander se
dete avant [2] le terme, ne fere arester ses biens que il ne
soient paié à cix as quix il sont [3] deu de tans passé.

52. Ples fu à Creeil [4] d'un home qui voloit [5] widier
le païs, et devoit à plusors persones ; avant qu'il s'en
alast, aucun de cix à qui il devoit, s'estoient plaint
de li à le justice, et avoit rechut commandement de
eus [6] paier ; et après le commandement fet, il s'en ala
sans acomplir le commandement. Et quant il s'en fu
alés, plusor creancier firent arester ses biens, et requi-
rent à estre paié [7] à le livre, selonc ce que lor detes

---

[1] B. — [2] Devant. B. T. — [3] Soient. B. T. — [4] Creilg. B. T. — [5] Avoit.
B. T. — [6] De faire chaus. B. T. — [7] De ce que il leur devoit. B. T.

estoient, et que li deteres avoit vaillant; et li creancier,
por qui commandemens fu fes avant qu'il s'en allast,
disoient encontre qu'il voloient, avant toute œvre,
estre paié, porce qu'il avoient esté plaintif premiere-
ment, et porce que commandemens avoit esté fes por
aus paier, et s'il y avoit remanant bien y[1] prissent; et
sor ce il se misrent en droit, se il partiroient à le livre,
par le raison de ce que çascuns voloit prover ce que
li detterres li devoit et du tans passé, ou se cex por
qui quemandement fut fet seroient paié entierement.
Il fu jugié que cil qui furent plaintif avant qu'il s'en
alast, por qui commandemens fu fes, seroient paié
entierement; et s'il y avoit remanant, li autre creancier
seroient oy à prouver lor detes du tans passé, après ce
qu'il s'en seroit alés, seroit apelés par trois quinsaines;
et, les detes provées, il seroient paié à le livre, selonc
lor detes et selonc le remanant. Et par cel jugement
pot on veir que li premier plaintif dont commande-
mens est fes, seroient premier[2] paié.

53. Si aucuns demande aucunne cóze par le reson
de ce c'on li a convenencié, et le coze convenencié
n'est pas, ne ne pot estre; si comme s'aucuns conve-
nence aucunne coze à doner se fille qui a nom Jehane,
à mariage à Phelippe, et le fille muert avant que li
dons soit[3] livrés par le mariage; ou s'aucuns conve-
nence à donner son palefroi blanc, et on le trueve
mort; ou s'aucun convenence à bailler, à prester, ou
à doner aucune coze à aucun, la quele il quide que
ele soit en se baillie, et ele n'i est pas, ançois est
perdue; ou chil qui le convenencha cuidoit qu'ele fust

---

[1] Le. B. T. — [2] Tout premierement. B. T. — [3] Donnés ne. B. T.

soie, et ele est à autrui, si que il n'a pooir de tenir se
convenence : toutes tex convenences sunt de nule va-
lor. Mais voirs est, s'ele fu convenencié à baillier et à
livrer par cause de vente, et cil qui vendi a receu au-
cunne coze du pris de la vente, il le doit rendre,
puisqu'il ne pot le coze vendue delivrer. Et s'on aper-
choit qu'il fist le vente malicieusement, comme cil
qui bien savoit que le coze n'estoit pas soie, il doit estre
contrains de tant fere que le vente tiengne par le gré de
celi qui le coze est; et s'il ne pot, il restort le damace
soufisant à l'aceteur, et si soit li marciés de nule valeur.

54. Autre coze seroit se j'avoie vendu ou convenen-
cié aucune coze, et je l'offroie à tans et à hore à deli-
vrer, et il estoit en defaute de l'aceteur, ou de celi à qui
je l'aroie convenencié de penre loi, et, puis l'offre fete
soufisamment, le coze vendue ou convenencié peris-
soit, ou empiroit par mort ou en autre maniere, par le
delai de l'aceteur ou de celi à qui ele devroit estre baillié
par le convenence, et sans mes coupes : en tel cas,
doit courre li damaces sor celi qui de mi le doit rece-
voir; car je ne li doi baillier le coze fors tele comme
ele est, et il me doit paier ce qui me fu enconvenencié
por le coze. Et se les denrées qu'il dut avoir par le
convenence sont perdues ou empiriés, puis qu'eles li
furent ofertes à livrer, sans mes coupes, il ne se doit
penre de son damace fors à se [1] negligense.

55. Se je convenence à baillier ou à livrer aucunne
coze qui ne soit pas moie, auçois est à autrui, on doit
penre garde [2] à le vertu de le parole [3] de le convenence;
car se je di : « Je voz di » ou « je voz pramet que Jehans

---

[1] *Ne mes que à se.* T. — [2] *Warde.* B. — [3] *Des paroles.* T.

« vos donra dix livres », ou « qu'il voz donra cele piece
« de terre¹ qui siet en tel lieu », et après ce Jehans ne le
vout fere ainsi com ji li dis, ou ainsi com ji li pramis :
je ne sui pas obligiés por ce à fere loi. Mais se je di :
« Je ferai tant vers Jehan qu'il voz donra dix livres »,
ou « qu'il voz donra tel heritage ou tel cheval ou au-
« cune autre coze, por l'amor de voz, ou por vostre
« service, ou por tant d'argent, en tele maniere que
« voz ferés tel coze » : par teles paroles puis je estre
obligiés à fere lui fere. Et se Jehans ne le veut fere por
mi delivrer, il convient que je le face du mien ou le
vaillant par le reson de ce que je convenenchai que je
le feroie fere. Mes se je fes² le convenence du comman-
dement Jehan, ou comme ses procureres à ce establis,
il convient que Jehans me delivre de ce que je conve-
nenchai por lui. Et se je le convenenchai à fere fere,
sans son commandement et sans avoir de par li pooir³,
Jehans n'est pas tenus, s'il ne li plest, de fere loi, et
ainsi porroie je avoir damace par me fole convenence.
Et por ce se doit on bien garder comment on conve-
nence por autrui.

56. On ne pot sivir de convenence muet, ne sourt
qui n'ot goute, ne forsené, ne fol naturel, ne sous
aagié, ne feme qui a son segneur ; car li mus ne pot
fere convenence, porce qu'il ne pot parler ; ne li sours
porce qu'il ne pot oïr le convenence ; mais ce en-
tendons noz de sours qui n'oent nule goute ; ne li
forsenés, ne li fax naturex, porce qu'il ne sevent
ce qu'il font. Mes voirs est que de toz cex qui ne poent

---

¹ De tel hiretage. B. — ² Fis. B. — ³ Pooir de par lui de che encon-
venenchier. B. T.

II.   3

fere convenence por mehaing ou por maladie, s'il firent convenence avant que li max lor avenist, il en poent[1] estre sivy[2]; et el[3] tans du mehaing doivent il avoir procureur et amenistreur de lor besongnes, qui puissent fere convenences por eus, et qui puissent respondre des convenences por eus, qu'il firent avant que le maladie lor venist. Mais li sous aagiés ou le feme mariée, en aucune maniere, ne par eus ne par procureur, ne poent fere convenences qui soient tenues contre eus, porce qu'il sunt en autrui poeste. Et de ce et des sous aagiés est il parlé plus especialement el capitre qui parole d'eus [a].

57. Toutes les fois qu'aucuns convenence de plusors cozes : l'une, si comme se Pierres dist à Jehan : « Je « voz donrai dix livres ou un ceval », il se pot aquiter par le quel qui li plest, ou par le ceval ou par les dix livres. Et aussi poés voz entendre de toutes autres convenences qui sunt doubles. Et s'aucuns dist : « Je re- « connois que je voz doi ce et che », et les cozes sont diverses, si comme blés et aveines, ou vins et bois : cil qui convenence[4] doit aemplir et l'une choze[5] et l'autre. Et par ce pot on veir qu'il a grant diference entre dire : « Je voz pramet à rendre dix muis de blé et dix muis « d'aveine », ou à dire : « Je vos pramet à rendre dix « muis de blé ou dix muis d'aveine » ; car par le premiere[6] convenance est il tenus à rendre le blé et l'aveine, et par le deerraine il n'est tenus que de dix muis, le[7] quel il li plest mix, ou blé ou d'aveine.

---

[1] Doivent. B. — [2] Sievis. B. T. — [3] En che. B. T. — [4] La convenenche fit. B. T. — [5] B. — [6] Par cheste. B. — [7] Dou. B. T.

[a] Chapitre XVI.

58. S'aucuns fet convenence soz[1] condition, ou autre[2] marcié, si comme dire : « Je voz donrai vingt livres « rendus à tel terme, por douze tones de vin, se mon « pere s'i accorde », et li marciés quort sor cele condition : il est el cois du pere de rapeler le marcié ou de fere tenir; car se il s'acorde au marcié, il est tenus; et se il ne le veut tenir, le marchié est de nulle valeur. Aussi se je di : « Je voz presterai ou louerai ou enga- « gerai mon ceval, ou tele piece d'eritage, en tele ma- « niere que voz me faciés seurté que je le r'aie[3] à tel jor, « par le letre de baillie », se le letre ne m'est livrée avant, je ne sui pas tenus à bailler ce que je convenen- chai; ne je ne cangerai pas, s'il ne me plest, cele seurté qui me fu pramise por autre penre. Mes se nule seurté n'eust esté nommée especialment au fere le convenence, il soufizist à fere autre seurté soufizant, et convenist que je delivrasse le coze par soufizant seurté.

59. Tout soit ce c'on vende aucunne coze, ou loue ou engage, sans metre en convent que seurtés en soit fete, neporquant cil à qui le coze doit estre baillié ne l'emportera pas, s'il ne fet seurté de rendre le pris du marcié au terme qui fu convenenciés, ou s'il né paie tout sec; car dusques au lever les denrées, vient on tout à tans à demander seurté ou paiement.

60. Noz entendons que marciés est fes si tost comme il est creantés à tenir par l'acort des parties, entre gens qui poent fere marciés, ou si tost que denier Dieu en est donés, ou si tost comme eres en sont donées; car cascunne de ces trois cozes vaut confermement de marcié. Mes ce entendons noz des marciés qui sunt

[1] Par. B. T. — [2] Aucun. B. T. — [3] Rarai. T.

fet purement, sans condition ; car là u conditions est
mise, il convient que le conditions soit aemplie, ou li
marciés est de nule valeur.

61. S'aucuns fet convenence ou marcié à aucun,
par condition qu'il meismes doie aemplir; si comme
s'il dist : « Je voz donrai vingt tones de vin d'Au-
« choirre, por cent livres rendus en greve à Paris »,
on doit savoir qu'il les doit baillier là, ne li aceteres
ne les penra pas aillors, s'il ne li plest. Et se li liex ne
fu pas nommés au marcié fere, les cozes vendues doi-
vent estre livrées en le vile où li marciés fu fes, et à le
mesure et à le coustume de le dite vile. Et se li mar-
ciés ou le convenence est d'eritage, on doit savoir
qu'il doit estre livrés là u il siet, et à le mesure du licu
là u il est, car ce n'est pas coze c'on puisse porter de
lieu en autre.

62. Se li aucun font convenences de mariages entre
lor enfans qui sunt sous aage, et font les enfans entre-
pleivir; quant li enfant viennent aagié, il poent aler
arriere des plevines ¹, s'il lor plest; et sunt les conve-
nences de nule valor, porce que cil sans qui le conve-
nence ne se pooit fere, estoient sous aagié. Et se paine
fu mise à le convenence fere; si comme se je di à au-
cun : « Je donrai me fille à mariage à vostre fil, et le
« voz convenence sor paine de mille livres se je ne le
« fes », pour ce que je me repens du marcié, ou porce
que me fille ne le veut quant ele vient en aage, je sui
tenus à paier le paine. Mes voirs est, se li mariages est
fes, qu'il soient espousé par sainte Eglise, on ne me pot
puis demander le paine por plet qui soit entre les ma-

¹ *Plevissales.* B. *Plevissailles.* T.

riés ; car j'en ai fet ce qu'à moi en apartient, et ai de-
livré ce que je pramis.

63. Voirs est se doi enfant sont marié si jone, qu'il
est clere coze qu'il ne sevent riens, si comme de huit
ans ou de mains ; et si tost comme li uns s'aperchoit et [1]
connoist, et il veut rapeler le mariage, porce qu'il fu fes
en [2] soz aage et en li decevant : nos creons que le [3] depar-
tie en pot bien estre fete, mais que ce soit avant que
compaignie carnele ait esté entr'eus, car de l'aage que
li uns puist avoir compaignie à l'autre, ne se doit nus
accorder que li mariages soit departis por cause de sous
aage. Et por ce doit moult penre garde saint Eglise de
savoir l'aage de cix de qui elle conferme le mariage, por
les perix et les vilonnies qui en poent avenir.

64. On doit savoir que cil qui a mestier de trere [4] son
garant, doit demander jor avenant, tel qu'il le puist
avoir par force de justice, s'il n'i veut venir de se vo-
lenté ; et on li doit doner le jor, selonc ce que li garans
qu'il nomme est loins ou pres. Et s'il ne pot avoir son
garant à le premiere jornée [5], porce que li garant ot
ensoine, ou porce qu'il se mist en pure defaute, ou
por autre reson, sans les coupes de celi qui avoir le
devoit [6] : il ne doit pas por ce perdre se querele, ne estre
contrains à entamer le plet, ançois doit li ples delaier
tant qu'il puist avoir fet contraindre son garant à ce
qu'il li viegne porter garantie. Mais ce entendons noz
de ciz qui sans fraude et sans barat font lor pooir
d'amener cix qui lor doivent porter garantie, et non
pas por le volonté du plet alongier.

65. Se li aucun requierent lonc jor d'avoir lor ga-

---

[1] *Ou.* B. T. — [2] B. T. — [3] B. — [4] *D'atraire.* B. — [5] *Fois.* B. — [6] *Qui veut avoir son garant.* B.

rant, porce qu'il dient que lor garans est en estranges terres, on lor doit demander le nom et le sornom de celi qu'il dient qui doit estre lor garans, et por quele resons il est tenus à porter le garantie ; si comme s'il vendi ou escanga ce c'on lor demande ; et s'il dit bone reson par quoi li juges verroit[1] que le[2] garantie y apartient, et il voelent jurer sor sains qu'il ne demandent le lonc jor, fors porce qu'il ne voelent pas entrer en plet de ce dont lor garant doit penre le plet sor li, il doivent avoir le jor d'un an et un jor[3]. Mais se lor garans revient plus tost, on lor pot[4] le jor abregier; et s'il ne revient[5] dedens l'an et le jor, il ne doit estre plus[6] atendus, exceptés le demeure qui est fete por le pelerinage d'outremer, ou por l'ost le roi, car en cest cas seroit il atendus tant c'on saroit sa mort ou se revenue.

66. Quant on plede à aucun de coze qui requiere jor d'avoir son garant, et li garans vient avant por porter garantie, il doit penre le plet en autel estat comme il le trueve, contre cil qui garant il est; mais que cil qui le tient[7] à garant n'ait empirié le querele par malvesement pledier, ou par soi metre en plet de mise, car adont seroit li garantissieres delivres de porter garant, s'ainsi n'estoit qu'il li[8] eust convenu à aler avant par le defaute du garantisseur, car adont corroit li damaces sor le garantisseur.

Explicit.

Chi define li chapitres des convenenches, les quelles font à tenir et les quelles non[9].

---

[1] *Voit.* B. T. — [2] B. T. — [3] *Il doivent tenir le terme de jour assis d'un an de lonc et d'un jour.* B. T. — [4] *Doit.* B. — [5] *Vient.* B. — [6] *Pas.* B. — [7] *L'atret.* B. *L'a trait.* T. — [8] B. I. T. — [9] B. *Et de porter garant.* T.

CAPITRES XXXV.

De soi obligier par lettres, et queles lettres valent et queles non ; et comment on puet dire contre lettres et contre seel[1].

1. Bone coze est que, après ce que nos avons parlé, el capitre devant cesti, de plusors manieres de convenences et des marciés et de porter garant, que noz, en cest capitre[2], parlons d'autres manieres de convenences; si comme de celes ès queles on s'oblige par lettres; car porce que cil qui ont convenence à autrui ne puissent nier ce qu'il ont convent, que le verités de le convenence ne soit seue, ciax[3] qui les convenences recoivent les prengnent aucunne fois par devant gens qui lor puissent tesmongnier, et aucunne fois cil qui ont les convenences s'obligent à tenir les par lettres ; et de tex manieres d'obligations fetes par letres avons nous proposé de parler en cest capitre, et en un autre capitre noz parlerons d'une autre maniere de proeves. Et porce que toutes obligations fetes par lettres ne sunt pas toutes d'une forme ne d'une maniere, en fesons nos propre capitre ; car nous desclairons les queles sunt plus fors et les queles sunt plus foibles. Et si deviserons le forme, comment lettres doivent estre fetes, por mueble et por heritage ; et comment li segneur doivent fere les lettres tenir, et comment et en quel cas on pot fausser lettres.

2. Quant li ajornés à se letre vient en cort, on doit lire se letre en se presence, par devant le juge; puis lui doit li juges demander s'il bailla ces letres seelées de

---

[1] *Par lettres, et comment on les doit faire tenir, et comment on puet dire encontre. Et le fourme de faire lettres.* B. T. — [2] *En che chapitre ensievant.* B. — [3] *De chaus.* B. T.

son seel ; s'il dist oïl, on li doit commander qu'il ait empli le teneur de le letre dedens quinze jors. Et s'il ne le fet, et cil se replaint por qui li commandemens fu fes, li souvrains doit penre de li dix saus, pour le commandement trespassé, et vendre et despendre tant du sien sans delai que le dete soit paiée, c'est à entendre muebles et catix[1]. Et s'on ne trueve ne muebles ne catix que fera on, se li heritages est obligiés ès letres? On les demenra selonc l'obligation. Et s'il n'est pas obligiés, li sires le justicera par gardes et par tenir l'eritage saisi. Et quant les gardes aront esté sor le detour quarante jors, s'il n'a fet gré dedens les quarante jors, li souvrains li doit commander qu'il vende dedens les quarante jors. S'il ne vent, li souvrains doit vendre et despendre, ou bailler au deteur par pris de bones gens. Et s'il avient que cil qui doit le dete n'ait point d'eritage fors de fief, et cil à qui le dete est deue n'est pas gentix hons qui puist fief tenir, et on ne trueve pas gentil home qui aceter le voille, li souvrains doit delivrer au creancier toutes les yssues du fief, dusqu'à tant que le letre soit aemplie, sauve le droiture as signeurs de qui li heritage sunt tenu. Car li segneur ne doivent pas perdre lor rentes ne lor homages por les obligations de lor homes, ne les redevances de lor fief, se li segneur ne s'i sunt obligié en renonchant à lor droit.

3. Quant aucuns est ajornés à se letre, et il nie par devant juge qu'il ne bailla onques cele lettre, et que ce n'est pas son seaus[2], il convient que li demanderes le proeve, et si y a plusors voies de prover. L'une des voies, si est quant il proeve par deus loiax tesmoins

---

[1] *Catrix*. A. *Catiex*. B. *Chatiex*. T. — [2] *Scel*. B.

qui furent en[1] present quant[2] le letre fu baillié et seelée du seel, present celi qui a le niance fete. L'autre voie, si est quant il n'a nul tesmoing, et il pot prover par deus prodomnes qu'il ont eu[3] et veu lettres seelées d'autel seel et bailliés par le main de celi qui a le niance fete, ou de son certain commandement. La tierce voie, si est se cil qui a le niance fete avoit reconnut, par devant bone gent, avant[4] le niance, que cil avoit ses lettres et qu'il estoit tenus à li à ce qui est reconnut[5] en le teneur des letres.

4. Moult est vilaine coze de nier son seel, et por ce en est le paine grans de celi qui en est atains; car il en est renommés de triquerie, et l'amende en est au souvrain de soissante livres. Et se le coustume le vausist soufrir, je m'acordasse à gregneur paine, car il met son aversaire en peril d'estre faussaires. Et selonc ce que j'ai entendu des sages selonc droit, il en devroit porter autel paine comme cil emporteroit, s'il ne le pooit prover ne ataindre; et puis qu'il s'en passe par amende, je m'acort, se cil ne pot prover les letres à bones, par aucunnes voies dessus dites, il demourra mal renommés. Et s'il est gentis hons il l'amendera de soissante livres, et s'il est hons de poeste l'amende, sera à le volenté du segneur.

5. Li aucun dient que par le coustume hons de poeste ne pot estre en amende de plus de soissante saus ou du cors perdre, et li gentix hons de plus de soissante livres, mais c'est gas[6], si comme voz verrés apertement en plusors cas qui seront chà avant devisé.

---

[1] B. T. — [2] Où. B.T. — [3] Oïes. B. — [4] B. Devant. A. T. — [5] En che qui estoit escript. B. Contenu. T. — [6] Moquerie. B. T.

6. Quiconques s'est obligié par aucunne letre de baillie, soit hons de poeste ou frans, il n'i convient pas ajornemens ne commandement fere d'aemplir les; ançois sitost que li sovrains voit le teneur de le lettre, il le doit fere aemplir sans delai; ne n'en est, cil contre qui ele parole, oys de riens qu'il die contre le letre, s'il n'alligue paiement, cuitance[1] ou respit. Et se cil qui de le lettre se veut aidier li nie paiement ou le respit, parce que c'est plus cler[2] qui est veu ès lettres que ce qui est alliguié contre les letres, eles seront nanties en le main du sovrain de tant que eles parolent, et adont li sovrains connistra du paiement, de la cuitance ou du respit. Et se cil ne pot prover paiement, cuitance ou respit, s'il est gentix hons, il l'amendera de dix saus, et sera li nantissemens delivrés au deteur; et s'il est hons de poeste, l'amende ne sera que de cinq saus. Et s'il proeve paiement, il r'aura les lettres, et cil qui l'acusoit amendera ce qu'il demandoit dont il estoit paiés, et sera mal renommés. Mais porce qu'il ne soit perix[3] que le verité soit bestornée par faus tesmoins, l'amende n'est que de dix saus du gentil home, et de cinq saus de l'homme de poeste, s'il n'est ainsi qu'il soit de malvese renommée. Mais s'il avoit esté repris autre fois de tel cas, ou il estoit de malvese renommée, l'amende seroit à le volenté du sovrain, s'il estoit hons de poeste; et s'il estoit gentix hons, l'amende seroit de soissante livres.

7. La reson porquoi il convient le letre nantir en main de justice, se cil le requiert qui se veut aidier de se letre, soit le letre du sovrain ou le letre de celi qui

---

[1] B. T. — [2] *Che est plus che.* B. T. — [3] *Qu'il est parjures.* B.

s'obliga, tout soit ce que cil qui le lettre bailla alligue respit, cuitance ou paiement, si est tele le coustume, que çascuns doit quant il a paié repenre par devers soi[1] les letres par les queles il s'estoit obligiés.

8. Cil[2] ne savoit pas le coustume qui estoit obligiés par ses letres à paier un nombre d'argent à certain terme, por une commande qui avoit esté baillié à son pere, et après, quant li termes fu passés, qui estoit contenus ès letres, li creanciers demanda à avoir son argent à Clermont, en l'assize, et cil qui l'obligation avoit fete respondi qu'il n'estoit pas tenus à paier, porce qu'il n'estoit pas contenu ès lettres que le dete estoit deue par commande baillié à son pere, et estoit pres de prover que ses peres avoit rendue la commande dont il ne li savoit mot quant il li bailla ses lettres. A ce respondi li creancier, qu'il ne devoit pas estre oïs en alliguier paiement devant le datte des letres ès queles il estoit obligiés; et sor ce se mirent en droit. Il fu jugié qu'à tart venoit il alliguier cel paiement, puis qu'il avoit fete obligation puis le tans qu'il disoit que li paiemens avoit esté fes. Et par cel jugement pot on veoir que nus n'est à oïr en alliguier paiement devant le tans que le coze fu convenencié à rendre. Et por ce doit on bien garder comment on s'oblige et por quel cause.

9. En aucunne maniere pot on dire contre les lettres, encore avec tout ce que noz avons dit dessus. Si comme quant on voit que le letre est gratée et rescrite[3] el lieu que le grature fu. Mes que ce soit un mot qui porte force, si comme el non de celi qui le letre dona, ou

---

[1] T. *Pardeures soi.* A. — [2] *Chelui si.* B. — [3] *Escrite.* A.

en nombre d'argent, ou en obligation, ou en le date, ou en toz tex lix, ou en autres qui soient perillous, selonc ce que le lettre parleroit : par toutes teles rescritions porroit estre le lettre faussée et estre de nule valeur.

10. Encore ne vaut le lettre riens c'on trueve deschirée toute ou en partie, puisque le deschirure passe point de le lettre; car il apert que le lettre est de nule valeur qui n'est trouvée saine et entiere. Et moult est acoustumé que quant les convenences des lettres sunt aemplies[1], et cil qui les dona les oublie[2] à repenre, chil qui les a les decire un poi, et non pas toute, par deus resons : le premiere resons, si est por ce que se cil qui les a aquitées li demande qu'eles li soient rendues; car s'on les avoit toutes depeciés ou getées puer, et il les demandoit à avoir, il ne le querroit[3] pas, s'il ne voloit; si que il ne converroit pas c'on li baillast lettre d'aquit[4]. La seconde reson, si est por ce que se cil qui bailla les lettres, les oublie à repenre quant il les a aquitées, et cil muert qui le paiement rechut : cil en qui main les letres vienent, soient oir ou execuiteur, ou autre maniere de suscesseurs, ne s'en poent aidier quant il truevent deschirure. Et grans loiatés est de celi qui a les letres en sa baillie, de descirer en le maniere dessus dite; car s'il estoit paiés et eles demouroient entieres, on porroit bien le dette demander, en tel point c'on ne porroit prouver le paiement, et ensi converroit il paier deus fois le dette.

11. Li aucun quident que quant li seaus est depeciés

---

[1] *Acomplies.* B. — [2] *Oblige.* B. — [3] *Il ne le cresroit.* B. T. — [4] *De cuitanche.* B. T.

en aucunne partie, et le partie est aportée en juge-
ment, que ele soit por ce de nule valeur; mais quant
on le veut fausser par briseure de seel, il convient que
le moitié du seel ou plus soit perdus ou depeciés; car
se le moitié ou plus est saine et entiere, on pot par ce
prover ce qui pot estre el remanant; mais se plus de le
moitié du seel est depeciés ou perdus ou deffaciés c'on
n'i connoisse lettres ne ensengnes, le lettre doit estre
de nule valeur.

12. Encore pot estre letre faussée en autre maniere,
si comme quant il y a entrelignure, car puisqu'ele est
fete et seelée, porroit on fere deus lignes ¹, et por ce ne
vaut riens cele letre.

13. Li commun cours de soi obligier par letres, pour
aucunne dete ou por aucunne convenence, si est c'on
met volentiers ès lettres, que cil qui baille les lettres,
s'oblige à rendre coz et damaces que li creanciers y
aroit, par defaute de paiement ou de le convenence
non tenue à rendre par le simple parole, ou par le
serement de celi qui a le letre. Or veons quant aucuns
s'est ainsi obligiés, et li creancier veut avoir coz et
damaces, par le simple parole ou par son simple
serement, si comme il est dit ès lettres, c'on en doit
fere : tout soit il ainsi c'on se soit obligiés en tele
maniere, bone foi y doit estre gardée; donques, cil
qui veut dire ou jurer ses damaces, doit, avec son
serement, dire comment il a eu tex damaces, et par
queles resons. Et se li juges voit qu'il puist estre ainsi
comme il est dist, et encore s'il saulloit avoir un poi
trop, si doit il estre creus par le vertu de l'obligation.

¹ *Escrire entre deux mots.* T.

Mais s'on[1] veoit qu'il jurast ou deist si outrageus dama-
ces, c'on perceust qu'il deist menchongues par con-
voitises, il ne seroit pas creus sans proeves. Et s'il ne
le pooit prover, porce qu'il en doit[2] estre creus, loiax
estimations des damaces doit estre fete par le juge,
selonc ce qu'il voit le querele. Et ensi pot bone fois
estre gardée por les parties; car male coze seroit que
aucuns porce c'on ne li aroit pas paié dix livres à jor,
peust, par son dit ou par son simple serement, deman-
der cent livres de damaces.   .

14. Cil qui demande damaces por obligation fete
par letres, doit dire en quoi il a les damaces, si comme
il est dit dessus; et en tel maniere pot il avoir damace
reçeus, que cil qui bailla les letres n'i est pas tenus;
si comme s'il emprunte à uzures por le defaute de
paiement, sans le congié du deteur, ou s'il fesoit dons
à justice ou à sergans por se dete avoir, ou s'il se tesoit
de demander se dete dusqu'à tant qu'il aroit eus grans
damaces por le deteur grevés, ou s'il se metoit en plet
des cozes contenues en le lettre, sans requere au deteur
qu'il l'en portast garant : en toz tex damaces ne seroit
pas li deteres tenus. Mais li damaces ès quix il est tenus
à rendre, ce sunt les despens resnables au creancier,
qu'il, ou ses commans, fet por se dete porcacier. Et se
justice prent du sien por se cause de le dete, ou il met
gardes sor li, tex cozes sunt bien à rendre. Ou s'il est
enplediés de le convenence, et li detes est amonestés
qui le viegne defendre, et il ne le fet : tout li coust et
li despens[3] du fet li doivent estre rendu, et aussi ce
qu'il met en conseil querre et en procureur porcacier

---

[1] Se il. B. — [2] Il en cuidast. B. — [3] Damages. B. T.

que se letre soit tenue. Et quant il a aliguié tels causes resnables por ravoir ses damaces, on l'en doit croire, se ses dis ne parest trop outrageus, si comme il est dit dessus.

15. Quant aucuns est obligiés par letres à paier dettes ou à tenir aucunnes convenences, et on le suit por se defaute, il doit estre premiers contrains à paier le principal, et après les damaces. Et se ples est sor les damaces, après ce que li principax est paiés, le justice doit tenir le lettre par devers li, se cil qui paia le principal le requiert; car perilleuse coze seroit que les letres demorassent en le main du creancier, puisque li principaus est paiés, por le plet des damaces. Neporquant, le justice doit tenir les letres, sans rendre, dusqu'à tant que li ples des damaces soit determinés. Et ce entendons noz des lettres qui parolent de muebles et de catix, car les letres qui parolent d'eritage, ou d'aucunne convenence qui doit durer à toz jors, n'entendons nous pas que cil qui l'a devers li, le doie metre en autrui main, s'il ne li plest.

16. Quant lettres sont faites d'iretages, ou d'aucunes convenences, ou d'aucuns marciés qui toucent à pluriex personnes, ele doit estre mise en sauve main; en tele maniere que celui qui en ara mestier le puisse avoir à son besoing, pour tant comme il li touque, par bone seureté de raporter les lettres arrierés, ou par le main de celui qui le garde pour les parties, si que il en sont toz jors saizis.

17. Por ce que plusors letres sunt fetes, les unes por garantie d'eritages et les autres por muebles ou por catix, noz deviserons ci après deus formes de letres, si que cil qui vaurront letres por heritages ou por

muebles ou por catix puissent veoir le forme comment
on les pot fere. Et premierement noz dirons celes qui
doivent durer à heritage.

18. Trois manieres de letres sunt : le premiere entre
gentix homes de lor seaus, car il poent fere obligation
contr'eus par le tesmognage de lor seaus ; et le second,
si est que tous gentil home et home de poeste poent
fere reconnissances de lor convenences, par devant lor
segneurs dessoz qui il sunt couquant et levant, ou par-
devant le sovrain. Le tierce maniere, si est par devant
lor ordinaire de Crestienté, si comme on doit fere
por doaire ou por testament, ou por autre querele
meismes, quant les parties s'i acordent. Nepourquant,
quant le lettre est fete par le cort de Crestienté, et
le ples en vient en cort laie, ele ne vaut que un sol
tesmoing. Et aussi ne fet cele de cort laie en le cort de
Crestienté, exepté le letre le roi, car ele doit valoir
plain tesmong en toutes cours de Crestienté et de cort
laie ; et exepté le lettre l'apostole, car ele doit valoir
aussi plain tesmongnage en toutes autres cours, car
nus en tere n'est sovrains de l'apostole.

19. Por ce, se je m'oblige vers aucun de rendre coz
et damaces par se simple parole ou par son serement,
por ce ne s'en suit il pas que se le letre vient à autrui
par son droit ; si comme s'il muert et ele vient à ses
hoirs, ou s'il met le letre en autrui main, ou s'il
meffet par quoi le letre viegne en le main de son
segneur, que je soie tenus à celi croire à qui le letre
sera venue. Neporquant, puisque je m'oblige à rendre
coz et damaces, il les doit ravoir tex comme il les pro-
vera par loiax prueves.

20. On ne me pot sivir por coz ne por damaces, par

nostre coustume, por defaute que je face de paiement,
se je ne m'i sui obligiés à rendre. Or dirons ci après le
fourme qui doit estre fete por l'eritage de celi qui doit
et pot avoir seel :

« Je, Pierres, de tel lieu, fes savoir à toz ceus qui ces
« letres [1] verront ou orront, que je, por men porfit et
« por me grant necessité, ai vendu à Jehan, de tel lieu,
« et à ses oirs, à toz jors perdurablement, tel heritage
« seant en tel lieu, joignant d'une part à tel heritage
« et de l'autre part à tel », et doit nommer toutes les
pieches, et à qui eles joignent, et de qui eles sunt tenues,
et le redevance que çascunne pieche [2] doit, et puis
doit dire : « Pour tel pris d'argent que j'ai [3] eu et re-
« ceu en bone monnoie, bien coutée et bien nom-
« brée, que j'ai convertie en men porfit [4], et m'en
« tieng por bien paiés. Et cel marcié dessus dit ai je
« creanté à garantir à toz jors audit Jehan et à ses
« hoirs contre toz, en tele maniere que se li dis Jehans
« ou si hoir avoient paine, coz, ne damaces, par le
« defaute de me garanlison [5], je lor seroie tenus à
« rendre avec le garantie dessus dite par loiax proeves. »
Et s'il veut, il se pot bien en plus obligier, car il pot
dire : « Des quix cozes et des quix damaces li dis Jehans,
« ou si hoir, seroient creu par lor serement simple,
« sans autre loi fere. Et à ce tenir fermement ai je
« obligié moi et mes hoirs, et tout le mien present et
« avenir, muebles et heritages, à estre justicié par
« quelconque justice il pleroit audit Jehan, ou à ses
« hoirs, ou à celi qui ces letres porteroit, aussi por les

[1] *Presentes lettres.* B. — [2] *Chascuns hiretages.* B. — [3] *Je en ai.* B.
— [4] *Paiement.* B. — [5] *Garantie.* B. T.

« coz et por les damaces comme por le principal , et à
« prendre, vendre et despendre, sans nul delai ¹,
« dusqu'à tant que li coust et li damace seroient paié
« et que j'aroie fet loial garantie ² de le vente dessus
« dite. Et ai renoncié en ce fet à toute ayde de droit,
« de loi, de canon, et de coustume du païs; à toz pri-
« vilieges de crois prise ou à prendre, à toutes in-
« dulgences otroiées ou à otroer d'apostole, ou de roi,
« ou d'autre prince ; à toz delais que coustume de
« païs pot doner, que je ne puisse pas dire le nombre
« d'argent dessus dit non avoir reçu ; à ce que je ne
« puisse pas dire estre deçeus en cel marcié de le moitié
« ou de plus ; à toutes exeptions, raisons ³, bares, deffen-
« ses qui poent estre proposées en jugement ou hors de
« jugement, par les queles ou par aucune des queles li
« marciés dessus dis porroit estre detriés ou depeciés ⁴
« audit Jehan ou à ses hoirs; et à ce que je ne puisse
« dire que je ne voil respondre à ces letres fors par-
« devant le segneur desoz qui je seroie couquans et
« levans, et specialement à le loi qui dist que general
« renonciation ne vaut riens. Et porce que ce soit
« ferme coze et estavle, je, Pierres, ai baillié audit
« Jehan ces lettres seelées de mon propre seel. Che fu
« fet en tele Incarnation et en tel mois. »

21. Se letre est fete por escange, ele se doit com-
mencier en tele maniere :

« Je, Pierres, de tel lieu, fes savoir à toz, et ce-
« tera, que je, por mon porfit et por mon aisement,
« ai fet escange pur à pur et transmutation, sans soute

---

¹ *Delayement.* B. T. — ² *Warandie.* B. — ³ B. — ⁴ *Delayés ou
empecschiez.* B. T.

« nulle, à Jehan, de tel lieu, c'est à savoir de tix heri-
« tages que j'avoie en tex liex », et doit nommer les liex,
et les marcissans des heritages, et les redevances que li
heritage doivent, et de quix segneurs il sunt tenu; et
quant tout ce est especifié, il doit dire : « Por tex
« heritages que li dis Jehans m'a baillié, seans en tix
« liex, et tenus de tix segneurs, et par tex redevances
« paians, et jongnans à tex heritages. » Et quant toute
le transmutations est devisée, cil qui le letre baille se
doit obligier à garantir ce qu'il baille par escange à
toz jors, à li et à ses oirs, et renoncier en le maniere
de dessus, en le letre qui parole de vendre heritage;
et puis metre ou derrenier l'Incarnation.

22. Quant letre est baillié por dete, ele doit dire en
ceste maniere :

« Je, Pierres, de tel liu, fes savoir, et cetera, que
« je doi à Jehan, de tel lieu, vingt livres de Parisis, por
« le vente d'un ceval qu'il m'a vendu, baillié et delivré
« et dont je me tieg à paiés. » Et se ce sunt autres den-
rées, il les doit nommer, et le nombre des denrées
especifier, et le pris, et le nombre de l'argent. Car le
letre qui dist que je doi deniers et ne fet pas mention
de quoi je les doi, est souspechonneuse coze de malice;
et quant tele letre vient en cort, si doit savoir li juge
le coze dont tele dete vint, avant qu'il le face paier.
Donques, doit on dire en le lettre de quoi le dete est,
et puis nommer le terme quant ele devra estre paiée,
puis obligier li et le sien et ses hoirs à paier, et puis
fere le renonciation, le quele obligation et renonciation
sont dites ès letres ci dessus; et puis doit estre mise
l'Incarnation du tans que le letre fu fete.

23. Le vente, ou li escanges, ou les detes, ou les con-

venences qui sunt fetes entre persones qui n'ont point
de seel; ou ils ont seaus, mais il lor plest mix à penre
letre de baillie, porce qu'ele est plus seure et plus
isnelement mise à execussion, doivent venir par de-
vant le bailli, et recorder le marcié et lor convenen-
ces, et puis requerre que letres lor en soient bailliés
selonc le forme c'on doit fere letres de baillie. Et puis
le letre doit estre fete en le maniere qui ensuit : « A
« toz ceus qui ces presentes lettres verront ou orront,
« Phelippes de Biaumanoir, baillis de Clermont, salut.
« Sacent tuit que en nostre presence, por ce establis,
« Pierres, de tel liu, et Jehans, de tel lieu, reconnurent
« en droit que il, de lor bone volenté et por lor por-
« fit, avoient fet tel escange », et puis doit estre li
escanges devisés et toutes les pieces especifiées. Et se
les convenences sunt por parties, ou por divisions,
ou por pes de plusors discordes, ou por ordenance de
lor biens, ou por convenence de mariage : tout ce
qu'il ont recordé et dont il ont requis letres, doit
estre mis ès letres. Et après ce, cil qui le letre baille se
doit obligier à tenir et garantir les convenences. Et
puis doit estre en le letre¹ le renonciations, le quele
obligations et renonciations est dite desus, ès letres
qui parolent de vente d'iretages. Et puis doit estre mise
le date pour savoir le tans que ce fut fet.

24. Autres letres sunt requises souvent qui ne tou-
quent qu'à une persone, et adont doit dire li baillis en
ceste maniere : « A toz ceus qui ces lettres verront ou
« orront, tex hons, baillis de Clermont, salut. Sacent
« tuit que par devant noz, por ce establis, Pierres, de

_____

¹ *Ès lettres.* B. T.

« tel liu, reconnut que il devoit à Jehan, de tel liu,
« tele somme d'argent, et pour tel coze »; et puis doit
estre dite toute le convenence, et après l'obligation, et
puis le renonciation, si comme il est dit ès lettres des-
sus des ventes d'eritages. Et quant tout ce est escrit, li
baillis doit dire : « Et porce que ce soit ferme coze et
« estavle, j'ai, en ces presentes letres, mis le scel de le
« baillie de Clermont. » Et après doit estre mise le
date[1].

25. Noz veons aucun cas par lequel on pot fausser
letres, tout soit li seaus autentiques et bien conneus,
et si n'en doit pas estre blasmés cil qui scela les letres;
si comme quant il avient que les letres tesmonguent
que les parties furent presentes[2] à Clermont, ou en
autre lieu certain, et il est clere coze et aperte[3] que
l'une des parties ou les dèus n'estoient pas el païs : en tel
cas, sunt les lettres de nule valeur, car ele est provée
à menchongnavle[4]. Et le reson porquoi li seeleres en
doit estre escusés et descoupés est tele qu'il pot estre
deçeus en tel cas, si comme quant il ne connoist pas
les persones en qui non les letres furent fetes. Et au-
tres persones par malice font fere les letres, et se nom-
ment par les nons et par les sornons de cix qui sunt
escrites letres, et dient que ce sunt il malicieusement.
Si comme Pierres diroit à Jehan : « Alons fere unes
« letres, et dites que voz avés non Guillame du Plessie,
« et fesons metre que Guillame me doit cent livres pa-
« risis, tous[5] ses prestés à[6] rendre à moi au Noel », et

[1] *L'Incarnation, pour savoir quant che fut fet.* B. — [2] *Que les pre-
sentes personnes furent.* B. — [3] *Esperte.* B. — [4] *Pour menchonche* B.
A menconiable. T. — [5] B. — [6] *Les.* B.

par tex fraudes poent eles estre faussées et menchon-
gnavles, sans les coupes des seeleurs. Mes là u tele fraude
pot estre provée, li bareteur qui font le fraude et tuit
li consentant doivent estre pusni comme larron.

26. Par ceste fraude qui est dite, qui pot estre ès [1]
letres, nous souvient d'une autre fraude qui avint el
tans que nous fesions cest livre [a]. Car en Normandie
a tele coustume en aucuns liex, que veue d'eritage ne
se pot fere entre laies persones, s'il n'i a quatre che-
valiers au fere le veue et qui le puissent tesmonguier
en le maniere qu'ele est fete [b]. Si avint qu'à une veue
fere, il n'i vint que trois chevaliers, et il, comme fa-
vorable à celi qui fesoit le veue, virent qu'ele seroit
de nule valeur se li quars chevaliers n'i estoit, si
s'aperchurent d'un barat por fere le veue passer : si
s'en allerent à un cemin auques pres d'iluec, par le
quel cemin uns hons de poeste passoit à ceval qui aloit
en se besongne. Li chevalier li demanderent comment
il avoit non, et il se nomma Ricars. Adont li dirent,
li trois chevalier, qu'il lor faloit un chevalier por estre
à une veue fere, et qu'il le feroient chevalier, si venroit
avec eus à le veue fere, et li dirent qu'il deist qu'il fust
chevaliers ; et li dona li uns une colée et dist : « Che-
« valiers soyés », et adont alerent là u le veue devoit
estre fete, et fu le veue fete. Et quant ce vint au jor
de plet, après le veue, ele fu jugié à soufisant, car
l'averse partie ne savoit pas le fraude du quart cheva-

---

[1] *En.* B.

[a] On voit que Beaumanoir avait plusieurs fois revu et corrigé ce
livre avant de le publier.

[b] Voyez Marnier, *Établissements et Coutumes de l'Échiquier de*
Normandie, p. 21, 129.

lier, devant que ce vint grant piece après ce qu'il
avoit jà perdue se querele par jügement. Et quant il le
sot, il se traist au roy et li conta comment il avoit esté
deceus en l'errement de son plet par barat des cheva-
liers; et li rois en fist savoir le verité, et quant il sot
que c'estoit voirs, il commanda que li ples fust en au-
tel point comme il estoit avant que le veue fust fete ;
si que cil qui cuidoit avoir finé son plet, refu au fere
le veue de nouvel. Et li païsans qui contrefist le cheva-
lier, fu raens de deux cens livres ; et li trois chevalier
par qui baras fu fes, à grant priere escaperent il par
cinq cens livres[1] d'amende. Et se cil por[2] qui le veue
fust fete eust esté sachans ne consentans du barat, il eust
perdue toute sa querele et si n'eust pas esté quites de
l'amende. Et cest cas avons noz mis en nostre livre,
porce c'on sace que toutes convenences, et toz marciés,
et toutes convenences ès queles apertes fraudes ou tri-
queries sunt trouvées, doivent estre ramenées à loial
estat; nis se jugemens en estoit[3] fes, parce que li jugeur
n'aroient pas seue le fraude ne le triquerie au juge-
ment fere. Ne les amendes qui sunt fetes de tex fraudes
por autrui desheriter, ne sont taxées fors à le volenté
du segneur, si comme il apert par les amendes que li
rois prist des bareteurs dessus nommés[4].

27. Se convenence est fete par lettre, ou en autre
maniere, à paier on à emplir le convenence dedens
un mois ou dedens un an, on ne pot contraindre celi
qui ot le convenence, devant que toz li mois ou toz li
ans soit passés. Et aussi s'aucuns doit aucunne coze

---

[1] *Livres chascuns.* B. T. — [2] T. *Par.* B. — [3] *Tout en feust.* B. —
[4] *Dis.* B. T.

fere à certain jor, on ne le pot torner à defaute ne requerre justice c'on li face fere, devant que li jors soit passés ; car il n'est pas certaine coze qu'il defaille devant que toz li tans soit passés, exeptés les jors c'on a por pledier ; car là se convient il presenter dedens hore de miedi, ou on seroit en le deffaute ; et excepté ce que on convenence dedens certaine hore nommée, si comme on convenence : « Je voz paierai dix livres « merquerdi [1] dedens prime » : se prime passe, on li pot demander les dix livres par justice.

28. Cil ne fut pas mal conseilliés qui counissoit son deteur à malvès paieur, et porce qu'il vit que s'il atendoit à li fere ajorner dusques à tant que li termes de le dete fust passés, si converroit il qu'il eust quinze jors d'ajornement, porce qu'il estoit gentix hons, ou porce qu'il manoit en franc fief. Et pour ce, avant que li termes de le dete venist, il le fist ajorner quatorze jors devant le terme de le [2] dete, si que li jors quai lendemain du jor que li paiemens dust [3] estre fes ; et ensi aprocha li creanciers son plet, car puisque termes estoit passés au jor de plet, li ajornés ne peust pas veer qu'il ne respondist.

29. Les renonciations qui sunt mises ès [4] lettres sunt bones, car s'eles n'estoient, on porroit moult de cavillations [5] metre avant contre les lettres. Et quant on renonce à [6] ce c'on porroit dire encontre les letres, ou especialement de cascunne renonciation à par li, les letres en sunt plus fors. Et de ces renonciations est il deus manieres : l'une general et l'autre especial. Le

---

[1] *Mardi*. B. — [2] *Se*. B. — [3] *Devoit*. B. — [4] *Dedens les*. B. T. — [5] *Empeesquemens*. B. — [6] *A tout*. B.

general , si est cele qui dist : « Et renonce en cel fet à
« toutes les cozes que je porroie metre avant, par quoi
« ce qui est dit dessus porroit estre detrié ou empee-
« quié. » Et l'especial, si est cele qui est dite dessus en
le letre qui parole de vente d'eritage [1]. Et quant ças-
cunne renonciations est [2] especifiée, si est après bone
le generax renonciation, porce qu'ele conferme ce qui
est dit especialement. Et si porroit valoir en aucunne
renonciation qui seroit oubliée, si comme de [3] dire : « Et
« renonce à toutes cozes que je, ou autres por mi,
« porroie metre avant, parquoi les convenences dessus
« escrites porroient estre destriées ou empeeciés. » Car
quant il a en unes letres fors que renonciation general,
ele ne taut pas c'on ne se puist aidier encontre de pre-
viliege de crois, ou de force, ou d'estre deceu par barat.
Mais ce ne pot on pas fere quant on y a renoncié es-
pecialement, exepté force ; car en toz cas coze fete à
force, ne vaut riens, si comme il est dit el capitre de
force et de peur [a] ; Et aussi li roi a, de son droit, que
por renonciation que nus ait mis ès letres, soit gene-
ral ou especial, il ne laisse pas por ce, s'il va en l'ost ou
contre l'ennemi de le foi, qu'il ne puisse fere les detes
aterminer, selonc ce qu'il voit le besoing de cex qu'il
mainne aveques li, ou qui vont en aucunne besogne
necessere de son commandement ; car ce qui li plest à
fere doit estre tenu por à loi [b]. Mais ce ne pot fere nus
fors li el roiame de France.

---

[1] B et T répètent ici la formule qui est donnée page 50 — [2] *Est
ainssi.* B. — [3] B. T.

[a] Chapitre xxxiii.

[b] Laurière, en annotant cette première maxime des Institutes de
Loysel : *Qui veut le roi, si veut la loi,* n'a pas dit qu'elle fût tirée

30. N'entende nus s'aucuns s'est obligiés par letres,
soit par les soies ou par autres de son segueur, que li
sires, por nule maniere d'obligation qui li soit fete,
laist[1] à goïr et[2] à esploitier de ce qui est de li tenus, s'il
n'i a renoncié especialement ; car por ce s'il a otrié le
convenence de son souget, si comme s'il dist : « Je le
« voil et otrie », c'est à entendre sauf son droit et
l'autrui ; et s'il s'oblige à garantir comme sires, encore
n'a il pas renoncié à ce qui li porroit venir de son droit
de le coze obligiée, si comme au racat s'il avenoit, ou
à forfeture, ou à aucun autre cas par quoi les cozes
des homes poent venir as segneurs. Mes s'il s'oblige
à garantir simplement, adont n'i pot il riens deman-
der por coze qui aviegne ; car s'il n'estoit pas sires, si
se porroit il fere plege ou detes s'il voloit, et aussi
apert il qu'il le[3] se face en ce cas. Et por ce se doivent
bien li segneur garder en quele maniere il otrient les
obligations de lor sougès.

Explicit.

Ci define li capitres de soi obligier par lettres[a].

---

[1] *Lesse.* B. T. — [2] *Ne.* B. T. — [3] *Que obligation.* T.

du livre de Beaumanoir. Les rédacteurs des *Établissements de saint
Louis* en avaient adopté une à peu près semblable : *Li rois ne tient
fors de Dieu et de son espée* (*Ordonnances*, t. I, p. 169). Tous les
jurisconsultes étaient d'accord pour propager des doctrines de ce
genre.

CAPITRES XXXVI.

Des cozes bailliés en warde, comment on les doit warder et rendre
à chiaus qui les baillent [1] [a].

1. Toutes cozes commandées, qui sunt bailliés en
garde, doivent estre rendues à cex qui les baillerent en
garde, quant il les voelent ravoir, exeptés aucuns cas;
si comme s'aucuns hons baille à un autre un coutel
ou une espée, et il, par sanllant de ferir aucun, le re-
demande : cil à qui il le bailla ne le doit pas rendre,
tant comme il le sace en volonté de fere mal à aucun.
Ou s'aucuns baille en [2] commande aucune coze, la quele
est porsivie qu'ele est [3] tolue ou emblée, la commande
ne doit pas estre rendue devant que le justice sace à qui
li drois de le coze apartient.

2. Se commande est baillié à plusors persones, le
commande ne doit pas estre rendue, se il n'i sunt tout,
ou s'il n'i envoient par loial procureur avec celi qui
veut ravoir le commande.

3. Se armeures sunt bailliés en commande, et cil
qui les bailla muet guerre contre le segneur de le terre,
les armes ne li doivent pas estre rendues, por le mal
qui en porroit venir.

4. S'aucunne coze m'est commandée à garder, et uns
autres que cil qui le me bailla à garder, le me demande,
parce qu'il dist que le coze est soie; et le veut prover,
je ne li doi pas rendre, ne le proeve recevoir; car il
doit porsivir celi qui le coze me bailla; et se je li bail-

---

[1] *Baillerent.* B. — [2] *Ou.* B. — [3] *Soit.* B.

[a] Voyez, sur le dépôt, les chapitres cvi à cx du livre des Assises
de la Cour des Bourgeois. (*Assises de Jérusalem*, t. II, p. 76 à 78.)

loie sans le commandement de celi qui me bailla le coze
à garder[1], cil qui me bailla le coze aroit action[2] de de-
mander le moi, et je seroie tenus au rendre[3]. Mais en
tel cas a on remede, tele que se cil est hors du païs, qui
me bailla le coze, sans esperance de revenir, cil qui de-
mande le coze por soie me pot porsivir devant justice,
et le justice pot et doit oïr ses resons, par les queles il
dit que les cozes sunt soies. Et se le justice voit que
ses resons soient bones et vives et bien provées, il me
doit contraindre à li baillier le commande. Mais puis-
que je li baurrai par juge, li juges me doit garantir et
doit penre bone seurté de celi à qui il a[4] fet baillier le
commande, que se cil revient, qui premiers le mist en
commande[5], on[6] le remetra en le main de celi qui le
garda, en autel point comme ele estoit quant il s'en
ala hors du pays.

5. Pierres proposa contre Jehan qu'il avoit au dit
Jehan baillié un ceval à garder, par loier, en plain
marcié; et certaines ensengnes li bailla par les queles
il le rendist à li ou à autrui s'il l'envoioit[7] querre; et
quant il revint à li querre son ceval, il ne trova pas son
ceval en le garde du dit Jehan, par quoi il requeroit
que li dis Jehans fust contrains à li rendre son ceval
qui li avoit baillié à garder. A ce respondi Jehans, qu'il
connissoit bien que li cevax li avoit esté bailliés à gar-
der et par loier, et que Pierres, qui li bailla, li dist
ensegnes par les queles il rendist le ceval à celi qui les
ensegnes li apporteroit; et uns hons vint à li, le quel
il ne connissoit, et li dist : « Bailliés me cel ceval à ces

[1] B. — [2] *Aquoison.* B. T. — [3] *A rendre le.* B. — [4] B. — [5] *Qui pre-*
micrement le mist en warde. B. — [6] *Que on.* B. — [7] *Le revenoit.* B.

« ensengnes », et li nomma les propres ensengnes que
li dis Pierres li avoit baillié et dites, par quoi il ne vo-
loit pas estre tenus à rendre le ceval, porce qu'il l'avoit
baillié et delivré par les ensengnes qui li avoient esté
bailliés. Demandé fu à Jehans, s'il porroit prover qu'il
rendist le ceval par les propres ensegnes qui li avoient
esté bailliés, il dist nennil, fors par son serement, et
por tant s'en voloit partir. Demandé fu à Pierre, par
son serement, s'il avoit envoié querre le ceval par les
ensegnes qu'il avoit bailliés au dit Jehan, il dist que
non ; et sor ce se mirent en droit, se li dis Jehans se
passeroit par son serement, ou s'il seroit tenus à rendre
le damace du ceval. Il fu jugié que [1] Jehans ne s'en pas-
seroit pas par son serement, ançois feroit restor au dit
Pierre du pris du ceval [2]. Et à ce jugement furent meu
li home par deus resons : l'une [3], porce que negligense
d'omme n'escuse pas contre autrui damace ; et ce fu le
negligense de Jehan de recevoir ensegnes si haut ou si
en apert, que autres persones que aus deus les oïst ou
seust, car parce que les ensegnes furent oyes d'aucun
larron, pot estre li cevax perdus. L'autre [4] reson, qui
mut [5] les homes, si fu que coze mise en commande,
et mesment par loier, doit estre rendue à celi qui en
commandement le mist, ou à son certain commande-
ment. Et par cel jugement pot on veir qu'il a peril en
commande [6] recevoir, car il porroit estre que cil qui le
ceval bailla à garder, l'envoia querre comme lerres,
par les ensengnes qu'il avoit bailliés, en entention de
redemander loi à celi qui le reçoit [7] en commande. Et

---

[1] *Que ledit.* B. — [2] *Que son cheval valloit.* B. T. — [3] *La premiere.* B.
— [4] *La seconde.* B. — [5] *Esmut.* B. — [6] *Warde.* B. — [7] *Rechut.* B.

por ce se fet il bon garder comment on reçoit le coze
en commande et comment on le rent.

6. Pierres proposa contre Jehan qu'il estoit venus
en le meson du dit Jehan comme cix son oste, où il
avoit reperié et esté autrefois, et li requist qu'il le her-
begast li et son ceval, si comme il avoit fet autre fois;
et Jehans li avoit respondu qu'il ne pooit, car ses ostix[a]
estoit toz plains d'ostes; mais il li ensengneroit bon
ostel. Et Pierres li dist qu'il l'i feist mener. Adont
Jehans envoia son vallet por mener le dit Pierre quiex[1]
Guillame qui estoit osteliers, et mist son ceval en l'es-
table, et prist en l'ostel de Guillame de l'aveine, et
dona à son ceval; et quant il s'en fu partis pour aler
el marcié, son ceval fu pris en l'estable et li fu emblés;
et quant il revint, il demanda à Guillame, quix qui son
ceval estoit, qu'il li rendist son ceval qu'il avoit perdu
en son ostel; et Guillames li avoit respondu, qu'il ne li
avoit pas baillié en commande, et[2] que de son ceval ne
savoit il riens, par quoi il requeroit que li dis Jehans,
porce qu'il disoit que li dis Jehans avoit loé l'ostel à bon,
et qu'il l'i avoit envoié par son vallet, li rendist le damace
de son ceval. A ce respondi Jehans, qu'il connissoit bien
qu'il li avoit loé l'ostel à bon, et à bon[3] le creoit il, et
qu'il l'avoit fet conduire dusqu'à l'ostel par son vallet;
mais il ne voloit pas por ce estre tenus à rendre le da-
mace de son ceval; et sor ce se mistrent en droit. Il fu
jugié que Jehans n'estoit pas tenus à rendre le damace
du ceval, car on doit croire, quant il avoit autre fois
esté ses ostes, et avoit esté herbegiés en son ostel sau-

---

[1] *Chiex.* B. — [2] *Ne.* B. — [3] *Et que à boieu.* B.

[a] Il s'agit ici d'hôtellerie, et non pas d'*ostise.*

vement, qu'il li enseguast l'ostel Guillame porce qu'il
le creoit à bon et por cause de bone foi. Et on se doit
penre plus pres en jugement d'assaure que de con-
dampner, quant cil qui se deffent met en se deffense
cause de bonne foy.

7. Or veons se Pierres eust demandé en jugement
son ceval à Guillame, en qui ostel il fu mis en le ma-
niere dessus dite, se li dis Guillames fust tenus à res-
torer le damace du ceval. Nous disons que non, car il
ne li fu pas bailliés en commande; et à ce que li oste
soient tenu à rendre les cozes perdues en lor ostix qui
furent à lor ostes, il convient qu'eles lor soient bailliés
en commande, et c'on die à l'oste ou à l'ostesse :
« Gardés nous ce », car autrement porroient li larron
qui se herbergent, embler, ou fere embler à lor mes-
nie, ou à autres, lor cevax ou lor cozes qu'il porte-
roient as ostix, et puis demander les à l'oste; et ensi
porroient estre li oste deceu, et che ne seroit pas resons.
Et encore à ce qui est baillié as ostes[1] especialment en
commande, pot il avoir remede par les ostes qu'il ne
seront pas tenu à rendre ce qui sera emblé; si comme
quant il est aperte coze et bien prové que li larron
emblerent[2] des cozes à l'oste, aussi comme des cozes as
osteles[3]. Mais porce que li oste porroient muchier lor
cozes et dire : « J'ai ce perdu », por eus oster du damace,
ou pour embler les cozes à lor ostes meismes, il con-
vient que ce soit prové par meson effossée[4], ou par wis
ou par huce brisiés, là u les cozes estoient, ou par cri
ou par hu après les malfeteurs; et par teles manieres

---

[1] *Aus ostez.* B. — [2] *Emblent.* B. T. — [3] *Osteliers.* B. T. — [4] *En-
fossez.* B. T.

de voies qui aparent cleres sans barat, se poent li oste
deffendre vers cix qu'il ont ostelé, quant lor cozes
mises en le commande de l'oste sunt emblées. Nepor-
quant, en tel cas li ofices du juge doit tenir grant lieu;
car il doit savoir de quel vie et de quele renommée li
ostes est; et s'on le trueve de malvese renommée[1], il
ne doit estre creus ne por meson enfossés, ne por
huce brisié, car tout ce porroit il fere malicieusement[2];
et moult est bone coze et convenable au juge de depe-
cier malvès ostix souspechonneus, si que li trespassant
puissent aler en lor marceandise et en lor besongnes
sauvement. Et moult est grans perix de herberguier
pour convoitise de gaaing[3], qui loialment ne le fet et
qui n'a tres bone renommée; car il avient aucunne
fois que cil qui entrent ensanble en un ostel, mor-
drissent l'un l'autre, ou emblent l'un à l'autre, que li
oste n'en set mot, devant que li malfeteur s'en sunt
alé et qu'il truevent le fet. En tel cas on n'en set qui
mescroire, fors les ostes; si en ont maintes fois li oste,
qui coupes n'i ont, à soufrir; car de tix cas orbes on
n'en set qui souspechonner, fors les ostes qui herber-
guié les avoient; ne en tel cas riens ne vaut tant as ostes
comme quant on les trueve en bone renommée, par
bone enqueste.

Explicit.

Ci define li capitres des chozes qui sont bailliées à garder.

---

[1] *Vie.* B. T. — [2] *Faire faire mauvaizement.* B. — [3] *Vuaignier.* T.

CAPITRES XXXVII.

Des cozes prestées, et comment li emprunteur en doivent[1] user[a].

1. Il a grant difference entre[2] coze baillié en garde[3] et coze prestée, car coze baillié en garde pot bien estre en tele maniere perdue, que cil qui le prist en garde n'est pas tenus à rendre la ; si comme s'ele est perdue sans les coupes de celi qui en garde le retint, si comme par fu, ou par yave, ou[4] par force, ou par larrons, ou par che que le coze perist de li meismes, si comme se c'est coze vive qui se muire, ou vins qui devient malvès, ou blés qui mesale, ou robes qui empire par vers ou par enviesir[5], ou autres cozes qui poent empirier sans les coupes de celi qui en garde les prist. Mais autrement est de le coze prestée ; car en quelque maniere qu'ele soit perdue, ou par les coupes de celi qui l'emprunta, ou sans ses coupes, il est tenus à rendre le coze qui li fu prestée, ou le valor, se le coze est en tele maniere perdue qu'ele ne puist estre rendue tele comme on li presta. Car se j'ai presté fourment à à aucun tout sain, et il le me veut rendre mesale, je ne sui pas tenus au repenre ; nis se c'estoit li fourmens que je prestai qui fust empiriés en ses greniers ; car coze prestée, si est coze baillié à autrui[6], en tele ma-

---

[1] *Pueent.* B. — [2] *En.* B. — [3] *Gage.* B. — [4] *Ou tollue.* T. — [5] *Devenir viés.* B. — [6] *Aucun.* B.

[a] Les jurisconsultes français ou anglo-normands dont les ouvrages nous sont parvenus, n'ont point porté leur attention sur le prêt; mais cette matière a été traitée avec d'assez grands développements par l'auteur du Livre des Assises de la Cour des Bourgeois, c. XL à XLII, et c. L à LIII. (*Assises de Jérusalem,* t. II, p. 41, 48, 49, 50.)

II.   5

niere c'on le r'ait au terme qui y est mis; et dusques
au terme, li emprunteres en pot fere son preu et mestre
en son porfit¹; mais ce ne pot il pas fere de le coze
baillié en garde². Et puis c'on pot fere son preu de le
coze prestée, il est moult³ bien resons c'on le rende
aussi souffisans comme ele estoit quant ele fu prestée.

2. Se le coze prestée est prestée sans metre terme de
ravoir le, li termes est venus de ravoir le quant cil le
veut ravoir qui le presta. Neporquant, il le porroit en
tel point demander que li emprunteres ne seroit pas
tenus de rendre li tantost; si comme s'aucuns me
prestoit armeures por le doute de mes ennemis, et il
les me redemandoit el point que je seroie armés, et en
tel liu que je ne porroie autres recovrer : en tel cas je
ne li seroie pas tenus à rendre, devant que je seroie en
liu seur où je me peusse desarmer. Et aussi d'un ceval
s'il m'estoit prestés por guerre, et on le me demandoit
el point que je seroie montés sor en liu perilleus. Et
parce que noz avons dit des armeures et du ceval, pot
on veir des autres cozes prestées qui sunt demandées
du presteur el tans qui n'est pas honestes. Mais sans
peril de cors et sans peril d'avoir très grant damace,
je sui tenus à rendre ce qui me fu presté sans delai⁴.
Neporquant, se je ne le voil rendre et li presteres le veut
ravoir par force de justice, il convient qu'il me face ajor-
ner; et quant je serai venus en cort, il convient qu'il me
demande ce qu'il me presta; et se je li connois, comman-
dement me doit estre fes en le maniere c'on le⁵ fet des
autres detes qui yssent des marciés et des convenences,

---

¹ B. *En pot fere son porfit.* A. — ² *Si elle li est bailliïe ichelle chose
ou autre meesmes.* B. — ³ B. — ⁴ *Sans nul delaiement.* B. T. — ⁵ B.

exepté aucunnes cozes prestées c'on doit plus haster.
Car se je reconnois devant justice que j'aie le ceval
d'aucun en m'estable, ou ses ostix de quoi il doit
ouvrer, ou autre coze qui est en me baillie presente-
ment, autre coze que dete de denier : je doi estre
tantost contrains au rendre. Mes se je n'ai pas ce qui me
fu presté en me baillie, adont me doit on fere com-
mandement que je le rende, si comme il est dit
dessus.

3. Qui preste, il doit prester se coze et non l'au-
trui. Et cil meisme qui emprunte doit savoir que le
coze qu'il emprunte soit à celi à qui il emprunte ; car
se j'emprunte à aucun ce que je sai bien qui n'est pas
sien, je ne le puis retenir. Et se cil qui le coze est m'en
porsuit, voirs est que je doi avoir jor de querre mon
garant, porce que je tieng le coze d'autrui main que
de le soie. Et se je ne puis avoir mon garant, si comme
s'il est mors ou manans en estrange païs, cil qui le
coze proeve à soie[1] l'emporte. Et quant il convient que
Pierres rende à Jehan ce que Guillames li presta, il le
doit fere par justice ; car s'il rendoit audit Jehan sans
justice, tout seust il que le coze fust soie, il ne seroit
pas quites vers le dit Guillame qui li avoit prestée ; et
aussi ne seroit il s'il le bailloit par justice de se propre
volenté, sans requerre son garant ; car cascuns est
obligiés envers celi qui preste par reson du prest, et
avant le doit rendre à li qu'à autrui ; et quant ele li est
rendue, cil qui l'emprunta en est delivrés. Et s'au-
cuns autres y set son droit, par[2] justice le droit por-
cacier ; car s'aucuns me porsuit d'aucune coze que au-

---

[1] *Pour sieue.* B. — [2] *Par le.* B.

cuns autres me presta, et je remet le coze en le main
de celi qui le me presta, je doi estre delivres, et si ne
fes à nului tort.

4. Noz avons dit dessus que çascuns est tenus à
rendre le coze prestée aussi saine et aussi entiere comme
ele estoit quant on le presta, et c'est voirs. Nepor-
quant, d'aucunes cozes prestées n'est pas tenus li em-
prunteres à rendre les aussi soufisans comme il les
prist; si comme s'aucuns me preste son ceval por fere
mon labor ou por cevaucier, et je le rent plus megre
et plus traveillié qu'il n'estoit quant je l'enpruntai, je
n'en sui tenus à fere nul restor, s'il ne me plest, puis
que je le rent sans mort et sans afolure. Et en tel cas
disons noz tout autel des quevax qui sunt baillié à
louage. Mais se li cevax muert ou mehaigne entre les
mains de celi qui l'emprunta ou qui le loua, il est te-
nus au damace rendre. Et aussi s'aucuns me preste se
robe pour mon vestir, et il le suefre tant en me baillic
que le robe empire et viesure[1], je ne sui tenus à rendre
que le robe tele comme ele est quant on le me demande.
Car porce que tex cozes empirent par vestir ou par en-
viesir, on doit croire que cil qui le presta, qui bien
savoit qu'ele empirroit, amoit tant celi à qui il fist le
prest, qu'il li donoit l'usage du vestement tant comme
il li pleroit. Et s'il le laissa tant à demander qu'ele fu
usés, il ne le pot demander fors tele comme ele est. Et
aussi s'aucuns me preste un muis de fourment, ou un
muis de soile ou d'aveine ou de vin, qui vaut quarante
saus le jor qu'il est prestés, et quant li presteres le veut
ravoir, il ne vaut que vingt saus ou que trente saus,

---

[1] *Empire par en viellir.* B. *Par enviesure.* T.

il ne pot pas demander à celi à qui il presta qu'il li rende ce qu'il a perdu el prest. Car s'on me presta grain ou vin, je ne sui tenus à vendre fors autel comme on me presta ; ne on ne doit pas penre garde s'il monte ou abaisse au marcié, mais en le coze prestée tant solement. Neporquant, s'aucuns me preste grain ou vin ou robes ou cevax ou autre coze, quele que ele soit, et je requier à celi à qui je le prestai qu'il me le rende, et il ne le pot ou ne veut rendre, se le coze prestée empire puis sor mi, par le defaute de ce qu'ele ne me fu pas rendue quant je le demandai, je puis demander par reson, puis lueques en avant, le damace de l'empirement de le coze prestée ; car je ne doi pas avoir damace en ce c'on ne me vaut rendre ce que j'avoie presté ; et autrement gaaigneroient li malvès paieur[1] par lor barat souvent. Si comme se je prestai à aucun mon blé par le quier tans, et par quier tans le redemandoie, et cil qui l'emprunta ne le mi voloit rendre, ançois porcachoit delai sans mon respit et sans me volenté ; et, en cel delai pendant, blés venoit à meillor marcié par l'aoust qui venroit en cel delai, ou par autre coze : en tel cas li emprunteres seroit tenus à moi rendre de mon blé le valor qu'il valoit[2] quant je li demandai. Mais autre coze seroit se je ne demandoie mon blé devant le bon tans, car adont ne li porroie je demander qu'il me feist nul restor du damace.

5. Bien se gardent cil qui prestent, qu'il prengnent le coze prestée el point que li emprunteres l'offre à rendre, car s'il le refuse, et le coze prestée empire

---

[1] *Chaus qui paient mauvaisement.* B. — [2] *Mon blé de le valleur que il estoit.* B.

puis l'offre du rendre, li emprunteres n'est tenus à
fere nul restor de l'empirement; si comme s'aucuns
me preste un muis de blé et vaille quarante saus au
jor qu'il me fu prestés, mais je n'ai pas convent à ren-
dre quarante saus por le muis de blé, et après je re-
garde mon bon point por mi aquiter, et offre le muis
de blé à rendre aussi bon grain comme il me fu prestés :
tout soit ce qu'il ne vaille que vingt saus le muis el
point que je l'offre à rendre, cil qui le me presta ne le
me pot refuser. Et s'il refuse ou delaie à penre, porce
qu'il vaut mains qu'il ne fesoit quant il le me presta,
et en cel delai blés enquierist, si que il vient en aussi
grant quierté, ou en plus comme il estoit quant il me fu
prestés : je ne sui pas tenus à rendre le muis de blé,
mais tant qu'il valoit au jor et à l'ore que je l'offri à
rendre; car male coze seroit que je receusse damace
parce c'on ne vaut recevoir mon paiement. Mais porce
que en demander ce c'on me presta, ou en ofrir paie-
ment à fere, porroit avoir fraude et barat; si comme
se je demande à aucun ce que je li aroie [1] presté en lieu
desconvenable de mi paier, porce que je ne vaurroie
pas qu'il me paiast, si comme je li demandoie en pas-
sant : « Biau sires paiés moi », et n'atendoie pas se res-
ponse; ou je li demandoie en [2] point que je verroie que
il seroit enbesongniés [3] qu'il ne porroit à moi entendre,
ou en aucunne autre maniere malicieusement : de tix
demandes se porroit li emprunteres escuser; car quant
on demande se dete, ou ce c'on a presté, on le doit de-
mander par devant bone gent, sans espier lieu des-
convenable, ou querre par justice. Et il n'a point de

---

[1] *Avoie.* B. — [2] *En ce.* B. — [3] *Si enbesongniés.* B.

difference entre dete de loial marcié et coze prestée,
car coze prestée est bien dette à celi qui l'em-
prunte.

6. On doit uzer des cozes prestées selonc le maniere
qu'ele fu prestée et nient autrement; car se j'emprunte
un ceval por cevaucier, je ne le doi pas metre à le carue,
sans le congié de celi qui le me presta; ou s'on m'a
presté aucunne coze por mon uzer, je ne le doi pas
prester à autrui, ançois doi adés estre sires de ce c'on
m'a presté, si que je le puisse rendre quant cil qui le
me presta le vaurra ravoir. Et cil qui n'use pas ainsi
comme il doit de le coze prestée, se damaces en avient,
li emprunteres le doit rendre à celi qui le presta.

7. S'on me preste aucunne coze, en tele maniere
que je face de l'emprunt aucunne certaine besongne
qui est dite à l'emprunter, et en tele maniere que je le
doi rendre à certain jor, et il avient que j'en face ' autre
coze que je ne convenenchai [2] : cil qui le me presta n'est
pas tenus à atendre le terme qu'il me dona de le coze
rendre, porce que j'en fes autre coze qu'il ne me fu
convenencié à l'emprunter; si comme s'on me preste
un ceval por trere à me carue, et quant j'ai le ceval
je ne le met pas à me carue, ançois le fes chevaucier :
en cel cas et en sanllavles li presteres n'est pas tenus à
atendre le jor de le Toz-Sains, porce que je uze du
prest autrement [3] que je ne convenenchai à l'emprunter.
Car il avient souvent c'on preste à son ami aucunne
coze por fere aucunne coze certaine, c'on ne li preste-
roit pas por fere autre coze que cele qui est dite à

l'emprunter. Et por ce avons noz dit c'on doit uzer en tele maniere qui fu dit du presteur à l'emprunteur. Et tout ainsi que noz avons dit des cozes prestées, disons noz des cozes bailliés por loier; car nule coze ne doit estre mise en autre uzage que en celi por qui ele fu louée; et qui le convertiroit en autre uzage, se damaces en avient, li loueres est tenus à rendre le damace à celi qui le coze li loua.

8. Toutes cozes ne font pas à prester, car nus ne doit prester ce qui plus nuiroit à l'emprunteur qu'il ne li aideroit; si comme s'aucuns voloit fere mellée et je li prestoie mes armes ou m'espée por acomplir se fole volenté, je li nuiroie plus que je ne li aideroie, car il porroit fere folie par l'ayde de mon prest, et je meismes n'en seroie pas delivres s'il estoit prouvé contre mi que je li eusse presté por fere malice à essient. Et aussi ne doi je pas prester ne donner vin à home yvre, ne machue à fol; et, à briement parler, nus ne doit fere don, ne prest, ne louage, ne ayde, ne confort contre Dieu ne contre bones meurs; et quiconques le fet à essient, s'il l'en mesavient, c'est à bon droit.

Explicit.

Ci define li capitres des chozes qui sont presteez [1].

---

[1] B.

CAPITRES XXXVIII.

Des cozes bailliés par loier ou à ferme, et des enwagements[a].

1. Noz avons parlé des cozes bailliés en garde, et après des cozes prestées, or est bon que noz parlons un petit et briement des cozes qui sunt bailliés par loier; car il a diference en plusors cas entre les cozes qui sunt bailliés par loier et celes qui sunt bailliés en garde ou por prest, par le reson de gaaing que cil en doit avoir qui le loue; car cil qui baille à garde ou qui preste sans uzure, ne pot demander arriere que le coze qu'il presta ou bailla à garder, tant solement; mais cil qui baille aucunne coze à louage, le pot demander quant li termes est passés, et le louage qui est convenenciés aveuc.

2. Louage se font en plusors manieres; car les unes cozes sunt louées dusqu'à certain terme, et les autres à jornées, et les autres por fere certaines besongnes, sans nommer ne jor ne terme de ravoir, et les autres par condition. Si doit on savoir c'on doit uzer des cozes louées selonc ce que on convenencha au louer. Neporquant, en aucuns cas pot on uzer autrement qui ne fu dit au louer, si comme se je loue une meson en entencion de manoir y dusqu'à certain tans, et aucuns empecquemens me vient par quoi je n'i puis ou ne voil manoir, porce ne demore pas que je ne puisse le meson louée metre en autrui main, en men preu fesant dusques au terme. Neporquant, il ne me loit pas metre

---

[a] Voyez le Livre des Assises de la Cour des Bourgeois, c. xciii à cii. (*Assises de Jérusalem*, t. II, p. 70 à 74.)

si grant segneur que le coze louée puist empirier par
son forfet, se je ne fes seurté au louer de rendre le
damace. Et aussi, se j'ai un ceval loué por trere à le
carue dusqu'à le Toz-Sains, il me loist bien à prester loi[1]
ou à louer à mon voisin. Mais de toutes les cozes prestées
ou louées, se cil les met hors de se main qui les prent à
loier[2], il demeure obligiés envers celi qui li loua, de le
coze rendre et du damace, s'il y est, et du loier qui fu
convenenciés. Quant aucunne coze est convenencié,
ou louée dusqu'à certain terme, si tost comme li termes
est venus, le coze doit estre rendue, et li louages; et se
cil qui le loua le tient puis le terme contre le volenté de
celi qui le coze est, cil qui le coze loua se pot plaindre
de novele dessaisine, tout l'ait cil qui le loua tenue un
an ou deus ou plus par reson de louage. Mais que li
loueres qui se veut plaindre se plaigne dedens l'an que
li termes du louage passa, et qu'il li ait avant requis
qu'il li rende se coze qu'il li loua par devant justice ou
par devant bone gent; et adont, s'il ne li veut rendre,
se pot il plaindre en le maniere dessus dite. Car cil ne
se porra aidier du tans qu'il tint à louage, et s'il plest
au demandeur, il le pot bien sivir par autre voie que
par novele dessaine[3], en requerant que se coze li soit
rendue que il[4] tient.

3. S'aucuns a loué une meson ou une autre coze
dusqu'à certain terme, et il avient que li termes passe,
en tele maniere que cil qui le coze est se taist, et cil qui
le tint par loier uze de le coze ausi comme il fesoit el

---

[1] *Je le doi bien prester.* B. — [2] *Au louer.* B. — [3] *Dessaizine.* B. T.
— [4] *Chelui.* B. T.

tans qu'il le tint à louage, et après cil qui le coze est li demande le loier de tant de tans comme il l'a tenue puisque li termes passa : noz creons qu'il ne fist[1] pas desavenant demande; car parce que çascunne partie se tut, il apert que li louages duroit par le consentement d'aus deus; meesment quant cil qui le coze loua, uza comme de le coze louée puis le terme, aussi comme devant. Et aucunne fois avient il que cil qui louent les mesons à autrui, ou autre coze dusqu'à certain terme, que quant li termes est venus, cil est hors du païs ou enbesongniés[2], ou cil meismes qui le meson loua, si ques il ne pot pas commencier novel louage. Neporquant, bone fois doit estre gardée, et le bone fois est que se cil demore en le meson louée puis le terme que il paie[3] selonc ce qu'il y sera[4], et s'il en veut estre quites, il s'en voist[5] de l'ostel quant termes est venus; et s'il avient une piece après le terme, après ce que çascuns se sera consentis, li uns à uzer de le coze louée, li autres à soufrir que cil qui le coze est le voille ravoir, il convient que cil qui maint en le meson, ait terme de widier le lieu, selonc son estat, de huit jors ou de quinze jors, à avenant regart de le justice; car male coze seroit que cil qui mainnent en autrui mesons fussent contraint d'issir, qu'il ne peussent lor cozes widier avant lor issue.

4. Li louage qui sunt fet par jornées, ne durent fors tant que les deus parties s'assentent au louage; car celui qui la coze loue, le puet redemander si tost comme il li plaist, et le louage des jornées se[6] la coze a esté

---

[1] *Qu'il ne feroit.* B. — [2] *Ou en grans besongniez.* B. — [3] B. *Pait.* A. — [4] *Sera en le maison.* B. — [5] *Si s'en voise.* B. T. — [6] *Que.* T.

tenue. Et aussi celui qui la coze loue, le puet rendre
par les jornées, quant il li plest, ne mes que il paie
celui qui li loua. Neporquant, se le jornée est entamée
ne tant ne quant, se cil qui le coze loua le veut rendre,
il doit paier toute le jornée entiere, aussi bien comme
s'il le rent à prime, que s'il le rendoit au vespre. Car
puisque le jornée est commencié, ele est toute à celi
qui loua le coze. Car se j'ai loué un ceval à jornées, je
ne le puis pas redemander à hore de prime ne de tierce,
ne devant que le jornée est acomplie; ançois se je le
voil ravoir, je doi celi requerre qu'il le me renvoit
quant le jornée est acomplie, ou si matin que j'en puisse
fere mon esploit de le jornée qu'il me sera envoiés, si
comme à soleil levant ou enchois. Et aussi comme noz
avons dit du ceval, entendons noz des autres cozes qui
sunt louées par journées.

5. Se cil qui loue aucunne coze par jornées tient le
coze louée contre le volenté de celi qui le coze est, et
après ce qu'il li a demandé le coze à tout le loier con-
venablement, si comme il convient qu'il r'ait le coze
par justice : cil qui tint se coze par loier n'est pas te-
nus tant solement à rendre le louage des jornées au-
teles comme celes qui furent convenenciés el tans qu'il
tint le coze par le gré de celi qui ele estoit, ançois est
tenus à rendre tout le damace que cil y ot qui le coze
loua, el tans qu'ele fu tenue contre se volenté; car on
set que les saisons ne sunt pas onnies en louages; si
comme une voiture doit estre plus quiere louée en
aoust, en vendenges ou en mars, que en autre saison.
Si n'est pas resons, s'aucuns tient une voiture d'autrui
à semaine ou à jornées, et cil qui le loua le veut ravoir
por fere son porfit por le mars ou por l'aoust qui

aproche, se cil qui devant le tenoit à loier, le tient le mars ou l'aoust, contre le volenté de celi qui le coze est : il n'est pas resons qu'il s'aquite par auteles jornées comme il fesoit devant, car adont gaaigneroit il por fere tort. Et on doit savoir que cil fet tort qui tient autrui coze contre le volenté de celi qui ele est, sans avoir bone cause de tenir le, si comme par loier, dusques à terme, ou par engagement, ou par ferme, ou par moult d'autres resons sanllavles, par les queles on pot bien avoir uzage sor autrui coze, tout soit le proprietés à autrui.

6. Or sunt aucunnes cozes louées en autre maniere, si comme por fere aucunnes certaines besongnes ; si comme se je loue un ceval por cevaucier de Clermont à Paris : si doit on savoir, quant tex louages est fes, que on en doit uzer en tele maniere comme il fu convenencié; car cil qui loue le ceval à cevaucier dusqu'à Paris, ne le doit pas cevaucier outre Paris, ne mener autre cemin qui soit plus grevex ne plus lointains que cil qui fu dis de Clermont à Paris. Neporquant, il avient aucunne fois c'on ne pot pas tenir teles convenences por cause de necessité; si comme se cil qui entendoit à aler à Paris, après ce qu'il est meus oïst noveles par les queles il convenist hastivement passer Paris, ou torner autre cemin, par quoi il demore plus qu'il ne quidoit, et plus lonc cemin qu'il ne quidoit : en tel cas doit il estre escusés por le cas d'aventure, toutes voies par le damace rendant à celi qui li cevax est, selonc le tans de le demeure et selonc le grandeur de le voie. Et parce que noz avons dit du ceval loué por fere une certaine voie, pot on entendre des autres cozes louées por fere autres cozes certaines.

7. Autres manieres de louages sunt qui sunt fet par condition, si comme se je disoie à aucun : « Je voz loue « me meson dix livres dusqu'à le saint Jehan, en tele « maniere que j'aie se meson por cent saus dusques au « dit terme » : s'il ne me veut delivrer et baillier se meson por les cent saus, je ne sui pas tenus à li bailler me meson por les dix livres. Et aussi comme noz disons des mesons, disons noz de toz autres louages, et de toutes convenences, et de toz marciés qui sunt fet par condision, qu'il[1] convient le condition aemplir, ou ce qui a esté convenencié est de nule valeur.

8. Quant aucuns loue ou marceande ou convenence aucunne coze par condition, il est el cois de celi qui le condition doit aemplir, de le condition aemplir, ou de laissier le en tel maniere que, s'il le veut aemplir, li marciés ou le convenence ou li louages doit estre tenus; et, s'il ne li plest aemplir le condition, on ne l'en pot contraindre s'il ne s'obliga ou convenencha qu'il l'aempliroit. Si comme se je loue à aucun un ceval ou preste, en tele maniere qu'il me doit prester dix livres dusqu'à certain terme, et le mes convenencha à prester : en tex cas et en saullavles on est tenus à emplir les conditions; car s'il ne voloit pas penre mon ceval, si comme il fu dit, si m'est il tenus à prester[2] les dix livres, puisqu'il ne demore pas en moi qu'il n'ait le ceval.

9. Comment que je tiegne me meson, en fief ou en vilenage, s'aucuns maint dedens par loier, et il ne me paie mon loier as termes qui sunt devisé, je puis penre du sien dedens me meson por le louage, comment qu'il se soit obligiés por autrui ou vers

autrui, exepté le saisine du segneur de qui je tieng
me meson. Car se le meson est saisie, ou li bien de
celi qui me doit mon loier, par mon dessus[1], je doi
porcacier que le saisine soit hors avant que g'i mete le
main, ou requerre qu'il me face paier ce qui m'est deu
par reson de louage; et se cil qui en me meson maint
veut widier le liu ains le terme ou après le terme[2], en
apert ou en recelée, je puis arester ou fere arester le
quel qui mix me plest de ses biens, tant comme il sunt
en le meson; mais s'il sunt mis hors avant que je face
l'arest sor autrui justice que sor le moie, je ne le puis
arester de m'auctorité qu'il ne me convenist le liu re-
saisir et amende fere, ançois me converroit porcacier
de mon loier par le segneur de celi qui le me doit, ou
penre à mes pleges, se je les ai.

10. Cil qui louent les heritages à tenir toute lor vies
ou à heritages à aus et à leur oirs, sunt tenu à main-
tenir les heritages loués, s'il poent, en aussi bon estat
comme il les pristrent, ou au mains en autel point
qu'il vaillent le louage. Et s'il le voelent depecier, en
depechant[3] mesons, ou par coper arbres fruit portans,
ou par essarter bois ou vignes : li sires qui les bailla à
louage n'est pas tenus au[4] soufrir, car il en porroit estre
damaciés[5], c'on li porroit laissier le liu por les chens ou
por le louage, quant li liex seroit empiriés. Mes bien
en face cil qui le tient sen porfit en tele maniere comme
il li plest, sans fere tex empiremens. Et aucunne fois
avient il que cil qui prennent aucun heritage à cens
ou à louage à tozjors, baillent en liu de seurté contre

---

acens d'eritage, porce que s'il avient que ceux qui prendent[1] heritages à cens ou à louage le voelent laissier, porce qu'il lor sanlle trop quiers, ou porce que li liex est empiriés, que cil qui le baille se puist penre à son contre acens[2], et au lieu qu'il bailla tel comme il est quant il fu laissiés. Et en tel cas disons noz, que puisque cil qui l'eritage bailla à cens ou à louage a seureté, et d'autre hiretage que on apele contre acens, il ne puet biau veer que celui qui son heritage tint à cens ou à louage n'en face son porfit en toutes manieres, exepté gast ou essil; car mon propre heritage meisme ne me loit il pas à gaster par malvese cause, porce que ce seroit li damaces des signeurs de qui je tieng les cozes, et contre le commun porfit. Et aussi comme cil doit estre justiciés qui art autrui meson à essient, doit il estre s'il art la soie meson meismes, en entention d'ardoir le meson son voisin qui est près; car li aucun sunt si haineus et si felon, qu'il vaurroient bien fere damace à eus meismes por fere damace à autrui; et por ce ne doivent il pas estre escusé pour eus s'il se font damace, ançois doivent estre jugié selonc l'entention qu'il avoient d'autrui grever, et cette entention doit estre seue par lor reconnissance ou par maneces provées.

11. Porce que noz avons parlé de baillier à contre acens por heritages pris à cens ou à loier, on ne les pot pas baillier par le coustume qui ore quert, se ce n'est par l'acort des signeurs, de qui li heritage muevent c'on veut baillier à contre acens; porce que li heritages qui est bailliés par maniere de seurté, ne pot puis estre

---

[1] *Prennent.* B. T. — [2] *Qui li a esté bailliez por plesgez.* B. T.

vendus, ne donnés, ne laissiés en testament, ne estre
mis hors de le main de celi qui en seurté on le bailla,
se n'est o toute le carque de le seurté; c'est à dire que
se li chens ou li louages n'est paiés, cil qui le coze
bailla à cens ou à louage se pot penre à ce qui li est
baillié à contre acens, en quel main qu'il le truist, et
ensi perdoient souvent li segneur lor ventes, porce
c'on ne trouvoit qui acatast tex heritages por le carque
dessus dite; et por ce est il restraint qu'il ne pot mes
estre fet sans l'acort des segneurs. Et s'aucuns le fet
sans le seu des segneurs, li sires pot geter le main à
l'eritage, tant que le carque du contre acens soit ostée;
et adont, cil qui l'avoit prise par seurté de ce qu'il
avoit baillié à cens ou à louage, pot sivir celi qui ne li
pot garantir son contre acens, à ce qu'il li garantisse
ou qu'il li face autre seurté soufisant. Et se cil qui prist
le coze à cens ou à louage, ne le pot fere[1] vers le se-
gneur qu'il suefre le contre acens, ne il n'en pot fere
autre seurté soufisant : cil qui bailla se coze à cens ou
à louage le pot redemander arriere, tout soit ce que
cil à qui ele fu baillié li die qu'il le paiera moult bien;
car nus n'est tenus à bailler se coze à autrui sans
seurté, s'il ne li plest. Et puisque cil ne poent fere
le seurté qu'il ont convent, li marciés ne doit pas
tenir.

12. La coustume de baillier teres waaignavles, ou
vignes, ou autres heritages, les quix il convient laborer,
est tele que qui le prent à louage ou à ferme doit fere
seurté de paier le louage ou le ferme, avant qu'il lieve
les despuelles premierement[2], tout n'en fust il pas parlé

---

[1] *Ne puet tant fere.* B. — [2] *Premieres.* B.

II. 6

el marcié du louage; car il me loist bien à ballier me
tere wide, en le quele il convient metre labor et coust,
sans demander seurté, dusqu'à tant que les despuelles
soient aparans; car c'est bone seurté[1] quant cil qui le
coze prent y met toz jors du sien en amendant le lieu
dusqu'à tant que ce vient au despoullier. Mes avant
qu'il dessaisisse le liu, il me doit fere seurté, se je le
requier; et s'il ne le veut fere, et il a bien le pooir
du fere, je puis tenir les despuelles en me main tant
que je soie paiés de mon louage et des arrierages, s'il
y en a aucuns, et que je soie seurs du tans à venir,
s'il l'a encore à tenir par le marcié. Mes autrement
seroit s'il n'avoit pooir de paier, ou de tenir, ou de
fere le seurté; si comme s'il estoit d'estrange pays, par
quoi il ne pot pas avoir pleges; ou s'il est povres, par
quoi on ne le veut plegier : en tel cas ne perdra il pas
son marcié, ançois doivent les cozes estre mises en
sauve main; si que cil qui le bailla à louage soit toz
premiers paiés de son louage, et après cil qui prist le
marcié ait tout le remanant por son labor. Et se cil
qui le marcié bailla se repent, porce qu'il li saule qu'il
le bailla à trop petit pris, et le vout oster[2], et feint
que c'est porce que cil qui le prist ne l'en pot fere
seurté : ce ne li vaut riens, tant com cil qui le prist
mete[3] en le coze labor soufisant, et qu'il voille moult
bien que les yssues soient en main sauve, dusqu'à
tant que cil soit paiés de son loier plenierement; car
autrement perdroient souvent li povre et li estrange
les bons marciés qu'il prennent à louage, es quix il
gaaignent lor vivre par lor labor.

---

[1] *Seur*. B. — [2] *Et veut oster le marcié*. B. — [3] *Mesche*. B.

13. Cil qui prent aucune coze à loier, ou en garde[1] par loier, et après le pert par negligense ou par malvese garde, n'est pas escusés de rendre le damace, aussi comme cil qui le prent en garde sans loier, ançois est tenus à rendre ce qui li fu baillié à louage, à tout le loier; car li loiers qu'il prent por le coze garder, l'oblige à rendre le coze qui li fu baillié en garde. Neporquant, force de segneur en est exeptée, car en quele maniere que j'aie autrui coze, se force de segneur le m'oste ou areste sans mes coupes, cil qui le coze me baille le doit delivrer envers le segneur qui l'a prise ou arestée, ne moi n'en pot il sivir, se le prise ne fu fete por cause de moi. Neporquant, il porroit avenir qu'aucuns malicieusement le porroit fere penre ou saisir par son segneur; et quant cil qui le coze seroit le demanderoit au segneur, s'il voloit autre coze que bien, il diroit : « A voz ne sui je tenus de riens à respondre, car j'ai « pris sor mon justichavle. » Mes tele reponse n'a pas liu, car tout ait li sires justice en se terre et pooir de penre par reson de justice, s'aucuns vient avant qui die que le coze prise est soie, li sires le doit rendre, s'il proeve le coze à soie, s'il ne monstre qu'il le tiengne par cause resnable de ce qu'il li demande à avoir; car nus ne doit perdre le sien por autrui meffet, s'il ne s'i est obligiés par plegerie, ou par compaignie, ou par autre maniere.

14. Louages ne[2] engagemens ne[3] doivent pas estre soufert, si comme noz avons dit aillors, es quix li segneur poent[4] estre damacié[5]. Et aussi ne sunt[6] pas cil à

soufrir qui sunt fet contre Dieu ne contre bone renom-
mée, ançois en doivent cil estre durment pusni qui tix
louages ou engagemens font. Si comme s'aucuns loue
ou engage les cozes saintes qui sunt sacrées ou establies
por Dieu servir, car se les cozes saintes sunt bailliés à
loier, ce est simonnie. Mais s'aucuns a galisces ou ves-
temens ou autres cozes por Dieu servir, bien les pot
prester ou donner en tel liu que Dix en soit servis, et
non pas en autre liu. Et se li sires trueve auques en sa
terre tex cozes en main laie, par engagement ou par
autre laide maniere, il les doit penre et remetre en liu
saint, el liu dont eles vinrent. Et s'il ne pot savoir le
liu dont eles vinrent, en liu honeste de saint Eglise
les mete, et cil qui presta aucunne coze sor doit perdre
ce qu'il presta. Et encore creons noz c'on ne li fet nul
tort s'on en lieve amende, car nus hons lais ne doit
prester sor tex cozes. Et se li clerc ou les eglises font
tex cozes, les uns envers les autres, autrement qu'il ne
doivent, noz ne volons de ce parler, porce que à justice
laie n'apartient pas à parler de le venganche, mais à
nostre Segneur et à lor ordinaires [a].

15. Une malvese [1] coustume soloit courre ancienne-
ment, si comme noz avons entendu des signeurs de lois;
car [2] il avenoit que uns hons louoit une feme dusqu'à
certain terme [3], por certain loier qui li donnoit, por
fere pecié à li ou à autrui; et fesoit jurer et fiancier à
le feme quele li tenroit tel convenant. Et li aucun
louoient campions, en tele maniere que il se devoient

---

[1] *Trop mauvaise.* B. T. — [2] *Car quant.* B. — [3] *Tans.* B.

[a] Voyez le chapitre xxxviii, p. 40, du Livre des Assises de la Cour
des Bourgeois.

combatre en toutes quereles qu'il aroient à fere, ou bones ou malvese[a]. Et li Juys ou li Bougre aucunne fois donoient loier as Crestiens, en tele maniere qu'il n'entrassent en sainte eglise devant que un terme qui estoit convenencié entr'aus; et lor fesoient jurer, et au tans de lors il estoient contraint par les justices[1] de tenir lor convenences et tout ce qu'il avoient juré à tenir. Mais, Dieu merci, tele malveses coustumes ne queurent pas[2], ançois se tel louage estoient fet maintenant, on en pusniroit griement de cors et d'avoir ciax qui les loiers en baurroient. Et s'aucuns l'avoit pris par erreur, il n'est pas tenus à tenir cel serement, comment qu'il ait receu le loier. Et mix vaut, s'il a pris loier por fere tex cozes desconvenables, qu'il en oevre par le conseil de sainte Eglise, qu'il le rende à celi de qui il le prist. Et neporquant, se c'est feme qui prist loier por pecier, noz nous acordons, s'ele est povre, que li loiers li demeurt por li vivre, et ne soit pas contrainte de tenir le convenence; car tel damace et encore plus grant doit bien recevoir cil qui tel louage fist. Et, à briement parler, marcié, ne convenence, ne prest, n'engagemens, ne louages, ne fois, ne seremens qui soit fes contre Diu ne contre bones meurs, n'est à tenir; ne cil n'est pas parjures qui lesse le mal à fere qu'il jura à fere, car le repentance du fet qu'il laissa à fere por l'amor de nostre Segneur, le ramene en l'estat qu'il estoit devant qu'il feist le serement. Mais qu'il

---

[1] *Justices laies.* T. — [2] *Mes.* B. T.

[a] Nous apprenons ici que les *campiones conductitii*, dont il est encore parlé dans la charte d'Amiens, de l'an 1190 (*Ordonnances.* t. XI, p. 264), n'existaient plus à cette époque.

oevre par sainte Eglise du fol serement, ne nus ne doit fere nul vilain fet por sauver son fol serement.

16. Toutes les fois que li segneur tiennent autrui coze en lor main por aucun, si comme les biens des sous aagiés ou les biens d'aucun qui s'en sunt alé, porce qu'il doient trop, ou por le soie dete meismes, ou por aucunnes autres causes par les queles il convient ce que li sires tient vendre ou louer : les rentes ou li louage doivent estre fet à cix qui plus y voelent doner, et par renquierissemens ; et quant eles sunt vendues ou louées, c'on mete tel tans el renquierissement, qu'autre gent poent savoir le marcié por rescorre loi, s'il y sevent lor porfit. Et li tans du renquierissement doit estre selonc le nature des cozes ; car se c'est bois qui soit à vendre, li tans du renquierissement doit estre plus lons que se c'estoit blés ou vins ou aveine. Et por ce, n'i a il point de terme [1], ni certain tans, fors ce qui est regardé par loial juge selonc les cozes. Ne li sires ne doit pas por li retenir les cozes qu'il doit vendre ou louer por autrui ; car s'il les prenoit plus quiers qu'autres, si aroit on presontion contre li qu'il ne l'eust à gregnor marcié ; et plus tost porroit estre porsivis de celi qui les cozes aroient esté, s'eles estoient mesvendues ou poi louées por li que por autrui. Car ce qui est baillié par justice à celi qui plus en donne, le justice n'en pot estre reprise ; mes quant ele retient por li [2], s'ele fesoit assavoir qu'il y eust renquierissement, ne l'ozeroit on requierir si comme d'un autre. Et por ce, ne doit nus retenir por li ce dont il est venderes ou garde, sans l'acort de cix qui les cozes sunt.

---

[1] *Ni terme chertain.* B. — [2] *Soi.* B. T.

17. On doit savoir que nus [1] louages n'est que ce ne soit marquiés fesant entre les parties et convenence, car li uns convenence à baillier le coze por le louage et li autres le louage por le coze; et toutes les cozes louées doivent estre maintenues selonc le coustume qu'eles ont esté louées. Et s'eles ne furent onques mes bailliés à louage, eles doivent estre maintenues selonc le coustume des autres cozes saullables, qui ont esté louées autrefois pres d'ilueques; car aussi que toutes cozes ne sunt pas d'une nature, ançois sunt diverses, a il diverses coustumes en plusors liex; si comme s'aucuns loue un molin dusqu'à un terme à plusors anées, le coustume est tele que cil qui le tient à louage sans depecier et apeticier le loier, doit livrer quevilles, fuisiax, aubes et teles [2] cozes menues. Mais se moles y faillent, ou gros meriens, ou le mesons font sans les coupes de celi qui le tient à loier, li sires du molin le doit refere, tout n'en fust il pas parlé au marcié fere, porce que le coustume des molins est tele.

18. S'aucuns loue un vivier por pesquier dusqu'à certain terme, ce n'est pas por ce à entendre qu'il puist le vivier rompre, ne metre à seques, s'il ne fu especialment convenencié au marcié fere; mais en autre maniere pot fere [3] pesquier à toutes manieres d'engiens qui sunt acoustumé à penre poissons.

19. S'aucuns loue un pressoir, cil à qui li pressoirs est, doit livrer toutes les cozes qui doivent estre el pressoir pressoirant. Et se cil qui le tient à loier, par son forfet brise ou depiece ou pert aucunne coze qui est des apertenances du pressoir, il est tenus à restorer

[1] Qu'il n'est nus. B. -- [2] Et auçunes et teles. B. — [3] Il y puet. B. T.

le damace, soit de gros merien, soit d'autres cozes. Et
porce que grans debas porroit estre du gros fust, porce
que cil qui le tenroit à loier porroit dire que par son
forfet ne seroit il pas depeciés, mais par viesure ou par
molinure : il convient en tel cas regarder diligamment;
car[1] s'on voit le fust du pressoir vies ou vermolu, et cil
qui le tenoit à loier ne mist à estraindre le pressoir
quant il rompi, fors que tant d'ommes c'on avoit
acoustumé autrefois : on ne li pot pas demander le da-
mace, ançois li doit on rabatre de son loier selonc le
tans qu'il demora oiseus. Et aussi fet on au mannier[2],
quant il convient que li molins demort oiseus par les
cozes que li sires du molin y doit metre. Mais se cil qui
tient le pressoir à loier, met à l'estraindre du pressoir
quatre homes ou cinq ou six, au quel il n'avoit acous-
tumé de metre que deus ou trois, ou li manniers par
malvese garde lait courre son molin à wit, par quoi li
fus du pressoir ront, ou les moles du molin depiechent,
ou li merien brisent : en tel cas sunt tenu cil qui
tienent les pressoirs ou les molins à loier, à rendre les
damaces à qui li molin ou li pressoir sunt; ne jà porce
que li molin ou li pressoir soient wiseus par tex forfes,
riens du loier ne sera rabatu qu'il pramirent. Et por ce
est il mestiers à cix qui tienent autrui coze à loier, qu'il
uzent des cozes louées ainsi comme il doivent, ou autre-
ment il poent avoir damace, si comme il est dit dessus.

20. Li louage des mesons ont tex coustumes que cil
qui y maint par loier, n'est tenus de riens, s'il ne li
plest, à metre nul coz[3] à le maison atenir, ançois le doit

---

[1] *Car* manque dans B. — [2] *A blaumer.* B. *Au mouvier.* T. — [3] *Cous-*
temens. B.

atenir cil à qui ele est et qui en rechoit le loier, en tel
maniere que cil en puist fere son porfit qui l'a louée.
Et s'il avient que le meson voille soudainement queoir,
ou ele en est en peril s'on ne le sequort prochaine-
ment; ou ele se desquevre, si que il pluet dedens; et
cil qui le meson est, n'est pas si près c'on li puist fere
savoir le mesquief de se meson : cil qui y maint, doit
monstrer le mesquief à le justice, ou à bones gens, s'il
ne pot le justice avoir, et y doit metre le coust à leur
seu, por le porfit de le meson. Et s'il le fet en ceste
maniere, ce qu'il y met li doit estre rabatu du loier.
Et s'il avoit le loier paié, ou il n'en doit pas tant comme
li coust montent, li sires de le meson est tenus à li
rendre tout ce qu'il i aroit mis, et avec ce il l'en doit
savoir bon gré; car il avient souventes fois que ce qui
ne couste que vingt saus en atenir[1] une meson, couste-
roit dix livres ou plus, s'ele n'estoit secourue hastive-
ment. Neporquant, cil qui en le meson maint par loier,
n'i est tenus à rien metre, s'il ne li plest, comment
qu'il aviegne du damace. Mais toutes voies doit il fere
savoir au plus tost qu'il pot à celi qui le meson est, le
peril de se meson; et s'il ne le fet, por li fere damace,
et oste li et ses cozes celeement por le peril, porce
qu'il veut bien que le mesons fonde, porce qu'il puist
dire qu'il n'est pas tenus au loier paier : tex baras ne
doit pas valoir, ançois s'on voit tel malice, on le doit
contraindre à paier tout le loier et à rendre tout le
damace qui est avenus par son barat, car nus baras
ne doit aidier à celi qui le fet à essient.

21. Cil qui louent mesons ou vignes, prés ou autres

---

[1] *Por apareillier*. B.

heritages, les doivent delivrer à cex à qui eles sunt
louées, en tele maniere qu'il en puissent fere lor por-
fit, selonc ce porquoi il les louerent. Et s'il demore en
cix qui les cozes louerent, si comme s'il se repentent
du marcié : por ce ne sunt il pas quite, ançois doivent
estre contraint par justice à ce qu'il delivrent les cozes
à cix à qui il les louerent. Et se li tans du louage passe,
le plet pendant, ou une partie du tans, porce qu'il ne
le vaurrent delivrer à tans n'a hore, cil qui les louerent
lor poent demander toz les porfis qu'il i peussent avoir
eus, se les cozes louées lor eussent esté bailliés, selonc
le coustume et le convenence[1], puisque ce ne fu pas
par lor coupes ne en lor defaute c'on ne lor bailla.

22. Et ainsi[2] disons noz que s'aucuns loue mesons,
vignes, prés ou autres heritages, dusqu'à certain tans, et
après, cil qui le doit tenir à loier se repent et ne veut
pas entrer el marcié par le louage ; s'il plest à celi qui
les cozes loua, il pot laissier les cozes wides, et deman-
der à celi le loier qui fu convenenciés ; et s'il li plest,
il pot fere tenir les cozes en sauve main par justice, et
penre les porfis qui en isteront par desore les coz. Et
s'il n'i a tant de porfit comme li loiers monte, il pot
sivir celi à qui il le[3] loua du remanant. Mais s'il avient
qu'il retiegne en se main meisme ce qu'il avoit loué,
quant il voit que cil qui fist marcié à li ne le veut penre,
il ne pot pas après demander le loier ne le damace, s'il
y a damace ; car puisqu'il le retint en se main el tans
qu'autres le devoit tenir, il apert que il assentist[4] que
marciés fust depeciés, s'il ne le fist par l'acort de celi

---

[1] Selon le convenant. B. — [2] Aussi. B. — [3] Qui le chose. B. — [4] Se consentist. B.

qui le marqueandise devoit tenir, si comme s'il li avoit
dit : « Fetes vostre porfit de ce que j'avoie loué à voz,
« et se voz y avés damace qu'il ne voz vaille tant que
« je l'avoie loué, je voz les rendrai et voz restorerai ' du
« damace » : en tel cas le porroit il retenir en se main,
et puis demander le damace, s'il l'avoit, et seroit creus
du damace par son serement. Et par ce qui est dit des-
sus, pot on veir que toutes manieres de louages, soit
d'eritages ou de muebles, doivent estre demené selonc
ce qu'il fu convenencié.

Explicit.

Ci define li capitres des chozes bailliiez par loier².

CAPITRES XXXIX.

Des prueves et de fausser tesmoins ⁵ ª.

1. Voirs est qu'il sunt plusor manieres de proeves
par les queles, ou par ancunnes des quelles, il soufist

---

¹ *Et vous querrai.* B. *Croirai.* T. — ² B. — ⁵ B ajoute : *Et des espur-
gemens, et dou peril qui est en menachier, et de dire contre tesmoins,
et quiex cas puent cheoir en prueve.*

ª La preuve testimoniale était le fondement de la procédure sous le
régime féodal. Son autorité, fortement appuyée sur les traditions et
les mœurs, fut longtemps admise sans contestation dans toutes
les cours. Mais l'abolition du duel, qui nécessita l'introduction
des enquêtes; l'augmentation du nombre des procès, causée par la
liberté de vendre les fiefs; l'influence du parlement et l'exemple des
tribunaux ecclésiaires, amenèrent la modification de l'ancienne
procédure française; et, à l'époque où vivait Beaumanoir, l'usage de
mettre par écrit certains actes judiciaires, et de les produire devant
les tribunaux, était déjà assez répandu pour que le parlement sentît
la nécessité de prendre des mesures afin qu'il ne dégénérât pas en

que ceux qui ont à prouver poent prouver lor entencion. Et por ce, noz traiterons en ceste partie quantes manieres de proeves sunt, et de le vertu que çascunne maniere a en soi, et quant li poins est venus de prover, et comment on pot et doit debatre tesmoins.

2. Il noz est avis, selonc nostre coustume, que huit manieres de proeves sunt. Le premiere, si est quant cil à qui on demande connoit ce qui li est demandé, soit qu'il le connoisse sans niance fere, ou après ce qu'il aroit le coze niée; et ceste proeve si est le meillor, et le plus clere, et le mains couteuse de toutes.

3. La seconde, si est par lettres, si comme quant aucuns s'est obligiés par letres, et cil qui s'obliga nie l'obligation : il ne le convient prover fors[1] par les lettres de l'obligation, se cil qui le niance fet ne dit contre les letres cause soufisant par le quele les letres soient de nule valeur. Et de ceste maniere de proeves parlons[2] noz assés soufisamment el capitre d'obligations fetes par lettres[a].

4. Le tierce maniere de proeve, si est par gage de bataille, mais ceste proeve ne doit pas estre recheüe fors es cas es quix on doit gages recevoir. Et de ceste maniere de proeve et des cas où tele proeve doit estre

---

[1] *Fors que.* B. — [2] *Parlerons.* B.

abus. Plusieurs auteurs du XIIIe siècle ont parlé de la preuve par témoins, mais nous ne croyons pas que le commentaire du présent chapitre doive être cherché ailleurs que dans les *Olim*, qui fournissent sur ce sujet, et pour ainsi dire à chaque page, les éclaircissements les plus précieux. Voyez particulièrement t. I, p. 947; Cf. l'ordonnance de saint Louis de l'an 1260 (*Ordonnances*, t. I, p. 86); Pierre de Fontaines, c. XXII, art. 7; *Establissemens*, l. I, c. V.

[a] Chapitre XXXV.

receue, parlerons noz el capitre des apiax[a]. Et bien
se gart qui prent ceste proeve à fere, car de toutes
manieres de proeves c'est le plus perilleuse.

5. Le quarte maniere, si est par tesmoins, si comme
aucunne coze est niée et li demanderes l'offre à prover
par tesmoins. Et en ceste maniere de proeve convient
il deux loiax tesmoins au mains, li quel s'entresivent
sans varier es demandes qui lor sunt fetes après lor
seremens. Et comment il doivent estre examiné, di-
rons noz el capitre qui vient après chesti.

6. Le quinte maniere, si est par recort, si comme
aucun descors est entre les parties de ce qui a esté
pledié en cort par devant les homes qui doivent jugier,
car tex manieres de descors doivent estre apesié par le
recort des jugeurs. Et, à briement parler, nule ma-
niere de proeve ne doit estre recheue de nul cas qui
doit queir en recort, fors le proeve du recort, ni[1] se
les parties se voloient metre en autre proeve. Et li cas
qui doivent queir en recort sunt si comme noz avons
dit des descors qui muevent des cozes qui ont esté
plediés par devant les jugeurs, ou quant jugement a
esté fes, et il est entendus diversement des parties : il
doit estre recordés par cex qui le jugerent. Nus ne pot
recorder querele qui a esté pledié en cort, fors cil qui
poent jugier; et quant il recordent, on ne pot d'aus
apeler du recort; car s'il recordent jugement qui a
esté fes, li apiax passe[2] quant on ne dist riens contre
le jugement. Et s'en recorde esrement de querele qui

---

[1] *Neis.* B. T. — [2] B. T. *Passa.* A.

[a] Chapitre LXI.

n'a pas encore esté jugié, il n'i a point d'apel devant
que li jugemens est fes.

7. Noz avons dit que ce qui est fes devant homes qui
poent et doivent jugier, se doit prover par recort et
non autrement, et que nus en ce cas ne pot recorder
fors li jugeur, et c'est verités; mais plusor cas sunt
qui se poent et doivent prover par recors d'autres
bones gens que jugeurs; si comme quant descors muet
des convenences de mariages, car en tel cas li juge doit
penre le recort de cix qui furent as convenences; et,
les convenences recordées, il les doit fere tenir; ou
quant aucun se sunt mis en mise, et li arbitre ont lor
dit rendu, et descors muet entre les parties, parce
que çascuns entent le prononcement des arbitres di-
versement : tex manieres de descors doivent estre
apaisé par le declaration que li arbitre font [1] en lor
recort; ou quant auditeur sunt baillié à oïr tesmoins,
et il a divers entendemens el dit des tesmoins; si comme
il avient qu'il a deus entendemens en une parole : li
drois entendemens doit estre creus par le declaration
des auditeurs, car il doivent mix savoir l'entention
des tesmoins que cil qui ne furent pas à l'oyr.

8. Aucun si quident quant uns hons qui tient se cort
a poi d'ommes, si comme s'il n'en a que un, et aucunne
coze quiet en recort en sa cort, qu'il puisse recorder
par li ou par autres gens que par homes de fief, mais
non fet; car aussi bien convient il que le cors soit
garnie por fere recort comme por jugement. Et, en
recort fere, convient il au mains deus homes, aussi

[1] *Sont.* B.

comme noz avons dit ailleurs que li jugemens de mains
de deus[1] homes ne doit pas estre tenus por jugemens,
ne por un sol tesmoing nus ne gaaigne se querele.

9. La sisime maniere de proeve, si est quant au-
cunnes resons sont proposées en cort, et eles ne sunt
niées ne debatues de partie : celes valent comme con-
neues et provées, et c'est bien resons ; car il loist à
çascun, quant il ot proposer contre li coze qui li puist
nuire, qu'il le debate par niance fere, ou par resons
proposées encontre., por celes destruire qui furent
proposées contre li. Si comme se je. demande à un
homme qu'il me pait vingt livres que je li prestai, s'il
ne veut nier le prest ne connoistre, il doit estre con-
trains à moi paier, puis qu'il soit tenus à respondre
en le cort où je l'aurai fet trere par l'ajornement.

10. La septime maniere de proeve, si est quant le
coze que on a à prover est si cleres de soi meismes,
qu'il n'i convient autre tesmoing ; si comme se je de-
mande d'un mien home qu'il me paie cinq saus d'une
amende qu'il me fist, por une bufe qu'il dona à un
autre en me justice, et il connoist bien l'amende, mais
il nie qu'ele n'est pas de cinq saus : il n'i convient
point de proeve, car le coustume est si clere qu'ele
se proeve de li[2] meisme. Et aussi com noz avons dit de
ceste amende, disons noz de toz cas sanllavles, qui
sunt si cler par coustume, qu'il n'i convient amener
nul tesmoing à prover ; car male coze seroit s'il con-
venoit amener proeves en cas qui sunt uzé commune-
ment. Mais quant aucun cas avienent qui sunt en doute
de coustume, là poent queir[3] proeves.

---

[1] *Demain à un.* B. — [2] *Soi.* B. — [3] *Cherir.* T.

11. Le witisme maniere de proeve, si est par pre-
sontions. Et ceste maniere de proeve si pot estre en
moult de manieres, car les unes poent doner le fet si
cler que il est provés par les presontions, et les autres
sunt si douteuses que li meffet ne se proevent pas par
eles. De ces deus manieres de presontions parlerons
noz un petit, porce qu'eles aviennent souvent, et porce
c'on voie les queles sunt cleres si que eles vaillent
proeves et les queles sunt douteuses.

12. Pierre propoza contre Jehan, par voie de de-
nonciation fete au juge, que li dis Jehans, à le veue
et à le seue de bones gens, li avoit ocis un sien parent,
et estoit li fet si notoires qu'il se provoit de soi meismes;
si comme il disoit, par quoi il requeroit qu'il en feist
comme bons juges. A ce respondi Jehans, qu'il nioit
moult bien ce fet, et que s'il estoit nus qui droitement
le vausist acuser, il s'en deffenderoit. Demandé li fu
du juge s'il voloit atendre l'enqueste ou non du fet.
Respondi que non. Neporquant, li juges en fist une
aprise de s'office et trouva, par le serement de bones
gens, que li dis Jehans courut sus à celi qui fu tués
le coutel tret, et tantost s'assanlla une grant tourbe
de gens entor eus, qu'il ne virent pas que li dis Jehans
ferist celi du coustel qui fu mors; mais il virent que
Jehans se parti de le presse, le coutel nu et ensen-
glenté, et oïrent que cil qui morut dist : « Il m'a
« mort. » Et en cheste aprise ne pot on veir fet no-
toire fors par presontion, car nus ne vit le caup doner;
neporquant, li dis Jehans fu condampnés[1] et justiciés
par cele presontion.

---

[1] Condempnés du fet. T.

13. Le seconde maniere de clere presontion qui[1] est si clere qu'ele vaut proeve, si est quant manece[2] est fete, et, après le manece, le coze est fete qui en le manece fu pramise. Neporquant, on ne pot le fet prover, mais on proeve le manece sor celi qui manecha; et par le manece provée, li maneceres est provés du fet. Et por fere plus cler entendement en cest cas, et por monstrer le peril qui est en manecier, noz recorderons un jugement que noz en veismes à Clermont.

14. Une feme de le Noeve-Vile-en-Hés dist à un bourgois, en sanllant d'estre corouchié, en present de bone gent : « Vous me tolés me terre, et metés en « vostre grange ce que je deusse avoir, et voz n'en « gorrés jà, car je voz envoierai en vostre grange les « Rouges Carpentiers[3]. » Ne demora pas demi an que li fus fu boutés en cele grange; et ne sot nus qui l'i bouta, mais par le presontion qui estoit contre le feme par les maneces dessus dites, ele fu prise et li demanda on du fet. Ele nia le fet et les maneces; et quant les maneces furent provées, ele fu jugié à ardoir, e fu arse. Et par cel jugement pot on entendre le peril qui est en manecier.

15. Le tierce presontions, qui est si clere qu'ele vaut proeve du fet, si est quant aucuns est tenus en prison por aucunne souspecon de vilain fet, et il brise le prison; car quant il a le prison brisié, le presontions est[4] si grans qu'il n'oza entendre droit; et porce, s'il est repris, il est justiciés du fet par le quel il estoit pris.

16. Le quarte maniere de presontion clere si est

____

[1] *Si.* B. T. — [2] B donne, dans tout ce paragraphe, *manaie*, au lieu de *manece.* — [3] C'est-à-dire : J'y mettrai le feu. — [4] *Par est.* B.

quant aucuns est apelés à droit por souspechon d'aucun vilain cas, par ajornement, et il se met[1] en toutes defautes, et atent tant qu'il soit banis. S'il est pris puis[2] le banissement, il est justiciés[3] selonc le fet por le quel il est apelés.

17. Et par teles cleres presontions que noz avons dites, poés voz entendre les autres cleres qui poent avenir, car toutes celes qui avienent et qui sunt aussi cleres comme l'une des quatre dessus dites, poent bien metre home à mort.

18. Nus ne doit autrui justicier par presontion, se le presontion n'est moult aperte, si comme noz avons dit dessus, tout soit ce qu'il ait[4] moult de presontions douteuses contre celi qui est tenus. Si comme il avient souvent que uns hons ne parole pas à un autre par haine, porce que li autres li a meffet, et si ne veut de nule coze amender, et cil est tués, et ne set on qui l'a tué, fors c'on souspechonne que cil qui ne parloit pas à li, l'ait tué ou fet fere : s'il est pris por le souspechon du meffet, et on ne pot trouver le fet notoire, ne on ne pot trouver qu'il le manechast, on ne le pot pas ne ne doit condampner par le presontion de haine. Et par ceste presontion, dont il n'est pas condampnés, pot on entendre moult d'autres presontions qui poent avenir, por les queles on ne doit pas tenir por atains du fet cix sor qui tex presontions sont trouvées.

19. Toutes les huit manieres de proeves qui sunt dites ont teles vertu en ele, que cil qui a à prouver, s'il a prové par l'une tant solement, il gaaigne le querele qui li estoit niée. Et quant une des proeves li soufist,

---

[1] *Se lesse cheoir.* B. — [2] *Repris après.* B. — [3] *Jugiés.* B. — [4] *Il y.* B.

il ne convient pas qu'il l'offre à prouver par deus ma-
nieres de proeves, ne par trois; et s'il l'ofroit, ne doit
il pas estre receus du juge. Car se uns hons dist :
« Sire, j'offre à prover par tesmoins[1]; et se li tesmoing
« ne me valoient, si l'ofre je à prover par gages de ba-
« taille », il ne doit pas estre receus en[2] tel offre, ançois
convient qu'il se tiegne en unes des voies de prover
tant solement. Et s'il faut à prover par cele voie qu'il
ara eslite, il ne pot pas recovrer[3] à une des autres voies
de proeve, ançois pert tout ce qu'il avoit arraini à[4]
prover, et quiet en autele amende vers le segneur
comme s'averse partie seroit s'il avoit prové s'enten-
tion. Et de tix manieres d'amendes est il parlé el capitre
des meffès[a].

20. Tout li descort qui naissent et poent naistre
de coze qui a esté pledié par devant homes, ou de ju-
gemens qui a esté fes par homes, se doivent prover par
voie de recort et non autrement. Mais s'il avenoit que
le justice eust aucun plet par devant li, au quel plet il
n'aroit pas tant d'ommes qui peussent jugier ni recor-
der, et li juges assignoit jor as parties par devant les
homes, por metre le pledoié en jugement; et au jor
assigné devant les homes, le justice qui aroit le plet oy,
recorderoit ce qui fu pledié devant li : les parties, ou
l'une des parties, ne s'en tenroient pas à son recort, s'il
ne lor plesoit, ançois recorderoient le pledié; et s'il en
estoient en descort, il poent offrir à prover l'errement
par tesmoins. Et s'il ne l'offrent à prover, porce que

---

[1] *Bons tesmoins.* B. — [2] *Par.* B. — [3] *Recouver.* B. — [4] *Mis avant pour.* B. T.

[a] Chapitre xxx.

li juges fu toz seus au pledié, ce qui fu pledié est de nule valeur, et convient qu'il pledent de novel; car puisque le coze ne pot queoir en proeve ne en recort, tout ce qui fu fet ignoramment doit estre rapelé, et doivent commencier novel plait.

21. Cil qui ont à prover se doivent penre garde en quel cort il pledent et à quele coustume, car tout cil qui ont justice en le conté poent maintenir lor cort, s'il lor plest, selonc l'ancienne coustume; et, s'il lor plest, il le poent tenir selonc l'establissement le Roy[1][a]. Et por ce, cil qui a à prover doit savoir à quele coustume le sires veut se cort tenir; car s'il le tient selonc l'ancienne coustume, il li convient prover s'entention à le premiere jornée qui li sera assignée de prover; et s'il ne le proeve à cele jornée, il pert se querele, ne ne pot puis recouvrer à proeve. Et s'il tient se cort selonc l'establissement le Roy, il a deus jors de prover; mais qu'il commence à prover à le premiere jornée qui li sera assignée, car s'il se metoit en pure defaute à le premiere, il n'i recouvreroit pas à l'autre, ançois per- droit[2] se querele par defaute de prueve.

22. Or veons comment cil contre qui on veut prover se pot deffendre et debouter le proeve par le quele on veut prover contre li. Se le proeve est par letres ou par chartres, il le pot[3] debouter par dire resons par quoi ele ne vaut riens[4]; si comme s'il veut acuser celi qui l'aporte en preuve de fausseté, ou s'il dist qu'il a plus de vingt ans que le letre[5] fu fete, par quoi il ne

---

[1] *L'anchienne coustume.* B. — [2] *Convenroit qu'il perdesist.* B. — [3] *Pueent.* B. — [4] *Pas.* B. T. — [5] *Dette.* B.

[a] C'est-à-dire accorder ou refuser le duel.

veut respondre à le dete qui est contenue dedens; ou s'il aligue paiement ou respit, ou se c'est chartre ancienne par le quele cil veut prover ou en veut porter aucunne droiture d'eritage, et il dist contre le chartre qu'il est en le saisine et en l'usage, et de lonc tans, de ce qui est en le chartre contenu, et qu'il n'en uza onques selonc le chartre qu'il a aportée avant : en toutes tex resons doit on estre oys contre lettres.

23. S'aucuns veut prover par gages de bataille, cil qui est apelés se pot deffendre par le resons qui seront dites el capitre des deffenses à l'apelé[a].

24. Qui veut prover par recort des cas qui s'i voelent[1] prover, li quel sunt dit dessus, on ne pot dire encontre; mais qui vaurroit prover par recort ce qui se doit prover par autre voie de proeve, on le doit[2] bien debatre.

25. Ce qui est prové par fet notoire, ou par connissance de le partie contre qu'on a à prover, ou par les apertes presontions dessus dites, on ne pot dire encontre, car les causes qui se proevent de eles meismes ne doivent pas estre debatues.

26. Qui veut prover par tesmoins, il les doit amener bons et loias, et qui bien soient certain de ce qu'il diront en lor tesmognage après lor serement, et tix c'on ne truist en eus que repenre, si ques il ne puissent estre debouté. Et porce c'on pot en moult de manieres tesmoins debouter de lor tesmongnage, noz dirons à après li quel en poent estre debouté et comment et en quel point on les pot et doit debouter.

---

[1] *Qui se doivent.* B. T. — [2] *Puet.* B. T.

[a] Chapitre LXIII.

27. Si tost comme on voit tesmoins atrais contre li, à le premiere jornée, s'on les veut debouter de lor tesmongnage, on doit dire les resons par les queles il ne doivent pas estre receu, tout avant qu'il facent serement; car s'il ont fet serement de verité pesivlement, à le veue et à le seue de celi contre qui il sunt atrait, ou de son procureur, il ne poent estre puis debouté de lor tesmongnage, ains sunt aprové soufisant por estre oy. Et doit estre le querele determinée selonc le deposition de lor tesmongnagne, tout fust il ainsi que cil contre qui il sunt trait, les peust avoir deboutés devant lor seremens, par bones resons qu'il avoit contr'eus [1].

28. Quant aucuns voit tesmoins aprestés de tesmongner contre li, s'il les connoist, li tans est venus de dire contre eus devant le serement, si comme dit est; et s'il ne les connoist, il pot requerre à le justiche que li non des tesmoins et li lieu dont il sunt, li soient baillié en escrit, et que jors li soit donés de dire contre eus; et doit fere retenue de dire contre eus au jor qui li sera assignés. Et ceste requeste li doit fere li juges. Neporquant, on ne doit pas detrier que li tesmong ne soient oy, et lor dis mis en escrit et à conseil; et quant ce vient au jour qui est assignés de dire contre les tesmoins, se cil contre qui il sunt tret, dist bones resons par les queles il ne deussent pas estre oy, ce qu'il ont dit est de nule valeur. Et se cil contre qui il sunt trait, laisse cele jornée passer de dire contre eus, il n'i pot puis recouvrer, ançois vaut li tesmongnages selonc ce qu'il ont dit.

---

[1] *Encontre aus.* B. Ce manuscrit donne toujours *encontre* pour *contre.*

29. Quant aucun sont atrait en tesmongnage, et il ont fet lor serement de dire lor verité, et il requierent jor d'avisement de ce qui lor est demandé, se le cors est tenue selonc l'establissement le Roi, il le doivent avoir; mais par l'ancienne coustume non; car ce qui est offert à prover par l'ancienne coustume, doit estre prové à le premiere jornée, si comme il est dit dessus.

3o. En toz cas où on ne pot lever tesmoins et mettre en gages, se clere y sunt apelé por tesmongner, il poent estre debouté; car il ne poent estre apelé ne mis en gages, et por ce ne doivent il pas estre receu en tel cas quant il sunt debatu.

3i. Dames qui sunt atraites en tesmongnages ne doivent pas estre recheues[1], se eles sunt debatues de celi contre qui eles sunt traites, por nul estat que eles aient, soit qu'eles soient veves ou mariées ou puceles, fors en un cas[2], c'est à savoir quant aucunne coze quiet en tesmongnage de nessance d'enfans ou de lor aages prouver; si comme s'il avient que une feme a deus enfans marles jumiax, et li ains nés en veut porter l'ains neece : on ne porroit savoir li quix seroit li ains nés, se n'estoit par le tesmongnage des femes : et por ce doivent eles estre creues en tel cas.

3ₐ. Bastars et sers doivent estre debouté de lor tesmongnage se le querele n'est contre serf ou contre bastart, car il ne poent pas debouter ciax de lor propre condition; mais s'il sunt atraist contre france persone, et il sont debatu, il ne doivent pas estre oy.

33. Mesiax ne doivent pas estre oys en tesmognage,

---

[1] *Recheueez.* B. — [2] *Cas tant seulement.* B.

car coustume s'acorde qu'il soient debouté de le conversation d'autre gens.

34. Cil qui sunt à mon pain, ou à mon pot, ou en me main burnie, ou en me bail, ou en me garde, ou qui perdent et gaaignent avec moi par reson de compaignie, ne doivent pas estre oy en tesmongnage por moi, s'il sunt debatu de partie; car presontions est contre eus qu'il ne deissent autre coze que verité por l'amor de moi, tout soit il ainsi que nus se doie parjurer nis[1] por son pere.

35. Nus ne doit estre oys ne creus en tesmongnage de ce qu'il veut tesmongnier en son porfit ou por se delivrance; si comme s'aucuns veut tesmongnier que une dete est paiée, de le quele il fu pleges, on le pot bien debouter de tesmongnage, car se li paiemens estoit provés par li, il seroit quites de sa plevine, et ensi tesmongneroit il en son porfit, le quel coze ne seroit pas resons. Et par cel cas pot on entendre toz les autres es quix on porroit avoir porfit par son tesmognage, soit de porfit present ou de porfit avenir; car se je sui trais en aucun tesmognage d'eritage que cil demande à qui je sui drois oirs, je puis bien par reson estre deboutés de mon[2] tesmognage.

36. Cil qui sunt en guerre ou en haine, tel qu'il ne parolent pas l'un à l'autre, si comme vers celi contre qui il sunt tret en tesmongnage, poent bien estre debouté de lor tesmongnage; car cruel coze seroit, quant cil qui sunt en guerre contre moi, ou en si grant hayne qu'il ne parolent pas à moi, fussent oy contre moi en tesmongnage.

---

[1] *Non pas.* B. — [2] *Men.* B, et toujours ainsi.

37. S'aucuns est atrais contre moi por tesmongnier, li quix m'ait manecié à fere grief ou damace, je le puis debouter de son tesmognage, ne il ne doit pas estre oys contre moi, car par maneces est provée malvese volontés contre[1] moi.

38. Quant aucuns est accusés d'un[2] cas de crieme, par lequel il porroit perdre le cors s'il en estoit atains, et on veut oïr tesmoins por savoir le verité du fet, nus qui soit de se mesnie ne de son lignage, ne se feme, ne doivent pas estre creu en se delivrance; car peril seroit qu'il se parjurassent por eus esquiver de honte et por li garantir de mort. Et s'il tesmognent son encombrement, il doivent aussi bien ou mix estre creu comme autre gens, car c'est clere coze que loiatés les muet à dire verité, porce que il ne se veulent pas parjurer.

39. Nus enfès sous aage, ne faus de nature, ne hors du sens, ne doivent estre tret en tesmognage, tout fust il ainsi que cil contre qui il sunt trait, fust si nices qu'il ne les debatist point, ne les devroit pas li juges recevoir. Et s'il estoient receu parce qu'il ne seroient pas debatu, ne que li auditeur n'en saroient mot el point de l'examination, se le coze venoit après à le connissance des jugeurs, ne devroit par lor dis estre mis en jugement. Mais se ce ne venoit à lor connissance, n'il n'estoient debatu de partie, et on jugeoit sor lor dit, li jugement tenroit, ne par le dit des tesmoins ne porroit apeler le partie du jugement. Et par ce poés voz entendre que tout ce qui pot estre dit contre tesmoins, doit estre proposé en jugement, voire ançois qu'il aient juré, si comme dit est[3].

---

[1] Que il a vers. B. T. — [2] D'aucun. B. T. — [3] Est dessus. B. T.

40. Combien que uns hons ait de tesmoins et on en
fet l'un faus et malvès par gages, li autre ne sunt pas
à rechevoir, ne ne valent riens en le querele por
lequele il estoient trait, ançois pert cil qui les amena
ce qu'il entendoit à prover. Mes il n'est pas ainsi es
cas es quix apiax de bataille n'est fes, car se uns hons
a plusors tesmoins à prover s'entention, et on deboute
l'un ou plusors par les resons qui sunt dites dessus, por
ce ne demore pas que li autre, contre qui on ne pot
riens dire, ne soient oy. Et pot cil qui a à prover,
gaaignier se querele par le tesmognage de deus loiaus
tesmoins, li quel ne puissent estre debouté par nule
reson, et li quel s'entresivent, si comme vous orrés
après, là où il sera dit quel tesmongnage valent et li
quel non.

41. Encore pot on debouter tesmoins par autres re-
sons que par celes qui sunt dites dessus; si comme se je
offre à prover que cil qui est atrais contre moi por
tesmognier, a loier ou pramesse por tesmongnier contre
moi. Se je puis ce metre en voir, il est et doit estre
deboutés par reson, et coustume s'i acorde; car perix
seroit que chil qui recevroit don ou pramesse ne deist
autre coze que verité par convoitise.

42. Autres manieres de gent sunt qui poent estre
debouté de tesmongnage, ce sunt cil qui sont ataint ou
condampné de cas de crieme ou de faus tesmongnage
qu'il porterent autrefois, ou qui sunt parjure : toutes
tex manieres de gens ne poent porter tesmongnage,
se partie les veut debatre, en tans et en lieu et en point
c'on les pot¹ debatre, si comme il est dit dessus. Et le

¹ *Veut.* B.

resons por quoi il ne doivent pas estre oy, si est tele
c'on ne doit pas croire celi qui par se malvesté a esté
repris de vilain cas. Et toz jors dist on que hons[1] jugiés
ne pot jugier autrui. Neporquant, il afiert bien as
justices que quant il tiennent gens atains et con-
dampnés de vilain cas, qu'il encherquent à eus li quel
sunt lor compaignon et plain de malvès visces, porce
que li malvès si[2] connoissent plus acoustumeement l'un
l'autre, parce qu'il s'entretienent compaignie en lor
malvestié, que li bon ne font les malvès. Mais por coze
qu'il dient, se autre prueve ou autre clere presontion
n'est trovée aveques lor dit, nus por leur dit tant
solement n'en doit recevoir mort; mais bien les doit
on penre et retenir en prison par le presontion c'on a
contre eus, dusqu'à tant c'on sace s'on porra autre
coze plus clere savoir, ou par lor connissance, ou par
aucunne voie de prueve[3]; car qui ne les penroit par tele
acusation, il donroit grant seurté as malvès, ne ne se
douteroient point por prise c'on feist de lor com-
paignons; et parce c'on les prent par teles acusations,
se doutent ils et en laissent mains maus à fere.

43. En aucunne maniere doit on bien croire à
aucun par le tesmongnage de se mesnie tant solement,
aveques le presontion de bone renommée; si comme
es cas privés qui poent avenir es ostix, des quix on ne
se done garde, ne dont on n'avoit pas esperance qu'il
avenissent. Si comme se je sui en me meson manans,
loins de gent, et larron viennent en me meson par
nuit, et je et ma mesnie les apercevons et lor corons
sus por penre[4], et les prenons ou ocions, porce qu'il

---

[1] *Nus hons.* B. — [2] B. — [3] *Ou par autre preuve.* B. — [4] *Penre les.* B.

se tornent à deffense : en tel cas, se je sui de bone
renommée, je doi estre creus par le tesmongnage de
ma mesnie. Mais se je manoie pres de gent, si comme
en vile, et je, ou ma mesnie, ne levions cri par quoi
les voisins l'oïssent, perix seroit c'on ne m'en peust
encuper.

44. Neporquant, son lessoit à lever le cri par au-
cunne coze qui appareust resnable, si comme se j'estoie
en guerre ou haïs de mes voisins, por plet ou por
contens, ou porce qu'il estoient de malvese renommée,
en tel cas porroie je estre escusés[1] du cri.

45. Autre cas privé poent encore avenir. Si comme
s'aucun se doutent d'aucunne certaine personne qu'il
ne viegne en se meson de nuit por larcin, ou por fere
fornication à se feme ou à se fille, ou à cele qui est en
se baillie ou en se garde : en tel cas cil qui se doute li
doit deffendre par devant bone gent, ou fere deffendre
par le justice. Et se cil à qui le deffense est fete y vient
puis et il l'en mesquiet, c'est à bon droit, ne on n'en
doit riens demander à l'oste. Et de tel cas avons noz
veu escaper plusors persones qui avoient cix ocis qui
en ceste maniere s'estoient embatu en lor manoir.

46. Grans[2] perix est d'entrer en autrui manoir par
nuit, sans le congié et sans le seu de celi à qui li ma-
noirs est; car avenir pot que celi qui y va, n'i entent
pas si grant malice comme li sires de l'ostel et le mesnie
quident quant il le truevent; si comme quant aucun
valet y va por l'amor d'une mescine qui maint en
l'ostel, et il est trovés el[3] porpris : on a presontion qu'il
y soit venus por larrecin, et en tel cas pot moult

---

[1] *Accusés.* B. — [2] *Moult grant.* B. — [3] *Dedens le.* B.

escuser renommée de loiaté celi qui est trovés en tele
maniere. Et s'il li mesavenoit el[1] liu, si comme gent
sunt effrée quant il s'eveillent et pensent qu'il y ait
plusors gens venus por eus rober, parce que li quien[2]
s'engressent de baier[3], ou qu'il en oient le frinte,
et il l'ocient, porce que il se tourne à deffence, ou
porce qu'il est muciés; ou il est ocis en querant[4],
si comme on le quiert d'espées[5], ou d'espies, ou de
glaives : en tel cas, en doivent tout cil de l'ostel
estre escusé. Mais s'il se nommoit et disoit le cause
porquoi il y vint, ou le mesquine meismes, et le deist
avant c'on l'ocesist, et on l'ocioit puis : li ocient
seroient coupable de le mort. Et por ce doit on, en tix
cas privés, examiner diligamment les mesines çascun à
par soi, et demander toutes les cozes qui apartiennent
au fet, et eus manecier que s'il ne dient le pure verité,
c'on les entenra por coupables, por savoir le verité de
l'aventure; si que li sires de l'ostel, ou aucuns de lor
mesnie, vont toute une voie, il soient creu avec les
presontions de le nuit, et avec ce qu'il ne soient pas
renommé d'estre larron ou murdrier.

47. Aussi sont creu li tesmong qu'aucuns amainne
de se mesnie, à prover le meffet que li uns d'eus fist à
son seigneur; si comme s'il li osta le soie coze sans son
congié, ou s'il li paia son loier et ses vallès li rede-
mande, ou s'il conta à li et ses vallès li nie le conte,
ou se li vallès fist aucun meffet par quoi il l'oste de son
service, et li vallès veut fere tout son terme, ou avoir
tout son loier : en toz tex cas et en sanllavles pot li

---

[1] *Ou.* B. — [2] *Li chiens.* B. — [3] *D'abaier.* B. — [4] *Courant.* B. —
[5] *On quiert et cherche parmi un ostel un homme a bonnes espées.* B. T.

sires prover par se mesnié et par son serement, car male
coze seroit qu'il convenist apeler estranges tesmoins à
toutes les cozes que li segneur ont à fere à lor mesnies.

48. Li clerc si dient et il dient voir, que negative
ne doit pas queoir en proeve, mais afirmative y quiet,
porce c'on le pot et doit prouver. Si est bon que noz
en desclairons, si que li lai le puissent entendre quel
coze est afirmative qui se pot prover, et quel coze est
negative qui ne se pot prover[a].

49. Noz devons savoir que totes les demandes c'on
fet contre autrui, lesqueles sont ofertes à prover, se li
deffenderes le nie, sunt afirmatives et quieent en
proeve, quant li deffenderes en fet niance simplement,
ou quant li defenderes propose fet contraire et l'offre
à prover, le quel coze vaut autant comme niance. Et si
devons savoir que toutes les resons qui sunt mises
avant de partie contre autre, soit du demandeur contre
le deffendeur ou del deffendeur, por destruire les
resons au demandeur, les queles resons sunt de fet,
quieent en proeve; car autant vaut afirmative comme
proposer aucunne reson à afermer qu'ele est vraie. Et
cix afirmemens doit estre prové par tesmoins, ou par
recort d'ommes, ou par presontions, ou par fet
aparant, ou par reconnissance de parties, ou par gages
de bataille, selonc ce que li cas est. Et li quix cas se
proeve par l'une maniere de proeve et li quix par
l'autre, il est dit dessus en cest capitre.

5o. La negative, le quele ne pot queoir en proeve,

---

[a] On lit dans la Clef des Assises : « Par l'assise ou l'usage dou
« royaume de Jerusalem et de Chypre, nul ne peut faire preuve de
« non. » (*Assises de Jérusalem*, t. I, p. 586.)

si est niance fere, ou dire : « Il n'est pas ainsi comme il
« propose contre mi », ou aucunne coze sanllavle ; car
en tant comme on nie simplement, ou comme on dist
qu'il ne fu pas ainsi, se gete on hors de proeve, et
l'autre partie a à prover ce qu'ele proposa. Neporquant,
tout soit ce que le negative ne se puist prover, c'est à
entendre quant ele est mise avant tout simplement, si
comme il est dit dessus. Mes on i pot bien tel coze
ajouster qui quiet en prueve, par le quele proeve il
apert que le negative, que li deffenderes met avant,
est vraie. Et par deus parties de voies vient bien le
proeve par devers celi qui le niance fist : l'une quant il
fist le negative, prains d'aucunne afirmative ; si comme
se uns hons me demande vingt livres, et je li ni que je
ne li doi pas, car je li[1] ai paiés, ou il les mes a quités :
en tel cas et en sanllavles fes je le negative prains d'une
afirmative ; car se je proeve le paiement, donques ai je
bien prové que je ne li devoie[2] pas. Mais se je eusse fet
le niance tout simplement, sans ajouster l'affirmative,
le proeve fust par devers li à prover que je li deusse, et
après je ne venisse pas à tans à fere me negative prains
de l'afirmative dessus dite. Et par cel cas il soufist à
connoistre les autres cas sanllavles qui avienent, par
quoi cil qui metent les negatives avant ajoustent au-
cunne afirmative quant il vaurront avoir prueves[3] par
devers eus. La seconde voie comment le negative se
pot prouver, si est par espurge[4], si comme s'aucuns
propose contre moi que je bati Jehan lendemain de le
Toussains à Clermont, à hore de prime, ou que je

---

[1] Je les li. B. — [2] Dois. B. — [3] La preuve. B. — [4] Espurgemens. B.

fis aucun autre meffet à tel jor et à tele hore, et je nie
que je ne le fis pas ; et aveques le niance je afferme que
au jor et à l'ore qui est nommés que je dui ce fere,
j'estoie à Paris pour pledier, ou por tele besogne fere
que g'i avoie, et là me virent grant plenté de gent, et
l'offre à prouver : se je proeve ceste espurges, le niance
que je fis vaut prueve ; car il apert que je ne fis pas le
fet c'on me mist sus. Et tele maniere d'espurge pot
valoir en moult de cas à espurgier cex qui sunt acusé,
soit de cas de criéme, soit d'autres, car cix qui loialment
s'espurge doit estre delivres de ce c'on li met sus.
Donques, pot on veoir que le negative vaut proeve
por fere loi preins d'une afirmative, ou par proposer
espurge, si comme il est dit dessus.

51. Or veons se on me met sus que je bati Jehan à
Clermont le premier jor de l'an, et je le nie, et met
avant espurge que j'estoie cel jor à Boulongne en pele-
rinage, ou à plet, ou en marceandise, et l'ofre à
prover, et le partie qui m'acuse ofre à prover le bature
dessus dite ; et çascuns trait proeves, moi de m'espurge
et li acuseres du meffet ; et çascuns prueve s'entention :
les quix tesmoins querra on, car ce ne pot estre que
l'une partie ne proeve ce faus[1] ? Noz disons, en tel cas
doit on regarder as plus loiax tesmoins, et qui plus
à enuis mentiroient, et qui plus proprement parolent[2]
du fet[3]. Et ce ne pot estre se li auditeur les sevent sou-
tilement[4] examiner, et fere soutilles demandes, qu'il
n'aperçoivent bien[5] le partie qui mix prova, et en toz les

---

[1] *Preuve faus.* B. T. — [2] *Parleroient.* B. — [3] *Selonc la nature du
fet.* B. T. — [4] *Soutivement.* B. T. — [5] *N'apere.* B.

cas là o çascuns amenra [1] proeves; si comme cascunne
partie atrait prueves et aferme à prover ce qu'il a mis
avant, et nie le fet contraire propozé contre li, et il
sanlle que çascuns prueve s'entention, doivent li au-
diteur ouvrer en le maniere dessus dite.

52. Une voie de prueves pot encore courre par
devers celi qui mist avant le negative, c'on apele prover
par accident; si est, se je puis desprover ce qui est
prové contre mi. Et porce qu'aucun porroient dire
que ce ne pot estre que je puisse desprover ce qui est
prové contre mi [2], je le monstrerai en un cas, si que
par celi on porra connoistre les autres.

53. S'aucuns veut prover par certaines persones que
je fis aucun fet, ou aucunne convenence, ou aucun
marcié, à tele vile et à tel jor, et je di au juge : « Sire,
« cil qui m'acuse du fet, ou de tele convenence, ou de
« tel marcié, il [3] l'a offert à prover, porce que je li ai
« nié. Je voi qu'il amaine, por prover loi, Phelippe [4],
« Jehan, Guillame; si voz di tant que s'il tesmon-
« gnent riens contre mi, je ne voil pas que lor dit me
« nuisent; car j'offre à prover que à tel jor que me
« partie adverse me met sus que je fis tel coze, et à tel
« jor et en tel lieu il estoient hors païs, par quoi il n'en
« poent tesmongnier le certain, s'il ne voelent dire
« que je l'ai puis reconnut par devant aus » : en tel cas,
se li tesmoing tesmongnent contre mi et dient qu'il y
furent present, et je proeve qu'il estoient à cel jor et
à cele hore hors du païs, je anientis lor tesmongnage,

---

[1] *Chascune partie atret.* B. — [2] Ce qui précède manque dans B. —
[3] *Et.* B. T. — [4] *Pierre.* B.

et n'a m'averse partie riens prové contre mi : et ensi
est me negative provée par accident.

54. Noz avons dit en cel title dessus, que femes sunt
receues en tesmongnier aage d'enfans, et aussi sunt
eles oïes, selonc nostre coustume, en cas qui se deter-
mine par enqueste; car il avient souvent que eles sevent
à le fois ce dont on enquiert, et li home n'en sevent
point, et se eles n'estoient creues en tel cas, aucunnes
verités en porroient estre celées. Neporquant, li cas
de crieme en sunt exepté, car en cas où il a peril de
mort ou de mehaing, ne sunt pas femes à oïr en tes-
mognage, se[1] n'est en fet notoire, li quix fu fes devant
tant de prodomes qu'il est apertement seus, si comme
devant six de bone renommée ou plus. Et aussi sunt
femes oyes en tesmongnage quant pucelages quiet en
proeve; si comme il quiet en aucun cas es plés de le
Crestienté; mais porce qu'il n'en est nus mestiers en le
cort laie, nous en souferrons atant.

55. Tout soit ce que cil qui sunt en l'aage sous aage[2]
ne poent porter tesmongnage el tans de lor sous aage;
neporquant, quant il sunt en aage il poent bien porter
tesmongnage de ce que il virent, ou que il oïrent ou
tans que il estoient en leur sous aage; si comme de ce
qui fu fet quant il n'avoient que dix ans ou que douze;
car li aucun se ramembrent bien de ce qu'il ont veu
en lor enfance, en l'aage de dix ans ou de douze.

56. Procureur, ne avocat, ne conseillieres, ne poent
porter tesmognage es causes dont il ont esté procureur,
avocat ou conseillier.

---

[1] *Se che*. B. T. — [2] *Sousaage*. B. T.

57. Une coustume ne kort pas, mais[1] le quele soloit courre, si comme noz entendons de cex qui sevent de droit; car nus tesmoins, combien qu'il seust de le coze, ne solooit riens valoir, s'il n'estoit apelés des parties à le coze fere, proprement por porter tesmongnage de le coze qui fu fete, se mestiers estoit; mais maintenant est tout autrement, car cil qui furent à le coze fere, ou qui l'oïrent recorder, sont oy en tesmognage, s'il ne sunt debouté par autre reson que parce qu'il ne furent pas apelé; et les autres resons por eus debouter sunt dites ci dessus.

58. Quant lettres qui sunt souspeçonneuses sunt aportées en liu de proeve, eles doivent demorer en le main de le justice dusqu'à tant que il sace qu'eles[2] seront provées à vraies; car se cil qui les aporta les en reportoit, et il se doutoit du crieme, il ne les raporteroit pas; ne il ne seroit pas tenus au raporter, s'il ne il plesoit, car mix vaut c'on delaisse se folie commencié que perseverer et maintenir.

59. Il soloit estre, quant aucuns bailloit letres, que on metoit es letres les nons de cix, qui estoient apelé por estre tesmong, mes cis[3] uzages quort mes en poi de lix. Et s'il quort en aucun lieu, si est il perilleus; car il avient souvent que li tesmong moerent, et après lor mort on a mestier des letres, si que les letres n'ont pooir d'estre tesmogniés par les tesmoins. Donques, convient il que les lettres vaillent de eles meismes, et si font eles; car eles ne sont por ce faussés, donques y furent mis les noms de cix por noient, puis qu'eles valent par le tesmongnage du seel tant solement. Mais

---

[1] *Ne queurt mes.* B. T. — [2] *Comment elles.* B. T. — [3] *Tiex.* T.

se les tésmoins sont vis, et s'il sunt apelé por tesmo-
gnier le teneur[1] de le letre, et il tesmognent le con-
traire, ou il tesmongnent qu'il n'i furent pas : en tel
cas poent estre letres anienties, tout fust ce qu'eles
vausissent s'il n'i eust eu dedens contenu nul tesmoing.
Et por cel peril esquiver ne doit on pas metre les nons
des tesmoins es letres, puis queles valent d'eles meismes
plaine proeve, s'on ne les deboute de fausseté[2] de seel
non creable.

60. S'il avient qu'aucuns ait letres, et il les pert, par
quoi il ne les pot aporter en jugement por li aidier, il
convient qu'il proeve par loiax tesmoins ou par recort
de cort, se ce fu de fet de cort, ce qui estoit contenu
es[3] lettres. Mais il doit avant jurer qu'il a les letres
perdues, ou qu'eles sunt en tel liu qu'il ne les pot avoir,
et qu'il n'a porcacié le perte des letres pas nule malice,
ançois les aportast s'il les peust avoir; et adont, s'il
proeve qu'il eust letres, et le teneur des letres, et le
maniere dessus dite : ce li doit valoir, en tele maniere
que se ses letres furent de dete ou de mueble c'on li
deust, il doit estre paiés. Et s'eles touquoient conve-
nences d'eritage, ou d'engagement, ou de paiement à
venir, eles li doivent estre refetes auteles comme celes
furent de le partie averse qui bailla les autres[4]. Et se ce
furent chartres qu'aucuns sires bailla, aussi les redoit
il baillier, s'ainsi n'est c'on n'en ait uzé encontre, par
tel cas c'on n'i soit pas tenus; si comme aucun des-
truient les[5] chartres, porce qu'il n'en uzent pas selonc
ce qu'ele lor fu otroiée. Et quant aucuns veut avoir

---

[1] *Le conteneure.* B. T. — [2] Manque dans B. — [3] *Dedens les.* B. T.
— [4] *Autres letres.* B. — [5] *Leurs.* B. T.

letres en le maniere dessus dite, ce doit estre à son
coust de l'escripture et [1] du seel, selonc ce c'on a acous-
tumé de païer de tel seel, aussi com il feist, s'il n'en
eust onques nules eues [2]. Car on doit savoir que qui-
conques veut avoir lettres, ce doit estre à son coust,
se convenence ne torne les cous par devers celi qui les
doit baillier.

61. Porce que noz avons dit el capitre des cas qui
apartiennent à saint Eglise et à cort laie [a], que noz ne
creons les letres l'oficial que por un tesmong; nepor-
quant, noz ne l'entendons pas es cas esperituels, ne es
cas qui apartiennent en tout à l'Eglise, et non pas à le
laie justice; car en tel cas, valent les letres de le Cres-
tienté plaine proeve. Si comme les letres l'official tes-
mognent que uns mariages est bons et loiax, ou malvès;
ou que uns testament fu à droit fes, ou non à droit
fes; ou que cil qui se provoit à clerc ne le pot prover,
ou qu'il le prova soufisamment; ou que aucuns est bi-
games : tout tel cas poent estre tesmongnié par letres
l'official, et en moult d'autres cas dont le connissance
est lor, si comme il est dit en cel capitre qui parole
de la connaissance qui appartient à sainte Eglise et à
le cort laie.

62. S'il avenoit [3] que çascunne partie eust à prover
une querele l'un contre l'autre; si comme il avient
souvent c'on propose de çascunne part fet contraire,
ou quant çascunne partie se tient por saisi de ce dont
ples est et l'ofre à prover; et çascuns proeve soufi-
samment s'entention, si ygalment c'on ne pot perce-

---

[1] *Ou.* B. — [2] *Euecz.* B. — [3] *Avient.* B.

[a] Chapitre xi.

voir, ne par nombre de tesmoins, ne par[1] difame de
tesmoins, ne par le dit des tesmoins, li quix à miex
prové : noz disons en ceste maniere, que li deffenderes
doit estre absols, car drois et coustume se prendent
plus pres de assaurre que de condampner. Et bien apert
parce que çascuns demeure saisis de ce c'on li demande,
dusques à tant que le drois l'en oste.

63. Chil ne doivent pas estre oy en tesmongnage qui
sunt hors de le foi de Crestienté, si comme cil qui sunt
Juys; et aussi ne doivent pas estre rechut en tesmon-
gnage cil qui sunt escommenié et renforcié. Mais porce
que noz avons parlé des Juys, se ples est l'un contre
l'autre et li ples quiet en proeve, cil[2] qui a à prover doit
prover par autre Juys, car il n'ont pas acoustumé, ne noz
ne le devons pas voloir, qu'il apelent Crestiens por lor
malveses convenences, ne por lor malvès marciés. Et
quant il convient que Juys soit oys en tesmongnage,
on li doit fere jurer par se loi qu'il dira verité, et puis
examiner en le maniere que noz avons dit des Crestiens,
selonc ce que le besogne le requiert.

64. Noz avons touquié en cest capitre, c'on doit
fere de cex qui tesmongnent faus à essient; mais ce que
noz en deismes, c'est quant il sunt apelé en tesmon-
gnage por muebles ou por heritages, car cil qui seroit
apelés en tesmongnage por cas de crieme, et porteroit
faus tesmongnage à essient, por metre aucun à mort
par haine ou par loier, et de ce seroit atains et provés :
il devroit morir de cele meisme mort qui apartient au
cas qu'il porteroit le faus tesmongnage; car il est
traitres et omicides en soi, quant il est apelés por dire

---

[1] *Diffamement.* B. T. — [2] *Li Juys.* B.

verité et il veut autrui metre à mort par se men-
chongne.

65. Quant aucuns veut prover par recort aucun cas
qui par reson se veut prover, si comme de mariage, ou
de convenences de par cex qui au mariage furent, ou
d'aucun errement pledié en cort, ou d'aucun jugement;
et cil qui doivent fere le recort ne sunt pas el païs, ou
il ont tel essoine qu'il n'i poent venir : on doit doner
à celi qui a à prover tel terme qu'il soient revenu, ou
qu'il soient hors de lor ensoine. Mais se cil qui requiert
le recort, le fet par malice, por alongier le plet de ce
c'on li demande, il ne doit pas estre soufert; ou s'il a
el païs aucun de cex qui furent à le besongne par les
quix li recors pot estre fes, si comme deus personnes
ou plus, on ne doit pas le plet alongier, ne atargier
outre l'espasse de deus assizes, en lieu de deus produ-
tions qui doivent estre donées à cix qui ont à prover,
por les autres recordeurs atendre; car aucun ples en
porroit estre atargiés par malice.

66. Noz avons dit que sers doit estre ostés de[1] tes-
mongnage porter, mais ce entendons noz en toutes
quereles de cas de crieme[2], et en toutes quereles des
queles il porroit estre mis en gages, en autre cort que en
le cort de son segneur; car se il estoit entrés en gages,
se l'en pot ses sires oster en quelque cort qu'il le truist;
et por ce n'est il pas à recevoir. Et si n'est pas à rece-
voir en nul tesmongnage, en querele qui touce son
segneur; car li sires ne pot pas amener son serf por li,
puisque l'autre partie le voille debatre. Mes des que-
reles qui sunt meues por muebles, por catix ou por
heritages, les queles quereles ne touquent riens lor per-

---

[1] *Hors de.* B. T. — [2] Manque dans B.

sone, ne le persone du segneur; ne les quelles[1] on n'a pas entention de metre les en gages, porce qu'eles sunt petites, ou que li segneur tienent le cort par l'establissement le Roy, où li gage sunt deffendu : en teles quereles, et en tex cas, sunt il bien oy por tesmong receu, soit en cort, soit par devant auditeurs ou enquesteurs. Et aussi pot il estre tesmoins en querele qui muet por petis meffès, es quix il n'a nul peril de perdre ne vie ne membre.

67. Procureur ne advocat ne sunt pas receu en tesmong por lor mestre, en le querelle dont il sunt procureur ou avocat, mais en autre querele le porroient estre[2].

68. Nus hons de religion, ne nule feme de religion, de quel ordre que ce soit, ne doivent estre receu en tesmongnage por lor Eglise en cort laie, ne contre laie persone; mais quant il pledent l'un à l'autre en cort de Crestienté, il ne convient jà que noz en parlons, porce que noz n'entendons à parler fors que des coustumes de[3] cort laie.

69. Une coustume ne quort mes, le quele soloit corre el roiame de France, fors es foires de Champaigne; car il soloit estre se uns hons acetoit un ceval cent livres à un marceant, à paier à un terme, et li marceans demandoit à aucun se li aceteres estoit soufissans de rendre li l'argent au terme : cil qui por soufisant le tenoient, devenoient pleges et deteurs et rendeurs sans plus, porce qu'il le tesmognoient à soufisant; mais ceste coustume ne quort[4], fors es marceandises qui sunt prises es foires de Champaigne, car en tel[5] cas

---

[1] B. T. — [2] *Moult bien estre.* B. — [3] *De la.* B. — [4] *Ne queurt mais.* B. — [5] *Et en che.* B.

quorent eles encore, dont li aucun ont esté grevé qui
les tesmognoient pour soufizans ; et neporquant il le
feissent à enuis, s'il quidassent por tant estre plege ne
rendeur.

70. On doit savoir que se li Rois, ou aucuns sires qui
tient en baronnie, tesmongne par ses letres aucunne
convenences qui ont esté fetes entre ses sougès, et ples
muet après de ce qui fu convenencié : les letres le Roi,
ou les letres de lor segneur qui tient en baronnie, vaut
pleine proeve, sans dire riens encontre, entre les sougès.

71. Se li Rois a fet marcié ou convenence à aucun
de ses sougès, et il est escrit et seelé[1], ce[2] vaut plain
tesmognage por li ou contre li, tout soit ce qu'il n'ait
pas letres de son souget ; car aussi comme li Rois de
son droit pot estre juges et acuseres, et ne pot on
apeler de son jugement, le quele coze nus n'a fors li,
aussi ce qu'il tesmongne par son seel, soit por li ou
contre li, doit estre creu ; car on doit croire que cil
qui a tout le roiame à gouverner, por nule riens ne
tesmongneroit riens qui ne fust verités et loiatés.

72. Autrement est de toz les gentix homes qui sont
desoz le Roi, et de toz les prelas, et de toz cix qui poent
avoir seel ; car s'il tesmognent par lor letres aucunnes
cozes qui soient por eus et contre lor sougès, tex tes-
mognages ne lor vaut riens, car nus n'est creus en
tesmognage en se querele, fors li Rois. Donques, quant
li baron, ou li prelat, ou li autre qui poent avoir seel,
ont aucun marquié ou aucunne convenence à lor sou-
gès, il en doivent penre lor letres[3] ; car cascuns est
creus de ce qu'il tesmongne contre li par se letre, et

[1] *Et il escript seelé de sen seel.* B. — [2] *Tout che.* B. — [3] *Lettres.* B.

non pas por li, fors que li Rois, si comme noz avons dit par de dessus.

73. Tout soit il ainsi que li Rois et li segneur qui tienent en baronnie soient creu de ce qu'il tesmongnent par lor lettres, des convenences ou des marciés qui furent fet entre lor sougès, neporquant il n'est pas mestiers que li seel de lor povres[1] sougès soient de si grant autorité qu'il soient creu, sans autre tesmongnage, en aucun cas; car male coze seroit se je tenoie un fief d'un povre gentil home, et il tesmognoit que cel fief aroie vendu, ou doné, ou escangié à aucunne persone : en tel cas ne seroient pas les letres de mon segneur creues contre mi que par[2] un sol tesmong. Donques, converroit il au mains un loial tesmoing vif aveques tex letres, ou mon seel aveques le mon segneur, ou autre seel autentique, et ensi passeroit le coze par loial tesmognage. Neporquant, en aucun cas passeroit le letre de mon segneur tant solement, si comme se je l'avoie aprovée de fet; car se mes sires tesmongnoit par ses letres que je eusse mon fief vendu ou doné ou escangié à Pierre; et li dis Pierres s'estoit veus tenans et prenans de le coze à me veue, un an, ou deus, ou trois, sans ce que g'i meisse nul debat, et après le voloie debatre : li debas ne me vaurroit riens, car le coze se proveroit par l'aparance du fet avec le tesmongnage des letres mon segneur; car ce que cil est trovés levant et esploitans en le maniere desus dite, les queles[3] letres du segneur le tesmongnent, doit bien afermer le tesmongnage[4] du segneur.

---

[1] *Plus bas.* B. T. — [2] *Pour.* B. — [3] *En le maniere que les.* B. T. — [4] *Tesmongnement.* B.

74. Se deus parties ont à prover l'une contre l'autre, si comme il avient souvent que çascunne partie dist qu'à li apartient le saizine d'aucunne coze, ou le proprieté d'aucun heritage, et l'offre à prover, après ce qu'il a nié le reson que l'averse partie a proposé contre li : se li uns, ne li autres, ne proeve riens, le partie qui pledoit en li deffendant, gaangnera le querele; car puisque cil qui fist demande contre li, faut à prover s'entention, li deffenderes doit demorer quites et de-livres; ne ce ne li grieve pas qu'il failli à prover ce qu'il arraini[1] à prover, puisque li demanderes failli aussi à prover s'entention. Et par ce pot on savoir que coustume se prent plus pres d'assaure cix qui se deffendent en plet, que de baillier ce qui est demandé à cix qui assaillent autrui de plet. Et, à briement parler, quiconques assaut autrui de plet et arrainist à prover les resons par quoi il veut avoir se demande, et après faut de proeve : il faut à se demande, et est li deffenderes delivres.

75. Autrement est en aucun cas, es quix il avient souvent que li deffenderes a à prouver et li deman-deres n'a qu'à[2] prover; si comme se Pierres demande à Jehan aucun heritage dont il est tenans, ou aucun mueble, porce qu'il dist qu'il doit estre siens par reson de descendement ou d'esqueance, ou par aucunne re-son; et Jehans respont encontre, qu'à li apartient li drois de ce que Pierres demande, parce qu'il l'aceta à celi qui avoit le pooir du vendre, ou parce qu'il fu donnés ou lessiés en testament, ou escangiés de tele persone qui le pooit fere, ou parce qu'il dist que la coze

---

[1] *Aura mis.* T. — [2] *Que.* B.

li¹ estoit venue, que Pierres li demande, par le raison
dou descendement ou d'escheete, et Pierres li nie les
resons qu'il met avant, par les queles il dit que ce que
Pierres li demande li doit demorer. Donques, s'il faut
à prover s'entention, Pierres, qui est demanderes,
gaaignera se querele. Et ainsi gaaigne aucunne fois li
demanderes, quant il carque de proeve le deffendeur,
et il defaut à prouver.

76. Quant deus persones² ont à prover en une meisme
querele, si comme nous deismes dessus, que çascuns
maintient qu'il est³ saisis, ou qu'à li apartient li drois
de le coze; et l'une des parties defaut et ne vient pas au
jor qui li est donés por amener ses tesmoins, et l'autre
partie y vient et amaine bien ses tesmoins : cil qui de-
failli ne pert pas por cele defaute sa querele, mais il
pert en ce qu'il n'est plus oïs en ce qu'il avoit à
prouver, ançois seront oy tant solement li tesmong
de l'averse partie. Et s'il proeve s'entention, il gaaigne
se querele. Et ce veismes noz passer par jugement
à Creeil; quar deus parties maintenoient qu'il estoient
en saizine d'une meson, et offri çascuns à prover le
saizine, et lor fu jors donés d'avoir lor proeves; et
au jor, l'une des parties vint et l'autre defailli; et cil
qui vint noz monstra ses proeves et presenta, et noz
requist que noz les oïssions; et noz, qui tenions le
cort, respondimes que noz ne les oïrions pas, car
il convenoit que cil qui estoit defaillis les veist jurer;
mais noz l'ajornerions volentiers contre li, et li fe-
rions droit selonc ce qu'il diroit, et selonc le respensse
du defailli; et les feismes en ceste maniere rajorner,

---

¹ *Que la choze li est.* B. — ² *Parties.* B. — ³ *Doit estre.* B.

et furent les parties presentes devant noz. Et adont,
cil qui s'estoit aparus à [1] l'autre jornée [2], à tout ses
tesmoins, requist à avoir gaaignié sezine de le meson,
por le defaute que l'averse partie avoit fete, comme li
jors de prover eust esté donés après jor de veue. Et li
defalans disoit encontre, qu'il ne devoit pas perdre
saizine por cele defaute; car li jors n'estoit pas fes tant
solement à oïr les proeves de çascunne partie. Et sor
ce se mirent en droit, à savoir mon quel damace li de-
falans aroit par se deffaute. Il fu jugié que li defalans
ne perdroit pas saizine, mais il perdroit de ce qu'il
avoit à prover au jor qu'il avoit defailli; qu'il ne seroit
plus receus à amener ses proeves, ençois seroient oy li
tesmoing de l'averse partie tant solement. Et se li jors
eust esté sor le principal de le querele après jor de
veue, si comme à [3] proposer, ou au [4] plet entamer, ou à
oyr droit [5] : li defalans eust perdue saizine. Mais le jor-
née qu'il defailli n'estoit fors que por examiner les tes-
moins de çascunne partie. Et par cel jugement pot
on veoir le peril qui est en soi metre en pure defaute,
après jour de veue.

77. Selonc le coustume de le cort laie, nus n'est te-
nus à baillier en escrit à averse partie le dit de ses tes-
moins, mais ce fet il au plet de le Crestienté. Çascunne
partie pot metre resons contre le dit des tesmoins qui
ont esté amené contre li; et por ce convient il c'on sace
que li tesmong ont dit. Mais en le cort laie, ne pot on
riens dire contre le dit des tesmoins, puisque li tes-
mong sunt passé sans estre debouté de lor tesmognage,

---

[1] *Par devant nous à.* B. — [2] *Fois.* B. — [3] *De.* B. — [4] *De.* B. — [5] *En-*
tamer à oïr droit. B.

ançois convient que jugement soit fes selonc le dit des tesmoins, à savoir se l'entention de celi qui les amena est provée ou non provée.

78. Toutes les fois c'on veut[1] examiner tesmoins, soit por enqueste, ou por autre coze, en cort laie, on ne les doit pas oïr haut en le presence des parties; ançois quant il ont juré en le presence des parties, on les doit oïr, que les parties ne sacent pas ce qu'il diront, et metre lor dis en escrit, et fere droit selonc ce qui est tesmognié, exepté les cas où gage de bataille poent queoir; car là ne sunt pas li tesmong oy en derriere des parties, ançois lor doit on demander, en lor presence et avant qu'il facent serement, por qui il voelent tesmongnier; car lucques gist li poins d'aus lever de faus tesmongnage. Et comment on doit aler avant en plet de gages, il sera dit el capitre du quel noz parlerons, se Dix plest, cha avant; et sera li premiers capitres apelés des Apiaus, et li secons capitres des Deffenses à cix qui sont appelés, et li tiers capitres des Presentations qui doivent este faites en plet de gages, et comment on doit aler avant dusques en le fin des quereles qui par gages sont demenées[a].

79. Noz avons dit generalment que nus ne doit estre receus à estre tesmoin en se propre querele. Neporquant noz veons trois cas especiaus que çascuns hons loiax pot prover par sen serement, sans autre proeve.

Li premiers cas, si est de cix qui vendent menues denrées, des queles on doit vivre; car li vendeur sunt creu dusqu'à le value de cinq saus et un denier, puis-

---

[1] *Doit.* B.

[a] Chapitres LXI, LXIII et LXIV.

que li detes connoisse qu'il ait eu du sien ne tant ne quant.

Li secons cas, si est de cix qui ont letres de lor deteurs, et es queles il est contenu qu'il doivent estre creu de coz et de damaces par lor serement.

Li tiers cas, si est si comme s'aucuns, qui ne soit pas mes sires, brise mes huces ou mes cambres; car por le force et le damace et le despit qui est fes à moi, à force et contre droit, je le puis sivir de mes damaces. Et porce qu'acoustumeement on ne revele pas volentiers ce c'on met en huces, ne en escrins, à estranges gens, fort coze seroit d'avoir tesmoins; et por ce doi je estre creus du damace par mon serement. Neporquant, li nombres du damace porroit bien estre si grans et si outrageus; si comme se commune renommée me tesmongnoit que je n'eusse pas vaillant cent livres en toutes cozes, et je voloie jurer mon damace à cinq cents livres, ou à mille : je n'en seroie pas creus, ançois seroit li damaces avenables par loial enqueste, selonc ce qu'il apartienroit à mon estat, et que on porroit penser que uns hons de ma riquece porroit avoir perdu par le meffet qui m'aroit esté fes.

Explicit.

Ci define li capitres des prueves, et de fausser tesmoins, et des espurgemens, et dou peril qui est en manecier, et de dire contre tesmoins [1].

---

[1] B. T.

CAPITRES XL.

Chi commenche li quarantime capitre, qui parole des enquesteurs et
des auditeurs, et de examiner tesmoins, et des aprises, et des en-
questes [a].

1. Après ce que nous avos parlé des prueves et des
voies comment on doit et pot prover et comment on
doit debatre tesmoins, il est mestiers que noz parlons
comment on doit examiner tesmoins, si que, par le sou-
tilleté de l'examination, lor cuers et lor opinions soit
conneue et le verités esclarcie de lor tesmongnage; si
que quant il seront examiné et toutes les demandes
fetes qui apartiennent à le querele, on puist savoir par
lor dit se li tesmongnages sera por celi qui les a trais,
ou se lor dis ne vaurra riens. Et si parlerons des audi-
teurs et des enquesteurs, porce que ce sunt deus ma-
nieres de gens à qui les examinations apartienent des
tesmoins; et por ce noz parlerons de lor estat et qu'il
doivent fere, et des aprises qui sunt fetes par volenté
de segneur, et de le diference qui est entre aprise et
enqueste.

2. Quiconques oït tesmoins, il ne doit pas estre seus
à l'oyr, car s'il les ooit seus, et il portoit le dit des tes-
moins en jugement, ou par escrit, ou sans escrit, et
partie le debatoit, tout ce qui aroit esté fait par li se-
roit à recommencier, et seroient oy li tesmoing de re-
quief. Donques, poés voz entendre que à oïr tesmoins,

---

[a] Ce chapitre fait connaître les usages judiciaires qui, après la pu-
blication de l'ordonnance de 1260, sur l'abolition du duel (*Ordon-
nances*, t. I, p. 87), régnèrent dans les pays où cette ordonnance fut
reçue. Nous y apprenons que cet acte de la sagesse de saint Louis ne
resta pas aussi inefficace qu'on l'a prétendu, et que, dans le comté de
Clermont, par exemple, le duel était l'exception et l'enquête la règle.

il doit avoir au mains deus persones loiax et soufi-
sans, et qui ne puissent estre debatu par nule reson.
Et qui les vaurroit debatre, il les doit debatre avant
qu'il entrent en l'examination des tesmoins. Et com-
ment on les doit debatre, il est dit u capitre des
prueves[a]. Et tex manieres de gens qui sunt baillié por
oïr tesmoins sunt apelé *auditeur*, porce qu'il doivent
oïr ce que li tesmong diront, et fere escrire lor dit, et
seeler de lor seaus, et raporter le dit des tesmoins escris
et seelés en jugement, par devant les jugeurs à qui le
querele apartient à jugier.

3. Quant aucune querele quiet en proeve, et le court
où le querele doit estre determinée et jugié, baille au-
diteurs à oïr les tesmoins, elle doit baillier as auditeurs
les articles sor les quix li tesmong doivent estre oy, si
que li auditeur sacent de quoi il doivent demander. Et
teles manieres d'articles bailliés as auditeurs, on les
apele *rebrices;* et doivent estre tex rebrices acordées
par les deus parties qui pledent ensanlle, selonc ce qu'il
ont pledié. Et s'il ne se poent acorder à lor rebrices,
cil par qui le querele doit estre jugié, et devant qui li
ples a esté demenés, les doivent acorder par lor recort,
selonc ce qui a esté pledié par devant eus, et baillier[1]
toute acordée as auditeurs.

4. Ce que noz disons des auditeurs et de lor pooir,
noz entendons qu'il poent estre baillié en toz cas, fors
que en cas ou on pot et veut lever tesmoins; car en
tel cas ne pot on baillier auditeurs, ançois convient
que li tesmoing vieguent en pleine cort por tesmognier

---

[1] *Baillier le.* B. *Baillier loi.* T.

[a] Chapitre précédent.

II.   9

en audience; et ilueques les pot on lever eu le maniere qui est dite el capitre des proeves[a]. Mes por nul autre debat c'on puist metre contre les tesmoins qui sunt amené devant les auditeurs, li auditeur ne doivent laissier à oïr le dit des tesmoins cascun à par li; mes il doivent oïr toutes les resons qui sunt dites contre les tesmoins, par les queles on les veut debouter de lor tesmognage, et doivent fere escrire selonc le forme qui ensuit.

5. Pierres amena Jehan à prover s'entention contre Guillame, et li dis Guillames posa contre le dit tesmong qu'il ne voloit pas que ses tesmong vausist, ançois requerroit qu'il fust deboutés de lor tesmonguage par teles resons et par teles; et doivent metre toutes les resons en escrit, si que quant li tesmognages de Jehan sera escris et les resons qui sunt dites contre li, li auditeur puissent tuit aporter en jugement, en le cort là u le querele doit estre determinée. Adonques, se li home qui doivent jugier voient par le dit de Jehan, que ses dis ne vaut riens de li meisme, et qu'il ne doie de riens valoir ne aidier à Pierre qui le traist en tesmognage, il n'est nus mestiers as homes de veir les resons qui furent dites por debouter le dit Jehan, puisqu'il n'a riens tesmonguié por celi qui l'a traist. Mais s'il avoit tesmonguié por Pierre qui l'a traist[1] clerement[2], adont doivent regarder li home les resons qui furent dites por li debouter de son tesmongnage, et se l'une des resons ou plusors sunt bones et vraies et bien provées, li tesmognages est de nule valeur.

---

[1] L'atret. B. — [2] En tesmongniage en l'errement. B. T.

[a] Chapitre précédent.

6. Quant li auditeur sunt venu au liu[1] où li tesmong doivent estre oy, il doivent penre le serement des tesmoins et escarir[2] en le maniere qui ensuit : « Voz, jurés, « se Dix voz ahit[3] et li saint, et les saintes paroles qui « sunt en cest livre, et le pooir que Dix a en ciel et en « terre, que voz dirés verité de ce c'on voz demandera « en le querele por le quele voz estes atrait en tesmo- « gnage, selonc ce que voz en savés, et sans men- « chongne ajouster; et que voz n'en mentirés por amor « ne por hayne, por loier ne por pramesse que vous « en aiés eu, ne que voz en atendés à avoir, por peur, « ne por cremeur de nului. » Et li tesmoing doivent respondre : « Ainsi[4] comme voz l'avés dit, le jurons « noz »; et adont il doivent eus trere arriere fors que li un, et doivent estre oy, çascuns par li[5], ententive- ment et diligamment.

7. En toutes quereles qui sunt de muebles, de catix, d'eritages et de meffès, exeptés les cas de crieme, par les quix on rechevroit mort se on y estoit atains, et exeptés les cas que on veut et pot torner à gages, les principax parties doivent jurer qu'il diront verité en le querele qui est meue entre eus; car s'il s'acordent par lor serement, il ne convient trere nul tesmong de l'une partie ne de l'autre, ançois lor doit on fere droit selonc ce qu'il ont juré; et s'il se descordent, adont doit cil qui a à prover, amener ses tesmoins au jor qui li est assignés de prover. Mes en cas de gages, les prin- cipax parties ne jurent devant que le bataille est jugié et qu'il doivent aler ensanlle. Et en cas de crieme, n'est

_____

[1] _Là_ B. — [2] _Et bien encherquier._ B. — [3] _Ait._ B. T. — [4] _Tout ainsi._ B. — [5] _Tout par soi._ B.

nus tenus de fere serement contre soi meismes, si comme dit est.

8. Quant li auditeur ont pris les seremens des tesmoins qu'il doivent oïr, il les doivent examiner; si comme se le querele est por dete que Pierres demande à Jehan, por deniers prestés, ou por denrées nommées et vendues. Car quiconques demande dete, il doit bien dire le cause dont le dete vient, et nommer ce porquoi le dete est deue, et se Jehans le nie[1] en le maniere qui[2] fu proposé contre li, et Pierres l'arraini à prover : on doit demander as temoins[3] se cele dete fu fete, et par quel cause, et de queles denrées, et quant[4] ce fu, et en quel liu, et en quel jor, et en quel tans, et quix gens furent as convenences, et à quele hore, et metre le response de çascunne demande en escrit; si que, quant li tesmong seront oy sor ces demandes, on puist[5] veir s'il y ot deus loiax tesmoins qui s'entresivent, selonc le demande que Pierres fist à Jehan. Et s'il s'entresivent, Pierres a bien prové; et s'il ne s'entresivent, il se poent bien descorder de tele demande que Pierres n'ara point prové. Car s'il se descordent du pris de l'argent que Pierres demanda, si comme s'il dient li uns plus et li autres mains, Pierres n'a riens prové. Et se tuit li tesmoing dient plus grant nombre d'argent que Pierres ne demanda, Pierres a bien prové, car il pot estre qu'il estoit paiés du sorplus de se demande. Mais en tel cas on doit demander à Pierre, par son serement, se le dete fu onques plus grans qu'il ne demanda; et s'il dist : « Oïl[6], mais il en fu paiés », ses

---

[1] *Si nia.* B. — [2] *Qu'il.* B. — [3] *Au tesmoing.* B. — [4] *Comment.* B. — [5] *Puisse.* B. — [6] *Chertes oïl.* B.

tesmoing valent, et doit avoir ce qu'il demanda tant
solement. Et s'il dist que le dete ne fu onques gregnor
que il proposa, li dis de ses tesmoins seroit de nule va-
leur, car çascuns doit estre creus en ce qu'il tesmongne
contre li, et por li, non. Et se li tesmoing s'entresivent
bien des autres demandes, Pierres doit avoir le pris
qu'il ont tesmognié. Neporquant, Pierres querra en
l'amende du segneur, porce qu'il n'ara pas prové s'en-
tention, tout soit ce qu'il en ait prové partie, mais ce
qu'il a prové ne perdra il pas.

9. La seconde demande qui est fete as tesmoins, par
le quele li tesmongnages est de nule valeur, s'il ne
s'acordent en lor tesmongnage, si est de le coze por
quoi le dete fu fete. Car se Pierres dist en se demande
que ce furent denier presté, et li tesmoing ¹ dient en lor
tesmongnage que ce fu por vin vendu, ou por autres
denrées, lor tesmognages est de nule valor; car il sunt
en le demande droitement contraire de celi qui en
tesmognage les a trait; ou se Pierres dist que ce fust
parisis qu'il presta, et li tesmong dient que ce furent
tornois, ou autre monnoié, lor dis seroit de nule va-
leur. Mais se li tesmong disoient qu'il ne sevent quele
monnoie ce fu, car ele estoit coutée quant il y vinrent,
mais il oïrent recorder le convenence, lor tesmognages
vaurroit.

10. La tierce demande à quoi li tesmongnage se
doivent acorder, si est c'on lor demant quant le dete
fu fete; car il porroient bien si varier ² en cele demande,
que lor tesmognages seroit de nule valeur si comme
se li uns disoit : « Il a un an », et fu el mois de may; e

¹ Et il. B. — ² Descorder. B.

li autres disoit : « Il a deus ans », et fu el mois d'aoust :
en tel cas lor tesmognages seroit de nule valeur. Mais
se li uns des tesmoins sivoit bien le tans et l'ore que le
dete fu fete selonc le demande Pierre, et li secons tes-
moins disoit par son serement : « Je ne sui pas¹ avisés
« du tans ne de l'ore, par quoi je le sace dire bien cer-
« tainement ; mais il m'est avis que ce fu à tel jor et en
« tel point », tout fust ce qu'il ne deist pas le certains
tans par son avis, mais il yroit auques pres, si comme
en le semaine, ou el mois : por ce ne seroit ce pas que
li tesmoins² ne vausist, mais qu'il s'acordast de certain
as autres demandes qui sunt convenables à demander.

11. Les autres demandes qui apartienent à fere,
comme du liu où le convenence fu fete, et quix gens
furent à le convenence fere : se li uns dist à Paris, et
li autres dist à une autre vile, li tesmognage est de
nule valeur, s'il n'est ainsi que li uns des tesmoins die
droitement que tex marciés fu fes à Paris et qu'il y fu
presentement, et li autres dist : « Je oy recorder à
« Senllis, à Pierre et à Jehan³, qu'il avoient fet tel
« marcié ensanlle » : en tel cas vaurroit li tesmon-
gnages, car il avient souvent que on fet marciés ou
convenences en une vile ; et porce c'on se doute c'on
n'ait pas assés de tesmoins, on fait recorder le marcié
qui a esté fes, et comment⁴ il fu fes, en autre ville ; et si
s'en pot bien aidier cil qui veut prover le convenence
de cix qui furent au marcié fere et qui furent au re-
cort du marcié, tout soit ce qu'il ne tesmoignent pas
d'un meisme tans, ne d'un mesme liu ; car li uns tes-
mogne de le convenence, et li autres du recort qui fu

---

¹ *Pas bien.* B. — ² *Tesmongnages.* B. — ³ *A Jehan à Senlis.* B. — ⁴B.

fes de le convenence. Et en tel cas pot on veoir que tesmoing poent valoir, tout soit ce qu'il ne tesmognent pas d'un tans et d'un liu, si comme dit est. Mais se li uns des tesmoins disoit : « Je vi le convenence fere à « Paris, et les denrées baillier yluèques meismes, si « que cil qui les reçut se tint por paiés »; et li autres tesmoins disoit : « Je vi tele convenence fere à Senlis « et teles denrées baillier » : li tesmongnages seroit de nule valeur; car ce ne pot estre que une meisme coze, qui est baillié por fere une dete, soit baillié en deus liex, et por ce ne doit pas valoir lor tesmognages en tel cas.

12. Cil qui sunt baillié auditeur, ou enquesteur, ou juge, qui poent et doivent oïr tesmoins, doivent mult regarder et entendre comment li tesmong respondent as demandes qui lor sunt fetes, ou par savoir, ou par croire, ou par quidier; car se li tesmoins dist : « Je le « sai », li auditeres li doit demander : « Comment le « savés voz? » Et se li tesmoins respont : « Je l'oy dire « à celi et à cel autre », tex tesmongnages est de nule valeur; car il est contraires à li meismes quant il dist : « Je sai de certain », ce qu'il ne set fors que par oïr dire. Donques, qui veut dire : « Je le sai de certain », il ne le pot dire s'il ne dist : « G'i fui presens et le vi »; ainsi¹ pot on tesmongnier de savoir ce c'on tesmongne certainement. Et quant li tesmoins dist : « Je croi que « le convenence ala ainsi », li auditeur li doit deman- der porquoi il le croit; et se li tesmoins respont : « Je « le croi par teles presontions et par teles », se les presontions sunt cleres, si comme il est dit u capitre

---

¹ *En cheste maniere.* B.

des proeves [a], li tesmognages pot bien valoir aveques
le tesmong qui parole de savoir; mais à par li [1] il ne
vaurroit riens. Et de cix qui ne tesmongnent fors que
de quidier, ou par oïr dire, il est certaine cose que lor
tesmongnages ne vaut riens, combien qu'il soient.
Donques, pot on savoir que nus dis de tesmoins ne
vaut, s'il ne parole de certain, comme de savoir, ou de
croire par certaine cause; et que le cause est si clere,
par quoi on le croit, c'on voie que le creance est certaine

13. Quant enquesteur oent tesmoins, il les doivent
examiner et oïr çascun à par soi, après lor serement,
et metre lor dis en escrit, tout en le maniere dessus
dite des auditeurs; mais porce qu'il y a plusors cas qui
quieent en enqueste, et plusors qui quieent en aprise,
noz parlerons d'aucuns cas où enqueste apartient, et
d'aucuns où on doit fere aprise, si que par le declara-
tion des cas que noz dirons, on porra veir des autres cas
sanllavles qui doivent queoir [2] en enqueste ou en aprise.

14. Quant aucuns est pris por souspeçon de vilain
cas, tel qu'il en porroit perdre le vie s'il en estoit
atains, et li fes n'est pas si clers ne si notoires que
justice y apartiegue, on doit demander à celi qui est
pris, s'il veut atendre l'enqueste du fet, et s'il dist oïl,
on li doit fere en tele maniere c'on doit nommer toz
les tesmoins à qui on enquiert, si que s'il y a nul des
tesmoins souspeçonneus, il les puist debouter de lor
tesmognage, par les resons qui sunt dites el capitre des
proeves [b].

---

[1] *En par soi.* T. — [2] *Chieent.* B.

[a] Chapitre précédent.

[b] Chapitre précédent.

15. Se cil [1] qui est pris por souspeçon de vilain cas ne veut atendre l'enqueste du fet, adont y apartient il aprise, c'est à dire que li juges, de s'office, doit apenre et encerquier du fet ce qu'il en pot savoir ; et s'il trueve par l'aprise le fet notoire, par grant plenté de gent, il porroit bien metre l'aprise en jugement. Et porroient li home veoir le fet si cler par l'aprise, que li [2] pris seroit jugiés. Mais à ce qu'il fust condampnés à mort par aprise, il convient bien que li fes fust seus clers [3], par plus de trois tesmoins ou de quatre ; si que li jugemens ne fust pas fes tant solement por l'aprise, mais por fet notoire.

16. La diference qui est entre aprise et enqueste est tele que enqueste porte fin de querele, et aprise n'en porte point ; car aprise ne sert fors de tant, sans plus, que li juges est plus sages de le besogne qu'il a *apris ;* si comme s'il avient que quant li sires quide avoir aucunne droiture sor ses sougès, il est bon qu'il face aprise por li enformer se sa droiture y est ou non ; si que, quant il a fete l'aprize, s'il voit qu'il n'ait reson en le coze, il se doit soufrir ; car c'est peciés de pledier à son souget de coze où il n'a reson. Et s'il voit qu'il y a reson par l'aprise qu'il a fete, adonques porroit il plet commencier de le coze.

17. Maintes enquestes ont esté fetes qui estoient de nule valeur, porce qu'eles n'estoient pas fetes si comme eles devoient. Or veons donques comment on doit fere enqueste. Nus ne doit fere enqueste seus [4], qu'il n'apiat [5] bone gent avec li por fere l'enqueste, et tex gens

[1] *Chelui.* B. T. — [2] *Que chelui qui seroit.* B. — [3] *Tout cler.* B. — [4] *Seulz.* B. — [5] *Se il n'apele.* B.

qu'ele puist estre tesmognié par eus se mestiers est;
car aussi bien pot on debatre l'enqueste qui est fete par
gens souspechonneus ou mal soufisans, comme on pot
debouter tesmoins par les raisons qui sont dites au
capitre des preuves[a].

18. A enqueste fere, les parties doivent estre ape-
lées por qui ele[1] est fete, si ques il voient les tesmoins
jurer, qui sunt amené por estre oy en l'enqueste, et
qu'il puissent dire contre les tesmoins, s'il lor plest.
Et ce qu'il dient contre les tesmoins doit estre mis en
escrit en l'enqueste et portés en jugement, si comme
il est dit dessus des auditeurs.

19. Li enquesteur doivent examiner tesmoins et fere
toutes les demandes qui apartienent à fere en l'enqueste,
si comme dit est.

20. Noz veismes un home jugier por un murdre qui
fu fes, et si ne fu pas trové en l'enqueste que nus eust
veu le fet, car por ce l'apel'on *murdre*, que li fes est
fes si traitrement que nus ne le voit, et dirons comment
ce fu. Uns hons fu murdris el cemin qui va de Clermont
à le Noeve-Vile-en-Hés : porce que noz veismes qu'il
estoit tués d'un seul caup de mail ou de machue, noz
prismes un boucier, li quix avoit soupé la nuit devant
avecques li. Noz li demandasmes où il avoit esté cele
matinée que cil avoit esté tués, entre le point du jor et
soleil levant, car à cele hore avoit il esté tués. Il res-
pondi qu'il s'estoit partis de Clermont au point du jor,
et estoit alés tout le droit cemin de Clermont à Saint-
Just por se marceandise. Demandé li fu en quele com-

---

[1] *L'aprise.* B.

[a] Chapitre précédent.

paignie il ala ; il respondi avec Pierre, Jehan, Gautier,
Guillame, qui boucier estoient et aloient en lor mar-
ceandise. Aussi demandé li fu s'il atendroit l'enqueste
du fet, en tele maniere que s'il estoit trouvés veritables
du fet, qu'il s'en alast delivres : il respondi oïl.
Adonques noz mandasmes les quatre, en quele com-
paignie il disoit qu'il estoit alés, et enquisismes à çascun
par soi, par son serement, s'il avoit voir dit; et distrent
tuit que nennil. Et après noz trovasmes qu'il avoit esté
encontrés en autre cemin, cele matinée, que le cemin
qu'il disoit qu'il estoit alés, et estoit li cemins où il fu
encontrés à aler, de là u li fes fu fes à Saint-Just, à le
quele vile de Saint-Just il fu veus de mult de gens si
tart venir, qu'il y pot bien venir puis le fet. Et cele
enqueste noz meismes en jugement, au quel jugement
il ot debat grant; car li un le voloient condampner et
jugier à mort par le dite enqueste, et li autre disoient,
puis que li fes n'estoit provés par l'enqueste, qu'il ne
devoit pas recevoir mort. Et li autre disoient que si
fesoit que en autre maniere ne se pooit prover murdre
par enqueste, que par celi qui en est souspechonnés en
apertes menchongnes et en apertes presontious. Et fu
le fins tele qu'il fu jugiés et condampnés du fet par le
dite enqueste, et fu trainés et pendus. Avant qu'il re-
çeust mort connut il qu'il avoit fet le fet. Et par cel
jugement pot on veoir c'on est bien atains de vilain fet,
quant on est trouvés en menchongne de ce c'on li de-
mande du fet et par apertes presontions, et meesment
cil qui se met en enqueste.

21. Aucunnes demandes poent estre fetes, les queles
poent bien estre provées par son serement, sans autre
proeve, tout soit ce que le partie à qui on demande le

nie en le maniere qui est proposée contre li ; mais c'est
quant il connoist le demande en partie; si comme quant
aucuns hons qui vent denrées à estal ou à taverne de-
mande de ses denrées à un home cinq saus, et cil à qui
le demande est fete n'en connoist que deus deniers, six
ou douse : cil qui demande ses denrées est creus par
son serement dusqu'à le value de cinq saus et un denier.
Mais se cil à qui le demande est fete n'en connissoit
riens, cil qui demande n'en est pas creus sans tesmoins ;
mais il ne provera jà si poi contre celi qui li aroit le
tout nié, qu'il ne fust creus du sorplus par son serement
dusqu'à cinq saus et un denier. Et c'est bone coustume,
car male coze seroit à cix qui vivent de menues denrées
de mener toz jors deus tesmoins à çascunne fois qu'il
font creances de lor denrées. Ne contre les tesmoins
qui sunt amené en tix cas n'a nul gages, mais debatre
les pot on par autre reson que par gages, c'est à dire
par resons, par les queles on pot debatre tesmoins, si
comme dit est el capitre qui parole des prueves[a].

22. Li enquesteur, ne li auditeur, ne li juge, ne li
arbitre, ne sunt pas loial qui se penchent[1] plus d'une
partie que d'autre, en ce qui doit estre fet par eus ; car
aucunne fois voit on tex manieres de gens quant il ont
à oïr tesmoins, qui se deportent plus legierement et
à mains d'interrogations fere as temoins de l'une partie
que de l'autre, si que quant il voient un tesmong qui
fet pour le partie qu'il aimme mix, il font metre en
escrit legierement, et ne li font pas demandes diverses
par les queles ses dis deviegne de nule valeur[2]. Et quant

---

[1] *Pendent*. B. — [2] *Soit anentis* B.

[a] Chapitre précédent.

il oent un des tesmoins à le partie qu'il n'aimment pas
tant, et il tesmongne coze qui pot valoir à le partie
por qui il est trais, il li font tant de diverses demandes
qu'il metent sen dit à nient, par l'empeesquement qu'il
i metent de divers articles, et ce est grant baras et
triquerie et desloiatés. Car qui le veut loialment fere,
il ne doit estre nient plus favorables à l'une partie qu'à
l'autre, et doit fere à çascunne partie les demandes
qui[1] apartienent à fere, sans nul amor et sans nul
haine, sans nul loier et sans nul pramesse, sans peur
et sans cremeur, et sans nule malvese convoitise qui
a maint home oste de droit quemin de loiaté fere; car
en cuer plain de grant convoitise ne se pot loiatés
herbergier. Et se voz en dirons un example de Pierre
contre Jehan.

23. Uns officiaus avoit devant li une querele, et
estoit cele querele si demenée, que toutes les resons
d'une partie et de l'autre estoient mises avant, et
n'atendoient les parties fors que[2] sentence difinitive
lor fust rendue. Et li officiax diligamment pensa li quix
devoit avoir sentence por li, ou Pierres ou Jehans; et
quant il y ot bien pensé, il resgarda que, par mult de
resons de droit, Pierres avoit le querele gaaignié, et
proposa en son cuer qu'il renderoit lendemain sentence
por li. Et le nuit devant qu'il dut rendre le sentence,
Jehans envoya à l'oficial une coupe d'or; li officiax le
retint[3], et cele nuit il pensa mult à le cortoisie du dit
Jehan[4], et pensa à ce trop durement que mult vaur-
roit penser et trouver voies de droit[5], par les queles

[1] Qui y. B. — [2] Fors le. B. — [3] Le rechut. B. T. — [4] A le grant con-
voitise que li dis Jehans li avoit faite. B. — [5] Aucunes voies de bon
chemin. B.

Jehan peust avoir sentense por li, et estudia plus son-
gneusement que il n'avoit fet en ses livres; et quant
il trovoit aucun cas qui fesoit por Jehan, il le rete-
noit en son cuer, et affermoit que il pooit mult bien
rendre le sentence por Jehan; et quant il trovoit au-
cunne coze por Pierre, la bonne volenté qu'il avoit por
Jehan ne li lessoit demorer en son memore; et s'acorda
en sen cuer que mult bien pooit rendre sentence por
Jehan. Et quant ce vint à lendemain qu'il fu à son
siege et dut rendre le sentence, sa conscience le re-
mort et pensa que avant que cele coupe li fust venue,
il s'estoit acordés, et par mult de resons de droit, à
rendre sentence por Pierre, et onques puis qu'il ot pris
le coupe, il ne trova reson por Pierre qui en son cuer
peut arester; et porce il redona jor as parties à rendre
se sentence à lendemain. Et si tost comme il revint à
son ostel, il prist cele coupe, et le renvoia à Jehan, et
puis estudia en ses livres, et trova que drois s'acordoit
qu'il rendist sentence por Pierre, et le prononcha por
li. Et par cet example poés voz veoir que convoitise
qui est herbergié en cuer de juge, pot fere de maus
mult, car cil qui prent de partie qui a devant li à fere,
perix est qu'il ne s'encline plus à l'une partie qu'à
l'autre; et por ce loons noz à toute maniere de juges
qu'il se gardent de prendre dons par les quix il soient
corrumpu.

24. Aucunne fois avient il, quant auditeur sunt
ensanlle por fere aucunne enqueste, qu'il ont à de-
mander sor plusors articles; et, por ce, tout pre-
mierement il doit fere proposer à l'une des parties
tous les articles qu'il a à proposer contre l'autre par-
tie, et metre çascun article à par li, sans entremeller;

et puis fere li jurer sor sains que tuit li article qu'il propose, il croit qu'il soient vrai et loial; et s'il convient tesmoins amener, qu'il les amenra bons, ne qu'il ne querra art ni enging, en entention de delaier l'enqueste. Et puis, quant il a fet le serement, li auditeur doivent fere respondre à l'autre partie, à çascun article à par soi, et penre le serement qu'il connoistra verité de tout ce qui est proposé contre li; et s'il fet responsse d'aucun fet contraire, et il li convient amener tesmoins sor le contrarieté, qu'il les amenra bons et loiax à son essient, ne ne querra art ne engieng, en entention de delaier l'enqueste. Et puis, quant les responses sunt fetes sor çascun article et mises en escrit, li auditeur doivent regarder ce qui est conneu par les seremens; car ce n'a nul mestier de proeves, et ce qui est nié, il doivent commander à le partie contre qui le niance est fete, qu'il amaint ses tesmoins sans nul delai; et bien se gart qu'il soit saisis de ses tesmoins.

25. Se li auditeur furent envoié fere l'enqueste por oïr les tesmoins qui afferoient à le querele; car s'il y furent en tele maniere envoié, et le partie qui a à prouver n'a ses tesmoins, ançois qu'il se partent de l'enqueste, il quiet en pure defaute, s'ainsi n'est que le partie se quevre de cause soufisant par devant les auditeurs, par quoi il ne les pot avoir. Et se li auditeur voient se cause bone, il li doivent doner seconde producion.

26. Quant aucuns ne pot pas avoir ses tesmoins et il requiert as auditeurs qu'il li facent venir, li auditeur y sunt tenu; car li auditeur qui sunt envoié de par le cort por fere aucunne enqueste, ont le pooir de le cort

dont il sunt envoié, de fere venir toz cix qui sunt con-
venable à lor enqueste fere. Çascuns des auditeurs pot
avoir son clerc por escrire ce qui est dit en l'enqueste.
Et quant çascuns a escrit, lor escrit doivent estre lut
devant les auditeurs, si que il sacent que li uns soit
autex comme li autres. Et si doivent li clerc jurer qu'il
escriront ce qui lor sera dit des bouques as auditeurs
tant solement, et qu'il n'encuseront à nule des par-
ties ce qui sera escrit par aus ne par autrui. Et se il
plest as auditeurs, il se pevent moult bien faire à un
cler qui soit sermentés tant solement.

27. Toutes les fois que li auditeur se departent du
liu où il sunt assanllé por fere enqueste, il doivent
clore ce qui est fet de l'enqueste, et seeler de lor seaus
dusqu'à tant qu'ele soit toute parfete; et puis quant
ele est parfete, il le doivent ordener selonc ce que li
article furent ordené, si comme il est dit dessus, et
puis clorre et seeler de lor seaus; et puis porter à le
cort là u elle doit estre jugié.

28. Une coustume quort el cas de debatre tesmoins
en cas de gages, la quele ne quort pas devant auditeurs
qui oent tesmoins por muebles, por catix ou por he-
ritages. Car en cas de gages, et en cas de crieme, et
en autre cas meisme, quant tesmoing sunt oy en cort,
il les escouvient debatre, avant qu'il aient fet le sere-
ment, ou li debas ne vaurroit riens. Mais, par devant
auditeurs, on pot fere protestation de dire contre les
tesmoins qui sunt amené contre li, et puis demander
as auditeurs les nons, les sornons et les viles dont il
sunt, et jor d'apensement de dire contre eus. Mais s'on
ne fet protestation ains le serement, il sunt tenu por

bon, selonc ce qu'il tesmongnent en le querele; et s'on
retient à dire contre eus, et jors est assignés à dire
contre les tesmoins, et on defaut de cele jornée, on n'i
pot puis riens dire, ains pert on par cele defaute ce
c'on peust dire contre les tesmoins.

29. Quant on veut debatre tesmoins, por aucunne
cause, por aus[1] debouter de lor[2] tesmongnage, le cause
doit estre dite en apert, par devant le partie qui a
trait le tesmong; car s'il connoist le cause, li jugeur
de l'enqueste doivent jugier se le cause est tele que li
tesmoins dire estre deboutés; et s'il nie le cause, cil
qui dist contre le tesmong le doit prover. Et du cas de
debatre tesmoins et por quix causes, poés voz veir à
capitre des proeves[a].

30. Aussi bien poent perdre cil qui sunt semons, de
par les auditeurs, à venir en aucun certain lieu por
fere l'enqueste qui lor est commandée, par defaute, s'il
le font comme il feroient s'il avoient jour sor le
querele meismes dont l'enqueste est par devant les
jugeurs de l'enqueste; car autrement, s'on ne perdoit
par defaute, ne vaurroit cil venir avant qui se doute-
roit de perdre, et ensi ne porroient les enquestes
avoir fin.

31. Se l'enqueste est portée en jugement, ou autres
erremens de plet, li quel ne se determinent pas par
enqueste, mais toutes voies il furent baillié des parties
en[3] escrit tout acordé[4] por jugier, et li jugeur prendent
respit, porce qu'il ne sunt pas sage de jugier : li escrit

---

[1] *Li.* B. T. — [2] *Hors de son.* B. — [3] *Tout en.* B. — [4] *Et touz acor-
dés.* B.

[a] Chapitre précédent.

II.   10

doivent estre reclos et seelé et mis sauvement en le main de le justice ou des jugeurs, et raporter toz jors en jugement clos et seelés, dusqu'à tant que li jugemens est fes. Et s'il est fet autrement, que partie voie venir en cort les escris desseelés, il pot debatre que li jugemens ne soit pas fes sus c'on y porroit avoir mis ou osté por li ou contre li. Et ce veismes noz jugier à Creeil d'une enqueste qui avoit esté aportée close à jugier, et li home pristrent respit, et l'enqueste ne fu pas reseelée; et quant ce vint à l'autre assize, l'une des parties le debati : si fu jugié qu'ele estoit de nule valeur, et que ele estoit toute à recommencier; et ensi fu perdu tout ce qui estoit fet, et fu le querele en autel point comme ele estoit quant le querele fu commencié.

32. Se je sui procureres par devant auditeurs por partie, ou par devant juges, et on me fet jurer de dire verité es articles de quoi on me demandera, et me verités est escrite, et on le[1] me veut une autrefois, et grant piece après, fere jurer que je dirai verité de cele meisme querele dont je le dis autrefois, je n'i sui pas tenus, s'on ne me fet foi que li escrit sunt perdu, ou se je ne les voi ardoir. Car bien porroit estre que par le tans qui seroit courus, je ne seroie pas si ramembrans de le besongne que je fui autrefois; si que se je disoie autrement que je ne fis autrefois, et creisse dire verité, si porroie je queoir en vilonnie, se li doi escrit[2] estoient veu l'un delès[3] l'autre. Mais voirs est se li auditeur m'avoient trop poi demandé en aucunnes des demandes qui apartient à demander as tesmoins,

---

[1] *Et on.* B. — [2] *Par les ii escris se il.* B. — [3] *De bout.* T.

je sui tenus à respondre à ces demandes, puisqu'eles ne me furent demandées autre fois.

33. Il est mestiers, quant doi auditeur sunt envoié por oïr tesmoins, et li uns est mal avisés en ses demandes fere, ou il demande trop por une partie et poi por l'autre, qu'il soit avisés par son compaignon; et s'il ne se poent concorder que debas mueve en-tr'eus, il doivent penre l'une de deus voies. Le premiere, qu'il doivent metre le debat en escrit, en l'enqueste meismes; si comme se Pierres et Jehans sunt auditeur, et Pierres dist à Jehan : « Les demandes « que voz fetes n'apartienent pas à fere en ceste en- « queste, et si ne volés soufrir que je face des deman- « des, lesquels apartienent à fere. » Et Jehans respont contre, que les demandes qu'il fet sunt convenables, mes celes que Pierres veut fere ne le sunt pas, adonques doit on escrire en l'enqueste : « Pierres voloit que teles « demandes fussent fetes as tesmoins, et teles non, et « Jehans s'acordoit au contraire », si que quant l'en-queste venroit en jugement, c'on veist au debat des auditeurs se Pierres avoit reson el debatre, ou non. Et s'il est regardé c'on fesoit poi de demandes, le querele de l'enqueste ne doit pas estre jugié, ançois doit estre refete en che qui fu poi demandé.

34. La seconde voie, si est quant debas muet entre les auditeurs, qu'il ne voisent plus avant en l'enqueste devant qu'il seront d'un acort; et s'il ne se poent acorder par eus, ne[1] par conseil qu'il aient, il doivent aler querre lor acort à le cort dont[2] il furent esleu

---

[1] *Ou.* B. — [2] *Par laquelle.* B.

auditeur; et adont lor doit estre baillié le certaine
forme de fere l'enqueste.

35. Il avient souvent, quant[1] proeve quiet de deus
parties[2] sor une meisme coze, que l'une des parties
veut amener plus de tesmoins que l'autre, mais par le
coustume qui maintenant y est[3], se partie, ou li audi-
teur, le voelent debatre, il ne poent amener sor un
article que dix tesmoins; mais s'il n'est debatu, li sor-
plus de dix vaut selonc ce qu'il tesmongnent. Et bien
se gart partie, quant tesmoing doivent estre oy de
deus pars d'une meisme coze, qu'il amaint[4] autant de
tesmoins l'un comme li autres[5], s'il les pot avoir; car
s'il provoit s'entention par trois tesmoins, et s'averse
partie prouvoit la sieue intention par quatre tesmoins,
ou par plus, le partie qui par plus de tesmoins prove-
roit, gaaigneroit, tout soit il ainsi qu'il soit dit el ca-
pitre des proeves[a] que deus tesmoing soufisent à prouver
l'entention de celi por qui il sunt tret en tesmongnage;
mes c'est à entendre en querele où il n'a proeve que
d'une part, que li deus tesmoing soufisent; et en le
querele meisme où il afiert proeve de deus pars,
soufesist il, se l'averse partie ne proeve par plus de
tesmoins.

36. Quant tesmoing sunt atrait de deus parties sor
un meisme article, et l'une des parties proeve et l'autre
aussi ouniement de tesmoins, que li uns n'en a plus que
li autres qui facent à le[6] querele, et ce vient en juge-

---

[1] *Que.* B. — [2] *En* ii *pars.* B. — [3] *Est.* B. — [4] *Amaine.* B. — [5] *S'averse
partie fera.* B. — [6] *Qui.* B.

[a] Chapitre précédent.

ment, on doit regarder li quel tesmong sunt plus creable et de mellor renommée, et por celi qui les tret doit estre sentence rendue; car puisque les parties sunt ygaus de tesmoins, il est bien resons que li méillor et li plus creable tesmong enportent le querele.

37. Noz avons dit el capitre des proeves[a], que bastars, ne sers, ne femes, ne doivent pas porter tesmongnage, et c'est voirs en cas de crieme, ou en cas où il puist avoir gages; mais en enqueste qui est fete por muebles, por catix, ou por injure, ou por heritage, poent il estre tret à tesmongnage, s'il ne sunt debouté par autre resnable cause, ce excepté que sers ne pot tesmogner en querele qui soit por son segneur.

38. Quant tesmong sunt tret, soit par devant justice, soit par devant arbitres ou auditeurs, et ont respondu as demandes c'on lor fet, et lor responses sunt fetes et mises en escrit : on lor doit recorder ce qu'il ont dit, par deus resons : l'une, porce que li clers n'i ait mespris à escrire se verité; l'autre si est, porce que se li tesmoins a varié ou erré en aucunne coze, il y pot amender, tant comme il est par devant les auditeurs, et sans soi estre departis; mais après ce que ses tesmognages seroit escris, et que ses dis li aroit esté recordés, et puis revenist, il ne devroit pas estre creus de cangier son dit en riens de son tesmongnage. Et s'il s'en estoit partis sor ce que ses dis ne li aroit pas esté recordés, et puis s'apensast en tant que li auditeur seroient el siege, et r'alast arriere requerre que ses dis li fust recordés, li recors li devroit

---

[a] Chapitre précédent.

estre fes. Et s'il y avoit à amender par le visse de l'escrivain, il seroit esgardé et amendé par les auditeurs, selonc ce qu'il aroit dit; mais se li tesmoins voloit dire le contraire de ce qu'il aroit dit devant, il n'en seroit pas oys, car il sanlleroit qu'il en fust subornés, et il meisme se proveroit à parjures.

Explicit.

Ci define li capitres des enquesteurs, et de examiner tesmoins, et de le difference qui est entre aprise et enqueste.

CAPITRES XLI.

Chi commenche li xli capitre, qui parole des arbitres et dou pooir qu'il ont, et [1] li quel arbitrage valent et li quel non.

1. Puisque noz avons parlé el capitre devant cesti des enquesteurs et des auditeurs, et comment on doit tesmoings examiner, il est bon que noz parlons, en cest capitre qui ensuit, d'une maniere de juges c'on apele *arbitres*. Si dirons li quel arbitrage valent et li quel non, et comment il doivent ovrer en lor offices, et comment compromis doivent estre fet, et li quel poent penre arbitre et li quel non, et en quel cas il se poent demetre de lor arbitrage, et comment il doivent rendre lor dit.

2. La coustume d'arbitres est tele qu'il doivent aler avant, selonc le pooir qui lor est bailliés; et s'il s'estendent en plus, et partie le debat, li arbitrages est de nule valeur.

3. Encore, par le coustume, les parties qui se

[1] *Et comment arbitrages est fes, et des quiex cas l'en se puet mestre en arbitres.* B.

metent en arbitrage se doivent lier el compromis par
foi, par pleges, ou par paine; et s'il ne se lient par
aucun de ces trois liens, li arbitrages est de nule valor.

4. Encore a il tele coustume que s'il y a certain jor
mis dedens quant il doit estre prononciés, et li jors
passe sans estre alongiés de l'acort des parties, li com-
promis est de nule valeur.

5. Encore s'il sunt esleu deus arbitres, ou quatre, ou
six, ou plus, mais qu'il soient per, et se le moitié des
persones¹ se contrarient de l'opinion as autres à rendre
lor dit, li dis est de nule valeur. Et por ce, qui prent
arbitres, il les doit penre non pers, car l'opinion du
plus doit passer.

6. Quant arbitrages est encarquiés, sans jor nommer,
dudit prononcier, et partie se deut du delai, le justice,
à le requeste de partie, doit contraindre le partie et
les arbitres à aler avant selonc le compromis, et à lor
dit prononcier selonc ce que le besongne le desire.

7. Aucun si quident, quant il ont pris un arbitrage
sor eus, qu'il s'en puissent demetre de lor volenté,
mais non font, se ce n'est de l'acort des parties. Mais
se les parties s'acordent à renoncier à l'arbitrage, le
poent bien fere et revenir à lor droit juge, tout soit
ce contre le volenté des arbitres. Car arbitre est une
maniere de juge qui n'a point de juridiction, fors tele
que les parties lor donent par le vertu du compromis.

8. Se li uns des arbitres qui est esleus en une cause
muert, ou est en tele longeur², c'on ne pense pas qu'il
y puist entendre de lonc tans; ou il est enbesongniés
des besongnes de son segnor souvrain, si ques il n'i

---

¹ *Parties.* B. — ² *Langueur.* B.

pot entendre de lonc tans, ou il ne pot entendre à
autres besongnes qu'aus son segneur, ou il est enson-
niés, ou hors du païs, sans esperance de se revenue
prochaine : li arbitrages est de nule valeur.

9. Jehans proposa contre Pierres que li dis Pierres
tenoit à tort muebles et heritages; car il disoit qu'il
avoient esté son pere, si en requerroit le saisine avant
qu'il respondist à coze[1] que Pierres meist avant, par le
reson de ce que li mors saisist le vif[a]. Et se ce ne li
valoit, si disoit il que li mariés[2] est hors de le main-
burnie de son pere. Et il revint manoir avec son pere,
et aporta son avoir et le[3] se feme, et furent lor bien
mellé ensanlle dusqu'à le sisime anée que li peres
morut; si que se cil emportoit moitié comme oirs, si
demandoit il le moitié par reson de compaignie. A ce
respondi Pierres, qu'il en avoit autrefois proposé ces
demandes, et s'acorderent en un compromis par devant
justice, et fu li compromis seelés du seel de le baillie,
et fu li dis rendus; et li dis qui fu rendus il le voloit
bien tenir, ne autre coze il ne voloit respondre, se par
droit ne le fesoit; et sor ce se mistrent[4] en droit. Il fu
jugié que porce que Jehans s'estoit mis en compromis,
il n'emporteroit fors le dit des arbitres.

10. Il ne loist pas[5] à toz à penre arbitrage sor eus,
tout soit il ainsi qu'il soient esleu arbitres des parties;
car sers, ne sours, ne mus, ne sous aagiés, ne hons
qui soit en subjection d'autrui par religion, sans
l'auctorité de son par dessus, ne poent recevoir arbi-

---

[1] *Nule choze.* B. — [2] *Moitié.* B. — [3] *Et chelui à.* B. T. — [4] *Cou-*
chierent. B. — [5] *Il ne doit pas afferir.* B. T.

[a] Cet axiome a été placé par Loysel dans ses *Institutes*, t. I, p. 571.

trage sor eus. Et se les parties s'i mistrent[1], si poent il le mise depecier; mes que ce soit avant que li dis soit dis, car adont y venroient il trop tart. Et les resons por quoi on les pot oster si sunt bones, car li sers n'est pas creus en tesmognage, ne en recort, contre france persone; dont, se debas estoit de le mise, il ne porroit tesmongnier, ne recorder. Neporquant, se franques persones l'eslurent à arbitre et ne le deba- tirent point devant que li dis fu rendus, li dis doit tenir, car les parties venroient trop tart à le mise de- pecier, si comme dit est. Que li mus[2] ne soit arbitres, il y a bone reson; car on ne pot arbitrage rendre par signes, ançois convient qu'arbitrages se face et se determine par paroles. Et ce ne pot fere cil qui ne pot parler, et por ce doit il estre reboutés de estre arbi- tres. Et s'il parloit bien el tans que le mise fu en- carquié, et après, avant qu'ele fu rendue, il perdi le parole, nous noz acordons por loiaté, se le mise ne dut estre rendue dedens certain tans, que on atende un an et un jor savoir mon se le parole li revenroit. Et aussi disons noz que cil qui s'en vont en lointaines teres por resnables causes, ou qui sunt en prison, ou qui yssent de lor memore, soient atendu un an et un jor; et s'il ne reviennent dedens l'an et le jor en point qu'il puist aler avant en le mise, li arbitrages soit de nule valeur, et revienent les parties au plet en l'estat où il estoit quant li arbitrages fu encarquiés.

11. Che que noz avons dit que sours ne doit pas estre arbitre, noz entendons de cix qui sont si sours qu'il n'oent goute; car, por ce, s'il oent dur, sunt il

---

[1] *Avisent.* B. T. — [2] *Muyaus.* B. T.

toutes voies de ¹ bon entendement quant on parole
haut, il ne doivent pas estre debouté². Et s'il ooient
el point que li arbitrages fu encarquiés, et après il
deviennent sourt qu'il n'oent goute, on le doit atendre
un an et un jor por savoir s'il rauroit s'oye. Et s'il
ne garist, les parties reviennent au plet, si comme
dit est.

12. Que li soz aagiés ne soit reçus en arbitrage, il y
a bone reson, car tant qu'il sunt sous aage de quinse
ans, il sunt enfant, ne en eus ne pot avoir sapience,
parquoi il puissent estre juge, ne que il seussent exa-
miner tesmoins, ne fere ce qui apartient à arbitrage,
et por ce les pot on debatre.

13. Or veons se les parties se metent sor un enfant
de quatorse ans, et avant qu'il rende le mise il a quinse
ans acomplis : se l'une des parties le veut debatre por
sous aage, s'il sera oys. Noz disons ainsi, que s'il ala
avant en la cause, devant les quinse ans acomplis, si
comme d'examiner tesmoins, bien pot le partie debatre
qu'il ne rende pas son dit, porce que ses jugemens
seroit sor ce qui aroit esté fet en son sous aage. Mais se
les parties avoient tant atendu à amener lor tesmoins
qu'il fust aagiés, il ne porroit aler contre son dit por
son soz aage, porce qu'il aroit le querele demenée en
son aage.

14. Bien se gardent cil qui se metent en arbitre sor
sous aagiés, car se l'une des parties le requiert, on
doit atendre qu'il soit en aage, et adont il est en son
cois de recevoir l'arbitrage sor li, ou delaissier. Et s'il
avoit pris l'arbitrage sor li el tans qu'il fu soz aage,

---

¹ *Aucuns en y a de moult.* B. —² T ajoute : *Ains puecnt estre arbitre.*

si le pot il delaissier quant il vient en aage, s'il li plest;
car il ne se pot carquier, ne obligier, tant qu'il soit soz
age qu'il nel puist rapeler quant il est en aagiés.

15. Quant mise est simplement requoillie sor deus,
sor trois, ou plus, et l'une des parties en pot l'un
oster par bone reson, le mise est de nule valeur; car
il n'est pas tenus à penre un autre, s'il ne li plest. Et
tant d'arbitre comme il sunt esleu sans condition,
doivent estre tout ensanlle à oïr le verité des parties
et examiner les tesmoins, et au dit rendre. S'aucuns
s'en defaut, les parties ne sunt pas tenues à aler avant,
s'il ne lor plest; et s'aucuns malicieusement n'amaine
pas son arbitre, porce qu'il veut le besongne alongier,
ou que li jors passe dedens lequel le mise deust estre
rendue, il doit estre contrains par son juge qu'il l'ait
à jor certain, sor paine tele comme il sanlle au juge
que bon soit.

16. Se trois arbitre sunt à determiner une querele,
et li tiers ne se veut acorder, li dis des deus doit tenir.
Neporquant, li tiers doit estre as jors assignés par le
besogne et au dit rendre; et s'il n'i estoit, ce que li
deus font est de nule valeur. Mais c'est à entendre
quant on se met simplement sor les trois.

17. Li arbitres a resnable cause de soi demetre de
l'arbitrage quant il est difamés ou despisiés de l'une
des parties qui se mistrent sor li. Neporquant, avenir
porroit que l'une partie le difameroit à essient por li
oster de l'arbitrage, ou por alongier le querele; et por
ce noz acordons noz que li arbitres ne soit pas deboutés
mais il soit contrains à aler avant en l'arbitrage. Et le
partie qui le diffama et despisa, s'il n'i ot resnable
cause, li soit contrainte à amender le vilonie dite;

mais se il a resnable cause, si comme de guerre ou de
haine qui est meue entre les personnes, ou encôntre
leurs amis; ou aucune autre resnable cause, par le
quele on puist debouter son arbitre, si comme dit est
en cest capitre, bien est à oïr qui par resnable cause
le veut debouter.

18. Se arbitrages est mis sor deus persones, et il est
ainsi el compromis, que s'il ne se poent acorder il[1]
dui doivent penre le tiers, et après il se descordent,
ne ne se poent acorder du tiers penre : il doivent estre
contraint par cex qui les a à justicier qu'il le prenguent
ou les parties; et s'il en nule maniere ne se poént
acorder au penre, on lor doit fere jurer sor sains qu'il
ne le font por le mise depecier ne alongier; et cel
serement fet, le mise doit estre nule, se les parties ne
s'acordent[2] à autre penre.

19. Quant li arbitre ont rendue lor sentense, il sunt
hors de le paine de l'arbitrage, s'ainsi n'est que lor dis
face à esclarcir[3] ou à recorder; car toutes les fois que
mestiers est, il doivent estre contraint de recorder
lor sentense, s'il ne le baillerent escripte et seelée as
parties; car en tel cas, en seroient il delivres. Et s'il a
aucunne coze en lor dit qui face à esclarcir, si comme
il avient que une parole a deus entendemens, bien
doit estre demandée l'entention des arbitres, par lor
seremens. Et se li arbitre sunt en descort de lor en-
tention, on doit jugier lor dit à l'entention de le plus
grant partie, et des plus sages homes jugeurs en le
cort où lor dis doit estre mis à execussion. Et ainsi
disons noz de toutes paroles qui sunt mises en juge-

---

[1] Les. B. — [2] S'asentent. B. T. — [3] Desclairier. B. T.

ment, ou dites en cort, c'on se doit tenir à le plus clere entention selonc le querele.

20. Li arbitre, puisqu'il ont rendue lor sentence, n'i poent ni metre, ne oster, ne cangier, fors en ce qu'il ont retenu à parfere de le besongue ; si comme s'il furent arbitre de deus quereles, et il ne rendirent sentense que de l'une, il n'ont pas renoncié qu'il ne puissent aler avant en l'autre querele ; ou s'il oyrent tesmoins en plusors articles, et il rendirent lor sentence d'aucun des articles, il n'ont pas pour ce renoncié qu'il ne puissent aler avant es autres. Mais c'est à entendre quant li article sunt de diverses quereles, car combien qu'il y ait d'articles, s'il descendent tout à une fin, il ne doivent rendre que une sole sentence, et tout en-saulle, et non rendre lor sentence par parties. Et s'il en fesoient plusors sentences, nule riens n'en devroit estre tenue que le premiere, porce qu'il est dit qu'il sunt hors de lor pooir, si tost comme il ont rendue sentence de le querele, ne ne sunt plus tenu les parties à obeir à eus.

21. Quant miseur ou auditeur donnent jour as parties qui ont devant eus à fere, il lor doivent fere savoir liu certain, convenable [1], et seur as parties, à l'aisement, selonc ce c'on pot de l'une et de l'autre partie ; et en tel lieu qu'il puissent avoir conseil, selonc ce que le querele est grans. Et en tel liu lor porroit on assigner le jor, que le partie qui n'i vaurroit venir se porroit escuser par resnable cause, si comme se li liex estoit entre ses anemis, ou en tel lieu qu'il n'i osast aler, ne mener ses tesmoins, ou en tel lieu qu'il

[1] B.

n'i peust avoir conseil. Neporquant, qui veut debatre
le liu qui li est assignés, il le doit fere savoir as audi-
teurs ou as miseurs, avant que li jors soit, s'il a tant
d'espasse dusqu'au jor; et s'il n'a tant d'espasse, bien
se pot essonier à le jornée, et a resnable cause de l'en-
soniment.

22. Toutes les fois qu'il convient assanller arbitres
ou auditeurs por aler avant, en ce qu'à lor ofice apar-
tient, il poent penre lor despens sor les parties por
qui il vont; ne en lor despens n'a point d'estimation,
car s'il sunt arbitre là u il les eslurent, les tesmon-
gnerent il à loiax, par quoi il doivent estre creu de
lor despens. Et s'il sunt auditeur envoié de par le cort,
là où le querele doit estre determinée, on doit bien
croire que le cort eslise loiax homes à fere tex offices.
Neporquant, por ce c'on quide tex à loiax qui ne le
sunt pas, s'il demandoient si grant somme d'argent
c'on porroit[1] veir cleremeut qu'il ne peussent[2] pas
tant avoir despendu, selonc le vie qu'il aroient[3] mené,
et en si poi de tans : bien devroit estre li outrages
amesurés par le sovrain; car autrement, s'il estoient
desloial, porroient il honnir les parties.

23. Quant arbitre ou auditeur ont seelé et escrit ce
qui apartient à lor office, et il n'i a fors du baillier
por jugier, il ne le bailleront pas, s'il ne lor plest,
devant que lor gres soit fes des despens qu'il ont fet
por lor besongne. Et se les parties, por esquiver les
despens, se voloient soufrir du plet, ne le doivent pas
li arbitre, ne li auditeur, ains doivent ravoir lor despens
qu'il ont fet por le besongne, dusques au jor que les

---

[1] *Peust.* B. — [2] *Porroient.* B. T. — [3] *Avoient.* B.

parties voelent lessier le plet; car ce ne lor profiteroit riens, se li escrit lor demouroient et il paioient les despens.

24. S'il avient que sentence d'arbitres soit rendue, en tele maniere c'on pait cent livres à certain jor, sor le paine mise el compromis, et cil qui est condampnés des cent livres ne les paie pas au jor : cil à qui il les dut, pot demander le paine. Mais bien se gart qu'il se face avant paier de le paine que des cent livres, car s'il prent avant les cent livres, il a renoncié à le paine. Et aussi est il de cix qui voelent avoir amende, porce que lor cens ne fu paiés à jor; et après le jor que li cens estoit deus, prennent le cens, et puis voelent l'amende; mais il n'i a point d'amende, puisque li cens est paiés avant. Donques, qui en veut avoir amende, si le prengne avant, ainsi com dit est dé le paine. Et c'est bone coustume que il apert c'on se doie taire, car li principaus est paiés.

25. Porce que li vilain fet ne soient concelé[1] as sovrains, par les quix le vengance des meffès doit estre prise, nus compromis ne doit estre soufers, ne nule pes de cas de crieme, entre les sougès, sans le seu et sans l'acort du conte, par deus resons : l'une, por ce que plusor vilain fet en porroient demorer à estre justicié; l'autre, par ce que li droit du segneur en porroient perir.

26. Il est certaine coze que feme en subjection d'autrui, si comme en mariage ou en religion, ne poent ne ne doivent penre arbitrage sor eles. Mes[2] celes qui sunt en lor delivre poeste, le poent bien fere et rendre le sentence de l'arbitrage, tout soit ce que femes

---

[1] *Conseilliés.* B. — [2] *Meesmes.* B.

ne doivent pas rendre jugement. Mes c'est à entendre des jugemens qui sunt fet en cort de plet ordené, car jugement d'arbitres sunt de volenté et de consentement de parties, par lequel consentement les parties poent fere de lor non juges lor juges.

27. Tout soit il ainsi que noz avons dit que femes ne doivent[1] pas rendre jugement de ples ordenés; neporquant se feme tient en fief et en hommage, et ele est hors du liu de mariage, ele pot bien estre contrainte qu'ele voist as jugemens, ou qu'ele y envoit home por li, por le fief deservir. Mes bone coze[2] est de eles deporter, puis c'on ait assés des autres homes qui puissent fere jugement. Neporquant, se ses sires veut, il convient qu'ele y viegne ou envoit; et se li sires l'en voloit deporter, et li per requeroient qu'ele y venist ou envoiast, si doit li sires obeiir à lor requeste.

28. En aucun cas tient li fiex le mise que ses peres fist, si comme se sentence en fu rendue au vivant son pere, tout ne fust pas le sentense mise à execussion, ne le paine paiée; neporquant, li fiex y est tenus, ou cil qui tient le bail du fil, s'il est soz aage, por le reson de ce qu'il doit le fil aquiter des detes. Mais se le sentence ne fu pas rendue au tans du pere, tout fust ce que li ples fust entamés et tesmoins oys, si ques il n'i aroit fors que de le sentence rendre, et ele ne fu pas rendue à son vivant : li fix n'est pas tenus, s'il ne li plest, à aler avant en oïr le sentence; ançois est li ples de nule valeur, puisque li peres morut sans le sentence donnée, se li peres ne le convenencha el compromis. Car s'il fu convenencié el compromis du pere que li fix le tenroit

---

[1] *Peuvent.* B. — [2] *Grant courtoisie.* B. T.

se de li defaloit, ou il obliga ses oirs à le mise tenir, il converroit que li oirs alast avant, selonc ce que li peres l'aroit obligié.

29. S'aucuns fet mise, et il oblige ses oirs, et puis muert avant que sentence soit donée, et li hoir demorent soz aagié, si que on les tient en bail : se le mise fu d'eritage, ele demore en tel estat comme ele estoit quant li peres mourut, dusqu'à tant que li enfes vient en aage; mes se le mise fu por detes ou por muebles, cil qui tient le bail doit aler avant selonc le compromis, car il est hoirs au mort, quant à ce, porce que tuit li mueble sunt sien, et les levées de l'iretage por les detes paier. Mes autrement seroit se li sous aagiés demoroit en le garde de le mere, et li peres avoit fet le mise; car se le mise estoit de convenences ou de muebles, le mere yroit avant en le mise, en representant le persone de son[1] sous aagié, et seroit au sous aagié li porfis ou li damaces de le sentence. Mes se le mise estoit d'eritage, du quel li peres morust tenans et prenans, et en saisine, le mise demorroit dusqu'à l'aage de l'enfant, exepté les cas de force, ou de novele dessaisine, ou de rescousse d'eritage; car en tix cas converroit il aler avant en le mise, en quelque main que li sous aagié fussent; car tel[2] cas ne doivent pas soufrir delai, ançois doivent tost venir à fin de querele.

30. Aucuns pot bien estre tenus à[3] paine qui fu pramise el compromis, tout soit ce que sentense ne[4] fu pas rendue, si comme se l'une des parties se defaut sans aparoir, et sans envoier procureur, et sans monstrer loial ensoine, tant que par ses defautes li termes que

<hr>

[1] *Dou.* B. T. — [2] *En tiex.* B — [3] *A paier le.* B. T. — [4] *N'en.* B. T

le sentence dut[1] estre rendue, passa : en tel cas pot demander l'autre partie le paine, selonc ce qu'il fu convenencié[2] el compromis, et puis revenir à droit du[3] principal de le querele devant le juge où le querele doit estre determinée.

3r. Tout li loial ensoine, par les quix on se pot escuser en cort laie, ont liu par devant les arbitres; mais li contremant que coustume done en cort laie ne sunt pas en mise, car por aprecier[4] les quereles, doivent estre les mises fetes, non pas por alongier. Donques, qui contremande simplement le jor qu'il a par devant arbitres, sans ensonnier[5], il quiet en pure defaute de le jornée, et quiet en le paine qui fu convenencié el compromis contre celi qui defaurroit. Et li ensoine par les quix on se pot escuser, sunt dit u capitre des ensoines et des contremans[a].

32 Li segneur sunt mult[6] tenu à fere tenir les mises et à fere paier ce qui est rendu à partie par le sentence des arbitres; ne ne doit pas soufrir c'on remete en plet ce de quoi on se mist en arbitres, se n'est par l'assentement des parties, ou parce que le mise soit devenue nule, des queles causes il est touquié ci devant en cest capitre. Et ce que noz avons dit qu'il facent tenir les mises, noz entendons des cas de quoi on pot fere mise, car tout li cas de crieme en sunt exepté; et tout ce qui est fet par mise en cas de crieme, sans l'acort du segneur qui tient en baronnie, pot estre rapelé par le dit segneur. Car li souvrain doivent savoir

---

[1] *Devoit.* B. T. — [2] *Enconvenent.* B. — [3] *Au.* B. — [4] *Porcachier.* B. *Aprochier.* T. — [5] *Essoine.* B. T. — [6] *Durement.* B. T.

[a] Chapitre III.

comment li vilain fet qui avienent en le justiee de lor
sougès, sont vengié, ne ne doivent soufrir que mise ne
pes en soit fete sans son acort; et eus meismes ne s'i
doivent pas acorder, s'il n'i voient cause de pitié.

33. Quant mise est fete sor certains articles, et des
dis articles les parties s'asentent à penre autres miseurs
que les premiers, ou il pledent par devant justice, et
entament plet de ce dont il se mistrent en mise : li ar-
bitre premier sont delivré de l'arbitrage qui estoit sor
eus, si tost com il eslurent autres arbitres, ou qu'il [1]
plederent ou entamerent plet de ce qui estoit sor eus
par devant justice. Et se les parties s'acordoient à re-
venir en arbitrage, li arbitre ne se carqueroient plus
de le mise s'il ne lor plest, porce qu'il furent refusé
par plet [2] quant il alerent à [3] autres juges.

34. Deus manieres sunt de soi metre sor autrui :
l'une [4], si est quant on se met, de ce qui est en debat, à
aler avant, selonc forme de droit; si comme oïr le sere-
ment des parties, et puis tesmongnier sor ce dont les
parties sunt contraires, et puis rendre sentence selonc
ce qui est trouvé : tex arbitrages est selonc le forme
de droit. Le seconde maniere, si est quant on se met
du haut et du bas el dit et en l'ordenance de cix qui
sunt esleu arbitre. Et il a grant diference entre ces deus
manieres devisées, car cil qui sunt arbitre selonc
forme de droit, ne poent fere pes ne ordenance sans
l'acort des parties, ne aler avant fors selonc le forme
dessus dite. Mais ce poent bien fere cil en qui orde-
nance li contens sunt mis; car, s'il lor plest, il poent,
por savoir le verité, aler avant selonc forme de droit,

---

[1] *Comme il.* B. T. — [2] B. T. — [3] *Aus.* B. T. — [4] *La premiere.* B. T.

et puis taillier pes tele comme il lor plest, ou fere concorde ou ordenance. Et convient que les parties tiengnent tout ce qu'il ordennent du contens. Neporquant, en teles ordenances doit avoir mesure, et si outrageusement porroient il ordener que le partie qui se daurroit[1], porroit aler encontre et fere ramener l'ordenance dusqu'à loial jugement. Et que ce soit voirs, noz en dirons un cas que noz veismes.

35. Uns borgois meffist à un autre en vilenant[2], en tele maniere qu'il ocist son palefroi desoz li et le bati, sans mort et sans mehaing, por contens qui estoit mus entre les amis. Et quant il l'ot fet, il s'en repenti[3], et fist parler de pes à celi qu'il avoit vilené, et fu pes fete, en tele maniere que cil qui fist le meffet l'amenderoit selonc le dit et l'ordenance de trois des amis à celi qui ot le vilonnie, et furent nommé. Et cil en quel ordenance li bateres se mist, ne regarderent pas le forme du meffet, ne ne rendirent lor dit selonc droit, ne selonc pitié, ançois furent si outrageus qu'il rendirent le dit de l'ordenance en tele maniere, que cil qui avoit fet le vilonie yroit à Nostre Dame de Boulongne, nus piés, et moveroit lendemain que li dis fu rendus; et quant il seroit revenus en se meson, il n'i porroit estre que oyt jors; et au noevisme jor, il moveroit à aler à Saint Jaque en Galisse; et quant il seroit revenus, il moveroit au noevisme jor, à pié, à aler à Saint Gille en Provence; et quant il seroit revenus, il moveroit au quinsime jor à aler outre mer[a], et y demorroit trois

---

[1] *Dieurroit*. B. *Douroit*. T. — [2] *Et li fu moult grant vilenie.* B. —
[3] *Moult durement dou fet.* B. T.

[a] A l'époque où ce jugement fut rendu, les Latins possédaient en-

ans et raporteroit bones lettres qu'il y aroit atant de-
moré. Et aveques ce il donroit à celi qui il vilena trois
cens livres, et jureroit sor sains que se cil qui fu vilenés
avoit mestier de l'ayde de sen cors, il li aideroit, s'il
en estoit requis, aussi tost comme à son cousin ger-
main. Et quant cil contre qui il fu rendus[1], oy ce, il dist
qu'il ne tenroit jà tel dit ne tel ordenance, porce que
trop estoit demesurée por si petit meffet. Et cil por
qui li dis fu rendus, assali de plet les pleges que cil en[2]
avoit bailliés, qu'il tenroit le dit et l'ordenance des
trois[3] dessus dis. Et cil qui les pleges mist por delivrer
ses pleges, dit qu'il n'est pas tenus à si outrageuse or-
denance; car s'il se mist en lor ordenance, il s'i mist
por cause de bone foy, et creoit qu'il l'ordenassent en
bone foi, et il avoient laissié misericorde et bone foi,
et estoient alé avant comme plain de crualté et comme
haineus, les queles cozes doivent estre hors d'arbitrage
et de ordeneurs. Et l'autre partie disoit encontre, qu'il
convenoit qu'il tenist lor dit, porce qu'il s'estoit obli-
gié à lor dit tenir, et fet seurté par pleges; et sor ce se
mistrent en droit, se tele ordenance seroit tenue. Il fu
jugié que l'[4]ordenance ne tenroit pas, et que ce que li
ordeneur avoient dit seroit de nule valeur, porce qu'il
avoient trop outrageusement passé mesure. Et fu le
querele ramenée à loial estimation de jugement[5], c'est

---

[1] *Chelle sentence fu rendue.* B. T. — [2] *Li.* B. T. — [3] iii *persounes.* B.
— [4] *Tele.* B. — [5] *A avenant amende.* B. T.

core en Syrie la ville d'Acre et quelques autres places fortes sur le
littoral. L'usage de condamner les coupables à un pèlerinage outre
mer se conserva même après le temps où les chrétiens avaient été
totalement expulsés de la Terre-Sainte; alors les condamnés se ren-
daient en Chypre.

à savoir que cil qui fist le vilonie l'amenda à celi à qui
il le fist, et li rendi ses damaces de son palefroi, qui
li avoit ocis. Et si l'amenda au segneur de soissante
livres, et fu fes asseuremens entre les parties. Et par
cel jugement pot on veoir, que trop outrageuses orde-
nances ne sunt pas à tenir. Et aussi ne funt li dit des
arbitres quant il yssent de¹ le voie qui est contenue el
compromis, si comme s'il rendent sentense de ce qui
ne fu pas sor eus, ou de plus qui ne fu pas sor eus.

Explicit.

Ci define li capitres des arbitres, et dou pooir qu'il ont, et les quiex
vallent et les quiex non, et des quiex cas on se met en arbitres².

CAPITRES XLII.

Chi commenche li xlii capitre, qui parole des paines qui sont com-
mises³, en quel cas elles sont à paier et de quel non⁴, et de le diffe-
rence qui est entre paine de cors et paine d'argent.

1. Resons est que après ce que noz avons parlé des
arbitres et de cix qui se metent en arbitrage, que noz
parlons des seurtés qui sunt fetes por les arbitrages
tenir, c'on apele *paine*. Et si parlerons de quel cas
paine pot estre pramise, et por quel cas on le pot
demander.

2. Nostre coustume suefre bien que paine soit paiée
en aucun cas, et en aucun, non; que paine qui est
pramise en compromis, pot fere le sentence tenir à le
partie qui ne veut tenir, et le sentence est bien tenue
à le paine paier. Et se j'ai convent à un home que je
li ferai une besogne, de le quele il seroit damaciés se

---

¹ *Hors de.* B. — ² B. — ³ *Promises.* B. — ⁴ Ce qui suit est tiré de B.

je ne le fesoie, et je m'oblige à fere li se besongne, je
doi bien queoir en le paine, car il pot estre damaciés,
porce qu'il s'atendoit à mi, si que le paine pot estre
contée por restor¹ des damaces.

3. Se paine est pramise por garder pes d'aucunne
descorde, et le pes est brisié, cil qui s'acorda² à le
paine, le doit paier. Et si n'est pas por le paine quites
cil qui le pes brisa, ançois doit estre justiciés selonc
le meffet; car qui en seroit quites por le paine, il saul-
leroit donques que cil qui por le paine seroit en gre-
gneur seurté, eust fet marcié de li vilener, le quel coze
n'est pas à croire.

4. Quant peine est assise por tenir aucunne resnable
cause, il est bon qu'il soit convenencié que li sires de
le terre, qui les parties a à justicier, ait part en le
paine, tiers ou moitié, à tout le mains; si que le partie
qui s'obliga à le paine, se prengne plus pres de tenir le
convenence por le doute de le justice au segneur.
Neporquant, se li segneur n'avoient riens en le paine,
si doit il fere tenir toutes loiax convenences.

5. Je ne me puis acorder à un cas que je vi, au quel
li aucun s'acordoient. Et fu li cas tex que Pierres et
Jehans d'un descord qu'il avoient, se mirent en arbi-
tres, en tele maniere que cil qui ne tenroit le dit³,
querroit en cent livres de paine, à le partie qui le dit
tenroit, et cinquante livres as arbitres. Et après le dit
rendu, Pierres et li arbitre mistrent sus à Jehan qu'il
n'avoit pas bien tenu le dit, par quoi il requeroient
à avoir les cent livres, et le voloient prover par le
recort des arbitres. Et Jehans le debatoit, porce que

¹ Le raison. B. Retournement. T. — ² S'oblige. B. — ³ Dit, si. B. T.

li arbitre estoient compaignon en le querele, en tant
qu'il demandoient part en le paine. Et de cel cas il
firent pes. Mais je croi que se le coze fust passée par
jugement, que li arbitre n'en eussent pas esté creu,
pour ce qu'il fussent tesmong en lor propre querele,
le quel coze ne doit pas estre souferte.

6. Il ne loist[1] pas as baillis, as prevos et as sergans,
à avoir nule paine por marcié, ne por convenence,
ne por arbitrage, qui soit fes desoz eus entre lor
sougès, ne de coze qui apartiegne à lor service, ne à
lor serjanterie; car s'il pooient avoir ne rechevoir
paines des arbitrages, ne des convenences fetes desoz
eus, cil qui ont à fere, lor prametroient plus volentiers
qu'à lor segneurs, porce que par lor main doivent
estre li rebelle justicé. Neporquant, s'il[2] ont à fere de
lor propre querele, d'autre coze que de ce qui apar-
tient[3] à lor office, et on se lie vers li en[4] paine : quant
on en enquiet, on li doit paier, car de pire condition
ne doit il pas estre en se querele que uns estranges[5].

7. Quant peine est pramise por dete[6] paier, si comme
je pramet à aucun par letres, ou en autre maniere,
que je li rendrai dix livres : tex paine n'est pas à paier,
car ce seroit une maniere d'usure. Mais se je m'oblige
à rendre coz et damace que cil y aroit[7] par defaute de
mon paiement; ou à rendre çascun jor un nombre
d'argent, por les despens du porcacier, ou por les
despens de son message qui atent le paiement : je sui
bien tenus à paier tele paine, car le cause est bone,

---

[1] *N'afiert.* B. T. — [2] *Se le bailliex, et les prevos, et les sergans.* B. T.
— [3] *Apartiengne.* B. — [4] *D'aucune.* B. — [5] *Autres.* B. — [6] *Painne.* B.
— [7] *Porroit avoir.* B. T.

par le reson des damaces c'on pot avoir à porcacier se dete.

8. Aucunne fois avient qu'aucuns s'oblige à rendre aucunne rente à heritage à jor nommé, en tele sorte que se li jors passe sans paier, il doit rendre por çascunne jornée de defaute un nombre d'argent, en nom de paine, por les damaces c'on pot avoir par defaute de paiement. Et après, cil à qui on doit le rente, malicieusement lesse grant piece le tans passer avant qu'il demande se rente, por demander grant nombre d'argent de defautes : quant tix cas avient, on doit mult penre garde se le defaute est sor celi qui doit le rente ou non; car se le defaute est trovée[1] sor li, c'est tout cler qu'il est queus en le paine; et se le defaute n'est trovée sor li[2], si come cil qui les rentes doit avoir, ne l'ala point demander ou n'envoia au jor qu'ele estoit deue, et el liu là u on le doit paier; ou cil qui le rente devoit l'envoia au jor, el liu là u il le devoit paier, et ne trova pas celi qui le dut recevoir, ne certain message de par li à qui il fust tenus a paier loi : en tel cas ou en sanllavles il n'est pas tenus à paier le paine, fors depuis le jor c'on li a requis, qu'il feist paiement de le rente; car par nostre coustume je doi demander ce qui m'est deu à celi qui me doit, avant que je le puisse torner en nule defaute, s'il ne m'a convent qu'il le m'aportera en me meson, ou en autre liu certain, à jor nommé; car adont ne le sui je pas tenus à aler querre, fors el liu qui est pramis par le convenence.

---

[1] B porte *tournés*, mais ce mot a été gratté. — [2] *Tournez dessus li si.* B. Ces mots sont également grattés.

9. Il a grant diference entre paine d'argent et paine de cors, car les paines de cors si sunt establies porce c'on se gart de fere mal; et s'on ne s'en garde, c'on emport paine de cors selonc le meffet. Et de tex paines est il parlé soufisamment el capitre des meffès[a]. Et l'autre paine si est de cele qui est pramise, si comme dit est ci dessus; ou de cele que coustume done sans pramesse et sans convenence sous aus, si comme amendes c'on lieve por certains meffès, de l'un plus et de l'autre mains, si comme li meffès le requiert. Et de teles amendes est il parlé el capitre des meffès, et en autres plusors lix en cest livre, si comme li cas le requierent.

10. Tout soit il ainsi c'on soit tenus par coustume à aler demander se dete, s'on la demande une fois, puis terme passé soufisamment, il soufist, et bien pot on puis ce demander le paine qui pramise fu par defaute de paiement, por cause de damaces ou de despens.

Explicit.

Ci define li capitres des paines qui sont promises.

CAPITRES XLIII.

Chi commenche li xliii capitres, qui parole des plegeries, et comment et en quel maniere on les doit delivrer et desdamagier[1][b].

1. Grans contens avons veu, par mult de fois, de cix qui estoient damacié por autrui de[2] plegerie, ou en autre manere, si voloient ravoir lor damaces de cix

---

[1] *Et des damages qu'on doit rendre en court laye.* B. — [2] *Par.* B.

[a] Chapitre xxx.

[b] La plégerie ou cautionnement était un contrat très-commun au

par qui il les avoient; et porce que mult de cas sunt, des quix damaces doivent estre rendu selonc le coustume de le court laie, noz parlerons en cest capitre, li quel doivent estre rendu et li quel non; et comment çascuns doit delivrer cix qui sunt por li entré en plegerie ou en autre paine, si que cil qui por autrui sunt damacié, sacent comment lor damace doivent estre rendu.

2. Porce qu'il avenoit souvent que uns hons qui avoit heritage metoit aucun en plegerie, et puis le lessoit encorre; et porce c'on ne le pooit justicier, il s'en aloit hors de le ville, ne n'aquitoit à ce tans de riens, ou ses pleges, fors que des yssues de se terre, si ques il convenoit mult souvent que li pleges vendissent de lor heritage por lor plegerie, et li heritages à celi qui les avoit mis en pleges, li demoroit : noz, à le requeste de mult de bone gens qui perdoient en tel cas, feismes assanller les homes le conte à une assize à Creeil, et fu acordé par jugement si comme il ensuit :

3. Se uns hons s'en va hors du païs et laisse ses pleges encourre, li plege le feront ajorner en le cort du segneur où il estoit couquans et levans, ou en le cort du conte, s'il n'est qui le cort en requiere par

moyen âge, qui, pour les nobles, résultait des obligations imposées par le système féodal au vassal envers son seigneur, et dont les bourgeois, par imitation, ne faisaient pas un usage moins fréquent. Tous les jurisconsultes du xiiie siècle en parlent avec une étendue et un soin qui montrent l'importance de cet acte. Voyez les *Assises de Jérusalem*, t. I, p. 194-203, 316, 551, 590, 591; *Grant Coustumier de Normendie*, c. xl, p. 25; Britton, c. cv, p. 403; *Regiam Majestatem*, l. III, c. 1; *Establissemens*, l. I, c. cxvi; Pierre de Fontaines, c. vii, viii, ix; du Cange, *Glossarium latin.*, verbo *Plegius*.

trois quinsaines; et s'il ne vient, ses heritages soit vendus ou bailliés à ses pleges par pris de prodommes. Et li sires de qui li heritage seront tenu, garantiront le dite vente par lor letres.

4. Qui plege, s'il est semons de se plegerie, si que commandemens l'en soit fes avant qu'il muire, il convient que ses hoirs responde de le plegerie; car si tost comme il a commandement de fere comme bons pleges, il devient detes de le coze. Mais s'il muert avant qu'il en soit trais en cort et que commandemens l'en soit fes, li oir ne sunt de riens tenu à respondre de le plegerie lor pere, se li peres n'en fist se dete, ou s'il n'en rechut commandement.

5. Qui met autrui en plegerie[1], il le doit delivrer de paine, de[2] coust et de[3] damaces, aussi netement comme il estoit quant il fu mis en le paine.

6. S'on demande à aucun plevine, et il nie en cort qu'il n'en est pas pleges, et puis en est atains par proeves, il convient qu'il face plegerie et si amende le niance. Et est l'amende de dix saus, s'il est gentix hons; et de cinq saus, s'il est de poeste. Et si ne sera pas tenus cil qui en paine le mist, de delivrer loi de le paine ne de le plegerie, s'il ne veut; car tel damace doit il recevoir, porce qu'il nia verité par peur de perdre.

7. Pierres proposa contre Jehan qu'il estoit ses pleges de cent livres, as us et as coustumes du païs, se li requeroit qu'il feist comme bons pleges, s'il le connissoit; et s'il le nioit, il estoit pres du prover.

---

[1] *Emplesgez.* B. — [2] *De touz.* B. — [3] *De touz.* B.

A ce respondi Jehans, qu'il connissoit bien qu'il estoit
pleges en le maniere qu'il estoit proposé contre li,
mais il avoit compaignons dusques à [1] dix, et estoient
bien tuit soufisant, par quoi il requeroit qu'il ne fust
contrains à fere plegerie que de dix livres por se part,
et que Pierres sivist ses compaignons çascun de se
partie; et s'il y en avoit aucun qui ne fust soufisans,
revenist on à li, il aempliroit le convenence aveques
les bien soufisans. Et Pierres disoit encontre, qu'il
pooit bien sivir por le tout le quel qui li pleroit, et
cil qui il ensuirroit quesist ses compaignons; et sor
ce se mistrent en droit. Il fu jugié que Pierres pooit
bien sivir les ques des [2] pleges qu'il vaurroit por le tout,
et cil qui estoit sivis de plegerie aroit action des de-
vant dis compaignons contre eus qu'il li feissent com-
paignie. Car s'il convenoit le creancier aler à çascun
de ses pleges, quant plus penroit de pleges, plus me-
troit de coz en porcacier; et por ce prent il seurté
que se li detes ne li tient, convient [3] qu'il puist ravoir
le sien.

8. Nus n'est tenus à rendre damaces à autrui [4] de plet
qui soit en cort laie, par nostre coustume, fors en au-
cun cas, si comme s'on s'i est obligiés en lettres, ou
par devant bone gent, ou tout sans obligation : on doit
delivrer son plege des coz et des damaces qu'il a eus
par le reson de le dette, aussi bien comme du prin-
cipal dete.

9. Se cil de le conté deviennent pleges envers le
conte, et il moerent, li hoir respondent de le plege-

---

[1] *A tant que il estoient.* B. — [2] *De ses.* B. T. — [3] *Tient convenent.* B.
— [4] B.

rie, ne il n'a nule diference entre le plegerie et le dete que li quens prent por li de ses sougès.

10. Nus pleges ne doit pledier, ne fere mise de se plegerie, sans l'auctorité de celi qui le mist en plegerie; car s'il perdoit par son folement pledier, li detes ne seroit pas tenus à li delivrer de tel damace. Neporquant, se li detes ne pot estre justiciés à ce qu'il se traie avant por le delivrance de ses pleges, ou il est hors du païs et li plege alliguent que li detes fist paiement, par quoi il sunt quite de le plegerie : en tel cas il doivent estre oy.

11. S'il avient que uns hons ait baillié plegerie, et il fet novele convenence à son deteur, si comme s'il furent plege por grain qu'il devoit, et il s'acordent puis par plevine fete entre le deteur et le creancier, que cis grains est mis à somme d'argent : li plege sont quite, car il n'estoient plege que du grain, et li deteres ne doit pas le grain [1] par [2] le deerraine convenence. Et ainsi poés voz entendre, s'il sunt plege de deniers, et il sunt converti en blé, ou en vin, ou en autre coze; où autre convenence novele est fete, par quoi le convenence de le premiere plevine est remuée: en toz tex cas li plege sunt quite.

12. Cil qui est pleges por mi ne pot deffendre, ne fere contraindre celi vers qui il est pleges, qu'il ne me doinst respit ou soufrance tant comme il li plera, mais que le dete de quoi il est pleges ne soit cangié ne remuée.

13. Clers ne pot estre justiciés por se plegerie, fors que de son ordenaire, s'il n'oblige son heritage par le

---

[1] *Ne doit que deniers.* B. T. — [2] *Pour.* B. T.

segneur de qui li heritages est tenus; car son heritage
pot il obliger à ' le justice laie; mais son cors ne si
mueble ne poent estre justicié fors par son ordinaire,
ne en tel cas, ne en autres.

14. Veves femes et croisiés se poent bien obligier
en dete, ou en plegerie, ou en quelque plet qu'il lor
plera, par devant le justice laie; ou, s'il ne lor plest,
il ne respondroient fors par devant lor ordenaire.

15. En le conté de Clermont, nus hons ne pot
penre de son plege par abandon, sans soi plaindre à
justice, se li pleges ne li baille du sien par se volenté,
fors en le castelerie de Creel, et en la ville et el teroir
de Saci-le-Grand et le Noeve-Vile-en-Hés. Mais en
çascunne de ces viles², pot çascuns penre de ses pleges
sans justice; mais bien se gart cil qui en prent, car
s'il prent à tort; si comme se cil n'est pas son pleges
de qui il prent, ou il prent ains terme, ou il prent
puis que li plege sunt aquité par paiement ou par
remuement de le dete : il rent toz les damaces; et si
l'amende au signeur, en quel tere il a pris, de soissante
saus, se le plainte ne vient au conte de nouvele dessai-
sine, car en tel cas seroit l'amende au conte.

16. Cil qui resqueut le prise c'on fet sor li à tort,
ne meffet riens, se ce n'est justice qui prent, car quant
justice prent, soit à tort, soit à droit, se resqueusse
li est fete, cil qui resqueut l'amende est de soissante
saus, ou de soissante livres, s'il est gentix hons, si
comme je dis el capitre des meffès².

---

¹ *Puet estre justichiez par.* B. T. — ² *En touz ches liex.* B. T.

ª Chapitre xxx.

17.. Se rescousse est fete à celi qui de son plege veut[1] prendre, es liex dessus dis, là u il pot penre de son plege, et il prent à droit, il doit estre resaisis de se prise. Et si l'amendera cil qui le rescousse fist, de soissante saus, ou de soissante livres s'il est gentix hons.

18. Quant li pleges n'a[2] muebles ne catix dont il ne poent fere plegerie, s'il a heritage, on li doit commander qu'il le vende dedens quarante jors; et s'il ne vent, le justice doit vendre et aquiter se plegerie ou se dete. Mais s'il n'a riens, on ne prent pas son cors por se plegerie ne por se dete, se ce n'est por le dete le Roi ou le conte.

19. S'aucuns se fet pleges et ne l'est pas, s'il paie le dete où il a porcacé qu'il[3] ait coz et damaces, nus ne l'en doit delivrer, car il est aperte cose qu'il le fet por autrui grever.

20. Nus ne se doit haster de fere plegerie, ne de paier autrui dete, devant qu'il en est requis du creancier, car il sanlleroit qu'il deust grever celi por qui il fu pleges; et plegerie si doit estre fete por cause de bone foi por aidier à celi por qui il fu pleges.

21. Si tost comme pleges est requis, semons ou contrains de fere plegerie, il doit sivir celi qui en plege le mist, qu'il l'aquit, ne ne doit pas tant atendre que grant damaces soient couru sor li, car il saulleroit qu'il le feist por celi damacier qui en plegerie le mist; et tant porroit il bien atendre et soi metre en si grant damace, que quant il vaurroit estre aquités,

---

[1] *Peut.* B. T. — [2] *N'a nul.* B. — [3] *Ou porcache que il ait.* B. T.

cil por qui il fu pleges aroit bones deffenses por estre
quites des damaces. Car s'il pooit dire qu'il fust el païs
residens, et persone bien en justice et soufisans de li
aquiter; et il sor ce s'est lessiés metre en damace sans
li fere savoir : je croi que en tel cas il ne seroit pas
tenus es damaces; mais du principal de le dete, le
devroit il aquiter et delivrer.

22. Feme qui est en mariage ne pot plegier, ne dete
fere; et s'ele fet, ses barons n'i est de riens tenus.

23. Se sers plege vers gens qui soient d'autel condi-
tion et d'un meesme signorage, le plegerie tient. Mais
s'il plege vers franques personne ou d'estranges segno-
rage, ses sires pot rapeler se plegerie, porce que tout
est sien. Et comment perderoit li seres par plegerie
estrange, quant il por s'ame ne pot lessier que cinc
saus? Neporquant, li segneur le suefrent en plusors
lix, et les justicent de lor plegerie par lor volenté,
tout soit ce qu'il puissent par droit le plegerie rapeler.
Et ce font il porce que c'est lor porfis, porce que lor
serf vendent, acatent et marqueandent; car si tost
comme on saroit que lor sires ne les justiceroit por
lor plegeries, il ne porroient lor[1] marceandises main-
tenir.

24. Pleges ne pot perdre son cors por plegerie qu'il
face, tout soit ce qu'il ait replegié, cors por cors, au-
cun qui est tenus, por vilain cas de crieme, à revenir au
jor por[2] atendre droit, et cil qui est replegié s'en fuit :
se tix cas avient, li pleges est en le merci du segneur
de quanques[3] il a, et a perdu tout le sien.

---

[1] Le. B. — [2] Et. B. A. T. — [3] Tout ce que. B.

25. S'il avient que uns hons soit replegié en cas de crieme, le quel coze li segneur ne doivent pas fere, se ce n'est en cas où gage de bataille soient doné; et li replege s'enfuit, si que li pleges ait perdu le sien; et li pleges pot puis tant fere que, par son porcas et par se force, qu'il remete le fuitis en le main du segneur : li pleges doit ravoir le sien, et li fuitis doit estre justiciés comme atains du fet; car quiconques n'oze atendre droit de ce dont il estoit sivis en cort où il doit estre justiciés, il se tient [1] coupables et atains du fet dont il estoit acusés.

26. Se feme veve plege, ou fet dete, en se veveté, et ele se marie, on en pot bien sivir le baron en cort laie, et convient qu'il en responde, car ele revient [2] à le juridition laie.

27. Se feme plege el tans de son baron, sans son autorité, et li barons muert, et ele est sivie de le plegerie, ele en doit respondre; car si tost comme ses barons est mors, ele revient en se plaine volenté [3], et convient qu'ele responde de son fes, tout soit ce qu'ele n'en fust pas tenue à respondre el tans de son baron.

28. En aucun cas seroit le feme tenue à respondre de se dete ou de se plegerie, el tans de son baron, si comme se ses barons est faus ou hors du sens, si que il est aperte coze qu'il ne se melle de riens, et que le feme fait et mainburnist toutes les cozes qui a eus apartienent; ou se le feme est marqueande d'aucunne marqueandise dont ses barons ne se set meller, le quele ses barons li laisse demener por lor commun porfit;

---

[1] Rent. B. T. — [2] Et que che reviengne. B. — [3] Delivre poeste. B.

ou se li barons est en estranges teres fuitis, ou banis,
ou enprisonés, sans esperance de revenir; car autre-
ment seroient moult de bone gent honni qui baillent
le lor à teles manieres de femes, et eles meismes en
perdroient lor marceandises.

29. Encore vesci[1] un cas où on est tenus à rendre
damaces en cort laie, tout soit ce que j'aie dit devant
que par general coustume on ne rent pas damaces de
plet en cort laie. Pierres proposa contre Jehan qu'il li
devoit dix livres, Jehan alliga paiement, li quix paie-
mens fu niés de Pierre, et Jehans l'arrami à prouver,
et amena ses prueves, et prova bien soufisamment qu'il
avoit le dette paiée à celi meismes qui le demandoit;
et fu dit par droit qu'il avoit bien prové son paiement.
Adonques, Jehans demanda les coz et les damaces qu'il
avoit eus, parce c'on prist nans por le dette et por les
jornées de ses tesmoins. Pierres defendoit et disoit qu'il
n'estoit pas[2] tenus à paier ces damaces par le coustume
de le cort laie. Il fu jugié que en cel cas Jehans devoit
ravoir ses damaces, par le triquerie aperte de Pierre,
qui voloit deus fois estre paiés d'une sole dete. Et paia
li dis Pierres soissante saus d'amende, porce qu'il fist
tele demande en cort. Et le plus des homes s'acorde-
rent que l'amende fust à le volenté, car c'est grans
presontions de larrecin, de voloir avoir l'autrui par
malvese cause.

30. Quiconques met autrui en plet, en cort laie, à
tort, cil qui gaaigne le querele a bone action de ple-
dier en le cort de Crestienté por ses damaces[3], ne il ne

---

[1] *Vees ichi.* B. — [2] *Qu'il ne voloit pas estre.* B. T. — [3] *Damages.* B.

doit pas estre contrains qu'il n'i puist pledier; car puis
que le cors laie ne fet rendre ses damaces, ele pot et
doit soufrir que cil qui ot les damaces à tort, les por-
cace par le cort de Crestienté.

31. Plusor plege furent tenu en prison por lor ple-
gerie, car il s'i estoient obligié au marcié fere. Quant[1]
il furent aquité de le dete, il demanderent lor da-
maces; cil qui les avoit mis en plege dist qu'il avoient
fet trop outrageus despens, se requeroit que estima-
cions[2] fust fete par jugement, quix despens et quix
jornées il devoient avoir. Resgardé fu par jugement,
que li hons de poeste aroit oït deniers par jor; et li
escuiers à ceval, deus saus par jor; et li chevalier d'un
escu, cinc saus par jor. Et se li chevaliers estoit banieres,
selonc son estat les jornées seroient creues, por çascun
chevalier de se mesnie, residens aveques li, et des quix
il ne se devoit pas consjurrer, selonc son estat, çascun
cinc saus. Et por le persone du baneres, dix saus.

32. Quant aucuns plede en le cort d'aucun[3] segneur,
au quel il n'est ne hons ne ostes, il doit livrer pleges
d'estre à droit, et qu'il ne traveillera pas celi à qui il
veut pledier en cort de Crestienté. Et li plege doivent
estre tel que li sires, en qui cort li ples est, les puist
justicier. Et se cil qui doit baillier le plege veut jurer
qu'il ne pot baillier plege, mais il baillera bons pleges
soufisans de cele castelerie, li sires ne le doit pas refu-
ser. Et s'il veut jurer qu'il n'en pot nul avoir, si ne
perdra il pas que drois ne li soit fes. Mes il doit jurer

---

[1] *Car se il estoient obligiez à le painne faire, quant.* B. — [2] *Loiaus
pris en.* B. — [3] *D'un grant.* B.

qu'il sera à droit de cele querele, et qu'il ne pot avoir nul pleges; car autrement porroient perdre lor droit li povre qui plege ne porroient avoir.

33. Quant li sires prent pleges d'estre à droit, il doit penre tex pleges qui soient lai et bien justichavle.

34. S'aucuns met plege d'estre à droit, et après il se fet clers, si que il ne pot estre justiciés por le querele dont il bailla plege, li pleges en quort en ce qui est prové contre celi qui il fu pleges; tout soit ce qu'il ne vout pas maintenir le plet por se clergie, on yra avant selonc toutes les defautes.

35. Il a grant diference entre plegerie qui est fete d'estre à droit, et cele qui n'est fete fors que de venir en cort; car cil qui replege d'estre à droit, est pleges de toute le querele, et de fere tenir ou paier ce qui sera jugié contre celi qui il replega por le cause por quoi il fu pleges. Mes cil qui n'est[1] pleges fors que de revenir[2] en cort, s'il le remet en cort, en tel estat comme il estoit quant il le replega, il est quites de se plevine.

36. Cil qui plege aucun qu'il le revendra[3] en cort, le doit remettre en autel estat comme il estoit quant il s'en parti. Neporquant, cas d'aventure en poent bien escuser le plege; si comme se li repleges muert en dedens[4], ou s'il a ensoine de son cors, qui soit espers, sans fraude et sans barat; ou s'il est pris et mis en prison por guerre, car s'il estoit pris por souspeçon de let fet, on ne leroit pas à aler avant contre le plege; ou se sovrains sires le detient, porce qu'il a à fere de li : por tous tex ensoines, se pot li pleges escuser qu'il ne le pot

---

remetre en cort. Et ensi cil qui est pléges d'estre à droit se pot escuser par ces meismes ensoines. Mes tantost après les ensoines, cil qui furent replegié se doivent fere ajorner, ou on pot demander as pleges qu'il[1] facent comme bon plege.

37. Cil qui est en laie juridition, et se fet replegier d'estre à droit ou de revenir en cort, se il se fet croisiés, et revient croisiés à le jornée[2], il delivre ses pleges bien s'il veut aler avant en le querele por le quele il fu replegiés; car croisiés se pot bien obligier, et s'il ne veut aler avant fors par devant son ordinaire, li plege poent estre sivy de l'autre partie por lor plegerie.

38. Or veons se uns hons demaude à un autre vint livres, et cil a qui le demande est fete, le nie, et jors est assignés de prover, et cil qui le niance fist se re-plege d'estre à droit, et puis ne revient pas, porce qu'il se fet clers, ou porce qu'il est alés manoir desoz autrui, ou porce qu'il est alés hors du païs, en quel point li pleges demorra, se il se porra aidier el plet des resons dont cil se peust aidier qui fu repleges, ou non. Noz di-sons, selonc nostre coustume et nostre avis, qu'il ne porra pledier ne dire contre les tesmoins, s'il n'est esta-blis procureur par celi qui le mist en plege; ançois doit oïr le cort les tesmoins, et selonc ce qui est prové, on se pot penre as pleges. Mes autrement iroit se li repleges n'avoit point de niance fet, ançois en sunt alliguié paie-ment, terme ou respit; car s'il avoit alliguié une des[3] cozes, et il ne revenoit en cort por alliguier le terme, le respit ou le paiement, et on sivoit le plege de le ple-vine : il devroit estre oïs à prover l'une de ces cozes en

---

[1] Il se. B. — [2] Se il se fet croisiés à le jornée. T. — [3] De ches. T.

se delivrance. Et ce c'on dist que pleges ne doit pas pledier, c'est à entendre qu'il doit fere contraindre à ce qu'il soit aquités.

39. On ne pot pas plus demander au plege, fors qu'il soit en autel point com cil estoit qui il replega; et por ce doit li pleges estre oïs en prover paiement, ou terme, ou quitance, ou novele convenence, par le quele il pot estre quites de le plevine.

40. Che qui est dit communement que on ne doit pas rendre damaces en cort laie, c'est à entendre les coz et les damaces que l'une partie met contre l'autre en pledier. Et de ce encore sunt il aucuns cas es quix on les pot demander, si comme noz avons dit dessus de cix qui entrent en plege. Et aussi disons noz que se uns hons plede à tort à celi qui fu ses procureres ou son sergant, il est tenus à li rendre ses damaces, s'il enquiet du plet. Et aussi de cix qui batent et afolent autrui, il sunt tenu à rendre lor damaces. Et comment on en doit ovrer, il est dit el capitre des meffès et de le vengance des meffès[a]. Et aussi s'on me fet damace en mes blés, ou en mes vignes, ou en mes prés, ou en mes gardins, j'en puis bien fere droite demande en cort laie, car tout tel damace font à rendre de cix qui les font.

41. Se je baille me meson à ferme, ou à loier, et li fus y prent, par l'outrage de celi à qui je l'ai baillié, il est tenus à moi rendre mon damace, et ainsi se je l'ai prestée; car on doit rendre les cozes prestées en l'estat où eles estoient quant eles furent prestées. Mes se li

---

[a] Chapitre xxx.

fus y prenoit sans les coupes de celui qui le tenroit à
terme, ou à loier, ou à prest, si comme par cas d'aven-
ture; si comme il avient par aventure aucunne fois que
li foudres quiet en une meson et l'art; ou li fus prent
en le meson d'un de ses voisins, par quoi il ne pot
rescorre ycele; ou on y boute le fu par hayne c'on a
envers celi qui le meson est : en tous tix cas, n'est pas
cil qui en le meson maint, tenus à rendre le damace.
Donques, li cas en quoi il doit rendre le damace, si est
quant le mesons est arse par li, ou par se feme, ou
par cex qui sunt en se main burnie. Ne il ne se pot
pas escuser por ce, se il dist que il meismes y ot damace,
si comme de ses blés qui y furent ars, ou de ses robes,
ou de ses autres cozes; car se perte, ne se negligence,
ne se malvese garde ne l'escuse pas contre autrui da-
mace.

42. Encore pot on bien fere demande en cort laie
por cause de damace, si comme il avient d'aucuns qui
font damace à autrui communeté; si comme contre cix
qui estoupent[1] cemins, ou aucun autre aaisement com-
mun; ou si comme il avient que li aucun se combatent
es chimentieres, ou es eglises, et font sanc, par quoi
on lesse le canter dusques à tant que li meffet sunt
amendé à l'evesque, et que li liex est reconciliés : en
toz tex cas et en sanllavles, se le communetés des viles
est damachié, pot ele demander ses damaces à cix par
qui li damaces vint[2].

43. Encore s'aucuns m'essille mes blés, ou esterpe
ou esrace mes vignes, ou caupe mes bos ou mes arbres

---

[1] *Esterpent.* B. — [2] *Vient.* B.

portant fruit : en toz tex cas puis je fere demande de
mes damaces. Mes bien se gart cil qui veut fere de-
mande de blés essilliés, ou d'arbres portant fruit, ou
de vignes estraciés ou esterpées ; car tout tel cas sunt
cas de crieme, et bien s'en poent cil qui en sunt acusé
deffendre par gages de bataille, se li fes n'est trovés
si clers et si apers que justice apartiegne à fere, sans
fere plet ordené. Car s'aucuns me manece à esterper
mes vignes, ou à escillier mes blés, ou à fere aucun
autre damace par devant grant plenté de gent; et après
li damaces m'est fes : cil qui me manecha est atains
du fet par les maneces, tout soit ce c'on ne puist
savoir de certain s'il a fet le fet. Et por ce est ce grant
perix de manecier, car nis à gages n'en pot il venir
s'eles sunt provées clerement. Et aussi s'on [1] me fet
aucun damace, si apertement qu'il ne se choile [2] pas de
cix qui le voelent veir, et je l'acuse de cel fet comme
de fet notoire, il convient qu'il atende l'enqueste de
cel fet, sans venir à gages ; car male coze seroit qu'au-
cuns boutast le fu en ma meson, en le presence des
voisins, s'il m'en convenoit combatre au malfeteur
por querre le vengance et le damace du meffet.

44. Encore est il uns damaces c'on doit rendre par
le coustume de le cort laie, et si est le demanderes
creus de son damace par son serement ; si comme il
avient qu'aucuns, à tort et par force, brise le cambre
ou le huce [3] d'autrui, et enporte du sien ; et non pas [4]
qu'il le face en justichant, mais si comme on le fet par
guerre ou par courous : en tel cas, s'on me fet tel da-

---

[1] *Se aucuns.* B. — [2] *Chele.* B. T. — [3] *Les wis.* B. — [4] *Pas en ma-
niere.* B. T.

mace, et je porsui celi qui le meffet fist, par devant le
segneur qui justicier le doit, je doi ravoir mes damaces
tex comme je les vaurrai prover par mon serement;
car çascuns ne set pas tout ce que j'avoie en une huce,
si seroit mal se je ne pooie ravoir le mien, qui par tel
tort m'aroit esté tolus. Neporquant, en tel cas on doit
resgarder le persone et le renommée de celi qui veut
jurer tex damaces, et amesurer selonc son estat, s'on
percevoit qu'il se parjurast par convoitise.

45. En quelque liu que aucuns ait heritage, s'il n'i
ot onques voie, et cil qui li heritages est, le veut avoir,
on li doit fere avoir voie, par le damace rendant, au
menre damace c'on porra de li et des marcissans; car
autrement converroit il que li heritage demorassent en
fries, par le defaute de le voie, le quel coze si ne doit
pas estre souferte.

Explicit.

Ci define li capitres des plegeries, et comment et quelle maniere on
doit delivrer ses plesges, et des damages que on doit rendre en
court laye[1].

CAPITRES XLIV.

Chi commenche li xliv capitres, qui parole des rescousse de heritage,
et des escanges, que nulle fraudre n'i doit estre[2][a].

1. Bone coze est que après ce que nous avons parlé
des plegeries et des damaces c'on doit rendre par le

---

[1] B. — [2] *Et que les banis ne soient pas souffers.* B.

[a] L'auteur entend par *rescousse* le retrait lignager. Beaumanoir est
le seul jurisconsulte du xiiie siècle qui ait parlé de cet acte avec les
développements désirables. Le chapitre qu'on va lire est donc le point
de départ de tout ce qui a été écrit sur cette matière. Voyez les *Olim*,
t. I et II, *Indices rerum*, v° *Bursa*.

coustume de le cort laie, que noz parlons de le maniere que coustume done de rescorre heritage, et dedens quel tans on doit venir à le rescousse, et li quel poent rescorre, et li quel non. Et si parlerons du peril où cil se metent qui voelent rescorre, s'il ne font plain paiement; et comment les fraudes, li barat et les triqueries que li aceteur voelent fere por oster les heritages de rescousse, ne doivent pas estre soufertes. Et si dirons de cix qui escangent, et avec l'escange metent saute d'argent. Et si parlerons de toz les cas qui de rescousse d'eritage poent nestre, li quel noz porront venir à[1] memore.

2. Jehans proposa contre Pierre, que li dis Pierres avoit aceté un heritage à Guillame, cousin germain[2] de Jehan, li quix heritages descendi à Guillame, de Thomas son pere et oncle Jehan. Et porce que li heritages li descendi[3] du lignage, et que li ans et li jors n'estoit pas passés, il le requeroit à avoir par le borse, comme plus prochains. A ce respondi Pierres, que Thomas, li peres Guillame, aquesta le dit heritage, et le peust donner, ammosner ou vendre sans retraite[4], que il n'i avoit pas de retraite quant li peres l'avoit aquis; et sor ce se mistrent en droit. Il fu jugié que en aqueste n'aroit point de retraite, se cil qui avoit aquesté le revendoit; mais s'il moroit, l'aqueste demoroit as hoirs heritages[5]; et se li hoir le vendoient, li parent as oirs de par celi qui l'aquesta, le pooient retraire. Et por ce l'emporta Jehans par le bourse.

3. Toutes fraudes sunt deffendues : or veons donques

---

[1] *En.* B. — [2] *Germain* manque dans B. — [3] *Duisoit.* B. — [4] *Retret.* B. — [5] *Heritiers.* T.

qu'est fraude. Pierres vint à Jehan, et li requist qu'il acetast son heritage. Jehans dist que non feroit, car il se doutoit qu'il ne li fust rescoz, mes il li escangeroit à autre heritage, et li heritages qu'il emporteroit en escange, quant il seroit en le saisine du segneur, vendist loi [1]; et s'il n'en avoit cent livres, il les parferoit. Pierrés le fist en ceste maniere, et si tost comme il fu saisis, il vendi le dit escanger [2] cent livres. Adont li freres Pierres traist Jehan en cort, et requist à avoir l'eritage qui fu Pierre son frere, por les cent livres. Jehans dist qu'il ne l'avoit pas aceté, ains avoit fet escange, et disoit que en escange n'avoit point de rescousse. A ce respondi li freres Pierre que ce n'estoit pas drois escanges, car il fu fes par fraude, por oster le rescousse de l'iretage Pierre; et sor ce se mistrent en droit, à savoir se li freres Pierre aroit [3] l'eritage son frere, por les cent livres que Pierres ot por l'escange qu'il vendi. Il fu jugié que li freres Pierre rauroit l'eritage son frere por les deniers, car il aparoit que li escanges avoit esté fes malicieusement, por eslongier le lignage de Pierre de [4] le rescousse. Plus distrent li home, car il distrent que ce n'estoit pas drois escanges, se çascuns ne tenoit son escange un an et un jor, sans metre hors de se main par vente.

4. Qui done, por heritage, autre heritage et denier, ou autre mueble qui denier vaillent, il y a rescousse, et le pot on ravoir por l'argent et por aussi soufisant heritage.

5. Cil qui voelent fere loial escange, où qu'il n'i ait

---

[1] Si le vendesist. B. T. — [2] Hiretage. B. — [3] Raroit. B. — [4] Pour. B.

point de rescousse, doivent doner heritage pour heri-
tage, sans nule autre saute de mueble ; et doit çascuns
tenir son escange an et jor ; et doit estre li escanges tex
c'on voie le porfit de çascunne partie, sans barat : et
adont li escanges est tenus.

6. Che que mes parens[1] a par loial escange de son
heritage, m'est tout en autel point que li autres heri-
tages estoit qui fu escangiés ; c'est à dire, se mes parens
vent l'eritage qu'il a par loial escange, je le puis avoir
par le borse, aussi comme j'eusse le premier heritage,
se escange n'en eust onques esté fes.

7. Qui veut rescorre heritage, il doit prover deus
cozes, se cil veut qui l'eritage aceta : l'une[2], si est qu'il
est du lignage à celi qui le vendi ; le seconde[3], si est que
li heritages muet du costé dont il apartient au vendeur.
Car se j'avoie un frere qui ne fust mes freres que de
pere, et il avoit heritage de par se mere : s'il le vendoit,
je ne le porroie avoir par le bourse ; car li heritages ne
muet pas de par le costé du pere dont je li apartieng ;
et avant l'aroit li parens mon frere de par se mere, s'il
ne li estoit fors el[4] quart. Dusques[5] el septime degré
de lignage pot on rescorre heritage de son costé, puis
que on puist prover le lignage.

8. Je vi un cas où il ne convint pas prover à celi qui
resqueut que li heritages venist du costé dont il apar-
tenoit au vendeur. Et fu li cas tex, que li aceteres voloit
que cil qui voloit rescorre, provast le lignage, et que li
heritages estoit venus du costé dont il apartenoit au
vendeur. A ce respondoit cil qui voloit l'eritage res-

---

[1] *Peres.* B. — [2] *La premiere.* B. T. — [3] *La seconde choze.* B. T.
— [4] *En.* B. T. — [5] *Voire dusques.* B. T.

corre, qu'il voloit bien prover le lignage ; mais que li
heritages venist de son costé, ce ne pooit il prover,
car li venderes avoit tenu l'eritage par si lonc tans, et
cil dont il vint au vendeur, qui ses peres estoit, qu'il
n'estoit nus vivans qui peust savoir le premier estoc[1]
dont li heritage vint. Et comme il fust clere coze qu'il
fust parens au vendeur, et si lonc tans avoit tenu
l'eritage, il requeroit qu'il l'eust par le bourse, se li
aceterés ne provoit que li heritages fust venus d'autre
costé ; et sor ce se mistrent en droit. Il fu jugié que li
rescoueres proveroit le lignage, et se li aceteres ne[2]
provoit que li heritages venist d'autre costé que du
costé dont li rescoeres apartenoit au vendeur, li
rescoueres l'emporteroit par le bourse. Et le reson qui
mut les homes à ce jugier, ce fu le longe tenure du
vendeur.

9. Qui veut rescorre heritage, il doit venir à le
rescousse dedens l'an et le jor que li aceteres est entrés
en le saisine par le segneur. Et s'il lesse passer l'an et
le jor, il ne pot puis venir à le rescousse, ains demore
à l'aceteur comme ses aqués.

10. S'il avient que uns hons acate heritage à son
parent, le quel heritage il peust ravoir par le bourse,
s'aucuns estranges l'eust acetés, cil qui est plus pro-
chains parens du vendeur que li aceteres, le pot
rescorre, et plus lointains non. Et s'il est de cel meisme
degré de lignage, y partira il ? Je di que non, car il
ne convient pas c'on soit marceans por autrui, s'on ne
pot dire : « Je sui plus prochains. »

---

[1] *Qui peust savoir estoc.* B. — [2] *Se li rescouerres prouvoit le lignage
et li achaterres ne.* B.

11. Se cil qui acate heritage à son parent de costé, le revent à estrange persone, il y a rescousse, car adonques ist primes li heritages du lignage. Donques, poés voz veir que ce[1] que j'ai aquis en mon lignage et en mon costé, n'est pas de tele condition, comme se j'avoie acaté à estrange personne en cel cas; car se je vendoie ce que j'aroie acaté à estrange personne, il n'i aroit point de rescousse, puis que je en aroie esté en saisine an et jor; mais se je revendoie mon acat, le quel je n'aroie pas tenu an et jor, li parent au premier vendeur ne perdent pas, porce qu'il ne puissent lor heritage rescorre par le borse, dedens l'an et le jor, puis le premiere saisine.

12. Le reson por quoi on pot rescorre l'eritage de son parent, dusques el septisme degré de lignage, si est tele que anciennement mariages ne se fesoit devant le septisme degré; mais porce que li apostoles vit que mult de mariages se fesoient en lor lignage, porce c'on n'avoit pas memore ne remembrance du lignage, et meesment porce que li lignage estoient si grant que nobles persones ne se trovoient où[2] marier, il, par le conseil de sainte Eglise, fist constitution novele que mariages se peust fere puis le quart degré[a]. Mais li prince terrien ne rapelerent pas c'on ne peust sivir son heritage par le rescousse, si comme on fesoit adont[3].

13. Uns consaus fu demandé à une[4] partie de[5] sages

. [1] *Chelui.* B. — [2] *Pas bien où.* B. T. — [3] *Alors.* B. — [4] *Une des.* B. —[5] *Des.* B. T.

[a] Ce fut le quatrième concile de Latran, tenu en 1215, qui restreignit les empêchements de mariage au quatrième degré de consanguinité ou d'affinité. (Mansi, *Sacr. Concil. Collectio,* t. XXII, col. 908.)

homes de le conté ¹, sor ce qu'il estoient trois frere
tout aagié et tenant lor parties. Li uns des freres vendi
se partie à l'un de ses freres, et l'en mist en saisine de
par le segneur. Li tiers freres, dedens l'an et le jor que
ses freres fu en saisine de chel acat, se traist avant,
et en vaut avoir le moitié par le borse. A ce respondi
li aceteres, qu'il ne le voloit pas par plusors resons;
l'une², porce qu'il n'estoit pas trais à estre compains
du marcié, avant qu'il fust en saisine du sengneur;
l'autre³, porce qu'il ne pooit pas dire qu'il fust plus
prochains, par quoi il peust rescorre; et le tierce
reson, porce qu'il n'est pas tenus à estre son marceant.
Par ces resons il fu resgardé, par droit, que li tiers
freres ne pooit venir à se demande par le borse; car
si prochains ne pot rescorre, mes plus prochains pot
rescorre.

14. S'il avient qu'aucuns acate heritage, et paie
avant qu'il soit en saisine de segneur, et après li ven-
deres ne se veut trere avant, por metre l'aceteur en
saisine, et li aceteres le fet semonre par devant le
segneur de qui li heritages est tenus, et li venderes se
met en trois pures defautes : li sires doit oïr les proeves
de l'aceteur; et quant il a prové l'acat, il doit estre
mis en saisine de l'iretage. Et si tost comme il a le
saisine de par le segneur, li ans et li jors commence de
le rescousse, et bien le poent rescorre li parent au
vendeur, tout soit ce qu'il n'en est pas en saisine par⁴
le vendeur.

15. Se uns hons suit un autre par reson d'acat, et li

---

¹ Conte de Clermont. B. — ² Le premiere raison. B. T. — ³ Le se-
conde raison. B. T. — ⁴ De par. B.

plés est tant demenés que li venderes ait jor de veue de
le coze ; et après jor de veue, il defaut d'une sole fois ,
li aceteres gaaigne saisine de par le segneur.

16. Quant aucuns pert saisine d'eritage, par quelque
maniere de plet que ce soit, s'il ne fet rajorner celi qui
gaaigne le saisine sor le proprieté, dedens l'an et le jor,
il n'en est jamès à oïr.

17. Pierres fist ajorner Jehan par devant le segneur
de qui il tenoit l'eritage, et proposa contre li qu'il li
avoit tel heritage vendu, et qu'il l'avoit paié, par quoi
il requeroit qu'il fust contrains à ce qu'il s'en dessaisist,
et qu'il l'en feist metre en saisine du signeur. A ce
respondi Jehans, que c'estoit convenence de quoi il le
sivoit; et, de convenence, il devoit estre justiciés par le
segneur soz qui il estoit couquans et levans, par quoi
il ne voloit ilueques respondre, se par droit ne le
fesoit; et sor ce se mistrent en droit. Il fu jugié que
Jehans respondroit en le cort du segneur de qui li
heritages muet, porce que le convenence dependoit de
l'iretage. Et par ce pot on entendre que de toutes
demandes qui sunt fetes d'eritage, le connissance en
apartient as signeurs de qui li heritage muevent [1].

18. Bastars ne pot rescorre, car il n'est pas de
lignage, si comme j'ai dit ailleurs.

19. Feme mariée ne pot rescorre sans l'auctorité de
son mari, et aussi n'est nus tenus de respondre à li en [2]
nule demande qu'ele face en cort, sans l'auctorité de
son mari, s'il n'est ainsi que li maris soit hors du sens,
ou fax natureus, ou hors du païs, sans esperance de
revenir, car en tel cas converroit il respondre à le feme.

---

[1] *Muet.* B. — [2] *De.* B.

II.   13

20. Aucun sunt qui acatent, qui por renquierir le
marcié as rescoueurs, acatent par teles conditions que
li venderes prent blés, aveines ou vins, à plus quier
pris qu'il ne valent; et puis, entre li acateres en le
saizine, et paie les ventes selonc le pris de le vente du
marcié des denrées[1]; mais tix baras ne vaut riens, se
cil qui veut rescorre le set debatre, car il convient que
les denrées qui furent bailliés por le marcié, soient
prisiés par loial pris, selonc ce qu'eles valent el tans
que li marciés fu fes, et de ce pris li rescoueres doit
paier l'argent.

21. Quant aucuns acate en tele maniere que il baille
denrées sans nommer somme[2] d'argent, si comme se
uns hons done dix muis de blé, ou vingt tonneaux de
vin, por heritage, et il avient que les denrées enquieris-
sent el tans que li rescoueres veut rescorre : li res-
coueres n'est pas tenus à rendre autex denrées comme
li aceteres bailla, ains doit paier le pris tant solement
que les denrées valoient au jor qu'eles furent prises et
convenenciés au vendeur. Et aussi se les denrées sunt
avillies, et li rescoueres veut avoir l'eritage por baillier
autex[3] denrées, il ne le doit pas ravoir, fors par le pris
dessus dit; car il est bien resons que li aceteres soit
gardé de damace aussi comme li rescoeres. Et aussi
comme j'ai parlé des blés, aveines et vins, j'entent de
toz autres muebles qui poent estre baillié por argent.

22. Bien se gart qui veut rescorre heritage qu'au[4]
jor qu'il ofre à fere paiement, s'il est tenus à heritiers
de l'aceteur, et voille li aceteres recevoir l'argent sans

---

[1] *Selonc le pris que les denrées sont vendues.* B. — [2] *Nombre.* B.
— [3] *Auteles.* B. — [4] *Que dedens.* B.

debat, se plains paiemens ne li est fes en l'ore, li
rescoueres qui le paiement ofri, ne pot jamès rescorre,
ne venir à le rescousse. Mais autres personnes de son
lignage et de son costé, dont li heritages muet, ne per-
dent pas, porce[1] qu'il ne puissent venir à le rescousse.

23. Pierres proposa contre Jehan, que il devoit,
l'eritage que son pere li avoit vendu, avoir par le bourse,
et offroit à fere plain paiement. A ce respondi Jehans,
qu'il ne devoit venir à le rescousse, porce qu'il estoit
el bail son pere, au jor que li heritages fu vendus ; et
porce qu'il estoit hoirs du pere qui le coze vendi, qu'il
devoit garantir son fet. Pierres connut bien ces cozes ;
mais il disoit que deniers li estoient venu de don
d'autrui que de son pere. En droit se mistrent sor ces
paroles. Resgardé fu par jugement, que Pierres pooit
bien avoir l'eritage par le bourse, et fust encore ainsi
qu'il paiast le pris de le rescousse de le partie qui li fust
venue du pere ; car male coze seroit se li enfant sous
aagié perdoient lor droit, por estre en baill ou en le
garde de lor pere.

24. Je ne voi pas comment nus qui vende heritage,
puist[2] jamès venir à l'eritage, fors par rescousse, en
un fol cas qui tix est. Se je vent mon heritage à un mien
parent et qui n'apartient pas du costé dont li heritages
muet[3] ; et cil le revent[4] puis à estrange persone, hors
de nostre lignage : je le puis rescorre, ne n'en[5] pot
estre en cel cas nus plus prochains de moi.

25. Se plusors persones d'un meisme degré de lignage

---

[1] *Che.* B. T. — [2] *Puisse.* B. — [3] *Vient.* B. — [4] *Vent.* B. — [5] *Ne il ne.* B.

se traient avant por rescorre un heritage, aussi tost li uns comme li autres : çascuns doit paier se part de le vente, autant li uns comme li autres, et partir à l'iretage autant l'un com l'autre.

26. Quant je voil rescorre aucun heritage de par me feme, et ele a tel ensoine qu'ele ne se pot trere avant, comme de gesir d'enfant, ou de langeur, ou de groisseur pres de son terme, et il soit[1] perix que li ans et li jors ne passast se j'atendoie son aisement : je doi requerre à le justice qu'ele viengne, ou envoit savoir l'auctorité que me femme me dona de tel heritage requerre sans li; et puis qu'ele m'aura doné l'auctorité par devant le justice dont li heritages muet, ou devant celi qui le justice y envoia, li aceteres ne pot debatre que je ne soie oys, aussi bien comme se me feme y estoit presente[2]; car autrement porroit ele perdre son droit de son heritage rescorre par son ensoine, le quel coze ne seroit pas resons.

27. Aucunnes viles sunt en le conté où il voelent tenir por coustume que quant aucuns acate, il fet[3] savoir, en pleine paroisse, que tex heritages est vendus, et qui le vaurra rescorre, qu'il le resqueue dedens quinse jors, ou il ne sera plus oys el cas de le rescousse. Mais tex cris ne tex commandemens ne vaut riens, car c'est contre le general coustume du castel de Clermont; ne li souget le conte ne poent ne ne doivent fere coustume contraire à cele du castel qui est lor quief. Ne ne me dout[4] pas s'aucuns, es viles dessus dites, où tex commandemens est fes, veut rescorre l'eritage

---

[1] *Seroit.* B. — [2] B. — [3] *On le vient faire.* B. — [4] *Doute.* B.

au quief de l'an, qu'il ne l'ait, s'il veut le plet porsivir dusques au jugement : se li contraires li estoit jugiés[1], il aroit bon apel.

28. Aucun sunt qui acatent, et quánt il ont acaté, il font offrir le marcié à cix de qui il se doutent qu'il ne lor resqueüent par justice. Et dist le justice à çascun en se personne : « Jehans a acaté tel heritage à « Pierres vostre cousin, cel nombre[2] d'argent, si voz « commandons que voz vegniés à le rescousse dedens « quinse jors, ou que voz le quités. » Mais tex commandemens ne vaut riens, s'il est qui le sace ou voille debatre, car c'est contre le general coustume du castel. Et commandemens qui est fes contre droit commun, ne doit pas tenir. Donques, cil à qui tex commandemens est fes, doit dire à le justice qu'il rapiat le commandement, et qu'il ne veut pas fere le quitance, ains veut avoir le tans que drois et coustume li done; et doit requerre que drois li soit fes. Et je ne me dout pas que[3] s'on fet bon jugement, il sera por li ; et s'on le fet contre li, il a bon apel. Mais s'il avient qu'il obeisse au commandement et qu'il face quitance, il ne pot puis revenir à le rescousse, tout soit ce que li commandemens ne fust pas de reson.

29. Avenir pot que cil qui acate, quaut il est en saisine[4] s'en va hors du païs, et demore tant que li ans et li jors est passés : que fera dont cil qui veut rescorre? Se cil qui est hors du païs a lessié procureur, li quix ait pooir, par bone procuration soufisant, de gaaigner

---

[1] *Adjugiés.* B. — [2] *Somme.* B. — [3] *Que* manque dans B. — [4] *En la saisine de son achat.* B.

ou de perdre el cas d'eritage, li rescoueres le doit sivir; et s'il n'a lessié point de procureur, il le doit fere ajorner par le segneur de qui li heritages muet, au liu où il soloit manoir. Mais que ce soit en le castelerie où li heritages siet, car plus loins n'est on pas tenus à li ajorner. Et doit estre ajornés une fois sor le rescousse tant solement, et s'il ne vient, ou on ne le trueve où ajorner en le castelerie, ne il n'a point de procureur lessié, li sires, dont li heritages muet, doit oïr les prueves du rescoueur du[1] lignage, et que li heritages li eschiet[2] de costé. Et quant il ara bien prové, li sires doit penre l'argent en se main, et le rescoueur metre en saisine de l'iretage. Et quant li aceteres venra de dehors le païs, li sires li doit rendre son argent. Et s'il demeure sans esperance de revenir, si comme s'il estoit à armes hors du païs[3], ou il est en prison des mescreans, ou certaine novele est venue de se mort: li sires doit bailler l'argent à son plus prochain oir, par pleges, que s'il revient, qu'il puist avoir l'argent sans debat; et s'il ne vient, ou il n'a nul oir qui viegne avant, li denier sunt aquis au segneur.

5o. Nule doute ne doit estre s'aucuns acate heritage, el quel il ait edefices, ou arbres fruit portans, que il ne doie l'iretage lessier en son estat, sans les edefices et les arbres empirier, tant que li ans et li jors soit passés; et s'il le fet autrement, il est tenus à rendre le damace à celi qui vient à le rescousse. Et aussi, s'il y a bos desoz sept ans, il ne le pot coper; et tout ce qu'il pot

---

[1] *De son.* B. — [2] *Duise.* B. T. — [3] *Il s'estoit appareilliez pour là demourer hors dou païs.* B. T.

coper de bos angié et widier, ou blés, ou aveines, ou
vins, ou fains, ou chens, ou rentes, ou poissons, ou
autres cozes qui yssent de l'iretage : tout est sien de
son droit, sans fere nul restor au rescoueur. Mais si
tost comme li argens de le rescousse li est offers, et il
ne le veut repenre sans plet, le justice des liex, à le
requeste du rescoueur, doit tout saisir, si que se li
rescoueres emporte l'eritage par le bourse, qu'il puist
goïr de toutes les issues de l'iretage, le plet pendant.

31. Demande pot estre fete, s'aucuns veut rescorre,
et il fet ajorner l'aceteur, si que li ajornemens est fes le
deerrain jor de le rescousse, et li jors du plet est puis
l'an et le jor, se li aceteres pot dire, quant il vient
devant le segneur, que li ans et le jors est passés, par
quoi il ne veut rescorre. Je di qu'il m'est avis, puisque
li offres de l'argent n'a esté fes à l'aceteur dedens l'an
et le jor par devant le justice, que li ajornemens qui
est fes, sans offrir l'argent, n'est pas de si grant vertu
que li ans et li jors ne passe el[1] droit de l'aceteur, si que
li aceteres n'en est pas tenus à respondre. Et sui meus
à che par deus resons : le premiere[2], porce que li
rescoueres aroit pooir de rescourre, puis l'an et le jor
passé, se offre, le quel coze ne doit estre selonc le droit
commun ; et la seconde, si est porce que li tans qui
est entre l'ajornement et le jour de plet, est du droit
à celi qui est ajornés ; si comme il convient que li gentis
hons ait quinsaine, et li hons de poeste, du jor à len
demain. Et li tans qui vient de son droit, ne li doit pas
estre en se nuisance.

32. S'aucuns fet ajorner sor rescousse d'eritage, et

---

[1] *Ou.* B. *Au.* T. — [2] *La premiere raison si est.* B.

li premiers jors quiet dedens l'an et le jor, et li aceteres
s'ensonie; ou le justice contremande cel jor à un autre,
et li ans et li jors passe en celi delai : ce n'est de rien
au prejudice du rescouerres, puisque le delai n'est pas
por lui, et li ans et li jor passeroit; il perdroit le
pooir du rescourre; et en quelque maniere que delais
soit, par errement de plet ou par jugement pendant,
puisque li ples est commenciés dedens l'an et le jor,
li debas du ples n'est de riens el prejudisse du res-
coueur.

33. Bien se gardent cil qui maintienent plet d'avoir
heritage par le borse, que il soit bien garnis de fere
paiement, se mestiers est, à çascunne jornée qu'il
vient en cort; car s'il a jugement por li, ou li acateres
veut renoncier au plet, se li rescoueres ne fet plain
paiement en le jornée, se demande est anientie et ne
doit puis estre oys; car puisqu'il a se demande, c'est
à dire l'eritage por l'argent, et il ne paie, il est en pure
defaute. Et par une sole defaute puis le jor de le veue,
perdroit il se demande : donques le doit il bien perdre
quant il est en defaute de paiement.

34. Encore, qui acate, et, por doute de rescousse,
queut blés, mars ou vins, en l'eritage qu'il a aceté, ains
le tans de droite meurison; si que il apert que les
coilloites aient perdu le droit du cours de lor nature;
et li rescoueres vient ains le tans qu'il fust poins du
coillir : li acateres doit restorer le damace, car il vaut
mix qu'il compere son malice que autres.

35. Encore a il cel coustume en rescousse d'eritage,
que se j'offre l'argent comme heritiers, et li aceteres
me connoist à heritier, et me offre à recevoir paiement,
se je ne le paie tout en cele jornée, li aceteres a

gaaignié les deniers que je li ai paiés, aveques l'eritage.
Mais porce que j'ai dit que li paiemens soit fes en cele
jornée, se li paiemens estoit si grans à fere que, par le
delai du conter, le jornée passast, li rescoueres ne
perdroit pas par tel delai, s'ainsi n'estoit que paiemens
demorast par defaute d'argent. Car il porroit bien avoir
si grant somme d'argent, c'on metroit bien à conter
deus jors, ou trois, ou plus; et por ce ne seroit il pas
resons que li rescoueres perdist par tel delai.

36. Se li rescoueres prent tel serement du vendeur
et de l'aceteur, à ¹ savoir combien li marciés cousta, sans
debat, il ne pot puis trere proeves contre lor serement,
ains convient qu'il soient creu. Donques, se li res-
coueres doute, ou croit qu'il y eust fraude ou barat él
marcié, il doit dire en tele maniere : « Sire, je di que
« li marciés fu tex, et par tele convenence, et en requier
« à avoir serement du vendeur et de l'aceteur. Et s'il
« disoient qu'il fust autrement, si sui je pres de prover,
« par bones gens qui y furent, que li marciés fu en ceste
« maniere. » Et se li rescoueres va en ceste maniere
avant, il doit estre oïs en ses proeves, et avoir, avant
toute oevre, le serement du vendeur et de l'aceteur.

37. Quant aucuns acate en tele maniere qu'il paiera
le pris de le vente à termes, se rescoueres vient avant,
il doit avoir les termes que li aceteres avoit, et doit
fere bone seurté à l'aceteur, qu'il le ² delivrera des
paiemens envers le vendeur, as termes qui furent con-
veuencié au marcié fere; et ceste seurté fet ³ il à l'ace-
teur, car li venderes ne cangera pas ses pleges ne ses
detes, se il ne veut. Mais se li aceteres y a coz ne

---

¹ *Pour*. B. — ² *Li*. B. — ³ *Fera*. B. T.

damaces[1], li rescoueres li est tenns de rendre; et se li
rescoueres ne pot ou ne veut fere le seurté d'aquiter
l'aceteur envers le vendeur, et de li rendre coz et
damaces, s'il les a par defaute de son aquit, il ne venra
pas à le rescousse, s'il ne baille l'argent ou bon gage
à l'aceteur, du quel li aceteres se puist aquiter vers le
vendeur.

38. Li aucun[2] se quident, quant aucuns acate heri-
tage, et li heritages est tenus de plusors segneurs, et
pris d'argent est mis sor çascunne segnorie por les
ventes du segneur paier, tout soit ce que li marciés fu
fes entre le vendeur et l'aceteur par un sol nombre
d'argent et à une sole paumée, que cil qui veut rescorre
puist rescorre tant solement ce qui est tenu d'un
segneur; mais non fet, ains convient qu'il resqueue
tout le marcié, de quantes segnories il soit, puisqu'il fu
fes à une sole paumée, et que li uns vient aussi bien du
lignage comme li autres. Mais se l'une partie de l'ire-
tage li venoit de lingnage, et l'autre non, il n'en
rescorroit fors que ce qui seroit de son costé. Et fust
encore ainsi que li aceteres le vausist connoistre à
heritier de tout, ne porroit il entrer en ce dont il ne
seroit heritiers, s'il ne recevoit saisine de signeur, par
ventes paians. Et s'il y entroit sans saisine de segneur,
li sires porroit saisir l'eritage tant que li premiers
aceteres venroit à le dessaisine, et qu'il feroit amende
de ce qu'il y entra sans segneur qui n'i avoit droit. Et
seroit l'amende de soissante saus, se li heritages estoit
tenus en vilenage; et s'il estoit de fief, l'amende seroit
de soissante livres.

---

[1] *Ne mis cous, ne mis damages.* B. — [2] *Aucunes gens.* B. T.

39. En droite rescousse d'eritage, quant il est certaine coze que cil qui resqueut est heritiers, ne convient saisine, ne dessaisine de segneur, ne ventes paier, car li rescoueres emporte tout le droit que li acateres y avoit par son droit. Et quant il en estoit en le saisine du segneur, cele saisine vient au rescoueur, si que il est toz saisis de l'iretage, sitost comme il a fet paiement; ne il ne[1] convient point, s'il est conneus de l'aceteur à heritier, venir[2] devant le segneur, por le rescousse fere. Mes se li aceteres met debat en le rescousse[3], adont convient il que li ples viegne par devant le segneur.

40. Or porroient dire li aucun : « Biau sire, voz « dites qu'il convient tout rescorre ce qui est vendu à « un marcié, tout soit ce que li heritages soit tenus de « plusors segneurs; et comment pot ce estre, car li « rescoueres ne fera ajorner, s'il ne li plest, l'aceteur « que par devant l'un des signeurs, et li sires ne porra « connoistre fors que de l'heritage qui de li muet? Et « donques, quant li rescoeres aura rescoz ce qui movera « de cele segnorie, il sanlle qu'il li loise à soufrir à tant « s'il li plest. » Mais à tout ce pot li aceteres metre bone reson avant et resnable cause, car il pot dire, par devant le segneur là u il est trais : « Sire, tout soit il « ainsi que voz ne poés connoistre que de l'iretage qui « de vous muet, il ne convient pas, s'il li plest, que il « traisist à voz, ne à autre signeur, car je le connois à « hiretier de tout le marcié que je fis à tel personne qui « estoit de son lignage; et quant je le connois à heri- « tier, sans ce que g'i meisse onques debat, et il ne

---

[1] *Ne s'i.* B. — [2] *Faire venir.* B. T. — [3] *Rescousse faire.* B. T.

« converroit¹ pas qu'il se tresist avant, par devant le
« segneur, se por mon debat n'estoit; et je fi mon
« marcié tout à une paumée et à une persone : je di
« que mes marciés est si conjoins, que nus rescoueres
« ne le me doit departir ne desseurer, puisqu'il soit
« heritiers de tout le marcié : par quoi je voz requier,
« que voz ne me contraingniés pas à departir mou
« marcié, li quix m'est tous conjoins ensanlle. » Se il
atent droit sor ce, je ne me dout pas que li rescoueres
ne resqueue le tout ou nient², s'on li fet bon jugement.

41. Quant aucuns resqueut heritage, et il y a³ des-
puelles à lever, si comme grains ou vins, bien se gart
qu'il viegne à le rescousse avant que li aceteres ait fet
les blés soier ou les vignes vendengier, tout soit il
encore ainsi que li vin ou li blé soient encore sor les
liex où il crurent; car li aceteres les emporteroit
sitost comme ils ont le pié copé, puisqu'il soit tans de
soier ou de vendre. Car se li aceteres lés prenoit mali-
cieusement, avant qu'il fussent meur, il seroit tenus à
rendre le damace au rescoueur qui rescourroit dedens
le tans de meurison, tout fust ce⁴ que li aceteres s'escu-
sast qu'il eust soié les blés vers, por doner à ses quevaus
ou à ses autres bestes; ou les vignes vendengiés en
vergus; car ce n'est pas le coustume de le conté que on
soie communement blés vers por doner as bestes, ne
c'on vendenge vignes à fet por fere⁵ vergus. Donques,
qui ainsi le feroit el prejudisse des rescoueurs, il les
restorroit. Et qu'il soit voirs que l'aceteres emport les

---

¹ Convient. B. T. — ² Tout onniement. B. T. — ³ Il n'a. B. — ⁴ Fust
il ainssi que. B. — ⁵ Por faire faire. B.

blés et les vins sitost comme il ont le pié copé, tout soient il encore sor le liu où il crurent, il est aprové par un jugement qui ensuit.

42. Pierres proposa contre Jehan, que li dis Jehans avoit acetés en son heritages une piece de terre, en le quele il avoit blés; et en cel point que li dis Jehans soioit le blé, il li offri ses deniers; et porce qu'il ne les vaut penre, il fist arester par justice le blé sor le liu, et le blé qui estoit soiés, et celi qui estoit à soier : par quoi il requeroit que Jehans fust contrains à penre son argent, et c'on li delivrast tout le blé, et celi qui estoit soiés sor le liu, et celi qui estoit à soier. A ce respondi Jehans, que bien le connoissoit à heritier et bien voloit penre son argent, mes il voloit avoir le blé delivre, celi qui estoit soiés, avant qu'il li feist l'ofre de l'argent; et si requeroit qu'il fust desdamaciés des jornées des ouvriers qu'il avoit loués por le blé soier, li quel ne parfirent pas lor jornées; et sor ce se mistrent en droit. Il fu jugié que li aceteres emporte-roit le blé soié devant l'offre, et li rescoueres li rema-nant; et des ouvriers, li aceteres les paieroit selonc ce qu'il avoient fet devant l'offre, et li rescoueres le remanant. Et par cel jugement pot on veoir qu'il est ainsi comme il est dit dessus.

43. Noz avons dit[1] que cil qui acate ne doit pas soier les blés vers, ne les vignes en vergus, ne les bois dezoz l'age de sept ans ne doit il pas coper; mes s'il a prés en son acat, il pot bien coper l'erbe totes les fois qu'il li plest, ou soier les veces vers[2], por doner à ses bestes ou por vendre; ne jà n'en fera restor au rescoueur,

___

[1] *Dit dessus.* B. T. — [2] B. T.

car c'est bien le coustume de fere ent son profist, sitost comme on s'en pot aidier.

44. Aucun sunt, quant il ont aceté heritage et il ont peur c'on ne lor. resqueue, qu'il lessent les teres de lor acat en fries, tant que li ans et li jors soit passés, por le coze awillier et laidir à cix qui y ont droit de rescousse; et porce que c'est baras apensés et endamachant autrui, se li rescoueres s'en plaignoit, il noz est avis que li aceteres seroit tenus à restorer le damace; car mix venist qu'il l'eust plus aceté tant comme l'anée monte, qu'il laissast le coze gaste; car li argens fet bien au vendeur, et li heritages lessiés en fries ne fet bien à nului. Et tot soit il ainsi que noz n'avons pas veu avenir tel cas en [1] jugement, je m'acort que s'aucuns le maine dusqu'à jugement, c'on face au rescoueur rendre le drois pris que li heritages devroit avoir valut l'anée qu'il aroit esté laissiés en fries, par le barat desus dit.

45. Bien loist [2] à celi à qui on veut rescorre heritage, qu'il ait jor de veue, s'il le requiert. Et s'il avient qu'il ait jor de veue, et li rescoueres fet veue d'autre heritage que de celi qu'il entent à rescorre, et li ans et li jors passe que li aceteres aceta, en cel plet pendant : li rescoueres pert ce qu'il entendoit à rescorre sans recourer; car s'il ofri l'argent dedens l'an et le jor, et veue li fu assignée sor ce, et il ne monstra pas ce sor quoi il avoit fet l'offre, li erremens du plet estoit anientis, et aussi comme s'il n'eust onques fet ofre d'argent. Mais se li rescoueres s'aperchoit qu'il n'ait pas fet soufisant veue dedens l'an et le jor que le res-

---

[1] *Dusques en.* B. — [2] *Affiert.* B. T.

cousse dure, il pot delessier¹ le plet qu'il a folement
demené sor le veue mal fete, et fere nouvel ofre, et
ensi porra revenir à son heritage par le bourse. Mais
se li ans et li jors est passés, ançois qu'il s'aperchoive
de le fole veue par nouvel, il n'i pot puis venir, si
comme il est dit dessus.

46. Pierres resqueut heritage de par se feme, porce
que se feme estoit el tiers de lignage au vendeur; et
cele rescousse fete, Jehans trest à Pierre, et li dist qu'il
estoit du lignage au vendeur, par quoi il voloit avoir
cel heritage par le bourse; et Pierres li respondi :
« Se voz provés que voz soiés du lignage, je voil bien
« que voz l'emportés par le bourse » : et adont Jehans
prova qu'il estoit el² quart au vendeur. Et quant
Pierres s'aperchut qu'il estoit en plus lointaing degré de
lignage que se feme n'estoit, se li dist qu'à l'eritage ne
pooit il venir par rescousse, que se feme estoit plus
prochaine de lignage. Et Jehans dist que si feroit,
porce qu'il avoit otrié tout simplement, que se il pooit
prover que il fust du lignage, que il emporteroit l'he-
ritage par l'argent. A ce respondi Pierres, que cis³
otrois ne pooit pas desheriter se feme, ne ne devoit,
meesment quant ele n'avoit pas esté à l'otroi, ne ne
s'i estoit pas assentie. Et Jehans disoit que si fesoit,
et qu'il li loisoit à laissier à aler en autrui main, par se
convenence ou par son otroi, sans l'assentement de
se feme; et sor ce se mirent en droit. Il fu jugié que
li otrois que Pierres avoit fet à Jehan ne vaurroit pas
à ce que Jehans emportast l'eritage.

47. Or veons se Jehans le veut sivir par reson de cele
convenence, qu'il en doit estre fet; car puisque li he-

¹ *Laissier.* B. — ² *En.* B. — ⁵ *Tel.* B.

ritages qui est venus en l'eritage se feme, ne li pot estre
delivrés sans l'assentement de se feme, il noz sanlle
c'on doit regarder, par loial estimation, le valor de
l'iretage, et le nombre d'argent qu'il cousta ; et de
tant que li heritages vaut plus de le somme de l'argent,
en tant doit estre tenus li dis Pierres au dit Jehan, par
le reson de l'otroi qu'il fist, le quel il ne li pot deli-
vrer ne garantir. Et nicement se mist en plet, car s'il
eust dit : « Je vous otri que voz aiés l'eritage, se voz
« provés que voz soiés plus prochains que me feme »,
il eust esté delivrés de cel plet, porce que Jehans ne
prova que le quart degré de lignage, et se feme estoit
en tiers. Et bien pot estre que Pierres l'entendi au
dire, mais on juge selonc ce qui est dit, non pas se-
lonc les ententions.

48. Aucunne fois avient il, quant uns hons et une
feme sont ensanlle par mariage, et il ont enfans, qu'il
acatent aucuns heritages en l'eritage du pere, et après
le mere muert, et demorent li enfant sous aage en le
garde du pere. Or veons comment li peres aura[1] le
partie par le bourse, que li enfant doivent avoir en
l'aqueste, de par le mere. Noz disons, selonc nostre
coustume, que tant que li enfant sunt sous aage, li
peres n'est pas tenus à offrir les deniers à ses enfans ;
car il tient tout par le reson de le garde. Mais si tost
comme li uns des enfans est aagiés, dedens l'an et le
jour après il li doit ofrir l'argent ; et s'il lesse l'an et le
jor passer, il n'i pot puis recouvrer, ançois emportent
li enfant le moitié, par reson de lor[2] mere. Et autel
comme noz avons dit du pere qui acate en son heritage,
disons noz de l'iretage qui est acetés en l'eritage de le

---

[1] *Rara.* B. — [2] *De par leur.* B.

mere, quant li peres muert et le mere veut ravoir le moitié de l'iretage par le bourse.

49. Se li peres et le mere acatent heritage en l'eritage du pere, et après li peres muert, li enfant poent bien ravoir par le bourse le partie de le mere, dedens l'an et le jor que li peres est mors. Et s'il sunt sous aage quant li peres muert, li ans et li jors lor commence sitost comme li ains nés des enfans vient en aage. Et se li ains nés des enfans ne le veut ou ne pot ravoir par le bourse, por ce ne demore pas que li mains nés ne le puist ravoir dedens l'an et le jor qu'il vienent en aage. Et tout aussi se li heritages est acetés en l'eritage le pere, et le mere muert, le poent bien li enfant du pere ravoir par le borse. Et en toutes tex aquestes que li peres et le mere poent ravoir de lor enfans par le bourse, et li enfant du pere et de le mere, ainsi comme dit est, quant li fiés revient arriere par le bourse, il n'i a que tant de dommages comme il i avoit quant il fu acetés. Mes se le borse n'est[1] oferte, et cascuns emporte se partie : cascuns fet hommage de ce qu'il emporte, et ensi poent li segneur avoir d'un hommage deus[2] ou plus.

50. Quiconques veut debatre ce que uns autres tient, debate[3] loi en jor assigné à partie, par devant le segneur à qui le connissance du plet apartient; car li debas vaut poi, qui est fes en derriere de justice par devant qui le connissance en apartient, ne ce n'est pas debas qui nuise à celi qui est en le saisine de le coze. Donques, se je voil rescorre un heritage, et li aceteres ne veut penre l'argent, ou il me delaie, je ne me doi pas à ce

---

[1] *M'est.* B. — [2] Ce qui suit manque dans B. — [3] *Debache.* B.

entendre que je ne li offre par devant le segneur; car
li offres que je li arai fet en derriere ne me vaurroit
riens, ançois demorroit en l'eritage, et en ceste ma-
niere l'avons noz veu uzer. Et aussi se voz tenés le terre
qui à moi apartient, ou voz levés les rentes qui doivent
estre moies, ou voz caupés mes bos, et je le voz debat,
et voz requier que voz en issiés : tout tel debat ne
valent riens devant qu'il sunt fet en plet ordené par
devant le justice de qui ce muet; ne jà por tex debas
ne me lerai à aidier de tenure pesivle, car assés est le
tenure pesivle, qui est esploitié sans empeequement de
sengneur.

51. Nus ne doit estre ostés de le saisine là u il est,
tant qu'il voille dire qu'il est en bone saisine, devant
que drois l'en ostera selonc le pledoié de l'autre partie.
Ne ce n'est pas assés que li sires mete main à le coze
dès le commencement du plet, por le requeste du de-
mandeur; car çascuns doit pledier saisis de ce dont il
est en le saisine dès le commencement du plet, se li ples
n'est de force ou de novele dessaisine, de taute, de ro-
berie ou de larrechin; car en ces cas pot li sires, dès
le commencement du plet, penre le coze en se main.
Neporquant, encore sera elle rendue par pleges à celi
qui fu trovés saisis, s'il le requiert; et des autres cas il
n'est[1] pas tenus à fere pleges[2], ançois doit estre tenus en
saisine toute delivre, avant qu'il responde[3] à riens c'on
dit en plet contre li. Et c'est bien resons c'on se deffende
saisis de ce dont on[4] est saisis quant ples[5] commence.

52. Noz avons parlé de mult de baras qui sunt fet[6]

---

[1] N'en est. B. — [2] Plegerie. B. T. — [3] Respongne. B. — [4] B. — [5] Le
plait. B. — [6] Fais. B.

entre les vendeurs et les aceteurs, porce que li heritage
ne soient rescoz; et cil qui ont mestier de vendre,
obeissent volentiers à tex convenences comme li ace-
teur voelent, car il n'en caut pas gramment à çascun
des vendeurs; mes[1] qu'il aient ce qu'il entendent à avoir
de lor tere vendue[2]. Et avec ce que noz avons dit, noz
avons oy parler puis d'un malice qui a esté fes por de-
bouter les parens[3] de le rescousse de l'iretage. Car
Pierres offri[4] son heritage à vendre à Jehan, et Jehans
dist qu'il ne l'aceteroit pas à heritage, mais il en ace-
teroit les despuelles de six ans; et courut marcié des
dites despuelles, et en fu mis Jehans en saisine comme
d'engagement par le segneur, de qui li heritages mou-
voit; et après, dedens le premier an, ou dedens les
deus premiers ans, entre Pierres et Jehans, reparlerent[5]
du marcié du treffons de l'iretage, et courut marciés
en tele maniere, que Jehans, qui le tenoit par engage-
ment, l'aceta à heritage, et en firent vers le segneur
ce qu'il durent, c'est à savoir des ventes de tant
comme li heritages[6] fu vendus. Et se li engagemens
n'eust esté fes par le gré du segneur, aussi eust il eu
ventes de tant comme li heritages fu mains vendus, por
le reson de l'engagement. Et après, dedens l'an que li
treffons fu vendus, uns parens Pierre traist avant et
offri le borse, et Jehans respondi que volentiers re-
penroit son argent de le vente du trefons, sauves les
anées qu'il devoit tenir par le reson de l'engagement;
et li rescoueres disant encontre que puis qu'il veoit à
perpetuité l'eritage de son parent hors de se main, il

---

[1] *Ne mez.* B. — [2] *Vendre.* B. — [3] *Parties.* B. — [4] *Si offre.* B. —
[5] *Rapelerent.* B. — [6] *Li tresfons.* B.

y voloit venir par quelque marcié il en fust hors; et
sor ce se mistrent en droit, à savoir se li aceteres gor-
roit de ses anées de l'engagement, ou se li rescoueres
y enterroit dès maintenant. Li home, par qui cis juge-
mens fu rendus, se conseillierent grant piece sor ceste
coze, et resgardereut le peril qui pooit venir as heri-
tiers se Jehans gorroit[1] des anées de son engagement;
car tout cil qui malicieusement vorroient debouter les
heritiers des rescousses des heritages, les engageroient
premierement à six ans, ou à dix, ou à douse, ou à plus,
por petit nombre d'argent; et ainsi, se tel engagement
tenoient en rescousse d'eritage, poi ou nul aroient ta-
lent de rescorre, porce qu'il n'enterroient en l'eritage
devant que li engagemens seroit passés. Et par cel ju-
gement li home dirent que s'aucuns tient heritage par
engagement, et dedens les anées de son engagement il
acate le treffous, et aucuns le veut rescorre, li res-
coueres rendera le pris de le vente du treffons, et le
pris que li engagemens cousta, selonc le tans que li
aceteres l'avoit encore à tenir par l'engagement; non
pas selonc ce que les despuelles peussent valoir, mais
ce que il paia por avoir les[2] tant solement. Et ensi entra
li rescoueres en l'eritage, en tele maniere qu'il rendi
le pris du treffons et les quatre[3] pars de ce que les six
anées[4] avoient cousté. Et por ce ne rendi il que les
quatre[5] pars de l'engagement, que li aceteres avoit jà levé
des six anées les deus, quant il acata le treffous, si que
il ne l'avoit mais à tenir que quatre anées par le reson
de l'engagement. Et par cel jugement pot on veoir que

---

[1] *Goïssoit.* B. — [2] B. *Le.* A. — [3] II. B. T. — [4] *Années de l'engage-*
ment. B. T. — [5] II. B. T.

marciés d'engagement d'eritage se depiece, quant cil
qui engaga, acate l'eritage qu'il engaga, dedens le tans
de son engagement.

· 53. Porce que noz avons dit en cel jugement ci des-
sus que Jehans ne r'a des six anées de son engagement
que les quatre, pource qu'il en avoit jà deus levées
quant il aceta le treffons, ce fu porce que les teres dont
ples estoient, portoient çascun an; car se ce fussent
bois soz aagés qu'il eust engagié [1] por coper quant il ve-
nissent en aage, ou gasquieres, des queles il n'eust en-
core riens levé; ou viviers, là u il n'eust encore riens
pesquié; ou autre heritage, là u il ne peust encore riens
avoir pris : il eust eu tuit le pris que li engagemens des
six anées cousta, et les cous [2] resnables du cultiver et
du laborer avec le pris du treffons; porce que li porfis
de la terre qu'il ne leva riens, venist au rescoueur; et
ce pot çascuns veir que resons s'i acorde.

54. Autrement iroit qu'il n'est dit dessus se Jehans
tenoit par engagement l'eritage Pierre, et après ne vo-
loit pas aceter le treffons el tans des anées de son enga-
gement, et Pierres le vendist [3] à un autre; car en cel cas
gorroit Jehans de son engagement, el quel il seroit en-
trés [4] par segneur, ne n'i porroit aceteres nè rescoueres
entrer devant qu'il aroit eu toutes ses anées; mais toutes
voies que ce ne li fu fet malicieusement; si comme li
aucun porroient engagier, et puis fere aceter par un
autre, tant que li ans et li jors fust passés, ou tant
comme li tans de l'engagement duerroit; et après en-
terroit el treffons par le volenté de celi qui en rechut

---

[1] *En gages.* B. — [2] *Coustemens.* B. — [3] *Vendoit.* B. — [4] B.

le saisine : et partout où tex fraudes seront aperchutes,
li heritage doivent estre el premier estat, si que nus
ne perde par le baras qui fu fes d'[1] essient.

55. S'aucuns laisse le quint de son heritage, por
vendre par le main de ses executeurs, et li executeur
le vendent hors du lignage au mort, li parent au mort
le poent bien rescorre par le borse, aussi comme se li
mors l'eust vendu à son vivant ; car por ce, se li heri-
tages est vendus par reson de testament, ne doivent
pas li parent du mort perdre le droit qui lor est aquis
par reson de lignage. Mais autrement seroit se li he-
ritages estoit de l'aqueste au mort, car il n'i aroit
point de rescousse, se li executeur le vendoient.

Explicit.

Ici define li capitres des rescousses, des hyretages et des escanges[2].

CAPITRES XLV.

Chi commenche li xlv capitres qui parole des aveus, et des desaveus[3],
et des servitutes, et des franchises[4], et dou peril qui est en desa-
vouer, et comment on doit servir chaus qui ses desavouent[a].

1. Cil ne garde pas bien se foi vers son segneur, qui
desavoue ce qu'il doit tenir de li, et l'avoue à tenir de

---

[1] *A.* B. — [2] B. — [3] *Et des avouez.* B. — [4] B. Ce qui suit manque
dans A..

[a] Ce chapitre est celui qui, sous le rapport historique, présente le
plus d'intérêt. Montesquieu, Brussel, Guizot, du Buat, Perreciot,
Mably, etc., y ont puisé des notions précieuses sur l'état des personnes,
en France, et il faudra toujours étudier cette partie du livre de Beau-
manoir lorsqu'on voudra se former une idée juste de la société au moyen
âge. En effet, l'auteur dépose pour un instant son caractère de juris-

autrui; et en tex desaveus qui sunt fet à tort contre
les segneurs, a moult de perix de perdre vilainement.
Et por ce c'on se gart de fere desaveus mal soufisans,
noz dirons en ceste partie des aveus et des desaveus, et
des pertes qui en poent naistre, et des servitutes, et des
francises.

2. S'il avient que uns gentix hons tiengne ou doie
tenir un fief de Pierre, et il l'aveue à tenir de Jehan,
et Pierres prent le fief en se main, et saisist Pierre, par
le desaveu : Jehans, de qui il est avoés à tenir, li doit
requerre qu'il en oste se main, comme li fiés soit avoés
à tenir de li. Et se Pierres veut [1] dire qu'il ne doie pas
estre tenus de li [2], mais de li; et, porce qu'il est de li des-
avoués, il y a geté le main : il ne soufist pas à ce qu'il ne
doie se main oster et resaisir le tenant, s'il en a riens
levé; et puis doit fere ajorner le tenant pardevant Jehan,
de qui il a avoué à tenir. Et en le cort du dit Jehan doit
estre li ples tenus, du desaveu. Et se Pierres ne le veut
fere en ceste maniere, ançois veut tenir ou lever par
le desaveu, il doit estre contrains par le conte, à le
requeste de Jehan et du tenant, d'oster se main et de
resaisir le tenant; et puis sive le tenant en le cort de
Jehan, s'il veut, en le maniere qui est dite dessus. Car

---

[1] Vient. B. — [2] Lui. B.

consulte, et, devenant à la fois historien et publiciste, il recherche
l'origine de la noblesse, de l'esclavage, de l'affranchissement, et juge
ces institutions avec la liberté d'esprit que l'on pourrait tout au plus
attendre d'un écrivain qui ne serait pas né et qui n'aurait pas grandi
sous leur empire. Les préjugés accrédités par les principes féodaux
faisaient plier les meilleurs esprits sous leur joug; Beaumanoir a eu
seul, de son temps, le mérite et le courage de leur opposer les lu-
mières du droit naturel.

autrement ne pot il ataindre le tenant qui a fet le de-
saveu. Donques, pot on veir que cil qui veut sivir par
reson de ce c'on a desavoué ce c'on doit tenir de li, doit
sivir son droit en le cort de celi de qui li fiés est avoués
à tenir.

3. Desaveus se fet en pluseurs manieres. Le pre-
miere, si est se je fes celi semonre que je croi qui soit
mes hons, ou qui[1] le doit estre, et il se met en toutes
defautes sor le fief, et je preng por les defautes sor le
fief, et il vient[2] à moi por demander por quoi j'ai pris,
et je di : « Por tex defautes », et il respont : « Je n'i
« estoie pas tenus à venir, car je ne tieng riens de
« voz, ne ne doi tenir, ançois tieng de celi. » Se il
dist en céste maniere, c'est drois desaveus ; et li doit cil
qui a pris por les defautes, rendre, et puis le doit sivir
en le cort de celi de qui il dist qu'il le tient. Mais s'il
dist : « Je ne tieng riens de voz », et ne veut nommer
de qui il tient, il ne doit pas rendre ce qu'il tient por
les defautes, et doit encore lever les issues du fief par
defaute d'omme, dusqu'à tant qu'il ara nommé le se-
gneur de qui il dist qu'il le doit tenir, car li desaveus
n'est fes devant qu'il a nommé de qui il le tient[3]. Et les
levées qui[4] sunt fetes el delai de ce qu'il ne vaut nom-
mer segneur, quant il l'a nommé, doivent estre bailliés
au tenant par recreance ; si que s'il le pot ataindre de
malvès desaveu, en le cort de celi qu'il a nommé à se-
gneur, il puist avoir ce qu'il leva en uzant de son droit.
Et les levées qui sunt fetes le plet pendant, doivent
estre bailliés au tenant, non pas aussi par recreance,

---

[1] *Que il.* B. — [2] *Revient.* B. — [3] *Le seigneur de qui il die que il le
doie tenir.* B. T. — [4] *Si.* B.

mais en delivre, car grief coze seroit qu'il baillast
pleges de ce dont il trueve segneur et le veut maintenir
à son droit; ne autrement il ne porroit pas bien son
plet maintenir, s'il n'avoit autre cose vaillant que ce
qui seroit en debat. Le seconde maniere comment des-
aveus se fet, si est quant cil qui dist qui est sires, sai-
sist por aucunne coze, et li tenans ne tret de riens à
li, ançois va à autrui [1] segneur, et li requiert qu'il li
garantisse ce qu'il tient de li; et cil à qui il fet cele
requeste, vient à celi qui a saisi, et li dist : « J'ai home de
« cest fief que voz avés saisi, et bien l'avoue à tenir de
« moi ; si voz requier que voz en ostés vostre main,
« et se voz li volés riens demander, venés en me cort,
« je voz en ferai bon droit. » En cel cas, cix qui avoit
saisi, doit oster se main et rendre au tenant, s'il a levé
riens en delivre [2]; et le doit fere ajorner par devant le
segneur qui li denoncha c'on le tenoit de li. Et lueques
convient que li tenans die de qui il tient le fief que [3]
tix hons avoit saisi, car devant qu'il l'a dit, desaveus
n'est fes. Ançois se il set ou croit qu'il a meserré, en ce
qu'il n'a obei à celi qui avoit saisi por ses defautes ou
ses desobeissances, il pot recourer [4] à son droit se-
gneur, por les amendes des defautes ou des desobeis-
sances paiants. Mais s'il atent tant qu'il ait nommé
autre segneur, il ne le pot recourer au premier qui le
porsuit; ançois s'il le pot ataindre de faus desaveu, li
tenans pert le fief, et le gaaigne li sires qui l'a porsivy
en le cort de celi de qui il l'a avoué à tenir faussement.
Et en ce poés voz veir les perix et les damaces qui

---

[1] *A un autre*. B. — [2] *Se il a riens levé, et delivrer*. B. — [3] B. *Dic
que il tient le fief de li, que*. A. — [4] *Retourner*. B.

poent estre en avouer segneur qui ne le doit pas estre,
et en desavouer son droit segneur. La tierce maniere,
si est quant li tenans ne veut obeir, ne paier les rede-
vances que li fiés doit, ançois renonce à tout le droit
du fief, en disant au segneur qu'il ne veut riens tenir de
li et renonce à quiconques il en tient; ou en soi tesant
si lonc tans, que li sires pot gaaignier par longue tenure
contre li. Mais ceste tenure convient il qu'ele soit de
dix ans pesivlement, à le veue et à le seue de celi qui
li peust son fief requerre. Et encore por le tenure de
dix ans n'en gaaigneroit il pas, s'il n'avoit saisi et levé
par le jugement de ses pers, que ses hons n'i revenist
por les amendes des defautes et des desobeissances.

4. Çascuns doit savoir de qui il tient, et requerre à
son segneur qu'il li garantisse ce qu'il tient de li, quant
on li fet force ou empeequement; et li segneur sunt
tenu à garantir à lor homes ce qu'il tienent d'aus. Et
quant il avient qu'aucuns [1] ne set pas de qui il doit te-
nir, et Pierres dist au tenant : « Voz devés ce tenir de
« moi », et Jehans dist : « Que non fet mes de moi »,
et ples muet que çascuns veut avoir l'ommage : en tel
cas li tenans n'est pas tenus à avouer de l'un et desa-
vouer de l'autre, car il porroit perdre par le debat des
signeurs. Donques [2], li segneur doivent pledier de l'ho-
mage avoir en le cort du sovrain; et quant li uns l'a
gaaignié par jugement, li tenans doit estre contraius
par le sovrain à venir à l'ommage de celi qui a jugement
por li. Et en tel cas, est il bon as tenans qu'il ne facent
nus aveus, car il porroient perdre, si comme il est dit
dessus.

---

[1] *Que chascuns.* B. — [2] *Donques en tiex cas.* B.

5. La quarte maniere de desaveu, si est quant li hons
de cors se desaveue de son segneur, parce qu'il dist qu'il
est frans et qu'il doit estre frans, ou parce qu'il dist
qu'il est hons de cors à autre segneur. Donques, cil
qui en tel maniere se desaveue, s'il dist qu'il est frans,
li sires qui le veut ataindre de servitute, le doit sivir
par devant le segneur soz qui il est couquans et levans.
Et s'il connoist estre hons de cors à autre signeur, il
doit estre porsivis en le cort du segneur de qui il
s'aveue.

6. Tout soit il ainsi que coustume doinst, et re-
sons s'i acort, c'on porsive cex qui se desaveuent,
ou qui desaveuent lor fief, en le cort de cex de qui
il sunt avoué; neporquant, se li segneur de qui li
aveu sunt fet, sunt loial, il ne doivent pas recevoir
l'aveu, s'il ne sevent ou croient que ce soit lor drois;
ançois doivent dire, s'il voelent ne[1] bien ne loiaté, si
tost comme il voient c'on veut fere aveu d'eus où
qu'il n'i ont droit[2] : « Biax amis, voz volés avoer de
« moi à tenir tel fief, où voz dites que voz estes mes
« hons de cors, or ne voz y[3] avoés pas, car je n'ai droit
« el[4] recevoir. » Et s'il le fet en cele maniere, il fet
trois grans porfis : le premiers à soi meisme, qu'il ne
se veut pas aheriter d'autrui droiture; le secont porfit,
à celi qui voloit fere l'aveu, car il pot recouvrer à son
droit segneur, sans perdre ce qu'il voloit desavoer; et
li tiers porfis, si est au segneur qui voloit porsivir son
droit, car il l'oste de grant coust et de grant damace[5].

7. Aussi comme noz avons dit qu'il sunt plusors

[1] B. — [2] Ou quel il n'ont nul droit. B. — [3] En. B. — [4] Car je n'ai
nul droit en vous rechevoir. B. — [5] De si grant coust et de si grant
damage comme vous aves oï. B. T.

manieres de desaveus, et en avons parlé d'aucuns, aussi
est il bon que noz dions comment on pot et doit
ataindre cix qui faussement desavoent lor cors ou lor
fiés, de lor drois signeurs [1]; et li ataindres, si est en
plusors manieres, si comme voz orrés ci après.

8. Quant aucuns desaveue son fief de Pierre, et dit
qu'il tient de Jehan, et Pierres le porsuit en le cort de
Jehan : s'il li plest, il le pot porsivir par gages de ba-
taille, en disant que li tenans de l'iretage faussement
et desloiament a desavoué ce qu'il devoit tenir de li.
Et à cele desloiaté convient il que li tenans responde et
qu'il se deffende, ou qu'il demeurt par devers le cort
comme atains de desloialté, et comme perdu le fief dont
il est porsivis; et en tel cas poent estre gage de ba-
taille.

9. Se il plest mix à Pierre à porsivir celi qui a desa-
voué son fief de li, par autre voie que par gages, s'il
veut prover par vis tesmoins que cil qui a fet le desaveu
en devint ses hons, ou hons son pere, ou autre per-
sonne, de le quele li drois li est venus : il soufist assés
à avoir s'entention. Neporquant, cil qui fist le desaveu
pot dire contre les tesmoins, s'il a resons par les queles
il doient estre debouté; et, s'il li plest mix, il pot aler
le voie de fausser le tesmongnage par gages de bataille.
Et comment il le pot et doit fere, il est dit el capitre
des prueves [a].

10. Le tierce maniere comment Pierres pot ataindre
son tenant qui a desavoué de li, si est par letres, s'il
les a seelées du seel à celi qui fet le desaveu [2]. Et en ceste

---

[1] *Et de chaus attaindre de leur fait.* B. — [2] *Qui a desavoué.* B.

[a] Chapitre xxxix.

maniere n'a nul gage de bataille, car se li tenans con-
noist son seel, on li doit fere tenir; et s'il le nie, on
li doit fere prover en le maniere qui est dite el capitre
d'obligation fete par letres[a].

11. Encore pot on ataindre son tenant qui a desa-
voué par autres resons, qui les a; si comme se li tenans
se desavoua autrefois et avoua à tenir d'autre segneur,
par devant le quel il fu porsivis et fu atains de faus
desaveu; car li plet des bareteurs ne seroient jamès
finé, s'il pooient recouvrer et[1] pledier en une novele
cort, de ce meismes qu'il aroient perdu par le jugement
d'une autre court.

12. Li sers qui se desaveue doit estre poursivis par
son droit signeur, par s'ourine[2], en le cort de celi desoz
qui il est couquans et levans, se il se fet frans, ou en
le cort du segneur au quel il se connoist hons de cors.
Ne contre le proeve de s'ourine il ne pot riens dire,
quant on le prueve par son lignage meismes. Mais se li
sires qui le veut ataindre, veut prover l'ourine par
autres tesmoins que par son lignage, il pot dire contre
les tesmoins, s'il a resons par les queles il les puist et
doie debouter, et par voie de gages.

13. Cil qui est porsivis de servitute se pot deffendre
par les resons qui ensivent, s'il en a aucune. Le pre-
miere reson, si est se cil et se mere ont esté en l'estat
de francize toute lor vie, sans paier nul redevance par
reson de servitute, à le veue et à le seue du segneur
qui les veut porsivir ou de ses predecesseurs. Nepor-
quant, en tel maniere porroient il avoir uzé de l'estat

---

[1] *Recouvrer* à. B. — [2] *Orine*. B.

[a] Chapitre xxxv.

de francise que ce ne lor vaurroit pas, se li sires qui le porsuit par ourine provoit que le mere de se mere fust se serve; si comme s'il estoient de lonc tans alé manoir hors de le juridition au segneur qui le porsuit, car il apparoit qu'il s'en seroient alé por esquiver le servitute. Mais se li sires ne pooit prover en ce cas par ourine, il demorroit en l'estat de francise, ne ne seroit pas li sires receus en autre proeve que par ourine. Car il ne loist à nului à dire, contre celi qui toz jours a esté en estat de francise : « Voz estes mes sers, et le veut « prover. » S'il ne dit par ourine, ou il ne dist qu'il li ont aucune fois paié redevance de servitute, il ne doit pas estre oïs, ains doit demorer en l'estat de franquise.

14. Le seconde reson comment cil qui est sivis de servitute se pot deffendre, si est s'il connoist que se mere, ou s'aiole, ou se besaiole fu serve, mais ele fu francie [1] de tele persone qui le francise pot doner. Et ce convient il prover par les letres du segneur, ou par vis tesmoins; et ceste proeve fete soufisamment, il doit demorer en l'estat de francise.

15. Voirs est que servitute vient de par les meres, car tout li enfant que cele porte qui est serve, sont serf, tout soit ce que li peres soit frans hons; nis se li peres estoit chevaliers et il espousoit une serve, si seroient tuit li enfant serf qu'il aroit de li, et seroient li enfant débouté de gentillece à ce qu'il ne porroient estre chevalier; car il ne loist pas que sers soit chevaliers, tout soit il ainsi que le gentillece, par le quele ou puist estre chevaliers, doie venir de par le pere; car c'est

[1] *Franche.* B.

coustume el roiame de France que cil qui sunt gentil
home de par le pere, tout soit lor merc vilaine, poent
estre chevalier, ce exepté qu'ele ne soit serve, car
adont ne le porroient il estre, si comme il est dit des-
sus. Et quant le mere est gentil feme, et li peres ne
l'est pas, li enfant ne poent estre chevalier. Nepor-
quant, li enfant ne perdent pas l'estat de gentillece
du tout, ançois sont demené comme gentil home, du fet
de lor cors, et poent bien tenir fief, le quel coze li vi-
lain ne poent pas tenir. Et en cel cas pot on veir que
entiere gentillece vient de par les peres tant solement,
et le servitute vient de par les meres qui sont serves.
Et encore apert il porce que quant il avient que hons
est sers, et il prent une feme franque, tuit li enfans
sunt franc. Et par ce pot on veoir ce qui est dit dessus.

16. La tierce reson, comment cil qui est porsivis
de servitute se pot defendre, si est par une cause
qui n'est pas cortoise; nepourquant, noz l'avons plu-
sors fois oy metre avant en le deffense de celi qui on
porsivoit de servitute, c'est quant il dit et il veut
prover qu'il est bastars; et cele proeve fete, il est hors
de servitute. Et le maniere de prover le bastardie,
s'est[1] quant il fu nés avant que se mere espousast baron,
ou tout soit ce que se mere eut baron, quant il proeve
que li barons, el tans qu'il fu nés et dix mois devant,
estoit en le tere d'outremer, ou en estranges teres
lointaines, sans revenir; car par ceste proeve apert il
qu'il ne pot estre fix du dit baron. Mais en ce cas, s'il
voloit prover que li barons fust esquix[2] les dix mois
dessus dis, ou[3] plus, par mellée, ou por dete, ou par ba-

---

[1] Pour *si est*. — [2] *Eschius*. T. — [3] *Et*. B.

nissement, ce[1] ne vaurroit riens[2]; car il avient souvent
que cil qui sunt esquiv por tele coze, vont et vienent
à le fois, là u lor femes reperent couvertement et en
repost. Et en tix venues porroit il estre engenrés[3], et
ce doit on mix croire que le contraire. Le tierce voie
comment on pot prover bastardie, si est quant il
proeve qu'il fu nés dix mois, ou plus, après le mort du
baron se mere et el tans de se veveté; et quant il a
prové qu'il est bastars, il demore quites de servitute.
Et porce qu'aucunes gens porroient[4] penser qu'il ne
deussent pas gaaignier por estre bastart[5], le resons est
tele que li bastars ne suit, ne le condition du pere, ne
de le mere, n'en lignage, n'en heritage, n'en autre coze;
et aussi comme il ne partiroit de riens à lor biens, ne
à lor bones conditions, il ne doit pas partir à lor mal-
veses conditions, ne aus redevances que il doivent à
lor seigneurs.

17. Le quarte reson comment cil qui est sivis de
servitute se pot defendre, si est quant il est clercs, et
il a esté en estat de clergie dix ans, à le veue et à le seue
du segneur qui le porsuit et qui ne le debati pas; car
il loist bien au segneur que se ses[6] hons de cors devient
clers, que il se traie à l'evesque, et qu'il i requiere qu'il
ne li face pas coronere; et s'il li a fete, qu'il i oste : et
li evesques y est tenus. Mais que ce soit[7] avant qu'il ait
grengnor[8] ordre, car s'il atent tant qu'il ait greugnor
ordre, il demorroit en estat de franquise. Et se li
vesques fet mon serf clerc, contre me volenté, j'ai
action contre celi de demander mon damace, de tant

---

[1] *Telle prüeve.* B. — [2] *Ne li vaudroit pas.* B. — [3] *Engendrer.* B. —
[4] *Pucent.* B. — [5] *Nés hors de mariage.* B. T. — [6] *Quant il voit que son*
houme. B. T. — [7] *Qu'il en soit requis.* B. T. — [8] *Gaaignié.* B.

comme il monte à se persone et à ses muebles ; car des heritages du clerc, n'est il nule doute qu'il[1] ne les puisse penre et aproprier à siens[2].

18. Bone coze est à cix qui voelent porcacier francise de lor servitute, qu'il facent confermer lor francise, qui lor est pramise, par les sovrains de qui lor sires tient; car se j'ai mes sers, les quix je tieng de segneur, et je les francis sans l'auctorité de li, je les pert; car il convient, de tant com à moi monte, que je lor tiengne lor francise; mais mes sires les gaaignera, et[3] devenront si serf. Et[4] se j'en pris aucun loier, je lor sui tenus à rendre, puisque je ne lor puis lor francise garantir. Et si sui tenus à amende fere à mon signeur de ce que je li avoie son fief apeticié, et seroit l'amende de soissante livres[a].

19. Servitutes de cors si sunt venues en mout de manieres; les unes, porce que anciennement c'on[5] semonnoit ses sougès por les os et por les batailles qui estoient contre le couronne, on i metoit[6] tel paine, à la semonce fere[7], que cil qui demorroient sans cause resnable, demorroient sers à toz jors, aus et les oirs. Le seconde, si est porce que el tans cha en arriere, par grant devotion, moult se donnoient, aus et lor oir et lor cozes, as sains et as saintes, et paioient ce qu'il avoient proposé en lor cuers; et ce qu'il paioient, li receveur des eglises metoient en[8] escrit, et ce qu'il pooient trere de lor connoissance; et ainsi uzoient

---

[1] *Que je.* B. T. — [2] *Miens.* B. T. — [3] *Car.* B. T. — [4] *Et de cheste maniere gaaingneroit il; et aussi se.* B. — [5] *Quant on.* B. — [6] B. *Et metoit on.* B. — [7] B. T. — [8] *Tout en.* T.

[a] Voyez les *Establissemens*, l. II, c. xxxiv.

II.   15

il sor eus, et ont toz jors puis uzé plus et plus, par
le malice qui est creus en eus plus que mestiers ne
fust; si que ce qui primes fu fet por cause de bone
foi, est torné el damace et en vilenie des oirs. Et le
tierce maniere, si fu par vente; si comme quant au-
cuns caoit en poverté, et il disoit à aucun segneur :
« Voz me donrés tant, et je devenrai vostres hons
« de cors. » Et aucune fois le devenoient il par lor
propre don, por estre garanti des autres segneurs,
ou d'aucunnes haines c'on avoit à eus. Par toutes tex
cozes sunt servitutes venues avant, car selonc le droit
naturel çascuns est frans, mes cele naturele francise
est corrumpue par les aquisitions dessus dites. Et en-
core y a il de tix terres quant uns frans hons qui n'est
pas gentix hons de lignage y va manoir, et il y est
residens un an et un jour, qu'il devient, soit hons, soit
feme, sers au segneur desoz qui il veut estre residens;
mais ceste coustume ne quort pas nule part en le conté
de Clermont; ançois se uns frans hons y veut estre,
soit qu'il face residence entre les sers ou aillors, il ne
pert por ce l'estat de francise. Et se uns sers y vient
manoir d'autre païs, et ses sires le porsuit, et il se
connoist à son serf, il li doit estre rendus; et s'il se
desaveue, il convient que li sires le tiegne, et qu'il le
proeve par ourine, si comme il est dit dessus; et
quant il l'ara prové, il li doit estre rendus aveques
quanques il a.

20. Quant sers tient ostises d'autre segneur que de
celi à qui il est hons de cors, et eles vienent à son
segneur par reson de le servitute, il ne les pot tenir
en se main, se li sires ne veut, de qui eles sont tenues;
ançois convient qu'il les vende, ou doinst, ou escange

à tel persone qui puist fere ce qui apartient as ostises. Mais autres heritages tenus à cens, ou à rentes, ou à campars pot il tenir et aproprier à soi, quant il li viennent de son serf, par les redevances paians as signeurs, excepté les eglises; car porce qu'il tienent en main morte, il poent estre contraint d'oster les heritages de lor main, qui lor vienent d'autrui, par quelque[1] cause il lor viengnent, dedens an et jor.

21. Il loist bien, par le coustume qui ore quort, à çascun serf ou serve à porcacier se francise, et à ses enfans, s'il le pot avoir de son segneur et[2] par l'auctorité du sovrain. Mais s'il a tant fet que il et si enfant sunt frans, et il se remet en servitute, por ce n'i remet pas ses enfans, car il loist bien à afranquir ses enfans et non à aservir.

22. Serve qui porcace franquise en se persone tant solement, si oir qui furent né el[3] tans qu'ele fu serve, n'ont pas aquis franquise; mais tout cil qui naissent puis le francize otroiée, sunt franc. Et c'est bien resons, car li premier enfant issirent de feme serve, et li deerrain issirent de feme franque.

23. Demande pot estre fete se une feme grosse, qui est serve, porcace francise el tans de se groissece, et après, avant que li enfes soit nés, ele redevient serve, savoir mon se li enfes sera serf ou frans. Noz disons que li enfes sera frans, car puisqu'il est frans, ne tant ne quant el ventre se mere, le mere ne le pot puis[4] remetre en servitute.

24. Noz avons parlé des desaveus et du peril qui en ist[5]; et porce que li aucun porroient quidier que on en

---

[1] *Quelcunques.* B. — [2] B. [3] *En che.* B. — [4] *Pas.* B. — [5] *Naist.* B.

peust toz heritages tenus de signeur desavouer, et qu'il
en convenist ainsi porsivir comme il est dit dessus,
nous mousterrons que non fet; car li heritage qui sunt
tenu en vilenage, si comme à ostise, à chens, à rentes
ou à campars, ne se poent desavouer. Or, regardons
donques s'aucuns tient heritage de mi à chens, et il
paie les cens à autrui, et dist qu'il le doit tenir de li,
que je doi fere. Je doi penre sor le liu por le defaute
du ¹ cens, et tant que l'amende me soit ² paiée; et se li
sires à qui li cens fu paiés, dist que li heritages muet
de li, je ne doi pas por ce aler pledier en se cort, ne
por son dit, ne por le dit du tenant; mais plaindre se
pot au sovrain, et dire que j'ai pris à tort là u je ne
puis, ne ne doi; et adont li sires doit penre le debat en
se main, et savoir qui mix provera que li heritages
doie estre tenus de li, et baillier à celi le saisine, qui
drois le donra. Et tout ainsi comme noz disons des
censix, disons noz de toz heritages tenus ³ en vilenage.
Or veons donques se tix ples muet comme il est dit ci
dessus, à savoir mon li quix en devra porter le saisine,
ou celi qui a deerainement receu les cens, ou celi qui
a pris dessus le liu, et por la defaute de son cens. Noz
disons que cil qui a reçut le cens, se il a receu an et
jor avant que li autres ait mise le main en l'iretage
por defaute de chens, il en doit porter le saisine, et
de mains un an et un jor non; ains devra cil qui a pris
por defaute de cens, estre tenus en se prise, dusqu'à
tant que le droiture de le proprieté soit determinée
par jugement. Car autrement porroient avoir moult
d'anui li segneur de qui les censives sunt tenues, se il

---

¹ *De mon.* B. — ² *Soit.* B. — ³ *Qui sont.* B.

perdoient le saisine de lor prises à çascune fois que lor tenans diroit qu'eles devroient estre tenues d'autrui.

25. Nient plus qu'aucuns pot son fief escangier ne vendre par parties, sans l'otroi du segneur de qui il le tient; ne pot on afrancir son serf, sans l'otroi de celi de qui on le tient; car li drois que j'ai sor mon serf est du droit de mon fief; donques se je li ai doné franquise, apetice je mon fief de tant comme j'avoie plus en li quant il estoit sers, que je n'ai quant il est devenus frans. Et qui ainsi le francist, il le pert quant à soi, car de son servage est il hors. Mais li sires de qui il tenoit son servage, le pot porsivir comme son serf, si que il vient el servage du segneur de qui il estoit tenus. Mais en tele maniere pot il estre afranquis de celi qui estoit ses sires, qu'il a reson de li sivir par devant son sovrain, et li demander qu'il li garantisse se francisse; si comme s'il li convenencha, por son service ou por loier, qu'il le maintenroit franc, ou s'il en bailla letres es queles il s'obliga à li garantir francise. Quant li segneur sunt ataint par cex qui il afrancissent de teles convenences, il convient qu'il soient contraint à garantir le francise, en fesant tant as signeurs à çascun, de degré en degré, que francise li soit otroiée. Et s'il ne le pot fere, parce que li segneur ne s'i voelent acorder, li damace[1] qu'il a à ce qu'il demore en servitute, qui à paine pot estre prisiés, li doit estre rendus de celi qui l'afranqui. Et quant tele estimations est fete en le persone d'une feme, ele doit estre plus grans que en le persone d'omme, porce que li enfant de l'omme poent aquerre francise,

---

[1] *Le damage en.* B.

se li peres se marie en france feme; mais où que le
serve se marie, tout li enfant demorent serf; et por
ce pot on metre à paines trop grant estimation en
contrepeser le damace du servage à le feme. Si se gar-
dent de tix francises donner cil qui ont lor sers, si
feront que sage; et s'il voelent doner franquise, si lor
dongnent tant solement de ce qu'à eus amonte tant
solement, sans le droit de lor segneur : adont si ne
porront estre sivy de garantir francise, fors que de eus
tant solement.

26. Tout ainsi comme noz avons dit ci dessus que
aucuns ne pot francir son serf sans l'auctorité de son
sovrain, et aussi ne pot nus doner abregement de
servitutes de fief, ne francises d'eritage, sans l'aucto-
rité de ses pardesus. Et s'aucuns abrege le fief qui est
tenu de li, ou francist aucun heritage, li sires de qui
ce muet, gaaigne l'ommage, et est à plain service; et
l'iretage qu'il trueve afranqui ensement, et le fief qu'il
trueve doné à vilenage aussi. Et se cil qui sunt segneur
du tresfons voelent sivir celi qui le fief lor abrega, ou
qu'il lor bailla le fief en vilenage, ou qui lor franqui
le vilenage qui mouvoit du fief : il poent sivir le segneur
qui ce lor bailla, s'il lor convenença à garantir, tout
en autel maniere que noz avons dit de cix qui fran-
cissent lor sers sans l'otroi de lor segneurs.

27. Or veons se li sers ou le serve à qui francise ne
pot estre garantie de cix qui les francirent, et restors
lor est fet por tel damace, se li avoirs qu'il en aront
devenra d'autele condition comme ce qu'il avoient
devant; car en regaaingneroient il petit, se ce qu'il
aroient por cause de francize demouroit en servitute.
Et por ce noz est il avis, que se li sengneur du serf

voelent avoir le restor, penre le poent en tele maniere
qu'il voelent le franquise. Mais noz creons que li serf
poent fere du restor lor volenté, s'il ne voelent soufrir
le francise, ou en testament, ou hors testament; car ce
qui lor vient por cause de francise, doivent il bien uzer
francement.

28. Il est establi, et de novel, que nus sers, ne nule
serve ne soit si hardis qu'il face de son fil clerc, ne se
fille metre en religion; et si est commandé à toz les
autres sers qui saront qu'aucun le facent, que, au plus
tost qu'il porront, le facent savoir as signeurs. Et s'il
ne le font, il seront pusni comme cil meisme qui le
feront; c'est à savoir de grief prison de cors et de
l'avoir à le volenté de son segneur; car par tex cozes
concelées ont aucun segneur perdu plusors de lor sers,
par cix qui devenoient prestre, diacre ou soudiacre;
car il demoreroient franc, par la francise de l'estat où
il estoient entré. Mais maintenant plede on bien contre
cix qui ont couronne, de servage, mes que ce soit avant
qu'il soient diacre ou sous diacre, et sunt ramené à le
serve condition et perdent le coronne; porce que ce
sont cozes contraires que de francise et de servitute.

29. Nous oïsmes conter de certain, qu'il avint, n'a
pas gramment, que uns gentix hons espousa une serve,
et quidoit qu'ele fust franque. Enfans en ot. Li uns
des enfans qui fu en aage devint chevaliers, porce
qu'il estoit gentix hons de par son pere; et, après ce,
qu'il fu chevaliers, il fu acusés de servitute. Et quant il
sot le verité de se mere, vit bien que par là ne se porroit
il fere frans, se ala autre voie; car il dist qu'il devoit
demorer frans, porce que se mere estoit serve à celi
qui le fist chevalier, si ne le pooit acuser de servitute,

puis qu'il le fist chevalier. Et li sires disoit encontre[1], que quant il le fist chevalier, il ne savoit pas qu'il fust sers, et sor ce se mistrent en droit. Il fu jugié à l'ostel le Roi que li chevaliers demorroit[2] frans, par le reson de ce que cil qui avoit pooir de li francir le fist chevalier; car de tant comme il li donna francise de chevalier, li osta il le servitute. Mes autrement fust se uns autres l'eust fet chevalier, car ses sires le peust porsivir comme son serf qui fust entrés en estat de francise sans son congié, et le reust, et li fust ostés li estas de chevalerie; car chevaliers et sers ne peut il estre, porce que ce sunt deus estat contraire, li uns de francise et li autre de servitute. Et ce c'on dit que li gentil home poent estre chevalier, qui sunt gentil home de par lor pere, tout soit ce qu'il ne le soient pas de par lor mere, c'est quant le mere est de franque nascion, si comme de bourgois, ou de gent de poeste, franque et hors de servitute.

3o. On doit savoir que trois estas sunt entre les gens du siecle : li uns de gentillece, li autres de cix qui sunt franc naturelment, si comme cil qui sunt de frances meres; et ceste francise ont tuit cil qui poent et doivent estre apelé gentil home. Mais tuit li franc ne sunt pas gentil home, ançois a grant diference entre les gentix homes et les autres frans homes de poeste; car on apele cex qui sunt estrait de franque lignié, si comme de rois, de dus, de contes ou de chevaliers, *gentix;* et ceste gentillece si est toz jors raportée de par les peres et non de par les meres, et il apert; car nus, combien qu'il soit gentix hous de

---

[1] *Aucontraire*. B. — [2] *Demoueroit*. B.

par le mere, ne pot estre chevaliers, se li rois ne li
fet especial grace. Mais autrement est de le francise
des homes de poeste, car ce qu'il ont de francise lor
vient de par lor meres. Et quiconques naist de france
mere, il est frans, et ont france poeste de fere ce qu'il
lor plest, exepté les vilains cas et les meffès qui sunt
deffendu entre les Crestiens, por le commun porfit.

31. Noz avons parlé de deus estas[1], et li tiers estas
si est de sers. Et ceste maniere de gent ne sunt pas
tout d'une condition, ançois sunt[2] plusors condisions
de servitutes. Car li uns des sers sunt si souget à lor
segneurs, que lor sires pot penre quanqu'il ont, à mort
et à vie, et lor cors tenir en prison toutes les fois
qu'il lor plest, soit à tort, soit à droit, qu'il n'en est
tenus à respondre fors à Dieu. Et li autre sunt demené
plus debonerement, car tant comme il vivent, li se-
gneur ne lor poent riens demander, s'il ne meffont,
fors lor cens et lor rentes et lor redevances qu'il ont
acoustumées à paier por lor servitutes. Et quant il se
muerent, ou quant il se marient en franques femes,
quanques il ont esquiet à lor segneurs, muebles et
heritages; car cil qui se formarient, il convient qu'il
finent à le volenté de lor signeurs. Et s'il muert, il
n'a nul oir, fors que son segneur, ne li enfant du serf
n'i ont riens, s'il ne le racatent au segneur, aussi
comme feroient estrange. Et ceste derraine coustume
que noz avons dite, quort entre les sers de Biavoisis,
des mortes mains et des fors mariages, tout commu-
nement. Et des autres conditions qui sunt entre les

---

[1] *Estas, ch'est assavoir de gentiex houmes et des frans houmes de
pooste.* B. T. — [2] *Sont de.* B.

autres sers estranges, nous noz en avons biau taire, parce que nostre livre si est des costumes de Biavoisis[1].

32. Comment que plusor estat de gent soient maintenant, voirs est que el commencement tuit furent franc et d'une meisme francise; car çascuns set que noz descendismes tuit d'un pere et d'une mere; mais quant li pueples commencha accroistre, et guerres et maltalent furent commencié, par orgueil et par envie, qui plus regnoit adont et fet encore que mestiers ne fust : le communaltés du siecle, cil qui avoient talent de vivre en pes, resgarderent qu'il ne porroient vivre en pes tant comme çascuns quideroit estre ausi grans sires com li autres; si eslurent roy, et le firent segneur de eus, et li donerent le pooir d'aus justicier de lor meffès, de fere commandemens et establissemens sor aus. Et porce qu'il peust le pueple garantir contre les enviex, et les malvès justicier, regarderent cix qui estoient li plus bel, plus fort et plus sage, et lor donerent segnorie sor eus; en tel maniere qu'il les aidissent à tenir en pes, et qu'il aideroient au Roi, et seroient si souget por lui aidier à garantir. Et de cex sunt venu cil c'on apele gentix homes; et des autres aussi, qui ainsi les eslirent, sunt venu cil qui sunt franc sans le gentillece. Et li sers sunt venu, si comme il est dit dessus, et par moult d'autres manieres, car li aucuns sunt venu par estre pris de guerre, si donnoient sor eus et sor lor oirs servitute, por raenchon, ou por issir de prison. Et li autre sunt venu porce que il se vendoient par povreté, ou par convoitise d'avoir. Et li autre sunt venu quant li Rois avoit

---

[1] Cette dernière phrase a été omise, peut-être avec intention, par A.

afaire, et il s'en aloit pour combatre encontre les
estranges gens, et il commandoit que tous ciaus qui
porroient armes porter i alassent por li aidier; et qui
demoroit, lui et tout ses oirs, si seroient de serve
condition. Et li autre sunt venu de cix qui s'enfuioient
des batailles. Et li autre sunt venu porce qu'il n'ont
eu pooir d'aus deffendre des signeurs, qui à tort et à
force les ont atrais à servitute. Et par quelque maniere
il soient venu, noz poons entendre que grant am-
mosne fet li sires qui les oste de servitute et les met
en francise, car c'est grans maus quant nus Crestiens
est de serve condition.

33. Il avient souvent que li heritage qui esquieent
as signeurs par le reson de lor sers, sunt tenu d'autres
signeurs que de celi qui li sers estoit; et por ce convient
il que tant comme il tienent d'eritage, qu'il en paient
au signeur de qui il muet, les redevances que li heri-
tage doit, aussi comme li sers faisoit; et quant au-
cuns tex heritages esquiet as eglises, il convient que
l'Eglise mete hors de se main, en main laie, par don ou
par vente; car tout soit li heritages venus de lor sers,
ce que li serf des eglises aquierent ne demeurent pas
amorti as eglises, s'il n'est otroié du souvrain. Mais
vendre le poent sans paier ventes, car on ne doit pas
paier ventes d'eritage qu'Eglise vent par le comman-
dement du segneur, porce qu'ele ne vent pas par se
bone volenté, si pot fere du pris de le vente son
porfit.

34. Ce n'est pas doute que s'aucuns prent par ma-
riage cele qui estoit se serve, soit qu'il ne le seust ou
qu'il le seust, il li donne franquise, tout n'en soit pas
fete mention, ne chartre, ne otroi; car male coze

seroit que si enfant qui de li isteroient, demorassent
en servitute, puis qu'il aroit lor mere espousée. Et
porce que noz avons dit c'on ne pot pas franquir ses
sers sans l'otroi du segneur de qui on les tient, en
cesti cas convient il que ses sires le suefre; en tele
maniere que cil qui espousa se serve, remette autant
en son fief, ou il le restore en autre maniere.

35. S'aucuns est donés frans[1], sans fere mention
d'autres persones, on doit savoir que tuit li oir du
franqui, qui sunt né puis le don de le franquize, sunt
franc; mais cil qui estoient né devant le franquisse-
ment, demeurent en servitute, puisqu'il ne furent
nommé especialment à le francise doner. Et se li hons
qui est francis a esposée une serve, ou il l'espose après
ce que francise li fu donnée, le francise ne vaut riens,
fors que à se personne, car tuit li enfant qui naissent
de le serve, de quelque persone qu'il soient engenré,
sunt serf, exepté les enfans qui sunt engenré en elles
hors de mariage, car bastars ne pot estre tenus pour
sers, porce qu'il est hors de lignage, et porce qu'il ne
pot estre aherités de descendement ne d'escheoite de
costé. Dont, s'il avient qu'aucuns bastars acquiere
aucunne coze, soit muebles ou heritages, et après il
muert, et n'a pas laissié tout en testament : ce qui
demeure, son testament paié, demore au segneur en
qui tere li bien sunt trouvé, comme coze espave, tout
soit ce qu'il eust pere ou mere, sereurs ou freres, ou
autres parens que bastars pot avoir selonc nature. Car
selonc nostre coustume n'ont il point de lignage;
dont noz avons veu le plet de cex qui s'efforchoient

---

[1] *Se franchissement est donnés à aucun serf ou à aucune serve.* T.

à prover qu'il estoient bastart, por aus oster de le servitute dont il estoient porsivi de par lor meres.

36. Plus cortoise est nostre coustume envers les sers que en autre païs, car li segneur poent penre de lor sers, et à mort et à vie; toutes les fois qu'il lor plest, et tant qu'il lor plet; et si les poent contraindre de toz jors manoir de soz eus. Mes on les a plus debonerement menés en Biavoisis, car puisqu'il paient à lor segneurs lor cens et lor cavages, tex comme il ont acoustumé, il poent aler servir ou manoir hors de le juridicion à lor signeur. Mais qu'il ne se desavouent pas de formariage que lor sires a sor eus, exeptés les liex où il porroient aquerre francise por demorer; si comme en aucunes viles es queles tout li habitant sunt franc par previliege ou par coustume. Car sitost comme aucun set que ses sers va manoir en tel liu, s'il le requiert comme son serf dedens l'an et le jor, il le doit ravoir, ou dedens tel terme comme le done le coustume du liu où il est alés manoir. Et par ceste voie ont plusor serf aquis francises, qui conceleement s'en aloient, de desor lor seigneur, manoir en tex liex.

37. Encore par nostre coustume pot li sers perdre et gaaignier par marceandise, et se pot vivre de ce qu'il a largement à se volenté, que ses sires ne l'en pot ne ne doit contraindre. Et tant poent il bien avoir de segnorie en lor cozes, qu'il aquierent à grief paine et à grant traveil. Et li segneur meisme n'i font se gaaignier non, car il en aquierent plus volentiers, par quoi les mortes mains et les formariages sunt plus grant quant il esquieent. Et si dist on un proverbe, que cil qui à une fois escorche, deus ne trois ne tont; dont il apert, es païs où on prent çascun jor le

lor, qu'il ne voelent gaaignier fors tant comme il
convient çascun jor à le soustenance d'aus et de lor
mesnie.

38. Çascuns doit savoir, porce que noz avons dit, le
peril qui est en desavouer ce c'on doit tenir d'aucun
segneur, et si avons dit qu'il convient porsivir celi qui
se desavoue, par devant le segneur où li aveus est fes.
Neporquant, on ne pot pas toutes cozes desavouer; car
tout soit ce que li sers se pot desavouer de son droit
segneur, et avouer d'autre segneur à estre ses hons,
convient que li sires qui sers il est, en perde le saisine
por le reson du desaveu, et qu'il le porsive par devant
le signeur de qui il est avoués, s'il le veut ravoir
com son sers, et des heritages qui sunt tenu en fiés.
Neporquant, il n'est pas ainsi des heritages qui sunt
tenu en vilenage, que j'ai ici devant nommés, car
tout heritage vilain, par nostre coustume, ne se poent
desavouer ne avouer, por coze que li tenans en face,
ne die. Donques, se Pierres demande le justice sor
aucun tel heritage, porce qu'il dist qu'il est tenus
de li à cens ou à campart, et li tenans dist que de
li ne tient il riens, ançois le tient de Jehan, jà por
ses paroles n'emportera Jehans le saisine; ançois se
Jehans y quide avoir aucunne coze par reson de jus-
tice, ou en cens, ou en rentes, il y pot bien penre,
se Pierres li suefre; et se Pierres ne li veut soufrir,
porce qu'il dist qu'à li en apartient le justice et le re-
devance, et Jehans dist mais à li : en tel cas doit estre
fes ples ordenés entre Pierre et Jehan, par devant le
conte, por savoir au quel le justice et le saisine en
apartient. Et par ce pot on veir que vilenages ne se
pot avouer ne desavouer. Et se Pierres et Jehans

pledent sor le saisine, et çascuns dist qu'il en est en
bone saisine; en tel cas convient il que prueves en
soient oyes de çascunne partie. Et qui mix provera le
deerraine saisine d'an et de jor pesivlement, l'empor-
tera. Et puis porra li autres pledier sor le proprieté,
s'il quide que bon soit.

39. Aussi comme noz avons dit que vilenages ne se
pot avouer ne desavouer, aussi ne poent aucunes ma-
nieres de gens fere aveu ne desaveu. Car cil qui tienent
autrui fief en bail ou en garde, ou par reson de douaire
ou d'engagement, ou à terme, ou à ferme, ne poent
avouer ne desavouer, quant le proprietés de l'iretage
n'est pas lor; et por ce ne le poent il pas metre en
peril de perdre, car cil qui desaveue, et pot desavouer
porce qu'il est drois hoirs de le coze, pert tout ce qu'il
desavoua, s'il est atains de faus aveu, si comme noz
avons dit ailleurs, en cest capitre meisme.

40. Tout soit il ainsi que li heritages vilains ne se
pot avouer ne desavouer, si comme dit est; nepor-
quant, cil qui les tienent, et sunt tenant des heritages,
poent recevoir damace, s'il aveuent atenir d'autre si-
gneur qu'il ne doivent, et non pas de perdre l'eritage,
mais d'amende. Si comme se je tieng une piece de terre,
de Pierre, à cens ou à campart, et je ne li paie son chens
ou son campart, ançois le paie à Jehan, en disant que
je le tieng de li : en cel cas, Pierres pot penre sor le
liu, porce que je ne li paiai pas son campart ou ses
rentes. Et queles tex amendes doivent estre, il est dit
el capitre des meffès [a].

41. Il a grant diference entre desaveu de garde et

---

desaveu d'eritage; car desaveus d'eritage qui se pot
desavouer, met l'eritage en peril de perdre; mais de-
saveus de garde, se passe par amende. Car aucun se-
gneur ont bien le garde d'aucune meson de religion,
qui, por ce, n'i ont pas le justice ne le signorie.
Donques, quant il se desaveuent de le garde à celi de
qui il doivent estre gardé, et il s'aveuent d'un autre,
et il sunt ataint de faus aveu, il quieent en l'amende
soissante livres, et demeurent en le garde de celi de
qui il se desavouerent.

42. Por desaveu que gent de religion facent, soit de
lor heritages amortis[1] ou de le garde d'eus, il ne poent
perdre le treffons de l'iretage qui lor furent doné et
amorti por Diu servir, por les signeurs qui le poent
fere; ne ne poent revenir en main laie por les meffès
de cix qui sunt gouverneur des eglises. Car s'eles
pooient revenir en main laie, por le forfet de cix qui
por les eglises les tienent[2], les eglises perderoient sou-
vent, par quoi eles seroient[3] destruites et empiriés. Et
por ce, de toz meffès, quel qu'il soient, li mainbur-
nisseur des eglises se passent par amendes, selonc le
meffet, et selonc ce qui est dit el capitre des meffès.

43. Cil qui ont pooir d'avouer et de desavouer,
avouent bien et desaveuent par procureur; mais que li
pooirs en soit donnés au procureur par les paroles de
le procuration, car il n'est pas mestiers que li convent
des eglises voisent as ples por lor drois maintenir, ne
li grans segneur, ne les grans persones qui poent fere
procureur. Neporquant, cil qui ne poent pledier par

---

[1] *Qui soit leur amortis.* B. — [2] *Maintienent.* B. — [3] *Porroient
estre.* B.

procureur, si comme gens de poeste ; ne li communs
des gentix homes qui ne tienent pas en baronnie, ne
poent pas desavoer par procureur, ançois convient
qu'il y soient en lor persones. Donques, ce que noz
avons dit de cix qui poent avouer et desavoer par pro-
cureur, noz l'entendons des eglises et des grans signeurs
qui tienent en baronnie, et de cix à qui grace est do-
née par le sovrain de pledier par procureur en deman-
dant et en deffendant.

Explicit.

Ici define li capitre des aveus, et des desaveus, et des servitudes, et des
franchises[1].

CAPITRES XLVI.

Chi commenche li xlvi capitres, qui parole de la garde des eglizes, et
comment on les doit garder de leur malfaiteurs ; et des deus espées,
l'une temporel et l'autre esperituel. Et quiex damages les eglises
puent avoir de desavouer leur droit seigneur[2][a].

1. Il a grant difference entre garde et justice, car
tix a justice en aucuns liex, qui n'en a pas le garde ; et
voirs est que li Rois generalment a le garde des eglises
du roiame, mais especialment çascuns barons l'a en se
baronnie, se par renonciation ne s'en est ostés. Mais
se li barons renonce especialment à le garde d'aucunne
eglise, adont vient ele en le garde du Roi especialment.

---

[1] B. — [2] B. T. *Et des* n.... *seigneur* manque dans A.

[a] Les doctrines professées dans ce chapitre, par Beaumanoir, mon-
trent qu'il était resté fidèle aux principes sur la séparation du pouvoir
spirituel et du pouvoir temporel, que saint Louis avait fait entrer
dans le droit public français, et que la politique violente et peu ré-
fléchie de Philippe-le-Bel ne put pas même compromettre.

2. Noz n'entendons pas por ce, se li Rois a le general garde des eglises qui sunt desoz ses[1] barons, que il doie metre les mains por garder, tant que li barons fera de le garde son devoir; mais se li barons lor fet tort en se garde, ou il ne les veut garder de cex qui tort lor font, adont poent il traire au Roi comme au sovrain; et ce prouvé contre le baron qui le devoit garder, le garde especial esquiet[2] au Roy.

3. Aucunnes eglises sunt qui ont privilieges des Rois de France, qui tesmongnent qu'eles sunt franques, es membres et el quief, en le garde le Roy. Neporquant, se tex eglises, ou li membre de tex eglises, sunt d'aucun des barons, et estoient au tans que li privilieges lor fu donés, li privilieges ne taut pas le garde especial du baron; quar quant li Rois done, ou conferme, ou otroie aucunne coze, il est entendu sauf le droit d'autrui. Neporquant, se li barons laissa le Roy uzer de le garde, puis le priviliege, par trente ans pesivlement, sans debat : au Roi doit demourer le garde especial, selonc le priviliege. Car bien otroie ce que ses sires sovrains fet, qui tant de tans suefre sans debatre. Et se l'eglise, el tans que li privilieges fu donés, estoit desoz le Roy, et après ele vint desoz aucun baron, le garde en demeure au Roi, selonc le priviliege; mais, s'il ne l'avoit rechut en garde especial par priviliege, le garde en vient au baron, en qui terre l'eglise vient.

4. Por ce, se li Rois a le garde general et especial en chief de l'eglise qui est desoz li fondée, ne s'ensuit il pas que il l'ait es membres de le dite eglise, des membres qui sunt desoz les barons; ançois l'a çascuns

---

[1] *Les.* B. — [2] *Si demeure.* B. T.

barons en soi, des membres qui sunt en sa ba-
ronnie.

5. Quant ancuns qui tient mains franquement que
li barons, donne aucun heritage à eglise, et le fet
amortir par le baron, il ne pot puis demander garde
en ce qu'il dona à l'eglise; mais justice y pot il deman-
der, s'il le retint au don fere. Et s'il[1] dona tout ce qu'il
avoit, sans riens retenir, il est hors de le justice et de
le garde.

6. Voirs est que nus n'a le garde des eglises, se n'est
li Rois, ou cil qui du Roi tienent en baronnie; et
porce que, quant eglise se plaint à celi qui a le garde,
d'aucunne[2] injure qui li est fete, le cors[3] n'en doit
estre rendue à nului, ançois en apartient le con-
nissance à celi qui en a le garde, s'ainsi n'est que ce
soit ples d'eritage, et que l'eglise connoisse que ce soit
vilenages tenus de celi qui le cors requiert; car, en ce
cas, r'auroit[4] il le cort, s'il n'i avoit renoncié par pri-
viliege.

7. Quant aucuns barons a le garde des eglises qui
sunt desoz li, et il se plaingnent qu'aucun lor ont fet
tort, qui ne sont pas justichavle du baron, et des quix
li barons n'a pas le justice : li barons se pot plaindre
au signeur desoz qui cil qui meffirent sunt couquant
et levant, tout soit ce que l'eglise ne s'en voile pas
plaindre; et convient qu'il soit amende. Mais se cil de
l'eglise ne furent au porsivir le plainte, amende ne lor
sera pas fete, ne li damaces rendus, porce qu'il ne se

---

[1] S'il i. B. — [2] B. Soit ples, d'aucunne. A. — [3] Le court. B. T.
— [4] R'aront. B.

vaurrent pas plaindre. Car nus ne pot demander por autrui, s'il n'est establi procureres, ou se cil ne sunt present à qui l'amende apartient. Mais çascuns pot demander por tant comme il li touque; et por ce pot li barons demander à cix qui li meffirent en se garde.

8. Quant eglise se desaveue de le garde à celi par qui ele doit estre gardée, et s'avoe d'autrui garde, si comme se le garde doit estre au conte de Clermont, et ele s'avoue de le garde d'autre baron, il convient que li quens de Clermont le porsive en le cort de celi de qui ele est avouée, en plet ordené, sans gages. Et s'il l'ataint de son droit, il n'a pas por ce gaaigné l'eritage de l'eglise, mais le garde; et l'amende doit estre de rendre les coz et les damaces qu'il ont el plet de le garde porcacier, et le sorplus à volenté de nombre d'argent; sauf ce que li nombres ne fust si grans qu'il convenist que li couvens fust departis par povreté, et que li services Dieu en demorast à faire; car ce ne seroit pas à soufrir, auçois converroit que li Rois y meist les mains par conseil et amesurast l'amende, si comme li soverains à qui le general garde des eglises appartient.

9. Se doi baron pledent ensanlle de le garde d'une eglise, l'eglise fet que sage se ele se suefre de li metre en plet, mais die qu'ele obeira volentiers à celi à qui drois donra le garde, comme à lor gardien temporel. Et s'il lor convient dire, por le plet, de quel garde il entendent à estre, bien en poent dire et doivent le verité. Neporquant, puisqu'il ne sunt mis en plet, il ne poent estre contraint à lor verité dire, fors par l'ordinaire; et pledent ou ne pledent, il ne doivent pas estre

contraint d'aporter lor privilieges avant, s'il ne lor
plest. Mais de lor verité dire, doivent il estre contraint,
ou lor procureres por eus; car autrement n'iroit on pas
sagement avant en le querele, porce que ce qui est
conneu de partie n'a mestier d'estre prové, mais ce qui
est en descort tant solement.

10. Tout soit ce[1] que les eglises tiengnent toutes lor
cozes en morte main, ne demore pas, por ce, que le
justice temporel et le garde temporel ne soit du resort
du baron lai ; porce que grans justice n'a pooir d'estre
mise à execussion par gens de religion. Et se l'eglise a
tele justice, que par ses homes et ses baillis ou ses ser-
gans soit fete le justice, et on se veut plaindre que
l'eglise en ait fait trop o poi, la connissance en apar-
tient au baron qui d'aus à le garde especial, porce que
lor ordinaires n'en porroit jugier.

11. Deus espées sunt, par les queles toz li pueples
doit estre governés esperituelement[2] et temporelment,
car l'une des espées doit estre espirituel et l'autre tem-
porel. L'espirituel doit estre baillié à sainte Eglise, et
le temporel as princes de terre. Et cele qui est baillié
a sainte Eglise est apelée espirituel, porce que cil qui
en est ferus est peris en l'ame espirituelment, si comme
cil qui muerent es vilains peciés, ou es escommenie-
mens, ou qui ont ouvré contre le foi : et de toutes tix
cozes apartient le connissance a sainte Eglise. Et porce
que lor espée espirituel est plus cruele que le temporel,
porce que l'ame y enquort, doivent mult regarder,
cil qui l'ont en garde, qu'il n'en fierent sans reson, si

---

[1] *Soit il ainssi.* B. T. — [2] B. *Especialement.* A.

comme des escommeniemens qu'il font trop legiere-
ment. Neporquant, en quelque maniere que escom-
meniemens soit getés, il fet à douter, et doit estre li
escommeniés en grant porcas de querre absolution;
car s'il desdaingnoit l'assolution, et desobeissoit au
commandement de sainte Eglise, adont seroit il es-
commeniés à Dieu et au siecle, et feroit de se bone
cause malvese. Ne li enfant ne sunt pas bon qui deso-
beissent à lor mere, et sainte Eglise est nostre mere
espirituelment, si devons obeir à li, et en ses ensen-
gnemens, et en ses commandemens qu'ele noz fet por
le sauveté de noz ames.

12. L'espée temporel si est d'autre trempeure, car
par li doit estre fete droite justice, sans delai et ven-
jance prise des malfeteurs corporelment. Et quant une
espée a mestier l'autre, eles s'entredoivent aider, sauf
ce que l'espée espirituel ne se doit entremetre de nule
justice temporel, dont nus puist perdre vie ne membre;
mais especialment l'espée temporel doit toz jors estre
apareillié por garder et deffendre sainte Eglise toutes
les fois que mestiers est. Et noz trouvissons mult de
matiere de parler de le vertu de ces deus espées, mais
autre matiere noz quort sus, si noz soufrerons à tant;
si revenons à ce que nos avons entrepris.

13. S'aucune eglise s'avoue de le garde le Roi, et
desavoue de le garde d'aucun baron, et ele enquiet,
par quoi ele demeure en le garde du barons : se li
barons en veut lever trop grant amende, li Rois ne le
doit pas soufrir, ançois le doit amesurer selonc l'estat
de l'eglise, et selonc ce que li aveus fu fes malicieuse-
ment; tout soit ce que en amende de desaveu, n'a

point d'estimation certaine, fors que de perdre le coze desavouée entre les laies persones, et à volenté d'argent entre les eglises.

Explicit.

Ici define li capitres qui parole de le garde des eglises, et comment on doit punir ceus qui leur meffont; et des deus espées, l'une temporele et l'autre esperituel[1].

CAPITRES XLVII.

Chi commenche li xLvii capitres, qui parole comment li fief poent alongier et raprocier lor segneurs, selonc le coustume de Biavoisis, et que li tenant se gardent de partir contre coustume[2][a].

1. Il convient que li sires suefre, par coustume, que ce qui est tenu de li en fief, viegne en partie en son arriere fief. Si dirons comment, et comment ce qui est en son arriere fief pot revenir en son fief, nu à nu.

2. Quant li fiés se part entre freres et sereurs, en descendant, et li mains né emportent le tiers, du quel tiers il font hommage à lor frere ains né, il convient que cis tiers deviengne arrieres fiés du segneur; car se li fiés ne se pooit alongier du segneur, il convenroit qu'il venissent à l'ommage du segneur, et il nel convient pas du fief qui vient en descendant; ains en poent et doivent li mains né aler à l'ommage de l'ains né, ainsi comme il est dit desus.

3. Quant sereurs partissent fief qui vient en descendant, l'ains née emporte l'ommage de ses sereurs mains

---

[1] B. — [2] Manque dans A. Nous l'avons tiré de la table des sommaires.

[a] Pour l'intelligence de ce chapitre, voyez l'ordonnance de Philippe Auguste, du 1er mai 1209. (*Ordonnances*, t. I, p. 29.)

nées, tout soit ce que le mains née emporte autant que
l'ains née, exepté le cief¹ manoir que le suers emporte
hors part; des autres, il convient que li sires suefre
que toutes les parties des mains nées, qui estoient tenues
de li nu à nu, viengnent en son arriere fief, par le
reson de ce que coustume en done les hommages à
l'ains née sereur. Et par tex parties qui sunt fetes de
descendemens de fief, apetice mout le fief qui est tenus
nu à nu des signeurs.

4. Bien se gart li freres qui fet partie à ses mains nés,
qu'il ne lor baille de çascun fief que le tiers; car s'il
embaille plus du tiers, il pert l'ommage de ses freres;
et en ceste maniere poent venir li mains né à l'ommage
du signeur. Donques, se li ains nés veut faire sainement
les parties à ce que li homage li demeurent, il doit
fere prisier tout le fief par bone gent; et du pris qui
sera fes, baillier le tiers à ses mains nés. Et ensi, entre
sereurs, doivent estre les parties ygaus²; et se l'ains née
voloit plus doner que se part à l'une de ses mains nées,
il converroit qu'ele en venist à l'ommage de son³ se-
gneur.

5. Bone coze est, et le coustume le veut, que tuit
heritage qui vienent en partie, soit entre freres et
sereurs soit entre autres gens, soient li heritage de
fief soient de vilenage, soient parti au plus porfita-
blement c'on porra, et mains depecier et au mains
empirier les heritages.

6. En muebles et en catix n'a point d'ains nés⁴, ançois
convient que mueble et catel viengnent en partie, soit

par descendement ou d'esqueance, ains se partissent ygalment, autant à l'ains né comme au mains né.

7. Je ne voi pas que nus fiés puist estre mis en arriere fief du segneur, sans l'assentement du segneur, fors par reson de partie qui vient en descendant, si comme j'ai dit dessus. Mais en plusors manieres pot revenir li arriere fiés el fief du segneur. Et veons comment. Se li sires acate à son home ce qu'il tenoit de li en fief, il revient de l'arriere fief el fief du segneur, car li aceteres doit tenir, par son acat, de son seigneur, nu à nu, ce qu'il tenoit devant en arriere fief ; ne jà par ce n'en sera plus dammagés, car aussi comme il tenoit tout à un¹ hommage, son domaine, et l'ommage au vendeur, li hommages du² vendeur devient nus, et li demainnes de l'aceteur croist et vient en son homage. La seconde maniere comment³ li arriere fief poent revenir et estre tenu en demaine du segneur, si est par escange ; si comme se Pierres tient du conte, et Jehans tient de Pierres, et Pierres fet tant par escange d'autre heritage qui ne muet pas du conte, que ce que Jehans tenoit de li vient en son demainne. Ainsi pot venir li arriere fiés à estre tenus du segneur, nu à nu, ce qui estoit devant l'escange tenu en arriere fief. La tierce maniere, si est quant aucun pert, par son meffet, le fief qu'il tient de son segneur, car en ceste maniere rest li fiés tenus nu à nu, qui devant estoit arriere fiés.

8. Li home poent bien acroistre les fiés qu'il tienent de lor segneurs nu à nu, des heritages qui sunt tenu d'aus en vilenage ; si comme se je tieng du conte et en mon fief à campars, que teres vilaines me doivent ou

---

¹ *Un seul.* B. — ² *Au.* B. — ³ *Porquoi.* B.

chens ou rentes, que teres vilaines[1] doivent, et je fes tant que li treffons de tex heritages mouvans de moi, soient tenu en quelque maniere que ce soit : il vienent en le nature de mon fief que je tenoie en pur demainne.

9. Pierres avoit aceté une pieche de tere, qui estoit tenue de li à douse deniers de cens, et les douse deniers Pierres tenoit en fief avec son autre demainne. Quant Pierres ot tenu une pieche l'eritage, il le dona arriere à douse deniers de chens, par se volenté. Li sires, de qui Pierres tenoit en fief les douse deniers de cens avec son autre demaine, quant il vit que Pierres avoit tant fet par son acat, que ses fiés estoit amendés de cele piece de terre ; et après il vit que Pierres, de s'auctorité, l'empiroit en ostant de se main le demaine dont il avoit receu son fief : il se traist avant, et saisi le treffons comme meffet, en disant que Pierres ne pooit ce fere. A ce respondi Pierres, que bien le pooit fere, car s'il avoit aceté le vilenage qui li devoit douse deniers de cens, et il le rebailloit à douse deniers de cens, il ne croissoit, ne apetichoit le fief son segneur ; et sor ce se mistrent en droit. Il fu jugié que puisque Pierres avoit joint avecques son fief ce qui estoit tenu de li en vilenage, il nel pooit desjoindre ne eslongier, sans l'otroi de son segneur, ains pooit li sires penre le liu comme meffet et comme son fief esbranquié[2]. Et par cel jugement pot en veoir[3] que il loist à çascun à acroistre et amender le fief qu'il tient de son segneur ; mais il ne loist pas, comment qu'il l'ait acreu, par bone cause, à apeticier ne à enpirier son demaine en esbranquant, ne en fesant arriere fief. Mais se li hons avoit

acreu son fief, par taute ou par force, sans bone cause,
et il, par restitution de torfet, rendoit cel acroissement
à cix sor qui il l'aroit pris, li sires ne l'en porroit riens
demander; car il loist à çascun rendre ce qu'il a par
malvese cause.

10. Encore pot li arriere fiés revenir en pur fief, en
autre maniere; si comme se partie est fete entre
enfans, dont li ainsnés enporte les deus pars, et li
mains nés le tiers; et li mains né muerent sans avoir
hoir, si que l'esqueance vient[1] à l'ains né, car en tel cas
revient li fiés toz ensanlle, ainsi com s'il n'eust onques
esté departis. Et ainsi entre sereurs, se les mainsnées
moerent qui sunt en l'ommage de l'ainsnée, l'esqueance
revient en se main, et tient tuit du signeur, nu à nu,
aussi com se partie n'en eust onques esté fete.

11. Encore poent li fief, par nostre coustume,
eslongier lor segneurs par autre maniere qu'il est dit
ci dessus; car quiconques tiengne en fief, et il a enfans,
il pot donner[2] à un de ses enfans, ou à plusor, dusques
au tiers de tout son fief, et retenir ent l'ommage; en
tele maniere que quant il sera mors, que on ne puist
plus oster du fief que cel tiers qui en fu ostés au tans
que li peres li dona; car se li peres en donoit le tiers,
et retenoit l'ommage, et après il moroit; et il plesoit
à son fil ains né qu'il en ostast encore un autre tiers
por donner à ses mains nés, ainsi aroit on osté deus tiers
d'un fief, et mis en l'arriere fief du segneur; et ce
n'est pas à soufrir, se li sires ne veut. Donques, li tiers
que li peres et le meres donnent, doit tenir entre les

---

[1] *Revient.* B. — [2] *Demourer.* B.

parties des enfans, et[1] raporter ce que lor peres ou lor mere lor douerent en partie, et puis partir, en tele maniere que li ains nés ait les deus pars et tuit li autre le tiers; et cel tiers, il doivent tenir de l'ains né en foi et en homage. Et ainsi n'en pot estre ostés que li tiers tant solement, entre le vivant du pere, et de le mere, et des enfans.

12. S'il avient que fiés me soit descendus de mon pere ou de me mere, et mi[2] mains né en portent le tiers, le quel il tiegnent de mi, et j'ai enfans, et après je muir : li ains nés de mes enfans en remporte les deus pars de mon fief, et tuit li mains né le tiers; ne ne demore pas por ce s'il fu autre fois tierciés. Donques, poez voz veir que tant de fois que fiés vient en descendant, tant de fois il est tierciés, et il y a plusors enfaus; et par teles parties sunt li fief qui soloient estre grant, departi en mult de petites pieches[3].

13. Demande pot estre fete se li ains nés a plusors fiés de une meisme castelerie, et il a mains nés qui doivent avoir en çascun fief le tiers, à savoir se çascuns des mains nés li fera un homage de tele partie comme il doit avoir el tiers de çascun fief: noz disons ainsi, que se li fief sunt d'une sole castelerie, et tenu d'un sol segneur, çascuns des mains nés ne fera que un homage; mais se li fief sunt de[4] plusors casteleries, il feront de ce qu'il enporteront en çascunne castelerie, un homage, tout soit il ainsi que les deus casteleries soient toutes à un segneur, puis que li ains nés soit deus fois hons, par le reson des deus casteleries. Et se li

---

[1] *Ou.* B. — [2] *Les.* B. — [3] *Parties.* B. — [4] *En.* B.

ainsnés tient de plusors segneurs en une sole castelerie, de tant de segneurs comme il tient, tant d'ommages si mains né doivent fere de ce qu'il en doivent porter[1] en çascun fief.

14. Bien se doivent garder li segneur de qui li fief muevent, qu'il ne les laissent pas apeticier, ne departir plus avant que coustume ne done; car en ce qui lor alonge, perdent il en trois manieres, c'est en vente, en racat et en forfeture. Car ce qui ist de lor fief et devient lor arriere fief, s'il est vendus, li quins vient à l'ains né, de qui il est tenus. Et aussi li racas, quant il y avient, et aussi le forfeture; mais en le forfeture gaaigne tant li sires qu'il revient à estre tenu nu à nu de li, si comme il estoit quant coustume l'en fist partir.

15. Se li sires soufroit à son home qu'il feist grengnor partie à ses mains nés que ce qu'il devroient avoir en çascun fief, sans perdre l'ommage; ou s'il soufroit les fiés à abregier, ou à amortir, ou aucunne autre coze par quoi li fiés seroient empiriés : li tiers sires ne l'est pas por ce tenus à soufrir, ançois y pot geter le main, par le forfeture de son souget qui le soufri. Et combien qu'il y eust de segneurs, l'un desor l'autre, dusques au conte, si le soufroient tuit; ne l'est pas tenus li quens à soufrir, se il ne li plest, anchois y pot geter le main, se li souget n'en ont fet lor devoir.

Explicit.

Ici define li capitres qui parole coument li fief pueent alongier et aprochier leur seigneurs, selonc la coustume de Biauvoisins, et que les tenans se gardent de partir encontre le coustume[1]

---

[1] *De ce qu'il emportent.* B. T.

CAPITRES XLVIII.

Chi commenche li xlviii capitre, qui parole comment homme de
poeste puet tenir franc fief en foi et en hommage[1], et comment il
le doivent deservir[a].

1. Selonc l'establissement le Roi, li home de poeste
ne poent ne ne doivent tenir fief, n'en riens acroistre
en fief. Nepourquant, nous y veons aucunne remede
comment il poent avoir fief. Et se n'est pas li establis-
semens brisiés, car l'entention des establissemens
n'est pas por tolir autrui droit, mais porce que les
cozes soient fetes selonc reson, et por les malveses
coustumes abatre et les bones amener avant.

2. Le premiere reson comment li home de poeste
poent avoir tere de fief, si est des fiés qu'il avoient
avant que li establissemens fu fes, et puis sunt venu
de cix qui les tenoient par descendement[2], de degré en
degré. Et tex fiés ne lor sunt pas osté, car li establis-
semens ne lor toli pas ce qui estoit jà fet, ançois fu fet

---

[1] Ce qui suit est tiré de B. — [2] *Descendement d'escheoite.* B.

[a] L'auteur s'occupe ici de la plaie mortelle du système féodal : de
la faculté accordée aux bourgeois et aux mainmortables de tenir des
fiefs en foi et en hommage. Favorable, comme tous les magistrats
et tous les jurisconsultes de son temps, aux principes qui devaient
amener la ruine des institutions féodales, il cherche, par des efforts
d'esprit très-ingénieux, à faire regarder une ordonnance royale, qui
ne nous est point parvenue, et dont nous ne connaissons pas l'auteur,
mais qui avait évidemment pour but d'empêcher la libre circulation
des fiefs, comme un acte qui, au contraire, tendait à régulariser et à
assurer la possession de ces biens dans les mains des vilains. Il est
certain qu'à l'époque où Beaumanoir écrivait, le mal était déjà devenu
irrémédiable, puisque des hommes tels que lui songeaient à donner à
l'abus un caractère légal, et à le faire pénétrer dans le droit commun.

porce qu'il ne le feissent plus ; car li bourgois et li home de poeste traioient mult de fiés à eus, si que au loins aler li prince peussent avoir menre service des gentix homes.

3. Se li bourgois ou li hons de poeste qui tiennent fief de devant l'establissement, le veut metre hors de se main, il convient qu'il le mette en main de gentil home, s'autre grace ne li est fete du Roi ou du conte, de qui li fief muet. Et tant comme il le tient, convient il qu'il le deserve en le maniere que li fiés le doit, et qu'il devroit s'il estoit en main de gentil homme.

4. Il ne loist pas nul gentil home desoz le Roi, à soufrir de nouvel que bourgois s'acroisse en fief, car il feroit contre l'establissement qui est[1] fes du Roi, por le porfit des gentix homes en general, par tout le roiame. Mais quant li Rois fet aucun establissement especialment en son demainne, si baron ne lessent pas por ce à uzer en lor teres, selonc les anciennes coustumes. Mais quant li establissemens est generaus, il doit corre par tout le roiame. Et noz devons savoir que tel establissement sunt fet par tres grant conseil et por le commun pourfit.

5. Le seconde reson comment[2] li hons de poeste pot tenir fief, si est quant il a gentil feme espousée, le quele tient fief de son heritage, ou par reson de bail, ou qui li descent de pere ou de mere, ou esquiet de costé ; car il n'est pas resons que le gentil feme perde son droit d'eritage por ce, s'ele se marie en plus basse persone. Et en tel cas li hons de poeste ne tient pas le fief comme sien, mais comme de se feme. Et nepor-

___

[1] *Qui a esté.* B. — [2] *Pourquoi.* B *Parquoi.* T.

quant, s'il a enfans de le gentil feme, il en poent estre
aherité, tout ne soient il pas gentil home, par quoi il
puissent estre chevalier; car le gentillece, par le quele
on fet chevaliers, muet de par le pere, comment que
le mere soit, ou gentil feme ou de poeste. Neporquant,
se le mere estoit serve, et li peres fust gentix hons et
chevaliers, ne noz acordons noz pas qu'il puissent
estre chevalier, porce qu'il sunt serf, par le reson de
le mere.

6. Or veons se uns chevaliers a une serve espousée,
et li chevaliers a fief de son heritage, se li enfant qui
sunt serf en porront [1] estre aherité [2] ne en [3] tenir le franc
fief. Noz disons ainsi, que se li fiés muet du segneur
qui serf il sunt, il le tenront par feuté, sans fere
hommage; porce que après eus, li heritages venra au
segneur. Mais se li fiés muet d'autre signeur, il ne les
rechevra pas en hommage ne en feuté, s'il ne li plest;
ançois lor commandera, ou porra commander, qu'il
metent [4] le fief hors de lor main, dedans an et jor; et
s'il ne le font, li sires le pot [5] penre en se main, par
defaute d'omme; car il ne loist pas à serf ne à serve à
tenir fief, se n'est du·segneur qui serf il sunt, en le
maniere desus dite.

7. Tout soit il ainsi que li fief doivent estre as
gentix homes par ancienne [6] coustume et par novel
establissement, por ce ne demore pas que li gentil
home ne puissent tenir heritages de vilenages; car il
poent tenir et eus estendre [7] en heritages vilains par
nostre coustume. Mais [8] qu'il facent des vilenages ce

---

[1] *Pueent.* B. — [2] *Et.* B. — [3] B. — [4] *Meschent.* B. — [5] *Porra.* B. —
[6] *Aucunne.* B. — [7] *Acroistre.* B. T. — [8] *Ne mes.* B. T.

qu'il doivent, ainsi comme se gens de poeste les te-
noient. Car le francise des personnes n'afranquist pas
les heritages vilains; mais li frans fiés franquist le
persone qui est de poeste : en tant comme il y est
couquans et levans, il uze de le francise du fief.

8. Le tierce reson comment li home de poeste poent
tenir franc fief, si est par especial grace¹ qu'il a du Roi
ou du prince qui tient en baronnie.

9. Le quarte reson, si est s'il a gentil feme espou-
sée, et aucun du lignage à le femme a vendu franc
fief qui soit du lignage² à le feme, li hons de poeste
qui l'a esposée le pot rescorre; car autrement perdroit
il le droiture qu'ele a en l'eritage. Mais s'il ont en-
fans, et li enfant, après le mort de le mere, ne repren-
nent pas de lor pere le moitié de cel heritage qui fu
rescoz par le bourse, en cel cas pot demorer le moitié
du franc fief à l'omme de poeste. Neporquant, li sires
de qui li fiés muet, ne le doit pas penre à home, an-
çois li doit commander qu'il le mete hors de se main
dedens an et jor; et s'il ne le fet, li sires pot penre le
moitié du fief dont il est tenans par defaute d'omme,
dusqu'à tant que li hons de poeste ait obei à son com-
mandement. Comment que li hons de poeste tiegne
en fief, ne par quelque reson, li sires de qui li fiés
muet n'est pas tenus à li recevoir à home, s'il ne li
fet grace; mais le feuté doit penre de li. Et le feuté, si
est qu'il doit jurer sor sains que il servira et fera vers
le segneur tout ce que au fief apartient, et que, par le
reson du fief, il li portera foi et loiaté, si comme on
doit fere à son segneur.

---

¹ *Partie.* B. — ² *Coste.* B.

II.   17

10. Quant li hons de poeste a fet feuté à son se-gneur de qui il tient, bien se gart qu'il ne mefface contre son serement, et qu'il ne desobeisse de ce dont il doit obeir à son segneur, par reson de franc fief; car il enquerroit en autele paine et damace vers son segneur, comme s'il estoit gentix hons et eust fet ho-mage. Car toutes auteles redevances et obeissances doit il à son segneur, comme s'il estoit gentix hons, et tout en le maniere que li gentil home doivent requerre à lor segneur qu'il soient receu à home, c'est à savoir dedens les quarante jors que li fiés lor vient, comment qu'il lor viegne : tout en autele maniere doit requerre li hons de poeste que se feuté soit receue. Et s'il ne le fet, li sires pot penre les issues du fief par defaute de feuté, et lever et fere siens, ausi comme il feroit d'un gentil home par defaute de homme.

11. Nus ne doit douter, se li hons de poeste tient fief de son droit, et aucuns plede à li de ce que au fief apartient, soit ses sires ou autres, que il ne doie estre demené par ses pers, aussi comme s'il estoit gentix hons; sauf ce que s'il apeloit, il ne se comba-troit pas comme gentix hons, mais comme hons de poeste. Mais de toz autres ples qui venroient par le reson du fief, il doit estre demenés comme [1] gentix hons.

12. Le quinte reson comment hons de poeste pot tenir fief, si est quant il esquiet de costé comme au plus prochain, tout fust il ainsi que cil de qui il esquiet fust gentix hons ou hons de poeste; car l'entention de l'establissement n'est pas que nus en perde son droit

---

[1] *A le loi des.* B. T.

d'eritage qui li doit venir par reson de lignage, ançois est porce qu'il ne soit soufert qu'il ne s'acroissent par acat ne par escange.

13. La sisime reson, si est par reson de bail ou de garde; si comme s'aucuns enfes sous aagiés vient en son bail ou en se garde, par reson de prochaineté de lignage, au quel aucuns fiés appartiengne de son droit[a].

Explicit.

Ici define li capitres qui parole comment les hommes de pooste pueent tenir fief en foy et en houmage, et comment il le doivent deservir[1].

CAPITRES XLIX.

Des establissemens, et dou tans ouquel coustume ne doit mie estre wardée pour necessité qui aviegne[2], par coi on doit ouvrer selonc les necessités apparans[b].

1. Aucuns tans sont exeptés[3] c'on ne pot pas fere ne ne doit ce qui a esté acoustumé de lonc tans por droit; si comme çascuns pot savoir que il sont deus manieres de tans, l'un de pes et l'autre de guerre; si

---

[1] B. — [2] Ce qui suit se trouve dans B, et manque dans A. — [3] *Es-sieutés.* B. T.

[a] Voyez le chapitre XLV, p. 214, où l'auteur nous apprend que les enfants nés de mère noble et de père roturier étaient nobles, et qu'ils pouvaient posséder des fiefs. Cf. *Establissemens*, l. I, c. XXIII.

[b] Ce chapitre contient l'exposé fidèle des idées qui régnaient en France sur l'autorité royale, et prouve que l'aristocratie ne possédait plus qu'un pouvoir de fait. Beaumanoir s'est peu étendu sur ce grave sujet, parce qu'il sentait bien que ses doctrines étaient opposées à la véritable constitution du pays, et donnaient lieu à de graves objections; mais on ne peut nier qu'il ait dit tout ce qui était nécessaire pour justifier et affermir le dogme de la suprématie royale.

est resons que li tans de pes soit demenés par les us
et par les coustumes qui ont esté uzées et acoustumées
de lonc tans por vivre en pes; si comme en tix tans
çascuns pot fere du sien à se volenté, si comme don-
ner ou vendre ou despendre, selonc ce que plusor
capitre de cest livre l'enseignent. Mais el tans de guerre
et el tans c'on se doute de guerre, il convient fere as
Rois, as princes, barons et as autres signeurs, moult
de cozes que, s'il les fesoient en tans de pes, il feroient
tort à lor sougès; mais li tans de necessité les escuse[1];
par quoi li Rois pot fere noviax establissemens por le
commun porfit de son roiame, si comme il suit : com-
mander, quant il pense à avoir à fere, por se tere
deffendre, ou por autrui assalir qui li a fet tort, que
escuier gentilhome soient chevalier; et que rice
home et povre soient garni d'armeures, çascuns se-
lonc son estat; et que les bones viles raparellent lor
services et lor fortereces; et que çascuns soit apareil-
liés de mouvoir quant li Rois le commandera. Tous
tix establissemens et autre qui soient convenable à li
et à son conseil, pot fere li Rois por le tans de guerre,
ou por doute de guerre à avenir; et çascuns barons
aussi en se terre; mais que ce ne soit por empenre
contre[2] le Roy.

2. Orre sont autre tans qu'il[3] reconvient fere autres
cozes que coustumes ne donne en tans de pes; si
comme en tans de famine, qu'il est poi d'aucunes
cozes les quelles sont convenables au commun pueple
soustenir; si comme il est faute de blés ou de vins : en

---

[1] *Accuse.* B. — [2] *Entrepenre nulle choze qui soit encontre.* B. —
[3] *Or recouvient autre cas que il.* B.

tel tans pot on bien restraindre que çascuns ne face pas à se volenté des cozes dont il est poi; car s'on souffroit que li rice home les acetassent por metre en grenier, et puis les retenissent sans vendre, por le tans enquierir : ce ne seroit pas à soufrir. Donques, quant il avient qu'il est tex tans, li segneur des terres poent commander à lor sougès qu'il retiegnent tant solement, des cozes dont il est faute, ce qui lor convient por eus et por lor mesnie à l'anée passer ; et tout le remanant, qu'il metent en vente, selonc le droit pris que les cozes valent, quant eles sunt en vente en plain marcié. Car mix vaut c'on sequeure au commun porfit, qu'à le volenté de cix qui voelent le tans enquierir.

3. Nus ne pot fere nouvel establissement qui ne doie corre por droit, ne nouviax marciés, ne nouveles coustumes, fors que li Rois, el roiame de France, fors en tans de necessité. Et pot fere metre avant, çascuns barons [1], les denrées de ses sougès, en tans de necessité, si comme noz avons dit desus. Mais il ne poent pas fere noviax marciés, ne noveles coustumes, sans le congié du Roi ; mes ce pot li Rois quant il li plest et qu'il voit que c'est li communs porfis ; si comme on voit toute jor que li Rois done novele coustume à aucunes viles, ou à aucuns barons qui sont à li ou de ses sougès, si comme por refere pons, ou cauchiés, ou moustiers, ou aucuns aisemens communs : en tex cas pot fere li Rois, et autres que li, non.

4. On doit savoir que se li Rois fet aucun establissement novel, que il ne grieve pas as cozes qui sont

---

[1] *Car chascuns barons, ou tans de necessité, puet faire mestre avant.* B. T.

fetes du tans passé, ne as cozes qui avienent dusqu'à
tant que li establissement sunt commandé à tenir. Mes
puisqu'il est puepliés, on le doit tenir fermement, en
le maniere que il commande, ou à toz jors, ou dus-
qu'à terme; et quiconques va contre l'establissement,
il quiet en l'amende qui est establie par le Roy ou par
son conseil[1]. Car quant il fet les establissemens, il
tauxe l'amende; et çascuns barons, et autre qui ont
justices en lor teres, ont les amendes de lor sougès
qui enfraignent les establissemens, selonc le tauxation
du Roy. Mais c'est à entendre quant il font tenir en
lor terre l'establissement, car s'il en sunt rebelle ou
negligent, et li Rois, par lor defaute, y met le main,
il en pot lever les amendes.

5. Aussi comme noz avons parlé du tans de neces-
sité qui vient par famine, entendons noz c'on se pot
aidier de tout, en tans d'autres necessités; si comme il
avient qu'il convient fere communs ovrages, si comme
eglises, cauchiés, ou puis, ou fermetés por doute de
guerre : en toz tex cas et en sanllavles, ne doit nus
estre espargniés des abitans, que çascuns n'i mete selonc
son estat; car nus n'est tenus de paier à par li ce qui
est communs à toz ses voisins. Et porce que noz avons
veu aucuns gentix homes qui disoient qu'il ne devoient
pas estre taillié avec les homes de poeste, il est con-
venable coze au segneur qui les a à justicier, qu'il les
amoneste qu'il y metent de lor volenté soufisamment.
Et s'il ne le voelent, il lor pot deffendre qu'il n'usent
ne ne s'aaizent en riens de ce qui est fet là u il ne

---

[1] Le mot *conseil*, dont l'auteur se sert plusieurs fois dans ce cha-
pitre et ailleurs, désigne le parlement.

vaurrent riens metre. Et ainsi poent estre contraint resnablement à ce qu'il y mettent, car il ne se poent consjurrer des aisemens communs. Et se cil sont clerc qui n'i voelent riens metre, et il partissent as aisemens communs, il doivent estre contraint par l'ordinaire à ce qu'il y metent soufisamment, car nus n'en doit estre quites.

6. Tout soit ce[1] que li Rois puist fere noviax establissemens, il doit moult penre garde qu'il les face par resnable cause, por le commun porfit, et par grant conseil; et especialment, qu'il ne soit pas fes contre Diu, ne contre bones meurs; car s'il le fesoit, le quel coze il ne fera jà se Dix plest, ne le devroient pas si souget soufrir, porce que çascuns, desor toutes cozes, doit amer et douter Dieu de tout son cuer, et por l'onnor de sainte Eglise, et après, son segneur terrien. Si doit çascuns fere ce qui apartient au commandement nostre Signeur, en esperance d'avoir les[2] biens celestiens, et après obeir au segneur terrien, selonc ce c'on le doit fere por les possessions temporeus.

Explicit.

Ici define li capitres des establissemens, et dou cas ouquel coustume ne doit pas estre gardée par causes de necessités qui y vienent[3].

---

[1] *Soit il ainssi.* B. — [2] *Le guerredon des.* B. — [3] B.

CAPITRES L.

Des gens de bonne ville et de leurs drois, et comment il doivent estre wardé et justichié, si que il puissent vivre empès[1][a].

1. Les bones viles de commune, et celes meismes là u il n'a point de commune, et li communs pueples doivent[2] estre gardées en tele maniere, que nus ne lor face tort, ne qu'il ne facent tort à autrui; et especialment les chartres des communes doivent estre gardées selonc les teneurs de lor previlieges, s'il n'ont tant lessié uzer au contraire de lor privilieges, qu'il soient corrumpu; car autant vaut fours qui ne cuist, comme chartre qui n'est uzée, puisc'on en a uzé le contraire.

2. De nouvel, nus ne pot fere vile de commune el roiamme de France, sans l'assentement du Roy, fors que li Rois, porce que toutes noveletés sunt deffendues. Et se li Rois en veut fere aucunes, ou en a fetes, si doit il estre contenu es chartres des francises qu'il lor done, car c'est sauf le droit des eglises et les chevaliers; car en grevant les eglises ne en apetichant le droit des chevaliers, ne ne le pot il ne doit fere.

---

[1] B. — [2] *Ont grant mestier.* B. T.

[a] L'auteur donne, dans ce chapitre, une triste idée de l'administration des communes urbaines, et qui n'est que trop conforme à tout ce que les documents contemporains nous apprennent. Un bailli était dans la meilleure des positions pour juger les vices de ce genre d'administration, c'est-à-dire l'inféodation des charges municipales dans quelques familles; l'irresponsabilité, et par conséquent les malversations des agents municipaux; l'oppression des pauvres par les riches; les désordres et les violences qui résultaient d'un tel état de choses, dont l'abus, tant de fois signalé, ne fut cependant réprimé que par Louis XI.

3. Ce que noz avons dit que toutes noveletés sunt
deffendues, c'est à entendre teles noveletés qui sunt
fetes contre autrui droit; car il n'est deffendu à nului
qu'il ne puist bien fere four, ou molin, ou pressoir, ou
vivier, ou autre coze aucune, en tel liu où ele ne fu
onques; mes¹ que ce ne soit contre le droit d'autrui. Et
en aucun cas poent estre li marcissant damacié, que jà
por ce le noveleté ne sera ostée; si comme se je fes un
molin en me terre, là u je pui et doi, et li molins de
mon voisin en vaut mains, porce qu'il n'i va pas tant
de gent comme il soloit; ou porce que je fes meillor
marcié de maurre qu'il ne fet : por tex damaces ne doit
pas estre ostés mes molins, car c'est li communs porfis
de çascun, que çascuns puist fere son preu, et se tere
amender, sans tort fere à autrui.

4. Çascuns sires qui a bones viles dessoz li, es queles
il a communes, doit savoir çascun an l'estat de le vile
et comment ele est demenée et gouvernée par lor ma-
jeurs et par cex qui sunt establi à le vile garder et
mainburnir, si que li rice soient² en doute que, s'il
meffont, qu'il seront griement pusni, et que li povre
es dites viles puissent gaaignier lor pain en pés.

5. Noz avons veu moult de debas, es bones viles,
des uns contre les autres, si comme des povres contre
les rices, ou des rices meismes contre les rices; si
comme quant il ne se poent acorder de fere majeur,
ou procureur, ou avocas; ou si comme li un metent
sus as autres qu'il n'ont pas fet des rentes de le vile
ce qu'il doivent, ou qu'il ont conté de trop grans

---

¹ *Onques mais. Si sachies que che est à entendre.* B. — ² *Les riches
houmes ne soient.* B.

mises; ou si comme les besongnes de le vile vont mal-
vesement por contens ou maltalens qu'il muet l'uns
lignages contre l'autre. En toz tex cas, sitost comme
le connissance en vient au segneur de le vile, il y doit
metre hastiv conseil, en tel maniere que se li contens
est por fere majeur ou autres persones convenables à
le vile garder, li sires les doit metre de son office, tix
qu'il sace qu'il soient convenable en l'office où il les
metra. Et cil qui en ceste maniere y sunt mis par le
segneur, porce qu'il ne se poent acorder, s'il fet son
devoir en l'office, il y doit estre au mains un an. Au quief
de l'an, se le vile est apesié, par quoi il se puissent
acorder à metre autres, fere le poent, aussi comme il
ont devant acoustumé; et s'il ne se poent encore acor-
der, cil que li sires y mist, y demorent encore, s'il n'en
sunt osté par le segneur pour metre autres. Et li sires
les doit fere paier de le vile selonc ce qu'à lor offices
apartient.

6. Se li contens de le bone vile est sor les coutes
de le bone vile [1], li sires doit fere venir par devant li toz
cex qui ont fetes les reçoites de le vile et les despens,
depuis le tans qu'il commencerent les cozes à recevoir
et à paier; et savoir qu'il rendent bon conte et loial,
si que le vile ne soit pas damacié par lor convoitise de
malvesement retenir les biens du commun. Et se cil
qui doivent rendre conte s'escusent qu'il le rendirent
autrefois en le presence du commun, et s'en tinrent
apaié, parce qu'il nel debatirent pas : en tel cas ne sunt
il pas tenu à conter de requief, car il soufist s'on a
conté une fois à cix à qui on doit rendre conte, puis-

---

[1] *Est pour le contens de le ville.* B.

c'on se part du conte sans debat; s'ainsi n'est que cil
qui rechurent le conte metent avant mesconte ou de-
chevance, car adont convenroit il que li contes fust
recordés.

7. Noz veons plusors viles que[1] li povre ne li moien
n'ont nules des aministrations de le vile, ançois les ont
li rice toutes, porce qu'il sunt douté du commun por
lor avoir où por lor lignage. S'il avient que li un sont
un an[2], majeur, ou juré, ou receteur, en l'autre anée
le font de lor freres, ou de lor néveus, ou de lor pro-
chains parens, si que, en dix ans où en douze, li rice ont
les aministrations des bones viles; et après, quant li
communs veut avoir conte, il se queuvrent qu'il[3] ont
conté li uns à l'autre; mais en tel cas ne lor doit il pas
estre soufert, car li conte des cozes communes ne
doivent pas estre recheu par cex meismes qui ont à
conter. Donques, doivent tex contes estre rendus en le
presence du segneur de le vile, ou d'autres de par li,
et en le presence d'aucuns estavlis, de par le commun,
à oïr tel conte et à debatre loi, se mestiers est. Et quant
tex contes est fes, on doit premierement fere conter
cex qui furent receveur, et après savoir que les reçoites
sunt devenues. Et de tout che dont il ne porront
rendre bon conte, il doivent estre contraint à rendre
sans delai, par le prise de lor cors et de lor biens.

8. Quant contens muet entre cix d'une bone vile
por mellée ou por haine, li sires ne le doit pas soufrir,
tout soit ce que une des parties ne se daigne plaindre,
ançois, de s'office, il doit penre les parties et tenir en

---

[1] *Pluriex de bounes villes où.* B. T. — [2] Manque dans B. — [3] *Il se queuurent de che que il.* B.

prison dusqu'à tant que certaine pes soit fetc entr'eus,
ou drois asseuremens, se pes ne se pot fere ; car autre-
ment se porroient les bones viles perdre par les mal-
talens qui seroient des uns lignages as autres.

9. Grant mestiers est aucunne fois que on sequeurre
les bones viles de commune en aucun cas, aussi comme
on feroit à l'enfant sous aagié ; si comme se li meres
ou li juré qui ont les besognes à gouverner, fesoient
fraude ou malice, par quoi le vile fust desheritée ou
endetée, et il en avoient fet lor porfit malicieusement ;
car en tel cas, seroient il tenu à restorer le damace à
le vile ; et s'il n'avoient tant vaillant, si ne devroit pas
le coze tenir, qui fu malvesement et malicieusement
fete. Mais, porce que li malice sunt aucunes fois fet
par cex qui ont les cozes de le vile à gouverner, et cil
qui les reçoivent n'i pensent aucunne fois point de ba-
rat, ançois quident qu'il le facent por le porfit de le
vile, si est resons qu'il r'aient lor catel sauf, puisqu'il
ne sorent le barat. Car autrement ne saroit[1] on ou mar-
ceander, ne fere convenences à cix qui gouverneroient
les besongnes des bones viles. Mais s'on pot savoir
qu'il soient compaiguon d'un[2] malice, il doivent estre
compaignon de rendre le damache.

10. Moult de contens muevent es bones viles de
commune por lor tailles, car il avient souvent que li
rice[3] qui sunt gouverneur des besognes de le vile,
metent mains qu'il ne doivent, eus et lor parens, et de-
portent les autres rices homes, porce qu'il soient de-
porté, et ensi quort tous li fres sor le commun des
povres. Et par ce ont esté maint mal fet, porce que li

---

povre ne le voloient soufrir, ne il ne savoient pas bien
le droite voie de porcacier lor drois, fors que par eus
corre sus. Si en ont li aucun esté ocis, et les viles mal-
mises par les faus empruneurs; donques, quant li sires
de le vile voit mouvoir tix contens, il doit corre au de-
vant, et doit dire au commun qu'il les fera taillier à droit
et les rices aussi; et adont il doit aidier le taille à fere
par loial enqueste, aussi les rices comme les povres,
çascun selonc son estat et selonc ce qu'il est mestiers
en le vile que le taille soit grans ou petite; et puis doit
contraindre çascun qu'il pait ce qui est levé de le taille,
là u il est plus grans besoins au porfit de le vile. Et en
ce fesant, porra estre li contens de le vile apaisiés.

11. Bien se gardent cil qui sunt taillié selonc ce
qu'il ont de muebles ou d'eritages, quant il lor con-
vient jurer lor vaillant, qu'il dient verité; car s'il ju-
roient mains qu'il n'ont, et il en estoient ataint, il
perdroient[1] tout le sorplus[2], li quix sorplus seroit au
segneur par qui le taille seroit fete; fors tant c'on me-
troit en taille selonc ce qu'il jura à le livre, c'est à en-
tendre : s'il devoit paier de cent livres, dix livres, et
on trovoit cent livres, par desor son serement : dix livres
converroit[3] en le taille, et li quatre vingt et dix livres
seroient aquis au segneur. Mais se le vile fesoit le taille
sans le segneur, le sorplus qui est trouvés de tix par-
jures[4] est aquis à le vile et non pas au segneur. Et ce
entendons noz des viles qui ont pooir de fere chartres
par les poins de lor previlieges.

12. S'il avient qu'aucune commune doie plus qu'ele

---

[1] *Aroient perdu.* B. — [2] *Le seur plus.* B. — [3] *Si encourroient.* B. —
[4] *De chaus qui se parjurent.* B.

n'a vaillant, parce qu'il ont esté malvesement mené
de lonc tans, par quoi il convient qu'ele soit à mes-
quief por paier ce qui a esté mescreu[1], et ele n'a pooir
de tant paier : on doit regarder les queles doivent estre
premierement paiées, car se denier lor furent presté
sans uzure, il doivent estre mix paié que les uzerier;
et se denier lor furent baillié à garder, il les doivent
rendre enterinement et sans deport, et mix que les
rentes à vie, des queles le catix a esté levés. Donques,
quant une vile est à ce menée qu'ele ne pot paier,
avant toute oevre elle doit rendre les communaltés[2],
et après ce qui lor fu presté sans uzure, et après le
catel qu'il ont eu des uzeriers et le catel de cix à qui
il doivent rentes à vie, selonc ce qu'il ont vaillant; et
au sorplus poent il[3] avoir deport par les sovrains se-
gneurs, porce que le vile ne se despiece et defface du
tout. Neporquant, s'il ont tant vaillant qu'il puissent
tenir toutes lor convenences les queles font à tenir,
sans ce que le vile soit toute degastée, il doivent estre
contraint au fere.

13. S'aucuns a rente à vie sor[4] aucunne vile de com-
mune, et il le vent à autre persone, le vile le pot avoir
s'ele veut, avant qu'ele face nul paiement à celi qui
l'aceta; car après ce qu'ele seroit entrée en paiement,
ne le porroit ele ravoir par le pris, car ele se seroit
acordée au fet, à le volenté du vendeur et de l'aceteur.
Et por ce converroit il que la rente fust paiée à celi
qui l'aceta tout le vivant du vendeur; car li marciés
que le bone vile fist, ne se remue fors tant que li

---

[1] Ce que il ont acreu. B. T. — [2] Coumandes. B. T. — [3] Bien. B.
— [4] Dessus. B.

aceteres en doit goïr en le maniere que li venderes en goïsssoit; car, sans l'acort de le vile, ne se pot le vile cangier.

14. Tout cil qui sunt es viles de commune manant et abitant ne sunt pas tenu à estre aillors taillés, ançois en sunt aucunnes persones exeptées, si comme cil qui ne sunt pas de lor communes; ou gentil home, li quel ne se mellent pas de marceander, ançois se cevissent de lor heritages qu'il tienent en franc fief de signeur; ou clers qui ne marceandent pas, ançois se cevissent de lor patremongne ou de lor benefices qu'il ont en saint Eglise; ou cil qui sunt el service le Roi, car li services, tant comme il y sunt, les francist à ce qu'il ne paient ne taute ne taille. Neporquant, s'aucune des persones desus dites a heritages vilains dedens le banlliue de le vile de commune, et mouvans de le dite vile, que le justice en soit à le vile : tel heritage ne sunt pas quite de le taille de le vile, quelque persone qui les tiengne, se li aucun de tix heritages ne sunt clamé quite par priviliege; si comme on voit qu'au-cunnes eglises ont bien heritages vilains es bones viles, dont il paient les chens et le rente à le commune; et si ne poent estre taillié, parce qu'il lor fu ainsi otroié anciennement[1], ou qu'il l'ont tenu si lonc tans sans taille paier, que par longe tenure lor est acquise fran-cise d'estre delivré de le taille. Mais s'il ne fu onques mestiers de taillier les heritages d'aucunne vile de commune, et il en estoit mestiers de novel, on ne se porroit pas aidier de le longe tenure. Donques, cil

---

[1] *Au commenchement.* B.

qui veut dire que ses heritages ne doit pas estre tail-
liés, porce qu'il ne le fu onques, ce doit estre entendu,
quant li heritage ont esté taillié autrefois, et cil, el
tans que li autre furent taillié, demora frans.

15. Noz avons veu aucuns [1] signeurs qui ne voloient
pas soufrir que les persones qui sunt de communes
acetassent dessoz eus, ne en fief n'en vilenages; et des
fiés ont il droit, par le reson de che qu'il est deffendu,
par l'establissement le Roi, que borgois ne hons de
poeste n'acate fief. Mais des vilenages font il tort qu'il
ne voelent pas soufrir, car çascunne persone de com-
mune se pot acroistre en heritages vilains et en le
vile dont il est et en autre. Car s'il ne fet de l'iretage
ce qu'il doit, li sires, de qui li heritages muet, le pot
justicier comme son tenant, de ce qui li pot demander
par le reson de l'iretage. Et se cil qui est de le com-
mune ne veut venir à ses ajornemens, ne penre droit
par devant li, li sires se pot penre à l'eritage por ses
amendes des defautes, et por fere droit de ce c'on y
seust dire et demander sor l'eritage; car çascuns doit
deffendre son heritage par devant le segneur de qui il
muet.

16. Tout avons [2] noz dit que çascunne personne de
commune singulerement se pot acroistre en heritages
vilains, se le communetés se voloit acroistre, il ne li
seroit pas soufert; car malvesement porroit justicier
uns petit sires l'eritage dont le proprieté seroit à une
commune; et meesmement ventes n'en porroient puis
venir as signeurs, s'ele n'estoit vendue par l'acort du

---

[1] *Aucunne fois*. B. — [2] *Aions*. A.

commun, le quele coze ne seroit pas legere à fere. Et si loist bien à çascun segneur qu'il ne prengne si fort tenant [1] qu'il ne le puist justicier se mestiers est. Donques, s'aucuns heritages est vendus à commune, li sires pot denier le saisine à fere; et se li heritages fu laissiés à le commune en testament, li sires de qui il muet li pot commander qu'ele l'oste de se main dedens an et jor, en le maniere c'on fet des heritages qui sunt baillié as eglises.

17. Çascuns qui est de commune, la quele a justice, doit penre droit par devant cix qui en le vile sunt establi por le justice garder, comme feroit uns estranges qui ne seroit pas de le commune. Et s'on li defaut de drois ou de faus jugement, il pot aussi apeler d'aus; et doit estre li apiax demenés par devant le seigneur à qui li resort de le commune apartient, et non pas par gages de bataille, mais par les erremens de plet. Et comment on doit aler avant en tel cas, nous le dirons el capitre des apiaus [a].

Explicit.

Ici define li capitres des gens des bonnes villes et de leurs drois [2].

CAPITRES LI.

Pourcoi il loist as seigneurs à sezir et à tenir en leurs mains [3], et comment il en doivent ouvrer au profit de leur sougiez et en gardant leur droit.

1. Bonne coze est que li segneur sachent por quel cause il loist as signeurs à saisir sor autrui, et por

---

[1] *Prengne à deveer si fortement.* B. — [2] B. — [3] Ce qui suit manque dans A.

[a] Chapitres LXI et LXII.

quix cozes il lor loist à tenir en lor mains les des-
saisines qui sunt fetes de lor sougès, d'eritages ou
d'engagemens, si en parlerons briement en ceste
partie.

2. On doit savoir que les causes por quoi li segneur
poent saisir sor lor sougès, si est por le souspeçon de
toz cas vilains; et aussi fet il le cors du souspechon-
neus prendre et tenir, aveques l'avoir saisi, dusqu'à
tant qu'il se soit espurgiés du meffet, ou justiciés, s'il
en est atains; et li quel cas sunt de crieme, et comment
on en doit ouvrer, il est dit el capitre des cas de
crieme[a].

3. Tout soit il ainsi que li segneur tiengnent saisi
le cors et l'avoir de celi qui est tenus por sozpechon[1]
de cas de crieme, ou qui en est acusés, por ce ne de-
more pas que, tant comme li ples dure, ou tans qu'il
est en prison, que li sires ne li doie fere livrer, et à
se feme et à se mesnie, du sien; car dusqu'à tant qu'il
est atains du meffet, il ne doit perdre qu'il n'ait se
soustenance sor ses cozes. Mais toutes voies, ce doit
estre fet par le segneur desoz qui il est à justicier.
Et se li acusés tient de plusors segneurs, çascuns des
signeurs tient saisi ce qu'il tient desoz li. Et se li
acusés ou souspeçonnés pot livrer pleges de le valeur
que li segneur tienent saisi, recreance li doit estre
fete des cozes saisies. Et s'il ne pot ou ne veut, çascuns
sires en se justice pot tenir saisi, dusqu'à tant qu'il
soit absaus du meffet, sauf ce que çascuns doit metre
à le soustenance de li et de se mesnie selonc ce que

---

[1] *Soupechouneus.* B.

[a] Chapitre xxx.

çascuns tient du sien. Et se li acusés vient à gages du
fet c'on li met sus, adont doit il avoir en delivre
toutes les cozes, le plet pendant; et en pot penre, à se
volenté, por son vivre, et por se mesnie, et por metre
en le deffense de son plet; car autrement porroient il
malvesement sostenir plet de si grant coust.

4. S'aucuns est acusés de vilain cas, en le cort du
segneur à qui il est à justicier, et il a du sien desoz
plusors signeurs, il ne convient pas qu'il se voist def-
fendre en le cort de çascun por le sien ravoir delivre,
ançois souffist assés s'il se delivre en le cort là[1] u il fu
acusés du meffet. Mais qu'il soit delivres par jugement,
car s'il se partoit de le cort, par don ou par pramesse
fete au signeur, ne à le partie, noz creons, en tel cas,
que ses avoirs, qui seroit desoz les autres signeurs, ne
seroit pas toz delivres, se il ne s'espurgoit en tel maniere
que li segneur seussent qu'il n'i avoit coupes. Mes ce
entendons noz quant li bien de l'acusé sunt en diverses
justices, que li uns des signeurs ne tient pas se justice
de l'autre. Car voirs est que se li rois rapele aucun
bani, tout fust il banis du roiame sor le hart, ou il
sueffre que pes soit fete d'aucun acusement, il convient
que tuit li segneur de qui li banis ou li acusés tenoit,
li rendent tout ce qu'il tenoient du sien par le ban-
nissement ou por l'acusation, sauf ce qu'il ne rendent
pas les despueilles qu'il ont levées de lor heritage, ne
les muebles qu'il esploiterent el tans du banissement.
Et aussi disons noz que quant aucuns banis ou acusés
a le pes de son signeur qui tient en baronnie, li sou-
get du baron lui doivent rendre en le maniere desus-

---

[1] *De chelui.* B. T.

dite[1], car qui a le peris du sovrain, il doit avoir le pais
du souget. Et çascuns doit savoir que li Rois pot fere
tex rapiax ou soufrir tele pes qu'il li plest, par son
droit, et li baron aussi en lor baronnies, de cex qui
ne sunt bani que de lor teres tant solement; car il ne
le poent pas fere de cex qui sunt bani du roiame, sans
le Roi; mes ce pot li Rois sans eus, et nus des autres
après le Roi. Et après, les barons n'ont pooir de ra-
peler banis de vilains cas de crieme, ne penre loier
ne pramesse de nul vilain cas dont li ples soit en lor
court; et s'il le font, li segneur de qui il tienent, poent
penre lor justice comme meffete, et ce qu'il oevrent
de le pes ou du rapel. Et se li segneur n'i metent lor
mains de degré en degré, si comme il tienent li uns
de l'autre, lor sires, qui tient en baronnie, y pot metre
le main et penre le rapelé, et justicier come bani, ou
depecier le pes qui fu fete en le cort de son souget,
et metre le plet par devant li. Car cil qui tient sa jus-
tice d'autrui, doit fere droite justice, non pas vendre
ne penre loier por le deport; mes es cas où pités et
misericorde ont liu, lor loist il bien fere debonere
soufrance sans[2] loier. Et li cas que il sunt, il est dit
el capitre des cas d'aventure[a].

5. Noz avons parlé des saisines que li segneur poent
fere por cas de crieme, or sunt autres saisines des-
quelles on doit ouvrer radement, en prenant[3] les cors
et en saisissant les avoirs; c'est à savoir de cix c'on
doit contraindre à fere asseurement, ou de cix qui ne

---

[1] *En la maniere que il est dit dessus des sougiès le Roy.* B. T.
— [2] *Sans penre.* B. — [3] *Prendant.* B.

[a] Chapitre LXIX.

voelent alongier les trives qu'il donerent autrefois en
le maniere qu'il les donerent; ou de cix qui ne voe-
lent doner trives, ançois voelent guerroier contre le
volenté du Roi ou du segneur qui tient en baronnie.
Por toz tex cas, ou por toutes teles desobeissances,
doivent li segneur radement saisir et fere damace par
grant plenté de gardes, et penre les cors tant que pes
soit fete ou asseurement, ou trives donées.

6. Autres manieres de saisines sunt, les queles sunt
et doivent estre plus deboneres[1]; si comme quant li
sires saisist por se dete, ou por ses amendes, ou por
le dete d'autrui. Et neporquant il a diference entre le
dete d'autrui et le dete du segneur; car li Rois, ou
cil qui tient en baronnie, pot, por se dette et por ses
amendes, retenir le cors de son souget en prison; mais
ce ne pot il pas fere por le dette d'autrui, se li detes[2]
ne s'i est obligiés par letres, ou par devant justice, ou
devant bones gens.

7. Quant aucuns s'est[3] obligiés à tenir prison por
se dete ou por l'autrui[4], s'il pot bailler nans dusques
à le valeur de le dete, ses cors doit estre delivres de
le prison; et s'il est si povres qu'il ne puist bailler nans,
ne qu'il ait de quoi vivre du sien, li creanciers li doit
livrer son vivre; et non pas autel vivre comme on fet
à cix qui sunt tenu por vilain cas en prison, mais plus
soufisant; car cil qui sunt tenu por vilain cas en prison,
lor vie est établie à avoir cascun jor denrée de pain et
de l'yaue, et ce seroit male coze que se cil qui sunt
tenu por dete en prison fussent si grevé. Et por ce, s'il

---

[1] *Que chelles qui sont dittes dessus.* B. T. — [2] *Chelui qui doit.* B.
— [3] *Est.* B. — [4] *Autrui.* B.

ont du lor, on lor doit aministrer selonc lor volenté;
et s'il n'ont riens, cil qui en prison les font tenir, lor
doit livrer pain et vin et potage, tant comme il en poent
uzer, au mains une fois le jor. Et quant il ara esté qua-
rante jors en prison, se li sires qui le tient voit qu'il
ne puist metre nul conseil en le dete, et il abandone
le sien, il doit estre delivres de le prison; car ce seroit
contraire coze à humaine[1], c'on laissast toz jors cors
d'omme en prison por dete, puis c'on voit que li crean-
ciers ne puist estre paiés pour le prison.

8. Noz avons dit parties des causes por les queles il
loist as signeurs saisir les cors et les avoirs de lor sou-
gès, or dirons après por quix causes il lor loist à saisir
et tenir en lor main, comme en main sauve, les cozes
de lor sougès.

Quant ples muet entre deus parties par devant au-
cun segneur, et çascunne des parties se tient pour
saisis, li sires doit penre le coze en se main, dusqu'à
tant qu'il set par le pledoié à qui le saisine apartient,
et puis rendre à celi à qui il le doit rendre.

9. Toutes les fois qu'aucuns se plaint de force de
novele dessaisine, li sires doit penre en se main, et puis
connoistre de le noveleté, si comme dit est el capitre
de novele dessaisine[a].

10. Se ples muet d'aucuns biens qui soient laissié en
testamens, entre[2] les executeurs d'une part et autres
gens d'autre, li sires doit penre les biens dont contens
est, en se main, si ques il ne soient pas degasté le plet
pendant. Et aussi disons noz por les orfelins et por les

---

[1] *Humanité.* B. T. — [2] *Ou entre.* B.

[a] Chapitre xxxii.

sous aagiés, car li mort et li orfelin et li sous aagié ont grant mestier de le main au signeur, quant ples muet de lor cozes [1].

11. S'il [2] avient aucunnes fois qu'aucuns fet manaces à autrui qu'il li fera damace de ses cozes, et li manecié vient au signeur et li requierent qu'il y mete conseil : li consaus doit estre tex que se les maneces sunt provées, il face que les cozes soient asseurées; et se les maneces ne sunt provées, mais il y a presontions, si comme de haine ou de paroles couvertes, li sires, de son office, pot penre les cozes en se main et en se garde, et deffendre à celi qu'il a souspeçonné des maneces, qu'il ne mefface riens envers celi, sor quanques il [3] pot meffere. Et s'il y meffet sor cele deffense, il doit restorer le damace, et si quiet en l'amende du segneur à volenté.

12. Quant contens muet entre parties, soit gentil home ou de poeste, si comme par mellée ou par manaces, et l'une partie ne l'autre ne se daingne plaindre : li sires, de son office, doit penre le contens en se main, et li coze porquoi le contens mut, et deffendre que li uns ne mefface riens à l'autre, et offrir droit à fere, s'il se voelent plaindre l'un de l'autre. Et se nules des parties ne voelent obeir au commandement du segneur, ou l'une y veut obeir et l'autre ne veut obeir, adont doit penre li sires les cors et saisir les avoirs par les desobeissances. Et s'il ne pot, porce qu'il se sunt trait arriere, il les face [4] apeler à ses drois, et metre garde sor eus, si que por le damace esquiver et pour le peur d'estre bani, il viengnent avant; et s'il ne voelent

---

[1] Costé. B. — [2] Il. B. — [3] Dessus tout che que il. B. — [4] Faiche. B.

venir avant por rient, il soient bani, et tout lor bien
saisi et levé et esploitié en le main du segneur. Et en
quele maniere banissement est fes, il est dit u capitre
des cas de crieme[a].

13. Il avient aucunne fois que deus parties ont
guerre, ou contens, ou convenences li uns as autres,
des queles deus parties l'une est à justicier à un sei-
gneur et l'autre à un autre, ne ne sunt pas li segneur
souget l'un à l'autre[1]; si comme l'une des parties maint
desoz le conte de Clermont, et l'autre partie desoz le
conte de Dant-Martin; si avient à le fois que li uns des
signeurs veut bien penre le contens en se main, de le
partie qu'il a à justicier, et li autres ne veut, porce que
nule des parties ne le veut requerre. Et ce seroit mal
fet se l'une des parties estoit en prison por l'ofice du
segneur, et l'autre partie estoit au large; et por ce noz
est avis que, se li deus segneur ne se voelent consentir
à ouvrer ent, ainsi li uns comme li autres, en justi-
chant, li uns ne doit pas justicier, puisque li autres ne
s'en melle, et puisque partie ne le requiert. Mais se
le partie qui est a justicier au conte de Clermont, re-
quiert au conte de Dant-Martin qu'il face avoir trives
ou asseuremens de le partie qui est ses justichavles, li
quens de Dant-Martin le doit fere, en tele maniere que
le partie qui le requiert, se lie, en le trivé ou en l'as-
seurement, aussi comme il le veut avoir. Et se le trive
est puis enfrainte, ou li asseuremens brisiés, çascuns
des signeurs en doit justicier le partie qui est dessoz li
à justicier, et nient l'autre partie, s'il n'est pris en

---

[1] *Ne.... l'autre* manque dans B.

[a] Chapitre xxx.

present meffet. Et quant trives sunt à alongier, çascuns
des signeurs les doit fere alongier par devers soi, se
partie le requiert; et se partie ne le veut requerre,
porce qu'il voelent[1] bien le guerre, si poent bien li sen-
gneur penre le contens en lor mains, por les haines et[2]
por les contens oster.

14. Or veons porquoi li sires pot saisir et penre en
se main le dessaisine de l'iretage de son souget, comme
por soi; et à le fois comment il le pot penre por soi,
tout n'en dessaisisse pas ses sougès[3].

L'une des causes si est, quant li sires a sommé son
souget qu'il li pait ses cens ou ses rentes, et les arrie-
rages qu'il li doit, dedens un an et un jor; et se li sou-
gès ne le fet, li sires pot penre li treffons de l'iretage
comme le sien propre, et pot encore demander les
arrierages du tant[4] qu'il tint les heritages sans paier,
exeptés les teres campartix, car eles ne sunt pas perdues
à cix à qui eles sunt, por laissier un an ou deus en fries;
mes s'on les gaaigne après, li sires pot fere saisir les
despuelles, tant que ses grés soit fes du campart qu'il
y peust avoir de son droit, se le tere eust esté main-
burnie à son droit. Et s'on veut lessier le tere en fries
plus de trois ans, li sires le pot fere labourer, s'il li
plest, en se main; en tele maniere que se li treffonsiers
y veut revenir, li sires penra premiers son laborage et
son campart de l'anée presente et des anées passées que
le terre deust avoir porté. Et s'il avient qu'aucuns ait
lessié se tere campartel[5], en fries par dix ans, li sires le
doit et puet penre puis lueques en avant comme le soie;
car il apert que cil qui tant l'a lessié sans labourer, le

<hr/>

[1] Que il i veulle. B. — [2] B. — [3] Tout ne s'en dessaisisse pas son sou-
get. B. — [4] Du tant manque dans B. — [5] Qui estoit à campart. B.

lesse por le campart; exepté les teres as orfelins et as
sous aagiés, et celes qui sunt tenues en bail ou en
doaire, et celes qui sunt à cix qui sunt outremer, ou
en estranges teres, et demeurent en fries, parce qu'il
n'est qui por eus le face; car tuit cil poent revenir à
lor teres, par les arrierages paians au seigneur.

15. Par autre cas pot encore li sires penre l'eritage,
en se main, de son souget, comme sien, tout soit ce que
li souget ne s'en dessaisisse pas; si comme por forfe-
ture, quant li forfes est tix que li bien mueble heritage
sunt aquis au segneur, en quel tere il soient trové. Et
li quel forfet sunt si grant, que li bien du forfeteur
sunt aquis au segneur, il est dit u capitre des cas de
crieme [a].

16. Encore pot penre li sires l'eritage de son souget
sans dessaisine, por se dete ou por l'autrui, conneue
ou provée par devant li; ou por son obligement, ou
porce qu'il l'a mis hors de se main par vente, ou par
don, ou par testament, ou par escange. Mes quant li
sires suit por tex cas, li heritages qui est tenus en vi-
lenage, n'est pas por ce perdus au treffonsier, ançois
s'en passe par amende, selonc le meffet et selonc le
coustume des liex. Et quele le coustume est de çascun
meffet, il est dit el capitre des meffès [b].

17. Quant li sires voit que aucuns tient heritage d'or-
felins, ou de soz aagiés, ou de fol naturel, au quel il
convient avoir garde, ou par title [1] de bail, ou de garde,
ou de doaire, et il oevrent de l'iretage autrement qu'il ne
doivent; si comme s'il le voelent vendre, ou doner, ou

---

[1] *Terre*. B.

[a] Chapitre xxx.
[b] Chapitre xxx.

estrangier, ou essillier, ou coper arbres fruit portans,
ou arbres qui aient [1] soissante ans ou plus d'aage; ou
coper bois qui ne soit pas de l'aage de sept ans : li sires,
de son office, si tost que le connissance en vient à li,
le pot et doit saisir en se main, por garder et por sauver
le droit as persones dessus dites; tout soit ce que nus
ne se face partie contr'eus qui malvesement voelent
ouvrer des heritages qui doivent estre à aucune des
persones dessus dites; car eles sunt toutes en le garde
du segneur, quant li aministreur ne font des [2] cozes ce
qu'il doivent.

18. S'aucuns se dessaisist de l'iretage qu'il quide qui
soit siens, ou de l'iretage qu'il [3] set bien qui n'est pas
siens, par cause de vente, ou de don, ou d'ammosne,
ou d'escange, ou d'engagement; et aucun le debat à le
dessaisine, en disant que cil n'i a droit qui dessaisir se [4]
veut, mais à li apartient li drois de l'iretage : li sires,
en tel cas, doit tenir le saisine en se main; et après,
avant qu'il en saisisse nului, il doit connoistre du droit
de celi qui debati que le sesine ne fust pas baillié à au-
trui hastivement. Et s'il voit que li debateres, qui le
debati [5], le debatesist par cause de proprieté, mais bien
connoist que cil avoit le saisine, qui se dessaisi : en tel
cas li sires doit baillier le saisine à celi por qui le des-
saisine fu fete, en autel point comme cil l'avoit qui se
dessaisi; et après pot li debateres pledier à li sor le
proprieté. Mais se li debateres dist au segneur : « Sire,
« de cel heritage dont Pierres se veut dessaisir et dont
« il voz requiert que voz saisissiés Jehan, il n'en est pas

<hr/>

[1] XL ans ou. B. — [2] De leur. B. — [3] Que il croit et. B. — [4] S'en. B.
— [5] Manque dans B.

« saisi, ançois en sui je en saisine » : en tel cas doit li
sires tenir le saisine en se main, dusqu'à tant qu'il sace
au quel le saisine en apartient ; et selonc ce qu'il trueve,
fere droit.

19. Porce que noz parlasmes ore que li heritage ne
sunt pas forfet, quant li sires les prent en se main,
porce qu'il les trueve estrangiés, sans son otroi, en autre
maniere qu'il ne deussent, noz deismes bien que c'estoit
des heritages qui sunt tenu en vilenage, car cil qui
sunt tenu en fief poent en tele maniere estre estrangié
ou esbranquié, qu'il sunt forfet au signeur. Et en quel
cas il se forfont, il est dit el capitre qui parole com-
ment li fief se poent alongier ou aprocier à lor segneurs
par coustume [a].

20. Çascuns doit savoir quant uns heritages est ven-
dus, soit en fief ou en vilenage, et li venderes se des-
saisist en le main du segneur de qui li heritages muet,
et li requiert qu'il en saisisse l'aceteur : se li aceteres
est du lignage au vendeur et du costé dont li heritages
vient, li sires ne pot pas retenir le saisine en se main,
por avoir l'eritage par le bourse ; mais se li aceteres est
estranges, ou il apartient au vendeur d'autre costé que
de celi dont li heritages muet, li sires pot retenir le
saisine por soi, par le bourse païant au vendeur ; car
li sires est plus pres de ravoir par le bourse ce qui muet
de li, que n'est persone estrange.

21. Bien se gart li sires qui veut avoir l'eritage mou-
vant de li par le bourse, que il retiengne le saisine en se
main, quant li venderes en [1] est dessaisis, et qu'il n'en

[1] S'en. B. Est. T.

[a] Chapitre XLVII.

saisisse pas le persone estrange qui l'aceta; car s'il en
avoit baillié le saisine, il ne porroit pas dire après qu'il
le deust[1] avoir par le bourse, puisqu'il en aroit saisis
l'aceteur comme sires. Donques, convient il, quant
aucuns sires veut avoir par le borse l'iretage, qu'il
tiengne le saisine sans autrui saisir. Et se li sires dist:
« Mes sergans fist le saisine en derriere de moi et sans
« mon commandement », ce ne li vaut riens, se li ser-
gans avoit le pooir du segneur de serganter en tel cas,
si comme on voit que li sergant sunt en l'aministration
de saisir et de dessaisir por lor segneurs. Car bien se
gart çascuns sires quel sergant il met en se justice por
justicier, car il ne pot rapeler ce que ses serjans fet en
justichant, ançois convient qu'il le tiegne à soi; exepté
les cas de crieme dont on pot perdre vie ou membre,
car de tix cas pot li sires desavoer le fet de son sergant,
s'il n'est atains de ce qu'il li[2] feist fere.

22. Quant li sires tient[3] en se main le saisine d'aucun
heritage vendu, qui de li muet, li parent au vendeur
qui peussent[4] venir à le rescousse contre estranges per-
sones, n'ont pas perdu lor droit de le rescousse, por
ce, se li sires en a retenu le saisine en se main par le
bourse; ançois le poent aussi bien rescorre contre le
segneur comme il feroient contre une autre[5] persone;
et aussi bien ont il l'an et le jor contre le segneur,
comme il aroient contre estrange personne. Et com-
mence li ans et li jors, le jor que li sires retint le sai-
sine en se main. Ne li sires ne fet pas loiaté qui le con-
tredist, ne qui por ce en fet anui au rescoveur; car on

---

[1] *Peust.* B. — [2] *De che que on li.* B. — [3] *Retient.* B. T. — [4] *Pense.* B.
— [5] B *Estrange.* A. T.

ne doit nului savoir mal gré, se il requiert son droit debonerement et cortoisement.

Explicit.

Ici define li capitres qui parole pour les quelles causes les seigneurs doivent saizir et tenir en leur mains assés de pluirez chozes [1].

CAPITRES LII.

Chi commenche li LII. capitre, qui parole des cozes deffendues et des cozes qui sont prises por meffait ou por damages [2], et comment on doit penre et comment on doit ouvrer de le prise [3], et des hyretages vendus par force de ventes.

1. Çascuns de cix qui ont teres et justiches doivent savoir comment il poent et doivent penre en justichant, en tele maniere qu'il ne meffacent à autrui; et tout soit il ainsi que noz parlons des prises en plusors liex en cest livre, si comme el capitre des meffès [a] et ailleurs, por ce ne lerons noz pas que noz n'en facons ci endroit un capitre, et à par soi, por enseguier les queles prises sont à droit faites et les queles à tort.

2. Tout cil prendent à droit, qui en lor propre justice et en lor propre segnorie, ou en cele dont il sont garde por autrui, prendent gens ou bestes en present meffet; si comme gens en fesant mellée, ou fesant damaces en liex deffendus, ou coupant en bois, ou bestes en deffenses, à [4] garde fete. Et des amendes, queles eles sunt selonc le maniere des prises, il est dit el capitre des meffès [a].

---

[1] B. — [2] B. — [3] Ce qui suit est dans B, et manque dans A. — [4] B. *Gardans à.* A.

[a] Chapitre xxx.

3. Nule prise ne doit estre faite en teres wides, u tans qu'eles ne sunt pas en deffense, si comme les terres dont li blé et li tremois[1] sunt levé; car en celes pot on aler les[2] travers, dusqu'à tant qu'eles sunt mises en point de porter despuelles. Car si tost que le terre a se derraine roie pour semer blé, ele quiet en deffense, par nostre coustume. Et les terres où on doit semer mars sunt en deffense, puisqu'eles sunt arées por semer; et li prés, puis mi-mars dusques adont qu'il sunt fauquié; et li lieu enclos, en toutes sesons; et li bois, en toutes sesons, et les vignes, selonc le coustume des viles où eles sunt; car il sunt tex viles où les bestes poent aler es vingnes du tans qu'eles sunt vendengiés, dusqu'à tant c'on les taille au printans; et en tex viles où eles ne vont pas en nule saison, si convient uzer des vignes selonc le coustume des liex où eles sunt. Mais des autres teres que noz avons dites, est le coustume generax par tout Biauvoisis; si doit on savoir que en celes qui toz jors sunt en deffense, c'on y pot bien penre en toutes sesons quiconques y trueve forfaisant; et es autres, el tans qu'eles sunt en deffense par nostre coustume.

4. Es[3] blés somés el printans, poent les gens aler, por querre les erbes et les porées, les[4] travers, sans fere voie ne sentier, dusqu'à tant qu'il soient deffendu por le grandeur des blés; car el tans qu'il sunt petit, il ne font fors amender de coïllir les erbes, et si en est li païs aaisiés. Mais puis qu'il devienent grant, et qu'il voelent monter en tuel[5], il en empirroient; et por ce,

---

[1] Si coume les terres où les tramois. B. — [2] Le. B. — [3] Les. B. —
[4] Le. B. — [5] Tuiel. B.

les pot on adont deffendre. Et s'aucuns veut deffendre c'on ne voist es siens nule fois, il ne li doit pas estre soufert, se plainte en vient; porce que ce seroit contre le commun porfit.

5. Pourcel ne doivent en nule saison estre soufert en prés, porce qu'il enpirent de fuullier; ne vaques, ne brebis, ne quevaus, ne quievres en tailliis de bos, porce qu'eles y font damaces en toutes saisons; et por ce y poent eles estre prises en toutes saisons.

6. Cil qui prent les bestes d'autrui en son damace, s'il les tue en prenant[1], il est tenus à rendre le damace à celi à qui les bestes estoient, et si pert l'amende et le damace qu'il peust demander à celi, s'il vausist ses bestes ravoir. Et s'il ne les tue pas en prenant, mais il les maine en prison, et les tient si estroitement qu'eles y moerent, par destrece de prison, ou parce qu'eles n'ont que mengier, encore est il tenus à rendre le damace, et si pert l'amende du meffet. Mais, s'il muert une partie des bestes prises, sans le forfet[2] du preneur, por ce ne pert il pas s'amende, ne rent[3] le damaee des bestes mortes. Et aussi, se cil qui les bestes sunt, ne les voelent repenre par recreance, ne en autre maniere, cil qui le prise fist à droit, pot uzer du fruit des bestes el tans qu'il les tient comme des soies, sans fere ent nul restor quant eles seront requises; sauf ce que cil qui les bestes prist ne les puist[4] pas vendre, ne metre en autre main, fors en le soie, devant qu'il ara sommé celi qui les bestes furent, s'il les vaurra raceter de l'amende et du damace qu'eles firent, ou s'il vaurra renoncier à ce

---

[1] *Prendant.* B. — [2] *Le seurfait.* B. T. — [3] *Ne il ne rent pas.* B. — [4] *Puet.* B.

qu'il ne claimme riens es bestes; et de ce doit il estre sommés par devant le segneur soz qui il est couquans et levans. Et se cil qui les bestes sunt ne vout renoncier as bestes, ne repenre les, se sires li doit commander qu'il le face dedens sept jors et sept nuis; et s'il laisse passer cel tans, li preneres en doit fere comme des soies propres; car il apert qu'eles li sunt lessiés [1] por le meffet.

. 7. Toutes les fois qu'aucuns prent autrui bestes en son forfet, et les bestes demeurent en le main du prendeur por aucun debat, si comme quant cil [2] qui les bestes sunt, dist qu'eles ne furent pas à droit prises, ou quant il requiert jor de veue du liu où eles furent prises, le quel jor on ne doit pas deveer; en tel cas li preneres doit metre les bestes en tel liu, en se justice, que cil qui les bestes sunt lor puist fere doner à mengier du sien; car li preneres ne les paistera pas, s'il ne li plest, puisque le prise torne en delai par le contens que cil y met qui les bestes sunt; car bien pot estre que les bestes se mengeroient avant que li ples fust finés, si que se li preneres gaaignoit le plet, n'auroit il de quoi il peust avoir son damace et s'amende. Mais toutes voies li preneres, quant il ne pot soustenir les bestes, il doit fere savoir à celi qui eles sunt, qu'il les face porveir et baillier ce que mestiers lor est; si que cil qui les bestes sunt, s'il mesavient des bestes, ne puist pas dire qu'il s'atendoit au preneur de le cevissance des [3] bestes.

8. Quant aucunes cozes sunt prises en meffet, les queles sunt perilleuses à garder, porce qu'eles ne pe-

---

[1] *Baillies.* B. — [2] *Se chelui.* B. *Chil.* T. — [3] *De ses.* T.

II. 19

rissent ou empirent, si comme s'aucuns prent les
bestes d'un marceant estrange, ou les vins, ou les blés,
ou aveine, ou autre marceandise, et li marceans ne pot
pas si tost venir que les denrées prises n'empirassent,
ou qu'eles ne queissent en malvese vente; ou si comme
s'aucuns prent les biens d'autrui por l'acusement d'au-
cun vilain cas, dont il n'est pas encore condampnés;
ou se li sire prent en se justice comme espave, por ce
c'on ne set à qui ele est : en toz tex cas et en sanllables
doivent estre les cozes prises, vendues à cix qui en
voelent plus donner, si que se drois donne que les cozes
soient rendues à celi qui elles furent, il lor doit sou-
fire, s'il en a le valeur, puisqu'eles furent vendues par
cause de bone foi.

9. Bien se gart çascuns qu'il ne preugne[1] les sergans
de son segneur en se justice; car il mefferoit durment
à son segneur, et enquerroit en grant damace envers
li, fors es cas qui ci ensivent[2]; c'est à savoir : se li ser-
gans de mon segneur, en me justice et en me segnorie
muet aucunne mellée par son outrage, et non pas en
justichant, je le puis penre; et lui pris, je le doi me-
ner à mon segneur et li moustrer le cause de le prise;
et me sires me doit lessier esploiter le[3] de l'amende,
ou li justicier du fet qu'il fist en le mellée. Encore
sont il autres cas es quix je puis justicier le sergant de
mon signeur en me justice, c'est à savoir de toz meffès,
quel il soient, qu'il meffet en me justice, hors de ce
qu'il pot fere par le reson de le serjanterie; si comme
s'il fet aucun essil, ou arson, ou autre vilain cas par
quoi il doie estre justiciés. Ne je ne li doi pas croire,

---

[1] *Mespreigne.* B. T. — [2] *Ensivent après.* B. T. — [3] Manque dans B.

s'il dist qu'il le feist en justichant, car il ne se pot couvrir de nul¹ vilain cas.

10. S'aucuns vieut penre vilainement en me meson, et dist qu'il est sergans à mon segneur, et qu'il veut faire le prise en serjantant; et je le souspechonne qu'il ne me² mente, et ai presontions qu'il ne soit lerres, porce que je ne le vi onques mes serganter, et porce qu'il ne me dis nules vraies ensengnes, ne nules vraies noveles par quoi je puisse savoir s'il dist voir ou s'il ment : ce n'est pas merveille se je ne voil soufrir sa prise, car en tel cas se porroient fere li³ larron sergant. Mais s'il monstre qu'il soit sergans par letres, ou par vraies enseignes, ou par vraies noveles ou tesmoins, je li doi lessier fere ses prises qu'il veut faire en sergantant. Et se je li fes rescousse ou vilonnie, je quiet en l'amende de mon signeur. Et queles teles amendes sunt, il est dit u capitre des mefès ᵃ.

11. Tout li sergant qui sunt estavli en certaines besongnes justicier por prises fere, sunt creu de lor prises par lor seremens, et des rescousses, se eles sunt fetes, dusqu'à l'amende de soissante saus; et li sergant le conte, dusqu'à l'amende de soissante livres. Neporquant, on pot proposer haine contre le sergant, ou manece; et s'on le propose, et on le proeve contre li, il ne doit pas estre creus.

12. Li sergans qui prent à essient et à⁴ tort, là⁵ u il ne pot ne ne doit, por fere damace, sans raisnable cause : s'il est atains du malice, il doit rendre toz les⁶

---

¹ *En nul si.* B. T. — ² *Ne.* B. — ⁵ *Tous les.* B. — ⁴ *A.* B. — ⁸ *Ou là.* T. — ⁶ *Tout le.* T.

ᵃ Chapitre xxx.

damaces à celi sor qui il fist le prise; et si doit perdre
son service, car il serganta desloiament. Et se cil qui
suit le sergant de tel coze, ne le pot ataindre par l'apa-
rance du fet, ne par tesmoins, il quiet en l'amende
du segneur de soissante saus, s'il est hons de poeste;
et s'il est gentix hons, de soissante livres.

13. Aucun dient que ce n'est pas prise, se le main
de celi qui prent n'est mise au prendre, mes si est en
toz les cas là u le main ne pot estre mise por aucun en-
combrement; si comme se li preneres voit malfeteurs
en une yaue, et il ne pot aler dusqu'à aus, por le peril;
si les prent de veue et de parole, et lor commande
qu'il s'en viegnent, le prise est fete soufisamment.
Donques, s'il n'obeissent à estre pris, ançois s'en vont
sans que le preneur ne pot metre la main à eus, il
doivent aussi bien l'amende de le rescousse aveques
l'amende du meffet[1], comme s'il se fussent resqueus
et il y eust le main mise. Et aussi, comme noz avons
dit de l'encombrement de l'yaue, entendons noz
d'autres encombremens, par les quix li prendeur sont
encombré, par quoi il ne poent metre le main à le
prise fere.

14. On fet bien prise, par cause de porsuite, en au-
trui justice que en le soie; si comme se li sergans voit
bestes es blés de son segneur, et en ce qu'il les va por
prendre, li bergiers oste les bestes du blé, et les met sor
autrui justiche, ne demoure il pas, se li sergans y veut
jurer qu'il les vit el damace de se garde et qu'il les aloit
penre quant eles li furent ostées du liu, il les pot penre,
où qu'eles voisent, en porsivant du meffet; car nus

---

[1] *Il doivent aussi bien l'amende dou meffet.* B.

malices ne doit aidier à nului qui apenseement le fait.

15. Se cil qui ont pooir de penre, ont mestier d'ayde por faire aucunne prise en sergantant; si comme de penre banis, ou larrons, ou malfeteurs; ou si comme s'on lor veut fere rescousse, là u il prennent, s'il requierent d'ayde les sougès de lor segneurs, et il ne voelent obeir au commandement, il quieent en l'amende du segneur; et si ne sunt pas les amendes de tix meffès d'une cantité, mais selonc le cas por le quel ayde fu requise. Car cil qui desobeist à moi aidier à penre un larron, ou un murdrier, ou un bani, ou un omecide, et m'escape par le defaute de s'ayde, doit estre plus griement pusnis que cil qui desobeist à moi aidier à amener une trope de bestes que j'avoie prises en damaces. Et por ce, nous acordons noz que les desobeissances grans soient amendées à le volenté; et les petites qui portent poi de peril, sunt de commandement trespasé.

16. Noz avons plusors fois commandé en assises, que çascuns ait pooir de penre toutes manieres de malfeteur, ou de souspechonneus de cas de crieme, et toz tex qui s'enfuient, sor qui on crie *hareu!* tant c'on sace por quoi li hareus fu criés; et toz cex qui sunt veu en presentes mellées, et quiconques ne met conseil à tex prises fere et bien li peust metre : amende, et desobeissance en doit estre levée, selonc ce que noz avons dit dessus [a].

---

[a] Les baillis, dans toute espèce d'assises, rendaient des ordonnances pour maintenir l'ordre, réprimer les abus, et fixer la jurisprudence sur des matières de droit qui étaient incertaines. Beaumanoir fit souvent, et de la manière la plus prudente, usage de ce pouvoir.

17. A le fois ne pot on[1] pas fere ce qui à droite justice apartient, por aucun empeequement; si comme quant il est debas de le justice entre plusors signeurs, por savoir au quel le justice apartient; car en tel cas convient il detrier[2] à faire le justice, dusqu'à tant c'on set qui le doit fere; si comme quant aucuns est provés de murdre, ou d'omicide, ou de traïson, ou d'empoisonement, ou de feme efforcier, por les quix cas le meson doit estre arse ou abatue; et aucunne dame a douaire en le dite meson se vie : en tel cas convient il que le meson soit respitée, le vivant de le dame. Mes se cil qui meffet a point de partie en le meson tenant et prenant; et autre gent aussi y ont partie, si que malvesement porroit on ardoir le partie du malfeteur, que cil qui a part en le meson ne fust damaciés, ou li prochain voisin : en tel cas ne doit on pas fere l'execussion de le justice par fu, mais abatre à cuignies et à martiax le partie du malfeteur tant solement, si que justice soit fete sans fere damace à cex qui n'i ont coupes.

18. Noz avons bien dit en cest capitre meismes, que cil qui est repris de vilain cas de crieme et condampnés, a perdu quanques il a aveques le cors; neporquant, se li malfeteres a enfans, ou pere, ou mere, ou aiol, ou aiole, li descendemens qui vient d'eus, li quix n'estoit pas descendus el tans que li malfeteres fist le meffet, descent as enfans du malfeteur; car li malfeteres ne pot pas meffere ce qui n'estoit pas sien encore; ne il ne vient pas à ses hoirs de par li, ançois lor vient par reson de lignage de descendement, comme as plus

---

[1] On tous jours. B. — [2] Delaier. B.

prochains; mais voirs est que de par le malfeteur n'en-
portent il riens.

19. Cil qui est pris et mis en prison, soit por meffet
ou por dete, tant comme il est en prison il n'est tenus
à respondre à riens [1] c'on li demande, fors es cas tant
solement por quoi il fu pris. Et s'on li fet respondre
autre coze contre se volenté, et sor ce qu'il allige qu'il [2]
ne veut pas respondre tant comme il soit en prison :
tout ce qui est fait contre li est de nule valeur, car il
pot tout rapeler quant il est hors de prison. Mais en
toz [3] cas exeptons [4] noz les malices qui en poent [5] estre
fet; si comme s'aucuns se fesoit metre en prison por
une dete, porce qu'il ne vaurroit pas respondre as
autres deteurs à qui il devroit, ou s'il se tenoit en
prison de son gré, et il avoit bien pooir de li delivrer :
en tel cas, doivent bien li enprisoné respondre contre
autrui, car il ne doit pas gaaignier por son malice.

20. Chil qui sont forsené doivent estre lié par cix
qui les doivent garder, et çascuns doit aidier à ce fere,
por esquiver les damaces qui par eus doivent ou poent
venir, car tost ocirroient eus et autrui. Et s'il ne sunt
lié et il font par lor fol sens aucun omicide, ou aucun
autre vilain cas, il ne sunt pas justicié en le maniere
as autres, porce qu'il ne sevent qu'il font; ne lor oir
ne perdent pas, porce que li forsenés a fet, s'ainsi n'est
qu'il l'eussent en garde, et que par lor malvese garde
li meffès fust fes. Mais toutes voies, li forsenés doit
estre mis en tele prison qu'il n'en isse jamès, et soit
soustenus du sien, tant comme il sera hors du sens; et

---

[1] *Nulle choze.* B. — [2] *Encontre che que il.* B. — [3] *Tiex.* B. —
[4] *Ostons.* B. — [5] *Porroient.* B. T.

s'il revient en son sens, il doit estre delivrés de prison,
et li siens rendus. Mes en cest cas se doit on mult
regarder que ce ne soit fet malicieusement, si comme
li aucun, quant il aroient fet les meffès, contreferoient
le hors du sens por escaper; si doit on mult regarder
quel cause les mut à fere le meffet, et par ce sara on
s'il y a barat.

·2ı. Quant aucuns sires prent ou saisist aucunne
coze en le main de celi qu'il a à justicier, par requeste
d'autrui, il doit regarder se li cas est tix qu'il[1] doie
penre ne saisir devant que les parties aront esté en plet
ordené par devant li; car por clain qui soit fes en
derriere de partie, ne doit nus sires saisir celi qu'il a[2]
à justicier devant qu'il a oye sa deffense, ou qu'il soit
defalans de venir en se cort, se n'est en[3] aucuns cas
especiax; si comme se Jehans se plaint que Pierres l'a
manecié et le fet ajorner sor asseurement, li sires le
pot dependre que il l'ajornement pendant ne li face
mal; ou s'il se plaint de force ou de novele dessaisine, li
sires, aujor de le veue, doit penre le coze en se main,
et puis ouvrer en le maniere qui est dite u capitre de
force et de novele dessaisine[a]; ou s'il se plaint d'aucun
cas dont damaces graus ou vilonnie li porroit venir el
delai de l'ajornement, si comme s'on li a saisie se feme
ou se fille à force, ou autre qui fust en se garde; ou
son ceval, ou aucunne de ses cozes : en toz tex cas et
en sanllavles doit li sires les cozes penre en se main,
c'on dist qui sont emblées ou tolues ou ravies, por oster
les perix qui en porroient avenir. Et encore por autres

---

[1] Qu'il ne..B. — [2] Aroit. B. — [3] Pour. B.

[a] Chapitre xxxıı.

cas; car si comme por enpeequement de douaire ou
de testamens, pot bien li sires penre en se main, si
tost comme le plainte en vient à li, car ce sunt deus
cas dont li segnor doivent estre volentis de fere droit
hastiv. Et aussi de toutes les cozes qui poent perir par
atente por le plet, li sires les doit penre en se main, se
cil qu'il trueve saisi ne baille bone seurté de rendre le
valor de le coze, s'il le pert, par droit et par jugement;
si comme se Jehans a le saisine de dix tonneaux de
vin, et Pierres les demande, et dist qu'il doivent estre
sien; et, le plet pendant, le vin sunt en peril d'enpirier
ou de passer bone vente : Jehans doit baillier seurté[1] de
le valor des dix tonneaux de vin, et puis le pot boire
ou vendre. Et s'il n'en veut baillier seurté, li sires les
doit penre et vendre en se main, et après rendre à
celi qui drois le donra. Et autel comme noz avons dit
des vins, pot on entendre les cozes qui poent perir ou
empirier par atente.

22. Toutes les fois que sires prent ou saisist à re-
queste d'autrui, pour quelque coze[2] que ce soit, et cil
à qui[3] le requeste, le prise ou le saisine est fete, se de-
faut de venir au jor qui est donés de par le segnor, li
sires doit oster se main de le saizine qu'il fist; et s'il prist
le coze, il le doit rendre à celi sor qui il prist tout en
delivre, sans recreance fere. Mais por ce ne pert pas
cil à qui le requeste, le prise ou le saisine fu fete, son
droit, que il ne puist pledier de le proprieté de le coze
autrefois, car il ne pert por le defaute, fors tant qu'il
pledera dessaisis, s'il en veut plus pledier. Et s'il

---

[1] *Bonne seurté.* B. — [2] *Quelconques cas.* B. T. — [3] *Par le quelle
requeste.* B. T.

contremande le jor qu'il devoit venir por dire au segnor
por quoi il prist ou saisist[1], il ne doit pas estre reçus[2]
en te lcontremant, ançois doit le sires oster se main,
aussi bien com s'il estoit mis en pure defaute. Mais
autre coze seroit s'il avoit loial ensoine, ou il en-
soinoit le jor; car en tel cas ne doit pas li sires se main
oster devant qu'il sara[3] que cil à qui requeste il prist ou
saisi, soit hors de son ensoine; mais s'il ensoina sans
avoir loial ensoine, ou il est hors de son essoine, en
tel maniere c'on le voit communement besongner si
comme il soloit, et il ne se fet pas rajorner contre celi
sor qui le prise fu fete : adont doit li sires oster se
main, et quant il quidera bien fere, face rajorner sor
le proprieté de le coze, et le sires face droit.

23. Çascuns sires pot bien penre et saisir l'eritage
qui est tenus de li toutes les fois c'on ne fet de l'iretage
ce c'on doit. Et entre les autres cas por quoi il pot
penre et saisir, il prent à droit quant il prent por ses
ventes qui li furent concelées, ou qui ne li furent pas
paiées à jor que coustume done; car on doit ventes
paier si comme sept jors et sept nuis après le dessai-
sine du vendeur. Mais aucunes ventes sunt, des queles
ventes ne sunt pas deues, comment que li heritages soit
tenus en fief ou en vilenage; car s'aucuns heritages
vient au signeur ou à eglise, par le reson de son serf
qui est mors, et li heritages doit estre tenus d'autre
signeur que de celi à qui il esquiet : en tel cas pot li
sires, de qui il est tenus, contraindre cex des eglises
qu'il le metent hors de lor mains dedens an et jor; et

---

[1] *Pour dire pourquoi que il requeist au seigneur que il presiut ou
saisist.* B. T. — [2] *Retenus.* B. — [3] *Sache.* B.

à laies persones ne le pot il pas commander, puisqu'il voille fere de l'iretage ce qu'il doit envers eus. Et s'il le commande as eglises, et eles le vendent porce qu'eles nel poent tenir en lor main, eles n'en doivent nules ventes ; et aussi de toz les heritages qui lor sunt ammosné, ou qui poent venir à eus par aucunne autre reson ; s'il les metent hors de lor main par force de segneur, il n'en doivent ne ventes ne racat, porce que il vendent par force.

24. Porce que noz avons dit que les eglises qui vendent par force ne doivent ne ventes ne racat, porce qu'il vendent par force[1], li aucun si vaurroient entendre que tuit cil qui venderoient par force ne devroient nule vente ; mais il n'est pas ainsi, car s'il convient à aucun vendre par force de segneur por ses detes paier, li sires ne lait pas pour ce ses ventes à penre.

25. Bien se gardent cil qui entrent en heritage par reson d'acat, que grés soit fes au signour de qui li heritage sunt tenu, de lor ventes ; car tout soit nostre coustume tele que cil qui vent doit les ventes, se li sires n'est paiés de celi qui vent, il se pot penre à l'eritage, tant qu'il soit paiés de ses ventes, de celi qui vent, et l'amende, porce qu'eles ne furent pas paiées à jor, le quele amende est simple. Mais se les ventes furent concelées malicieusement, il y a amende de soissante saus. Et por ce pot retenir li aceteres du pris en se main qu'il aceta l'eritage, tant que les ventes montent, por paier les au segneur, por aquiter le

---

vendeur, et por li oster du peril. Et s'il retient les ventes, si comme noz avons dit, por paier au signeur, et il ne les paie pas, si comme il doit, par quoi li sires veut avoir amende : li damaces doit tourner sor li, et non pas sor le vendeur. Et s'il avient qu'il ait baillié seurté du pris qu'il aceta l'eritage; et li venderes ne veut paier les ventes, ançois veut estre paiés de tout le pris, li aceteres pot fere deffendre à ses pleges, par le segneur, qu'il ne facent plegerie devant que li heritages li est delivrés, qui por les ventes ou por aucun autre meffet du vendeur est enpecquiés, car cil qui vent doit garantir et delivrer.

26. Aucunes ventes d'eritage sunt fetes par teles convenences que li aceteres doit paier les ventes, si doit on savoir que quant tele convenence est fete, s'eles ne sunt paiées, tuit li damace doivent torner sor l'aceteur, et non pas sor le vendeur. Et si doit on savoir que, en tel cas, sunt deues ventes et reventes; si comme se le vente est d'eritage qui est tenus en vilenage, et li marciés couste soissante livres au vendeur quites, li aceteres doit, por le dousime denier, cent saus[1] por droites ventes; et por les reventes, le dousime de cent saus, che sunt cent deniers. Et se li heritages qui fu vendus soissante livres quites, au vendeur, estoit de fief, il y aroit por le quint denier, de soissante livres, douze livres; et après, por les reventes, le quint de douze livres, ce sunt quarante oyt saus. Et selonc ce que noz avons dit des ventes et des reventes qui doivent estre prises es[2] soissante livres du marcié, pot on en-

---

[1] *Pour les c sols* xii *deniers.* B. — [2] *En.* B.

tendre c'on doit plus penre à l'avenant des marciés qui coustent plus de soissante livres, et mains de cix qui coustent mains. Et toutes les fois que li marcié sunt fet simplement, sans convenencier que les deniers de le vente soient quite au vendeur, li venderes doit les ventes, c'est à savoir des heritages vilains, le douzime denier; et du fief, le quint denier; mais des reventes que noz avons dites, n'en doit il nules. Et si doit on savoir que en mult de viles, en nostre païs, quiet de toutes les ventes qui avienent en heritages vilains, un denier; mais noz ne savons dont ceste coustume vient ne pourquoi.

Explicit cest capitre.

Chi fine li capitres des prises et des deffenses [1].

CAPITRES LIII.

Des recreances; en quel cas on doit fere recreance, et en quel non; et comment recreance doit estre requise; et comment ele doit estre fete, es cas là u ele esquiet.

1. Noz avons parlé, el capitre devant cesti, des prises, si est bon que noz parlons ensivant des recreances, por ce que des prises qui sont fetes naist le requeste qui doit estre fete por recreance avoir.

2. Recreance, si est r'avoir ce qui fu pris por donner seurté de remettre loi en le main du preneur, à certain jor qui est nommés, ou aucune fois à le semonse du segneur qui fist penre.

---

[1] *Ichi define le chapitre des chozes desfendues, et des prises qui sont faitez pour meffès.* B.

3. Recreance si doit estre requise au segneur, ou à celi qui tient son liu, en quele[1] justice le prise fu fete; car li sergant qui sunt simplement estavli por les prises fere, ne poent, ne ne doivent fere recreance de lor prises; car quant il ont fet les[2] prises, il les doivent mettre par devant lor segneurs, et dire le cause por quoi il ont pris; et se li sires voit qu'il n'aient pas pris à bone reson, il doit rendre les cozes prises en delivre; et s'il voit que par bone reson fu le prise fet, adont n'est il pas tenus à rendre, se ce n'est par bone seurté; et ce apel'on *recreance*.

4. En toutes prises, queles eles soient, exepté les cas de crieme, ou qui sont souspechonné de cas de crieme, des quix on pot perdre vie ou membre : se li fes n'est conneus ou provés, doit estre fete recreance, quant cil le requiert sor qui le prise fu fete. Mes, es cas de crieme, ne doit pas estre fete ceste recreance, fors en l'un des cas; si comme quant gage sont doné de vilain cas, de partie contre autre : en cel cas, se les parties se poent ostager par bons pleges qu'il revenront au jor, recreance lor doit estre fete, porce qu'il se puissent porveir d'aler avant, selonc ce que li cas le desire[3].

5. Se recreance est requise à aucun de prise, où recreance doit[4] estre fete, et li sires qui tient le prise vée à fere le recreance, cil sor qui le prise fu fete, doit trere au sovrain de celi qui les cozes prises tient, ou au conte, qui est sovrains de cix qui tienent nu à nu de li et de toz les arriere fiés, et li doit monstrer, en

---

[1] *Qui.* B. — [2] *Lor.* B. — [3] *Desierre.* B. — [4] *Doie.* B.

complaignant le prise qui est fete sor li ; et doit dire
qu'il croit [1] qu'ele n'est pas fete par bone reson, et qu'il
l'a requis par recreance soufisant, et on li a vée à fere.
Donques, li quens y doit envoier prevost ou sergant,
por fere le commandement que se le prise fu fete sans
reson resnable, qu'il rende en delivre, et soit as pre-
mieres assises por amender le prise fete à tort. Et s'il
dit qu'il prist à bone reson, et que volentiers fera le
recreance ; se cil sor qui le prise fu fete, veut avant
maintenir et prover qu'il li ait autrefois requis et
qu'il li devea : il n'est pas tenus à penre le recreance,
fors par le main le conte ; ne cil qui devea le recreance
à fere n'en r'aura puis ne cort ne connissance de le
prise, ançois convenra qu'il monstre en le cort le
conte por quoi le prise fu fete. Et en cel cas pert il se
cort, porce qu'il devea à fere le recreance là u ele
devoit estre fete. Et se li sires qui fist le prise, respont
au prevost ou au sergant, que le prise fu fete par bone
reson, et bien reconnoist que le recreance li fu requise
et qu'il le devea à fere, porce qu'ele n'i apartenoit
pas, et bien dira reson por quoi, en le cort le conte :
en tel cas doit regarder cil qui fet le commandement,
quix cozes ce sunt qui sunt prises ; car se ce sunt
mueble qui poent torner en damace, si comme cevax
ou autre beste, il doit fere le recreance en le main le
conte, et doner jor à celi qui devea le recreance, à dire [2]
cause por quoi le recreance n'i apartient pas. Et se le
prise est de cors d'omme tenu en prison, et il nomme
le cas de crieme por quoi il le tient, li envoiés de par
le conte ne doit pas fere le recreance, car li recreus

---

[1] *Qu'il croit* manque dans B. — [2] *Le recreanche à faire, et dire.* B.

se porroit si sentir meffès, qu'il ne resteroit jamès au
jor por seurté qu'il en donast; mes il doit doner brief
jor au segneur qui le tient, de proposer le cas por quoi
il le tient, en le cort le conte; et doit ensement doner
le jor à cix qui requierent le recreance por l'emprisoné.
Et eluec¹ soit drois fes, selonc ce qu'il sera proposé,
se le recreance y apartient ou non.

6. Quant li quens fet aucune recreance par se main,
porce que ses sougès le devea à fere, et li sougès
pot monstrer bone reson par quoi il n'i apartenoit
point de recreance à fere, li quens li doit remetre le
prise en se main, aussi comme ele estoit quant il le
prist por fere recreance; et por ce, toutes les fois que
bailli, prevost ou serjant font recreance par le main
lor segneur, il doivent estre si seur des cozes prises,
qu'il les puissent remetre en le main de celi sor qui il
les prirent; et puis commander que droit soit fes en le
cort de celi qui les prist, selonc le meffet de le² prise.

7. Quant aucuns dist en le cort le conte le reson
por quoi il prist, à ceste fin³ qu'il r'ait se cort, se le
reson est tele que prise en deust estre fete, et le partie
sor qui le prise fu fete, le connoist, on li doit rendre
se cort; et se le partie li met enui⁴, il convient que cil
qui veut r'avoir se cort, proeve le reson qu'il a pro-
posée; et quant il l'aura provée, il r'aura se cort et
metra le coze en recreance, dusqu'à tant qu'il aura fet
droit, se c'est por cas où recreance apartiengne.

8. Quant recreance est fete d'aucunne prise, por le
debat de celi qui dist que le prise ne fust pas à droit

¹ *Illuec.* B. T. — ² *De le premiere.* B. — ⁵ *Il fist le prise, il con-
vient.* B. — ⁴ *En ui.* B.

fete, le recreance doit durer dusqu'à tant qu'il soit
prové qu'ele fu fete à droit, aussi comme prise à droit
fete se doit prover; car eles se proevent aucune fois
par l'aparance du fet, et aucune fois par tesmoins; si
comme quant debas est de le justice à celi qui le prise
fist. Car s'il veut goïr de le prise, il convient qu'il
preuve qu'ele fu fete en se justice.

9. Se cil qui a recreance de ce c'on prist sor lui, se
met en defaute de porsivir les jors qui li sunt doné sor
le dite prise, cil qui fist le prise se pot penre à ses
pleges, tant que les cozes qui furent recrues resoient [1]
en se main; et puis pot esploitier les cozes, tant qu'il
ait s'amende et le damaces du forfet; car en tant
comme cil qui avoit recreance se met en defaute de
porsivir, pert il le droit qu'il avoit de porsivir le prise
fete à tort, puisqu'il se met en pure defaute.

10. Toutes les fois que bestes mengans sont prises
pour aucun forfet dont li preneres veut avoir l'amende
et le damace qu'eles firent, et cil qui les bestes sunt,
offre à bailler pleges, ou gages gisans, soufisans et por
le damace et por l'amende : li preneres doit rendre les
bestes mengans por les gages gisans, ou por pleges;
et s'il le refuse, il est tenus à rendre le damace à celi
qui les bestes sunt. Mais se li sires disoit, par bones
resons, que les bestes fussent forfetes et aquises à li
por le forfet; si comme il avient que une beste tue un
enfant, ou si comme aucuns doit perdre le cheval ou
l'asne qui maine son blé à autre molin que celi où il
est baniers, ou par aucune autre reson dont les bestes
se poent perdre [2] par coustume : en toz tex cas n'est pas

---

[1] *Soient.* B. T. — [2] *Dont on puet les bestes perdre.* B.

li preneres tenus à rendre ne à cangier, por autres nans gisans, car il en pot fere comme de se coze. Et se debas est à savoir se les bestes se sunt forfetes, et li preneres en quiet, il doit rendre les bestes o tout le porfit qu'il leva des bestes, le plet pendant. Et aussi comme noz avons dist des bestes ci en droit, entendons noz de toutes autres cozes prises à tort.

11. Se li sires a pris ou tient saisi de son homme de fief sans le jugement de ses pers, se ses hons li requiert recreance, il ne le doit pas veer; et s'il li vée, ele li doit estre fete par le sovrain. Et se li sires li offre à fere droit, à savoir mon se recreance y apartient, li hons ne se couquera pas en jugement, s'il ne li plest; car il n'est tenus à li metre en nul jugement dessaisis fors es cas que noz deismes el capitres des semonses [a]. Neporquant, se li sires tient aucune coze saisi de son home, por aucuns cas où qu'il a doute, se recreance y apartient [1], ou non, et il ofre à fere droit à son home par ses pers, à savoir mon se recreance y afiert: il convient à l'omme qu'il prengne le jor et qu'il prengne droit sor le recreance. Et comment on doit les jors porsivir par devant son segneur, et comment on le doit sommer avant c'on se puist plaindre de son segneur de defaute, il sera dit u capitres qui parlera comment on pot porsivir son segneur de defaute de droit [b].

Explicit.

Ici define li capitres des recreances, et en quel cas on doit faire recreance, et en quel non [2].

---

[1] *Affiert.* B. — [2] B. T.

[a] Chapitre ii.
[b] Chapitre lxii.

CAPITRES LIV.

Chi commenche li LIV. capitres, qui parole comment on doit fere
paier les creanciers, et garder de damace; et le maniere de prendre
es mesons, et por quel cas; et comment on doit metre garde sor
autrui[1], et quelles les gardes doivent estre.

1. Quant aucuns doit, et il convient qu'il soit justi-
ciés por paier, on doit penre ses muebles avant c'on
li face grief de l'iretage; car se li mueble poent soufire,
li heritages doit demourer en pes; et s'il ne pot sou-
fire, adont le doit on contraindre qu'il ait vendu de
son heritage dedens quarante jors; et puis lueques, s'il
n'a vendu, li sires doit vendre et garantir le vente ou
as creanciers ou as autres. Et s'il avient qu'il y ait plus
muebles que la dete ne monte, il n'est pas el quois de
celi qui doit baillier quel mueble qu'il vaurra por se
dete, car s'il veut baillier cuves, ou huccs, ou gros me-
rien, ou tex cozes qui sunt encombreuses à manier, li
creanciers ne les penra pas s'il ne veut, puisqu'il y ait
blés, ou aveines, ou vins, ou autres cozes plus legieres
et plus en cors à estre tost vendues. Et aussi ne doit il
pas estre du tout el cois de celi qui prent por se dete,
d'avoir quel mueble qu'il vaurra, puisqu'il y ait autres
de quoi il puist avoir legierement se dete; si comme
se li deteres est feures, et li creanciers veut c'on li
baille s'enclume ou ses martiaus, et li feures a bien
autres muebles qu'il i[2] veut baillier dusqu'à le valeur de
le dete : en tel cas ne doit on pas baillier au creancier
les ostix devant dis; car li feures en a à gaaignier son

---

[1] Ce qui suit est fourni par B. — [2] *Li*. B.

pain, et si porroit estre damaces au commun. Et aussi comme noz avons dit du feure, doit on entendre de toutes manieres de gens qui vivent de mestiers. Donques, toutes les fois que mueble sunt pris por dete par justice, et il y a plus muebles que detes[1], on doit penre cix qui mains grievent au deteur, et par quoi le dete puist estre plustost paiée.

. 2. Toutes les fois qu'aucun mueble sunt pris por dete, li coust du penre, du remener, du mener au marcié et du garder, se ce sunt cozes qu'il conviengne garder, et tuit autre coust resnable, qui poent ensivir por les cozes prises, doivent estre prises sor les cozes, si que li creanciers ait se dete tout franquement et tout entierement. Et ce[2] damace convient il que cil aient qui tant atendent à paier lor detes qu'il convient que lor mueble soient[3] pris par justice[4], car male coze seroit que li creancier eussent tex damaces por le malvès paiement de lor deteurs.

3. Ce n'est pas merveille quant il convient penre les biens d'aucun por dete, s'on prent les cozes c'on voit en son pooir, si comme ce qui est en se meson ou en son commandement. Neporquant, se autres vient avant qui proeve le coze prise à soie, il le doit r'avoir; mais il doit dire et metre en voir la cause por quoi ele estoit en le main de celi sor qui ele fu prise, si comme se il l'avoit prestée, ou louée, ou baillié en garde; car par tex cozes a on le saizine de autrui cozes, et c'est bon à savoir por oster les fraudes.

4. Li aucun sunt si malicieus, que quant il pensent

---

[1] Que les dettes ne montent. B. — [2] Le. B. — [3] En soient. B. T. — [4] Les justiches. B.

c'on doie penre du lor por lor detes, il traient à lor
segneurs, et font aucuns marciés por le quel il lor
donnent aucunne coze, et puis li dient qu'il ne lor en
poent fere seurté, fors que d'obligier ce qu'il ont des-
soz li, et li requierent qu'il tiengne tout saisi en se
main en liu de seurté; et li sires, qui espoir[1] ne set
riens de lor barat, ou peut[2] etre qui le set[3] bien, et que
por aus aidier[4] et nuire à lor creanciers, il prent tuit
en se main; et quant li creancier requierent à estre
paié, li sire dist qu'il tient tuit en se main, por se dete
ou por ses amendes; et ainsi, s'il n'i avoit remede,
porroient li creancier perdre sans reson. Mes il y a
remede, tele que li sires pot estre sivis par devant son
par dessus segneur, et convient qu'il die de quoi ses
sougès li doit et qu'il jurt le dete à bone et à loial, et
que, sans fraude et sans barat, l'a fet; et quant il ara ce
juré, por ce ne tenra il pas tout en se main saisi
quanques ses sougès a, mais le valor tant solement que
sa dete monte, si que li creancier puissent penre lor
dete sor le remanant. Car male coze seroit que je peusse
garantir à mon souget cent livres qu'il aroit dessoz
moï, por dix livres ou por vingt, s'il le mes devoit;
et por ce convient il que je prengne ce qui m'est deu,
et puis face paier les creanciers du remanant.

5. Or sunt autre maniere de bareteur qui n'ozent
fere tex marciés à lor segneurs, porce qu'il se doutent
que lor segneur ne soufrissent pas lor baras, si vienent
à un lor parent ou à un lor voisin, et font une fausse
convenence, ou un faus marcié, ou un faus don; et

---

[1] *Par aventure.* B. T. — [2] *Il puèt.* B. — [3] *Savoit.* B. — [4] *A vivre.* B.

puis vienent devant le segneur de qui il tiegnent, et
ont peur de lor detes, et dit li sougès : « Sire, vesci un
« mien parent, ou un mien voisin; por service qu'il
« m'a fet, je li ai doné quanques j'ai, et vous pri que
« voz l'en metés en saisine. » Ou il dist : « Sire, je li ai
« vendu, et m'en tiens por paiés. » Et li sires qui ne
se done garde du barat, prent le dessaisine du souget,
et baille le saisine à l'autre; et après, li creancier vienent
au segneur, et requierent qu'il soient paié de celi qui
s'est dessaisis de quanques il a : et que fera on donques
en tel cas, car se li sires n'en oevre sagement, li crean-
cier sunt en peril de perdre lor detes, par le baras du
deteur? Donques, li sires doit regarder quele cause fu
à le dessaisine, car s'il se dessaisi en nom de vente, il
doit regarder li quix tient les cozes et manuevre[1] comme
soies[2], ou li aceteres ou li venderes; et s'il trueve que
cil qui les vendi les tiegne et uze por soi comme du
sien propre, il y doit geter les mains por deus resons :
l'une, porce qu'il n'i pooit[3] entrer fors[4] par segneur,
puis qu'il s'en estoit issus; et l'autre, por les creanciers
fere paier. Et se li sires voit tenir l'aceteur ce qu'il
aceta comme sien propre, il doit encerquier que li
denier de le vente demuirent et quix paiemens en fu
fes; et s'il trueve que li denier n'aient pas esté paié, il
les doit penre en se main et fere paier les creanciers.
Et ainsi porra il ataindre lor barat. Et se li argens fu
paiés au vendeur, et il s'en ala hors de le justice au se-
gneur, en cel cas convient il que li creancier le por-
sivent là u il va coucier et lever, se ainsi n'est que ce

---

[1] *En oeuvre.* B. — [2] *Des sieues.* B. — [3] *Puet.* B. — [4] *Fors que.* B.

qu'il vendi, ou dona, ou escanga fut espècialment obli-
giés as creanciers; car en cel cas, ne doivent les crean-
ciers sivir fors les cozes qui lor furent obligiés pour
lor detes. Et s'il pruevent l'obligation contre cex qui
les cozes tienent : vente, ne don, ne engagemens qui
ait esté puis fes, ne vaut riens. Et se le dessaizine fu fete
por cause de don, li sires doit penre garde quel cause
le mut au doner ; car on ne voit pas souvent que uns
hons doinst ce qu'il a por demorer povres. Et mees-
ment quant il doit et il fet tex dons, on doit croire
qu'il le fet por ses creanciers grever, ou en esperance
que cil qui rechoit le don li face aucunne bonté por les
cozes données. Et por ce noz acordons nous que tuit
doner et nient retenir, par quoi li creancier soient paié
de ce qui lor estoit deu, el tans que li dons fu fes par [1]
barat, ne vaille [2] riens. Et s'il y trueve fraude ou barat,
il doit depecier l'engagement, en tel maniere que cil
qui rengaga ait son castel tant solement et li creancier
soient paié. Et se li engagemens avoit esté fes sans
barat et sans nule fausse convenence, n'est il pas [3] resons
que li creancier perdent le lor. Mais puisqu'il ne de-
batirent à l'engagement fere, et il fu fes par segneur,
il converra qu'il atendent tant à estre paié, que li en-
gagemens soit passés, s'ainsi n'est que les cozes enga-
giés lor fussent obligiés par le segneur. Car li sires qui
s'est acordés à un obligement por son souget, ne pot
puis soufrir autre, devant que li premiers obligemens
est acomplis.

6. Aucunne fois avient qu'aucuns doit plus qu'il n'a
vaillant, et toutes voies il veut paier che qu'il pot,

---

[1] *Pour.* B. — [2] *Vaut.* B. — [3] *Pas pour* che. B.

par quoi il vient à le justice et abandone quanques il
a por paier : en tel cas, laie justice doit regarder le valor
de quanques il a, et doit fere paier les creanciers se-
lonc ce que li avoirs se peut estendre, selonc les biens
et selonc ce que les detes sunt grans, à le livre ; car male
coze seroit que cil à qui dix livres sunt deu, prist au-
tant des biens que cil à qui vint livres sunt deu. Et
por ce, se cil à qui on doit dix livres, prent quarante
sous, cil à qui les vint livres sunt deues, doit penre
quatre livres. Et parce que noz avons dit des dix livres
et des vint, pot on entendre du plus plus et du mains
mains, selonc le grandeur des biens et des detes[1]. Et
s'il avient que tuit li bien ne puissent pas souffire à
toutes les detes paier, ne li creancier n'ont nul pleges,
il convient qu'il suefrent lor damace, porce qu'il cru-
rent folement. Neporquant, s'il avient que li detes[2]
qui à l'un dona[3] toutes ses cozes por paier, conquiert
de novel, parce qu'aucun bien li esquieent de le
mort d'autrui, ou il li esquieent par service ou par
aucunne autre maniere, il n'est pas quites envers
les creanciers as quix il abandona le sien, ançois les
doit paier de tant comme il failli qu'il ne furent pas
paié. Et en ce cas poent recovrer li creancier ce qui lor
estoit deu, puisqu'aucuns abandone toz ses biens por
paier ses detes. Ne on ne doit pas les biens apeticier
par gardes ne par mengans, mais delivrer as creanciers
au coust des cozes, et fere les coz si petis comme on
porra ; car quant plus en va[4] à perte, mains en va en
paiement. Ne li cors de celi qui abandone ne doit pas

---

[1] *Et des detes* manque dans B. — [2] *Le detteur.* B. — [3] *Abon-
douna.* B. — [4] *A.* B.

estre emprisonés, s'on ne le souspeçonne qu'il concoile
ou retiegne aucunne coze du sien qu'il abandona. Et si
ne li doit on pas despoullier sa robe qu'il a acoustumé
à vestir à çascun jor, que vilaine coze est et contre
humainne¹, d'omme ne de feme despoullier por dete.

7. Deffense est fete que por dete on ne voist penre
en cambre à dame, ne de damoisele, ne de feme qui
gise d'enfant; et si est deffendu c'on ne prengne pas
les lis ne les couvertoirs de cix qui gisent malades ou
en langeur, car perix porroit estre à cix sor qui on les
penroit. Neporquant, se dame ou damoisele metoit en
se cambre malicieusement toutes ses cozes, porce c'on
ne les puist penre, noz ne volons pas que tex malice
lor vaille, ançois volons en tel cas c'on lor demant nans²
soufisans por le dete³; et s'ele ne le veut baillier de son
bon gré, on voit⁴ es cambres hardiement. Neporquant,
li lis as dames et as demiseles, et lor robes à çascun
jor, deffendons nous c'on ne les prengne en nule ma-
niere, mais toutes les autres cozes puissent estre prises.

8. Toutes les fois c'on va penre por dete par justice,
et cil ou cele sor qui on va penre ne veut debonere-
ment monstrer ses cozes, ançois tient ses wis clos ou
ses huces, contre le volenté de le justice : les clés le Roi
doivent estre fetes; c'est à dire li sergans qui va penre
par commandement de segneur, pot et doit brisier ce
c'on ferme contre li, et penre ce qu'il trueve, et celi
meismes qui desobeist à son commandement, et por le
dete et por l'amende. Mais toutes voies il est mestiers
à cix qui vont en tex besongnes, quant il lor convient

---

¹ *Humanité.* B. T. — ² *Gages.* B. — ³ *Pour le doute pourquoi on le
veut et doit justichier.* B. — ⁴ *Que on voist.* B.

brisier huis ou huces ou autres cozes, por les desobeis-
sances, il doit mener aveques bone gent qui voient les
cozes qu'il prenderont, et qu'il en puissent porter
tesmoignage par devant le segneur, se mestiers est. Et
s'il nel font en ceste maniere, et cil sor qui les cozes
furent prises, pot prover par bones gens qu'il prist
plus des cozes qu'il n'en connoist : li sergans doit estre
contrains à rendre ce qu'il nia, et doit perdre son
service ; et si en demore mal renommés, car il sanlle
qu'il le chelast par cause de larrecin. Mais moult dili-
gamment doivent estre examiné li tesmoing qui vie-
nent encontre sergans, et moult doit on regarder qu'il
soient sans souspechon, et oïr que li sergant vaurront
dire contre eus ; car serganterie de penre autrui biens
por fere detes paier est un offices haineus, si ne doivent
pas li segneur legierement croire le melfet qui lor est
denonciés de lor sergans, devant qu'il en sacent le pure
verité. Et quiconques acuse le sergant son segneur de
tix vilain cas, et ne le pot metre en voir, il quiet en
grant damache, ou en autel[1], ou en plus grant comme
il veut le sergant mettre.

.9. Il soloit[2] estre que si tost c'unne dete estoit con-
neue ou provée, on metoit gardes ou nans mengans
sor le deteur ; mes porce que nous en avons veu trop
de damaces, que li bien en estoient gasté et les detes
n'estoient pas por ce paiés, noz avons commandé que
puis c'on truist[3] que penre, c'on prengne, sans fere tex
damaces ; et se ce sunt aucun mueble qu'il conviegne
labourer, si comme blés ou aveine qu'il conviegne
soier ou batre, ou vignes à vendengier, uns prodons

---

[1] *Ou en tel.* B. — [2] *Sembloit.* B. — [3] *Truisse.* B.

tant solement y soit mis por garder tant qu'il soient
esploitié; et ainsi porront li creancier estre paié sans
si grant damace des deteurs. Et s'il n'i a nul mueble à
penre, et[1] il y a heritages, on face[2] commandement du
vendre dedens quarante jors; et se li detes ne veut
vendre, li sires vende ou baut as creanciers, si comme
dit est. Et se li heritages est tix qu'il ne puist estre
vendus, si comme s'il est tenus en bail, ou en douaire,
ou par engagement; ou il est de si grant fief qu'il ne
doie pas estre vendus pour si petite dete, porce qu'il
ne se pot vendre par parties, s'il ne vent tout ensanlle,
adont soient mises les gardes sor celi qui par tex causes
tient heritages, si que, por esquiver son damace, il
se porvoie que li creancier soit paié.

10. La coustume des gardes mettre est telle que
quant il demorent es hostix là u il sunt mis, et on lor
livre pain et potage et lit soufisamment, il ne poent
demander, par desor ce, que quatre deniers por çascun
jor; et s'il sunt hors de l'ostel, si comme se li sires les
aimme mix hors que ens[3], ou il ne truevent pas en
l'ostel qui les puist porveoir, adont a çascuns oyt de-
niers par[4] jor. Neporquant, il n'est pas el cois de cex
sor qui on met les gardes, du demorer en le meson, ou
d'estre hors; ançois est el cois de celi qui les gardes y
met, selonc ce qu'il trueve en l'ostel et selonc les cas
porquoi eles i sunt mises. Car se li sires qui fet metre
les gardes sor son souget, les y fet metre por les biens
garder, ou por detes paier, ou por forfeture, les gardes
doivent mix demorer dedens le meson que hors, car

[1] *Mais.* B. — [2] *Si en faiche.* B. — [3] *Dedens.* B. — [4] *Pour chas-
cun.* B.

autrement ne porroient eles rendre conte de ce qui lor
seroit baillié à garder; mais quant eles y sunt mises
por fere damace, si comme por contraindre aucun de
venir avant por asseurement fere, ou por autre coze
fere : bien pot li sires qui les y met, soufrir qu'il soient
hors au plus pres qu'il se porront herbergier, se cil
veut sor qui on les met; car s'on les voloit metre hors
de son ostel malgré sien, et il offroit à fere bon ostel,
et lor vivre soufisant, on lor feroit tort; et por ce noz
acordons noz que se gardes sunt mises sor aucun, et il
de lor volenté, sans les coupes de celi sor qui il sunt
mis, vont hors de l'ostel, qu'il n'aient pas oyt deniers
le jor, mais quatre tant solement, aussi comme s'il
fussent demoré en l'ostel.

11. Une malvese coustume soloit[1] corre, de mettre
gardes sor autrui, que noz avons ostée de nostre tans[a];
car li sergant qui sunt establi à metre les gardes sor
autrui, venoient en le meson de celi sor qui il devoient
metre les gardes, et disoient à cix qu'il trovoient en
l'ostel au signeur, ou à le dame, ou à le mesnie : « Je
« met cheans quatre gardes à pié », ou quatre à ceval,
en tel nombre comme il lor estoit commandé, et puis
s'en partoit sans lessier nule garde residens; et après
quant ce venoit au quief d'un mois ou de deus, et cil
sor qui tix gardes estoient mises, avoit finé au segneur,
il venoit au sergant, et finoit à li au mellor marcié qu'il
pooit. Et à le fois il avenoit que quant li segneur
commandoient au sergant qu'il meist sor aucun quatre
gardes, il n'i en metoit que deus, por deport ou por

[1] *Seroit et sauloit.* B.

[a] C'est-à-dire quand il était bailli de Clermont.

bonté qu'il en avoit, et fesoit li sergans entendant qu'il
en y avoit tant mis; et à le fois il avenoit que li ser-
gans y metoit bien le nombre qui commandés li estoit,
mais il disoit priveement as gardes, quant eles y aroient
esté deus jors ou trois, qu'eles alassent fere lor besognes
et s'aparussent çascun jor une fois ou deus tant sole-
ment, el liu où il furent; et par ce finoient li signeur
à eus por mains que por lor jornées; et aucunne fois
qu'il ne finoient mie por mains, mais li sergant par-
toient as gardes; et aucunne fois que li sergant di-
soient qu'il ne trovoient pas en l'ostel par quoi les
gardes se peussent tenir, et qu'il les avoient mises en
aucun ostel au plus pres, et les metoient por bonté
qu'il en atendoient à avoir, ou por deport. Et que
veismes noz avenir de tex cozes? Nous veismes avenir
que quant on voloit aucun contraindre de venir avant
par gardes, il n'i voloit venir, por legiere finance qu'il
fesoient au sergant; et quant gardes estoient mises por
aucunnes detes, li creanciers revenoit toz jors plain-
tis, porce qu'il ne pooit estre paiés. Et si veismes que
li sergant devenoient rice por lor deport[1]. Et por toutes
ces cozes qui avenoient, et por assés d'autres perix qui
en pooient avenir par foiblement justicier, noz com-
mandasmes, en plaine assize, que nus sergans ne fust
si hardis qu'il feist des gardes fors ce qui li seroit com-
mandé, ne plus ne mains; et s'il le fesoit autrement, il
perdroit le service, et si querroit en amende à le volenté
de son segneur. Et si commandasmes que totes gardes
mises sor autrui por justicier, demourassent es lix
là u elles sunt mises, couquans et levans, et residens de

---

[1] *Deport, encontre le quemandement de leurs seigneurs.* B. T.

nuis et de jor, sans fere lor labors ne lor besougnes, mes[1] que li ostix soit tix qu'eles y puissent estre. Et se eles n'i poent estre, se soient au plus prochain lieu d'ilueques. Et se malvès depors ne baras estoit trovés entre les gardes et celi sor qui eles seroient mises, çascunne partie l'amenderoit. Et si commandasmes que toutes les fois que gardes seroient envoiées sor autrui, que eles eussent letres du bailli ou du prevost, du jor qu'eles y seroient mises; porce que plusor debat estoient de ce que les gardes disoient qu'eles y avoient esté plus de journées c'on ne lor connissoit. Et si commandasmes que nule wide saisine ne fust paiée, ne que li sergant ne preissent nul loier, fors que lor journées teles comme eles sunt establies, c'est à savoir : des sergans à ceval, deus sous par jor; et de cix à pié, douse deniers; mais bien poent penre lor despens avec, s'on ne lor veut doner, sans force ne sans contraignement[2]. Et si commandasmes c'on ne meist gardes sor nului pour dete, s'on trouvoit à penre muebles et catix, pres à lever, dusqu'à le valor de le dete, se ce n'estoit des especiax commandemens de nos segneurs, ou de nos mestres, ou de noz. Et se li prevost ou li sergant fesoient contre che, il paieroient les gardes du lor. Trestoz ces commandemens feismes noz tenir, se aucuns vint plaintis à noz, le tans que noz fumes garde[3] de le baillie de Clermont, si que par ce fu li païs plus en pes et à mains de damace, et justice mix fete, et li creancier plus isnelement paié de lor detes.

12. Toutes les fois que gardes sunt en aucun bon ostel, ou en quelque ostel que ce soit, on ne doit pas

---

[1] *Puis.* B. — [2] *Contrainte.* B. — [3] *Que nous feismes le garde.* B.

metre ribaudaille ne malvese gent, mais prodomes tix qui aient mestier de gaaignier lor pain; et plus volentiers y doit on metre cix qui volentiers gaaignerent tant comme il porent et sunt devenu non poïssant, par viellece ou par maladie. Car toute voies, quant il convient qu'aucuns ait damace, mix vaut qu'il soit converti en le soustenance de bone gent que de malvès. Toutes voies ne volons nous pas soufrir c'on mete en tex offices faus, ne mellix, ne sours, n'avegles, ne parjures, ne cix qui se suefrent à estre escommenié ou renforcié. Et bien pot çascuns savoir pourquoi noz deffendons tex gens; car li faus feroit tost tel coze dont damaces et vilonnie porroit venir, et li mellix se porroit combatre à cix de laiens, s'il ne fesoient se volenté; et li awles ne verroit coze c'on feist, par quoi il ne porroit tesmognier; et li sours aussi ne porroit oïr ce c'on li diroit, mais il porroit bien tesmongnier de veue. Mais on ne pot sourt examiner, et por ce ne doit il pas estre en office; et li parjures porteroit tost un faux tesmoing, et si n'est pas à croire; et cil qui est escommeniés et renforciés met en pecié cix qui entor eus conversent. Et aussi, com noz avons dit que tix gens doivent estre hors de cest office, entendons noz de toz autres services, és quix on a mestier d'ommes loiax et bien entendans, exepté cix qui sunt escommenié por lor services.

Explicit.

Ici define li capitres comment on doit faire paier les creanciers et garder de damage, et des prises faites es maisons, et de mettre i gardes [1].

---

[1] B.

CAPITRES LV.

Chi commenche li LV. capitre, qui parole des reclameurs, les queles
sont fetes à droit et les queles à tort, et comment li segneur en
doivent ouvrer.

1. Quant commandemens est fes à aucun, qu'il
face gré à son creancier de ce qu'il li doit, dedens les
nuis, c'est à savoir sept jors et sept nuis à l'omme de
poeste, et quinse jors au gentil home ou à le gentil
feme, qui maint sor son franc fief : li commandemens
doit estre tenus; et cil qui ne le tient, quiet en
l'amende du segneur comme de commandement tres-
passé; et est l'amende simple, selonc le coustume du
lieu. Mais bien se gart cil qui se reclaimme[1] à tort, il
quiet en l'amende; ou li dettes queist, s'il se reclamast
à droit. Et porce qu'il sacent en quix cas il se reclaim-
ment à tort, noz en dirons aucuns.

2. Cil se reclaimme à tort, à qui bons nans[2] sunt
ofert por le valor de se dete, dedens le jor du com-
mandement.

3. Li creanciers se reclaime à tort, qui, puis le com-
mandement fet avant qu'il se reclaimme à justice,
donne respit ou souffrance à son deteur; car puis que
li jors du commandement passe par le gré du creancier,
li detes[3] a bien fet le commandement, porce que les
paroles du commandement sunt teles : « Noz voz
« commandons que voz faites son gré dedens les nuis » :
et puisqu'il passe les nuis par son gré, il a bien fet le
commandement.

---

[1] *Qui ne se reclaime pas.* B. — [2] *Gages.* B. — [3] *Li detteres.* B.

4. Cil se replaint à tort qui atent à soi replaindre quarante jors, après le jor des nuis acomplis, s'il n'a [1] eu loial empeequement par quoi il ne se pot plus tost replaindre; si comme s'il a esté hors du païs, ou enprisonés, ou enbesongniés de si grans besognes qu'il ne pooit à celi entendre; car puisqu'il s'est soufers quarante jors bien aaisiés de soi replaindre, s'il vausist, il apert que li detes a, puis le commandement, alé par se soufrance, ou par son gré[2], ou par son respit. Donques en tel cas, s'il ne pot avoir se dete que par justice, il convient qu'il li face refere nouvel commandement.

5. Cil se replaint à tort qui ne dist, ou fet dire à son deteur, que il se replaindera s'il n'est paiés, car il soufist bien se aucuns doit et il paie quant ses creanciers li demande se dete; ne il ne convient pas que li deteur semongnent lor creanciers de lor detes recevoir, ançois doivent li deteur estre semons par lor creanciers, se convenence ne lor taut. Si comme aucun convenencent à rendre dete en aucun lieu certain; car, en tel cas, convient il tenir les deteurs lor convenences. Et se li deteres se destorne, si que li creancier ne pot demander se dete, à droit se pot reclamer, se li jors du commandement est passés; car il ne l'a pas à aler querre, s'il ne li plest, hors du liu où il est couquans et levans. Neporquant, s'il le trueve d'aventure, où qu'il le truist, il le doit semonre qu'il le pait, ou il s'en ira replaindre; et s'il ne li dist, et il s'en replaint, c'est à tort, puisqu'il le trueve[3] en lieu où il li puist dire.

6. S'aucuns a pris nans de son deteur, et quidoit

---

[1] N'i a. B. — [2] Manque dans B. — [3] L'a trouvé. B. T.

que ses nans vaussissent bien se dete; et quant il les
vendi, porce que li deteres ne les vaut pas raceter, il
n'en pot pas toute sa dette r'avoir, et toutes voies il en
prist ce qu'il en pot avoir; et après, sans parler au
deteur, il s'en ala replaindre : en tel cas, il se replaint
à tort. Mais s'il eust requis au [1] deteur qu'il li paiast le
remanant de se dete, ou baillast nans soufisans, et li
detes ne le vausist fere : en tel cas, il se replaint à
droit. Neporquant, on doit moult regarder as paroles
qui sunt dites as nans baillés; car se li detes [2] bailloit
au creancier un nans por une dete de cent livres, en
tele maniere qu'il les feroit vaillans dedens le tans c'on
doit nans garder; et après il ne li tenoit pas ses con-
venences, et por ce il ne li fesoit pas les nans vaillant [3]
les cent livres : se li creanciers se replaingnoit, il se
replainderoit à tort; car puisque li creanciers aroit
tant creu le deteur que il aroit pris nans mal soufisans,
et l'aroit creu du fere vaillant, li jors du comman-
dement passeroit par le gré du creancier. Donques,
se li detes ne fesoit les nans vaillant, il convient que
li creanciers le sivist de cele convenence; et, le con-
venence conneue ou provée, il converroit que li detes
en eust novel commandement de fere les nans valoir
cent livres. Et por ce doit çascuns savoir que nus
n'est tenus à penre nans de se dete, se li nans n'est de
le valor [4] de se dete, s'il ne li plest.

7. Cil se replaint à tort qui a convent qu'il ne se
replaindera pas devant un jor que il nomme à son
deteur, et après se replaint avant que li jors soit venus;
mais en tel cas, se li jors passe, il se pot replaindre;

car autre coze est à dire : « Je me replainderai quant
« tix jors sera passés », que dire : « Je voz doins respit
« dusqu'à tel jor. » Et por ce, se doit il replaindre
après le jor de le soufrance [1], et nient après le respit
donné. Et toutes voies que tix soufrances ne passent
pas quarante [2] jors, si comme il est dit dessus.

8. El point que commandemens est fes, les parties
se poent bien acorder, s'il lor plest, que li sires alonge
le commandement; car se les parties s'i assentent, li
sires pot bien commander que une dette soit paié, ou
une convenence aemplie, au quief d'un mois, ou de
deus, ou de plus, selonc ce que les parties s'acordent.
Se li jors du commandement passe, li creanciers se
pot replaindre, aussi comme il feist, se li comman-
demens fust fes selonc le coustume de le terre.

9. Porce que noz avons dit que li creanciers ne se
pot replaindre quant li jors du commandement passe
par respit [3], noz l'entendons quant il done respit sim-
plement; car s'il done respit, en tele maniere que se li
jors du respit passe que il ne soit paiés de se dete, que
il se puisse [4] replaindre, replaindre se pot lendemain
que li respis sera passés [5], aussi comme il porroit fere
lendemain [6] du jor du commandement : tele conve-
nence pot bien corre entre le deteur et le creancier,
et bien se pot li creanciers replaindre en tel cas, quant
li jors du respit est passés.

10. Sitost comme replainte est fete de comman-
dement trespassé, l'amende du segneur qui fist le
commandement est esqueue, ou de celi qui à tort se

---

[1] *Souffissanche.* B. — [2] xv. B. — [3] *Son respit.* B. T. — [4] *Que il ne
se puisse.* B. — [5] *Donnés.* B. — [6] *Lendemain* manque dans B.

replaint, ou de celi qui n'a acmpli le commandement.
Mais quant ples muet entre le creancier et le deteur,
por savoir se li creanciers se replaint à tort ou à droit,
li sires doit soufrir de s'amende tant que li ples soit
finés, et puis le prengne sor celi qui enquiet de le
querele. Et porce qu'il avient souvent que cil qui se
replaint ne tient riens du segneur par devant qui il se
replaint, il loist bien au segneur qu'il areste le dete,
sitost comme li deteres dist qu'il s'est replains à tort,
dusqu'à le valor de l'amende, se cil qui se replaint
ne fet seurté de l'amende paier, s'il se replaint à tort;
le quele seurté fete, on ne doit pas lessier por le plet
de l'amende à fere li paier. Et s'il avient que li deteres
li ait se dette paié avant qu'il seust riens de le recla-
meur, ou avant que li sires y eust mis point d'arest;
ne li creanciers n'a rien dessoz cel signeur, par quoi il
ne veut venir avant, por le plet de le reclameur qu'il
ne fist pas à droit, si comme li detes dist : en tel cas
convient il, se li detes veut estre delivres de l'amende,
qu'il sive le creancier devant son segneur, desoz qui il
est à justicier, et lueques se doit plaindre de le recla-
meur qu'il fist à tort. Et se li sires du creancier voit
qu'il se reclama à tort, il le doit contraindre à ce qu'il
le voist [1] delivrer de l'amende.

Explicit.

Ici define li capitre des reclameurs, les quelles sont faites à tort, et
les quelles sont faites à droit [2].

---

[1] *Voisse.* B. — [2] B.

CAPITRES LVI.

Chi commenche le LVI capitre, qui parole de cix qui ne doivent pas
tenir heritage, et que on doit fere des faus et des forsenés ; et de
le garde des osteleries et des maladeries, et à qui le garde et le
justice en apartient.

1. Cil qui sunt en religion, et y ont esté de tel tans
qu'il soient prophès, selonc le coustume qu'il ont es
religions de fere prophès, ne poent pas revenir au
siecle; et s'il y revienent et lor religions les requierent,
le justice laie, à le requeste de l'Eglise, les doivent
penre et rendre à lor abbés. Et s'il avient que l'Eglise
ne les voille requerre, porce qu'il les sentent à faus
ou à mellix[1], par quoi il demorent au siecle, si n'ont
il nul droit en heritage qui puist venir ne descendre
de lor lignage, soit en descendant, ou d'esqueance de[2]
costé; car sitost comme il devinrent prophés en
l'Eglise, et il se furent voué au service nostre Segneur, il
renoncerent de fet à toutes les cozes temporex dehors
lor eglises; et avant en devroit porter heritage[3] uns
cousins en tiers degré ou en quart, de lignage du pere
au religieus, que ses fix qui isteroit de l'abbeïe por avoir
heritage.

2. Quant aucuns devient mesiax, par quoi il convient
qu'il laisse le compaignie des gens sains[4], il n'a puis
droit en nule proprieté d'eritage, ne qui fust siens, ne
qui li peust venir de son lignage. Mes voirs est, s'il
avoit muebles ou conquès, el tans que le maladie li
prist, il en pot ordener à se volenté; et aussi du quint

---

[1] Et à merlis. B. — [2] Soit d'escheoite de. B. T. — [3] L'iretage. B.
— [4]B.

de son heritage, aussi comme on en pot fere en testament; car sitost comme il est pris de cele maladie, il est mors quant[1] au siecle. Mais s'il lait aucun heritage par le reson du quint, ou aucun heritage qu'il ait aquis, à le maladerie où il doit aler, ou à autre religion, fere le pot; mais li segneur de qui li heritage sunt tenu, les poent contraindre qu'il les metent hors de lor main dedens an et jor. Et commence li ans, le jor que li commandemens li est fes.

3. Les maladeries sunt[2] establies as viles pour recevoir tix[3] et celes qui cieent en tix maladies, li quel sunt de le nascion de le vile, ou qui s'i sunt marié sans esperance de partir s'ent[4]; si comme s'il y ont aceté mesons, ou prises à heritage, à cens ou à loier, non pas por les estranges trespassans; car se uns estranges areste en une vile un an ou deus, sans fere aparance de voloir y demorer, et il devient mesiax, la maladerie de le vile n'est pas tenue à li recevoir, ançois s'en doit aler en le vile où il a se propre meson. Et s'il n'a meson ne autre coze nule part, il doit estre reçus en le vile là u ses peres l'ot, s'il y fu nés et norris.

4. Noz avons veu debatre que cil qui estoient bastart et devenoient malade, ne fussent pas receu es maladeries dès viles où il estoient né et norri, porce que les gardes des maladeries disoient que li bastars n'avoit point de lignage, ne n'estoit aherités de nul droit, par quoi il ne se pooit aidier de le meson, ne que uns estranges qui y venist d'Espane[5]. Mais noz qui oïsmes cel debat, resgardasmes que les maladeries furent

---

[1] *Tant coume.* B. — [2] *Qui sont.* B. — [3] *Chaus.* B. T. — [4] *Leur ent.* B. [5] *D'espave.* B.

fondées sur ammosnes et pour le commun porfit, por desseurer les sains des enfers de liepre, et resgardasmes que toutes voies estoit li bastars Crestiens, et nés et norris en le vile, si fumes meu por cause de pité; et par le conseil que noz en eusmes, que c'estoit resons qu'il fust receus, si le feismes recevoir. Et cest cas avons noz dit, porce que, s'il avenoit une autre fois, c'on en soit meus à fere loi en autel maniere.

5. Voirs est que, de droit commun, le garde des maladeries apartient à l'evesque en quele evesquiée eles sunt assises, par le reson de ce qu'à sainte Eglise appartient le garde des cozes ammosnées et amorties heritavlement. Neporquant, noz savons aucunnes maladeries qui especialment sunt de le garde des signeurs terriens, et y poent metre et oster, por le porfit de le meson, tex gens comme il lor plest. Si convient uzer de le garde de çascunne si comme il a esté acoustumé de lonc tans.

6. Porce que toutes maladeries sunt fetes et fondées por le commun porfit des viles, là où eles sunt convient que li vesques en ait le garde, ou li sires terriens. Cil qui en a le garde, doit penre en le vile un prodehomme, ou deus, ou trois, selonc ce qu'il en est mestiers, qui s'entremetent de savoir l'estat de le meson, et de porveur [1], et d'aministrer les [2] besongnes de le meson. Et cil qui ceste garde enprendent [3], le doivent fere diligamment et rendre conte une fois en l'an [4] au segneur, ou à son [5] commandement, au quel le garde de le maladerie apartient. Et autel comme noz avons dit

---

[1] *Pourveoir.* B. T. — [2] *Des.* B. — [3] *Entreprennent.* B. — [4] *Une fois l'an.* B. — [5] B. *Au.* A.

de le garde de le maladerie, doit on fere le garde des
osteleries qui sunt fetes et estavlies por herbegier
les povres.

7. S'il avient que aucuns mesiax, ou que aucuns
convers de maladerie ou d'ostelerie soit de malvese
conversation, et il ne se veut castier à l'amonneste-
ment de son pardessus, il doit estre mis hors du liu
comme estranges; et s'il est repris ou atains de vilain
cas de crieme, l'ostelerie ne le maladerie ne l'escuse
pas qu'il ne soit justiciés selonc le meffet. Et s'il est
clers, à son ordinaire en apartient le justice, selonc
le coustume de sainte Eglise; si lor doit le justice laie
rendre s'ele le tient.

8. On pot bien deffendre as mesiax, sans eus fere
tort, qu'il n'entrent es viles, mais dehors se tienguent
en certaines places qui loins lor soient donées, où cil
les truisent qui lor ammosnes y vaurront fere; car
perilleuse cose seroit de converser mesias aveques
sains, porce que li sain en poent devenir mesel; et
por ce furent les maladeries fetes hors des viles.

9. Cil qui sunt fol de nature, si fol qu'il n'ont en
eus nule discretion, par quoi il se puissent ne sacent
maintenir, ne doivent pas tenir tere, puisqu'il aient
frere ou seror, tout fust ce qu'il soit ains nés [1]. Donques,
se li ains nés est faus naturex, l'ains neece doit venir
à l'ains né après li, car male coze seroit c'on laissast
grant coze en le main de tel home. Mais toutes voies,
il doit estre gardés honestement de ce qui fust sien,
s'il fust hons qui deust tere tenir. Mais ce entendons
noz de cix qui par sunt si fol qu'il ne se saroient main-

---

[1] *Ainssi.* B.

tenir en mariage ne hors mariage; car s'il se connis-
soient en riens, en tant sans plus qu'il seust estre en
mariage, par quoi de li peussent venir hoir, il et li
sien devroient estre gardés dusqu'à tans de ses[1] oirs.

10. Il apartient bien as signeurs de qui li heritage
sunt tenu, à savoir que cil qui sunt nommé dessus ne
tiegnent heritage; car s'il n'avoient nul parent, li
heritages doit mix estre au signeur comme espaves,
que à cex qui sunt prophès es eglises, ne as mesiax,
ne à cex qui ont forfet tout le droit d'eritage por vilain
cas de crieme, ne as bastars, ne à cix qui en concélant
le droit au segneur ont fet coze par quoi il doivent
perdre l'eritage.

Explicit.

Ici define li capitres qui parole de chaux qui ne doivent pas tenir
hyretages[2].

CAPITRES LVII.

Chi commenche li LVII. capitres qui parole des mautalens[3] qui
muevent entre houme et feme qui sont assamblés par mariage,
coument les seigneurs en doivent ouvrer, et pour quelles causes il
convient à aus departir li uns de l'autre.

1. Noz veons souvent avenir que maltalent muevent
entre home et feme qui sunt ensaulle par mariage, si
que il ne poent durer ne manoir ensaulle; et si n'ont
pas reson par quoi li mariages puist estre departis, ne
qu'il se puissent aillors remarier; et nepourquant, il
s'entre heent tant qu'il ne voelent demorer ensaulle;

---

[1] *Que il eust.* B. T. — [2] B. — [3] *Mautalens en mariage.* A. Ce qui
suit est tiré de B.

et tele hore est que c'est es coupes de l'un, et tele hore
est que c'est es coupes de l'autre, ou des deus. Et
quant tele coze avient, le connissance en apartient à
sainte Eglise, quant ples muet du departir. Et¹ nepor-
quant por requerre aucunnes fois sunt les femes venues
à nous, c'on lor delivre de lor biens communs por lor
vivre; et aucunne fois li baron ne s'i acordent pas,
porce qu'il dient qu'il sunt segneur des cozes, et que ce
n'est pas en lor coupes que les femes ne sunt avec eus.
Et porce que tex plaintes vienent toute jor en cort laie,
noz traiterons en cest capitre c'on doit fere, selonc
nostre coustume, de tix requestes.

2. Se feme requiert que division soit² fete des biens
son mari, du vivant du mari, on ne doit pas obeir
à sa requeste; car li maris, de drois communs, est
sires de ses biens et des biens à se feme. Neporquant,
le justice doit regarder le cause por quoi ele n'est pas
aveques li; et selonc ce qu'il en voit le cause, il en
doit ovrer. Car s'il voit que li maris, par folie et sans
reson, l'ait boutée hors d'entor li, il doit commander
au mari qu'il le reprengne³ et maintigne comme prode
feme, selonc son estat. Et s'il ne veut, et le justice voit
que ce n'est pas es coupes de le feme, et qu'ele se veut
maintenir com prode feme, prendre doit des biens au
mari tant qu'ele soit porveue soufisamment. Et encore,
s'il espoente le mari de fere damace ou de prison, s'il
ne le prent⁴ et maintient com prode feme, il fet bien
et à droit, car c'est bien l'office as justices qu'il pus-
nissent les crueus de lor crualtés, si que çascuns face
ce que resons done dessoz eus.

---

¹ *Mais.* B. — ² *Li soit.* B. — ⁵ *Prengne.* B. — ⁴ *Reprent.* T.

3. Se le feme se part d'entor[1] son mari, sans les coupes de son mari; si comme les aucunnes qui s'en vont por fere folie de lor cors; ou ele n'ont pas tele entention de[2] fere folie, mais eles heent les conversations de lor maris; ou elles se partent, porce que lor mari ont guerres ou contens à sen pere, ou à se mere, ou à ses parens, les quix ele aimme mix que son mari; ou ele s'en parti, porce qu'il le bati por aucun meffet qu'ele fist ou por aucunne folie qu'ele dist; neporquant, il n'estoit pas coustumiers de li batre, et li poise quant ele s'en est partie; ou s'ele s'en part, porce qu'il ne li veut donner aucunnes robes ou aucuns jouyax qu'ele demanda por li ou por ses enfans : en toz tex cas, s'ele requiert à avoir des biens son mari por se soustenance, on ne l'en doit riens baillier; ançois le doit on repenre de ce qu'ele s'en parti folement et à poi d'açoison. Et si li doit on commander qu'ele revoist avec son mari. Et s'ele ne veut et ele a povreté et mesaise, c'est à bon droit, si en doit estre poi plainte.

4. Nus ne se doit merveillier se les aucunnes se departent de lor maris quant les resons sunt resnables, mais moult doit prode feme soufrir et endurer avent qu'ele se mete hors de se compaignie[3]. Mes en aucun cas ele n'i ont pas bon[4] demourer, ançois doivent estre escusées de l'eslongement, s'eles le font; car quant li mari les manecent à tuer ou à afoler, ou quant il ne lor voelent doner que boire, ne que mengier, ne vestir, sans meffet, por eles metre à mort; ou que li

---

[1] Se depart de. B. — [2] Pór. B. — [3] De le compaignie de son mari. B. T. — [4] N'i doivent pas. B.

maris veut vendre l'iretage se feme ou son doaire par force, et porce qu'ele ne s'i veut acorder, il li mainne si malvese vie qu'ele ne pot durer; ou quant il la boute hors [1] sans le meffet à le feme; ou quant ele se part, porce qu'il tient autre feme aveques li en se meson, à le veue et à le seue des voisins; ou porce que ses maris mainne tele vie qu'ele en porroit perdre le cors, si comme se li maris est lerres ou acoustumés d'aucun malvès cas de crieme, du qnel il est en peril de perdre le cors; ou quant ele set qu'il porçace aucun grant mal ou aucunne traïson, et ne le veut pas lessier por li : por toz tix cas doit estre le feme escusée, s'ele s'alonge [2] de son mari; et pot requerre à le justice qu'ele ait des biens communs por se soufisance, et le justice le doit fere soufisamment. Neporquant, il n'i a nule division, comme de moitié ou de quart; nis les despoelles de son propre heritage n'emporteroit ele pas, selonc nostre coustume. Donques, couvient il qu'eles soient secourues par l'office as juges et selonc lor loial estimation. Et s'il avient que li barons les voille repenre bonement, et li avoir en convent qu'il ne li fera coze par quoi ele s'en doie partir, et ele n'i veut r'aler, adont ne li doit fere li juges nule soustenance avoir. Mais s'ele y reva, et son barou li ment du tout et li mainne plus malvese vie que devaut, par quoi ele s'en part derequief, ce n'est pas merveille s'ele ne le veut plus croire quant il le rapele arriere; car ele pot avoir presontion qu'il li mente, si comme il fist [3] autrefois. Donques, en tel cas, doit ele avoir soustenance, si comme noz avons dit.

---

[1] *Hors par se volenté.* B. — [2] *S'eslonge.* B. — [3] *Il avoit fait une.* B.

5. Tout soit il ainsi que le feme s'eslonge de son mari por aucunne reson dessus dite, et li juges li baille des biens communs por se soustenance, s'il avient qu'ele mainne malvese vie u tans qu'ele est hors de son mari; si comme s'ele fet vilonnie de son cors, ou ele tient malvès ostel, ou ele suit malvese compaignie, ou ele est prise d'aucun vilain cas : ele doit perdre ce que li juges li bailloit de s'office por sa soustenance. Et ainsi sunt les aucunnes perdues par les maltalens qui naissent es mariages, dont c'est pités [1].

6. Par plusors cas poent li home estre escusé des griés qu'il font à lor femes, ne ne s'en doit le justice entremetre; car il loïst bien à l'omme batre se feme, sans mort et sans mehaing, quant ele le meffet; si comme quant ele est en voie de fere folie de son cors, ou quant ele dement son baron ou maudist, ou quant ele ne veut obeir à ses resnables commandemens que prode feme doit fere : en tel cas et en sanllables est il bien mestiers que li maris soit castierres de se feme resnablement. Mais puisqu'eles sunt prodes femes de lor cors, elles doivent [2] estre deportées moult d'autres visces. Et neporquant, selonc le visse, li maris le doit castier et repenre selonc toutes les manieres qu'il verra que bon sera por li oster de tel visse, exepté mort ou mehaing.

7. Aucunne fois muevent li contens en mariage par le haine que li parrastre et les marrastres ont envers lor fillastres; et quant le feme veut lessier l'omme par le haine de ses enfans, li hons doit moult regarder le quele partie a le tort, ou si enfant ou le marrastre, et

---

[1] Et damages. B. T. — [2] Deveroient. B.

s'il voit que ce soit en le coupe des enfaus, il les doit
mix eslongier de soi que soufrir l'eslongement de se
feme; et s'il voit que le marrastre soit malvese contre
les enfans, et non pas par lor meffet, l'amor qu'il aura
vers ses enfans ne l'en doit fors croistre; car il li doit
resouvenir de l'amor qu'il perdirent quant il perdirent
lor mere. Donques, en tel cas, doit il reprendre cor-
toisement se feme qu'ele ayt[1] et honort ses enfans; et
s'ele ne veut, li maris l'en face à l'avenant, et tiegne ses
enfans entor soi tant qu'il les ait porveus, si comme
prodons doit fere ses enfes, ne jà qu'il le lait[2] por le
marrastre.

8. Ce que noz avons dit des marrastres qui heent
lor fillastres, ne poons noz pas dire des parrastres qui
heent lor fillastres; car les femes n'ont pas pooir de
fere de lor enfans, malgré lor maris qui sunt lor par-
rastre, si comme li peres fet de ses enfans, malgré lor
marrastre. Donques, quant le mere voit que ses maris
het ses fillastres, s'ele voit que ce soit par les coupes
de ses enfans, reprendre les doit et castier, et com-
mander qu'il obeissent; et s'il ne voelent, mix vaut
que le mere les oste d'entor li que ses maris mansist
en maltalent por eus. Et se le haine du mari est sans
le coupe des enfans, il ne fet pas bien; mais toutes
voies convient il qu'il wident se compaignie, s'il li
plest, car le mere ne les pot pas tenir contre se voleuté.
Et se le mere se part et eslonge de son mari por le
haine de ses fillastres, ou porce que ses maris het ses
enfans, che n'est pas cause par quoi soustenance li doie
estre baillié, puisque li maris veut bien qu'ele demort

---

[1] *Aime.* B. T. — [2] *Ne jà ne le laisse.* B. T.

en se compaignie et li maintenir com se feme. Et, à briement parler, moult doivent cil qui sunt en mariage soufrir l'un de l'autre, car quant maltalent mist entre eus par les coupes de l'un, il n'est pas legiers à apesier.

9. Bone cause a le feme de soi partir de son mari en depechant de tout le mariage, ou en soi eslongier de li, quant ele a mari qui le veut fere pequier de son cors, ne par loier, ne en autre maniere. Donques, s'aucunne feme s'eslonge por tel cause, et renommée labore contre le mari, en cel cas où le feme en monstre au juge aucunne presontion, on ne doit pas soufrir qu'ele ait mesaise de vivre par tel eslongement, puisque ses maris ait riens, anchois l'en doit on doner[1] largement por se soustenance.

10. Bien se gardent li fol marié qu'il ne facent estrange persones pecier en lor femes contre le volenté d'eles, par force, ou par peur, ou par maneces qu'il lor facent; car aussi comme cil qui a eles compaigneroient[2] à force, seroient justicié comme ataint de rat; par moult mellor reson doivent estre li mari justicié qui ce lor consentent, et qui ce lor font fere, car il sunt traitre et malvès et desloial. Et moult est merveilleuse coze quant si malvese volonté pot cair en cuer d'omme; car communement c'est une des cozes qui seroit au monde dont li home sunt plus courcié, que quant il sevent que lor femes s'abandonent à autrui, dont est cil tres malvès[3] qui de se feme meismes porcace tele coze.

---

[1] *Donner bien et.* B. — [2] *S'acompaigneront.* B. T. — [3] *Trop mauvais durement.* B.

11. Il soloit estre que quant li mari aloient hors du país et il demoroient sept ans ou plus, que les femes se remarioient; mais por les perix qui en avinrent, si fu osté et fu confermé par sainte Eglise, que nule feme mariée, por nul lonc tans que ses maris demort, s'ele ne set certainnes noveles de se mort, ne se puist remarier[1]. Et s'ele remarie, porce qu'ele dechoit le cort par faus tesmoins, ou en autre maniere, ne demore pas porce qu'ele ne demort en soingnantage avec le secont mari. Et tout li enfant de cel mariage sunt bastart et avoltre, tout soit ce que li premiers maris ne reviengne jamès, ou qu'il muire après ce que se feme a pris un autre. Car puisque li mariages fu malvès el[2] commencement, il ne pot jamès estre bons, se toute le verité du meffet n'est contée en sainte Eglise, et que li apostoles ne voille sor ce dispenser; le quel coze est fort à fere et à croire, que il le vausist fere de cix qui se sunt marié en avoltire.

12. S'aucuns hons a presontion que aucuns hons[3] repere en se meson por se feme, si comme se renommée en est, ou il les a trovés seul à seul en liu repos, il li pot deffendre par devant bones gens qu'il ne viegne plus en se meson, ou fere li deffendre par justice; et s'il y vient sor le deffense, et li maris le pot trover en present meffet de se feme, si comme s'il gisent ensanlle: s'il avient qu'il l'ocie, et lieve cri par quoi le verité puist estre seue, il n'en pert ne vie ne membre, par nostre coustume. Et de nostre tans noz en avons veu trois qui s'en sunt passé, en tel cas, en France.

13. Toutes les fois que ples est entre home et femme

---

[1] *Marier.* B. — [2] *En son.* B. — [3] *Aucunne personne.* B.

por departir de mariage, li plet pendant, il ne sunt pas ensanlle; se li maris ne veut baillier soustenance à se feme, li juges li doit fere baillier, nis por le pledier à son mari, se li ples est meus por li. Neporquant, des coz qui poent estre el plet, ne li doit on riens baillier, s'on ne voit qu'ele ait grant droit el porcacier le departement du mariage, si comme por aucun vilain cas dessus dit.

14. Quant mariages est departis entre home et feme, por resnable cause, tesmongnié par sainte Eglise, on doit savoir que s'il firent aquestes el tans qu'il estoient ensanlle, çascuns en doit porter le moitié; et des heritages, çascuns le sien. Et s'il ont enfans qui aient sept ans passés, li peres doit avoir le garde de le moitié des enfans. Et s'il n'en y a que uns, si l'a il, s'il veut; et le mere y doit metre le moitié au norrir. Et se li enfant sunt desoz sept ans, le garde en doit estre baillié à le mere, et li peres doit baillier le moitié de lor ressoustenance. Et toz tex cas, quant il aviennent, doivent estre porveu par l'estimation de loiaus juges.

15. Çascuns doit savoir que li hons ne doit pas obeir à sa feme, ne le feme à son mari, ne hons à son segneur, ne li sergans, ne nule autre persone l'un à l'autre, contre bones meurs, dont c'est resnable cause à le femme qu'ele s'eslonge de son mari, quant il li veut fere fere, et as autres, d'aus partir[1] de l'obeissance à cix qui tix commandemens lor font.

Explicit.

Ici define li capitres qui parole des mautalens qui muevent entre homme et fame qui sont en mariage[2].

___

[1] *Autres de soi departir.* B. T. — [2] B.

II.   22

CAPITRES LVIII.

Chi commenche li LVIII. capitre, qui parole de haute justice et de
   basse, et des cas qui apartienent à l'une justice et à l'autre, et de
   chaus qui vont armés par autrui justice, et que la pes ne soit pas
   soufferte de villain cas, et que les souverains pueent penre les for-
   teresces[1][a].

1. Noz deismes, el capitre qui parole des resors que
li quens[2] a sor ses homes[b], que tuit li home de le conté,
qui tienent de fief, ont en lor fiés hautes justices et
basses; et aussi ont les eglises qui tienent heritages frans
et de lonc tans, sans fere redevance nule à nului. Ne-
porquant, porce qu'il est moult de païs là u li aucun
ont les hautes justices et autres persones ont les
basses[c], et en Biavoisis meismes porroit tel coze avenir
par vente, ou par escange, ou par otroi de segneur,
que li uns porroit avoir en certain liu le haute justice,
et uns autres le basse : il est bon que noz desclairons
briement qu'est haute justice et qu'est basse justice,
si que çascuns puist uzer de tele justice qu'à li apar-
tient.

2. On doit savoir que toz cas de crieme, quel il
soient, dont en pot et doit perdre vie, qui en est atains
et condampnés, apartient à haute justice, exepté le
larron; car tout soit ce que lerres por lor larrecin

---

[1] Ce sommaire est donné par B. — [2] *Quens de Clermont.* T.

[a] Voyez les *Establissemens*, l. I, c. XXXVIII; l. II, c. VII.

[b] Chapitre X.

[c] On voit ici, comme en divers autres endroits de ce livre, que l'au-
teur n'écrivait pas uniquement pour les habitants du comté de Cler-
mont; et que les coutumes de cette principauté étaient pour lui le
point de départ de recherches qui s'étendaient dans un cercle moins
resserré.

perdent le vie, nepourquant larrecins n'est pas cas de
haute justice. Mais tuit autre vilain cas le sunt; si
comme murdres, traïsons, omicides et efforcemens de
femes, essilleurs de biens, par fu ou par esterper les par
nuit; et tuit li cas qui quieent en gage de bataille, et
fox monnier, et tuit li consentant et li porcachant :
tout tel cas sunt cas de haute justice. Donques, quant
tex cas avient, la connissance et le justice doit estre à
celi qui le haute justice est. Et le connissance du lar-
recin et de toz autres meffès es quix il n'a nul peril de
perdre vie, demorent à celi à qui le basse justice apar-
tient. Et quele justice en doit estre fete, il est dit el
capitre des meffès [a].

3. Aussi comme noz avons dit que li cas de crieme
doivent estre justicié par celi qui a le haute justice,
aussi sunt il aucun esploit qui doivent estre lor, par
reson de haute justice, si comme tuit li bien de cix qui
sunt ataint d'aucun des cas dessus dis. Mes c'est à en-
tendre les biens qui sunt en se haute justice, car ças-
cuns qui a haute justice en se terre doit emporter ce
qui est en se terre trové des biens qui furent à tex [1]
malfeteurs.

4. Les cozes trouvées, et les espaves, qui [2] n'ont point
de suite, et ce qui vient des bastars as signeurs, par
le reson de ce qu'il n'ont point de lignage; et ce qui
esquiet de gens estranges, quant nus du lignage ne se
tret avant : toutes tex cozes doivent estre au segneur
qui a le haute justice, et nient à cil qui a le basse, s'il
ne le gaaigne par longe tenure, ou parce qui li fu doné

---

[a] Chapitre xxx.

[1] *Aus.* B. — [2] *Lesquelles.* B. T.

par préviliege; si comme il est en plusor liex que les
seigneurs otroierent à aucunnes eglizes tous tex esplois,
tot fu ce que il retenissent le haute justice en ce que
il donoient.

5. Cil qui a le haute justice ne pot deffendre à celi
qui a le basse justice que il ou si sergant ne voisent ar-
mé por garder ce qui à le basse justice apartient; ne
cil qui a le basse justice ne pot pas defendre à celi qui
a le haute, que il ou si sergant n'i voisent garder ce qui
a haute justice apartient, car il loist à çascun à garder
se droiture sans fere tort à autrui.

6. Il avient aucune fois que aucun cas avienent si
orbe, c'on ne pot pas tantost savoir se c'est cas qui
apartiegne à haute justice ou à basse; si comme il
avient que cause mellée avient entre persones, de le
quele plaies sunt fetes : si ne set on pas tantost se li
navré gariront des plaies ou s'il moront. Et porce
qu'il y a doute, se li malfeteur qui firent les plaies
sunt pris, il doivent estre mis en prison de celi qui a
le haute justice, quarante jors, car dedens tel terme
doivent cil morir qui morent. Et se li navré garissent,
cil qui a le basse justice doit ravoir les prisonniers de
celi qui a le haute, por esploitier de l'amende selonc
le meffet. Et se li navrés muert de le plaie qui li fu
fete, le vengance apartient à celi qui a le haute
justice.

7. Trives brisiés et asseurement brisié sunt bien cas
de haute justice, et por ce doivent eles estre donées
quant eles sunt requises et li asseurement fet par cil
qui a le haute justice, et non pas par cix qui ont le basse.
Et puis que cil qui n'ont fors le basse justice ne poent
contraindre à doner trives, ne fere fere asseurement,

donques ne doivent il pas avoir le connissance des en-
fraintures qui en naissent.

8. Noz ne loons pas à cix qui donnent trives l'un à
l'autre par devant aucun segneur, li quix n'aroit pooir
d'aus justicier en tel cas, porce qu'il s'enhardissent
de brisier les trives et l'asseuremeut ; car s'il avoient
doné les trives ou l'asseurement l'un à l'autre, de lor
volenté, sans venir par devant nul segneur, et li uns
le brisoit après, il ne porteroit jà menre paine que se
li trive avoit esté donée, ou li asseuremens, de par le
Roi. Car trives ou asseurcmens se poent fere entre
parties par paroles, tout sans justice. Et comment
on doit tenir et fere, et quele venjanche on doit
penre, il est dit el capitre des trives et des asseure-
mens [a].

9. Quant aucuns est souspechonnés d'aucun vilain
cas de crieme dessus dis, si comme par presontions, ou
parce que aucuns l'en suit, ou parce qu'il s'en defuit,
et ne vint pas as ajornemens, toutes les cozes qui
doivent estre fetes en la condanpnation, ou en ce qu'il
en soit assaus, apartiennent à fere à celi qui a le haute
justice, par le jugement de se cort; ne cil qui a le basse
justice ne li pot pas veer qu'il ne saisisse le sien, ne qu'il
ne le prengne, ne qu'il ne l'apiaut à venir à ses drois,
ne qu'il ne le banisse quant il l'ara apelé, tant comme
coustume donne. Mais se li acusés ou li souspechon-
nés s'en pot espurgier, il doit estre delivres et estre
mis en l'estat ou il estoit devant. Neporquant, s'il ot
aucun damace par les saisines qui furent sor li, por le
souspechon, ou porce qu'il fu mis en prison, se sires

---

[a] Chapitre lx.

qui a le haute justice sor li de ce qu'il fist en justichant,
ne li est pas tenus ses damaces à rendre.

10. Se cil qui a le basse justice en aucun liu tient le
basse justice en fief ou en homage du segneur qui a le
haute, et il entreprent vers son segneur, en ce qu'il
esploite de haute justice por soi, il quiet en l'amende
du segneur de soissante livres, et si doit son segneur
resaisir de tout l'esploit qu'il fist. Et s'il l'avoua de
son droit, il doit demourer en le saisine de l'esploit
qu'il a fet, dusqu'à tant qu'il en soit ostés par jugement.
Mais s'il le pert par jugement, il pert por le faus aveu
qu'il fist envers son signeur toute le basse justice qu'il
tenoit de li et tout ce qui de chel fief muet.

11. En aucun cas porroit cil qui a le basse justice
entreprendre sor celi qui aroit le haute, et si en de-
vroit estre escusés sans fere amende à celi qui aroit le
haute justice, si comme s'il tenoit le basse justice
d'autre segneur que de celi qui aroit le haute justice;
car en ce cas, s'il n'estoit pris en present meffet, et il
ne couquoit ne levoit desoz le haute justice de celi qui
elle seroit, il converroit qu'il fust sivis du meffet par
devant le segneur soz qui il seroit couquans et levans.
Et quant il seroit atains de ce qu'il aroit mis se main en
le haute justice, il resaisiroit le liu, et renderoit les
esplois qu'il en aroit levé, et si l'amenderoit au segneur
par devant qui il en seroit atains.

12. D'aucun cas pot estre escusé cil qui a le basse
justice, se il gete les mains, en justichant, en ce qui apar-
tient à le haute justiche; mais si tost comme il con-
noist le haute justice, qu'il le rende à celi qui ele est;
si comme se il prent gens en presente mellée por
l'amende qui à li apartiennent, fere le pot; mais quant

il li sera monstré qu'il y ara occison ou peril de mort, il doit rendre les pris à celi qui a le haute justice, dusqu'à tant que li perix de mort soit hors, si comme noz avons dit chi dessus, en ce capitres meismes.

13. Les justices de plusors segneurs sunt entremellées et enclavées les unes dedens les autres, et cil qui sunt establi à garder les justices, ne poent pas aucune fois aler garder lor justices qu'il ne passent parmi autre justice, si en avons veu plusors debas. Si comme aucun segneur voloient destourbier les sergans d'autres segneurs à ce qu'il n'alassent pas parmi lor justices, portant ars, ne sajetes, ne armes, ne espées, ne haces, ne guisarmes, ne autres armes deffendues. Et comme il conviegne bien que cil qui s'entremetent de justice garder, soient garni si que il puissent penre cix qui meffont en le justice; et il n'i poent pas aler legierement sans passer par autrui tere : noz en feismes une acordance[1], et le feismes tenir, en nostre tans[2], en tele maniere que s'il convient aucun passer par autrui justice garnis por aler se justice garder, porter pot ses armes en le maniere qui ensuit, c'est à savoir : s'il veut porter arc et sajetes, port l'arc destendu et les sajetes en le main ou en forrel; et s'il veut porter espée, porte loi chainte desoz son surcot, et non pas à esquerpe; et s'il veut porter guisarme, porter le doit desoz s'aisselle ou apoiant à tere, dusqu'à tant qu'il viengne hors d'autrui justice; s'il veut porter armes apertes por tout son cors garder, porter les pot vestues

---

[1] *Ordenanche*. B. T. — [2] *En nostre coustume de Clermont et en nostre temps*. B. T.

couvertement. Et s'il sunt plusors gens qui y voillent passer à plenté de gent armées d'armes apertement, si comme de haubers et des armes qui aveuc apartienent, si comme por mener prisoniers, ou por aucun autre cas par le quel aucuns veut aler en se justice efforciement : gart [1] que ce soit par le segneur qui les justices sunt [2] ; car aucuns porroit faindre que ce seroit por aler en se justice, et ce seroit pour meffere à autrui. Et s'il ne veut penre congé, ou il nel puet avoir, il pot fere passer ses armes sor cevax, ou en caretes, tant qu'il soit hors de le justice, là u il ne pot avoir le congié; et qu'il viengne en le soie justice, et là se pot il armer por se justice garder, ou por li deffendre, s'on li assaut. Et s'il veut passer parmi autrui justice, sans penre congié, ou porce qu'il ne le pot avoir à force et à armes, l'amende de ceste force est au signeur de le terre qui tient en baronnie ; non pas au signeur en qui terre le force fu fete des armes porter sans congié penre de celi qui pooit congié doner ; car bien sacent tuit li segneur qui sunt sougès as barons, que il ne poent pas doner congié c'on voist à armes apertes parmi lor teres, porce que, de l'establissement le Roi, teles cevauciés de force et d'armes sunt deffendues. Donques [3], pot on veoir que cil qui donroit le congié seroit consentans de cix qui yroient armé contre l'establissement le Roi; ne les amendes des armes porter ne sunt à nului, fors qu'au Roi et as barons en lor baronnies.

14. S'aucuns vont parmi autrui justice à force et à armes, et il font en cele justice aucun mefet, et il y sunt pris et aresté par celi à qui le justice apartient, il

---

[1] *Bien se gart.* B. T. — [2] *A.* B. — [3] *Dont on.* B.

doit avoir l'amende et le justice du meffet; et li rois,
où cil qui tient en baronnie, se ce fu fet en se baron-
nie, doit avoir l'amende des armes; car s'il passassent
outre armé sans meffere, si fussent il en amende des
armes porter, si que il doivent l'amende du meffet, et
l'amende des armes porter sor le deffense. Et l'amende
des armes est de soissante livres du gentil home, et
soissante sous de l'home de poeste.

15. En aucun cas doit estre congiés donés à aucun
d'aler armés là u il li convient aler por ses besongnes,
si comme quant il est de guerre, hors de trives et d'as-
seürement, et il ne les pot avoir, porce que si adver-
saire ne voelent venir avant, ne obeir au commande-
ment du segneur; ou quant trives sunt donées ou as-
seuremens fes, et cil qui donerent les trives, ou qui
firent l'asseurement, en osterent les banis de lor lignage,
et les bastars, et cix qui estoient en estranges teres
sans esperance de lor prochaine revenue : en toz tex
cas doit estre congiés donnés d'aler armés quant il est
requis. Mais tout soit ce que li sires doie doner congié
quant il en est requis, en tel cas se li congiés n'est re-
quis et donés, on ne se pot pas escuser de l'amende,
por dire qu'il aloit armés pour aucune des causes des-
sus dites.

16. Il loist[1] à cix qui ont le haute justice et basse en
lor teres, à penre venjance des meffès, des quix le con-
nissance apartient à eus; mais bien se gardent com-
ment il maintenrront haute justice et droite; car s'il
tienent aucun enprisonné, li quix soit atains et pro-

---

[1] *Duit.* B.

vés de vilain cas de crieme, par fet notoire, ou par tesmoins, ou par gages de bataille, et il en font pes, ou il suefrent que pes en soit fete, sans l'otroi du baron de qui il tiennent, il perdent lor justice; et si ne demore pas porce que li sires de le tere, si comme li rois ou cil qui tient en baronnie, ne puissent penre cix qui par pes escapent de le prison à lor sougès; ne jà por ce, s'il sunt repris, li segneur, de qui prison il escapent, n'emporteront menre damace.

17. Voirs est s'aucuns hons de le conté tient prisonniers por vilain cas de crieme, et li prisonnier brisent le prison, par quoi li quens prent et saisist le justice de son home; se li hons pot tant fere qu'il reprengne cix qui briserent le prison, il doit estre delivrés vers le conte; et se li quens le reprent, il ne rendra pas le cort à celi qui, par malvese garde, le perdi, ançois les doit justicier du meffet et de le prison brisier [1]. Mais toutes voies doit estre li hons plus deportés qu'il ne reçoive damace de se justice, se li quens voit qu'il escapast contre se volenté. Neporquant, c'est en le volenté du conte de rendre le justice ou du retenir, car se li home n'estoient en peril de perdre lor justices, en tel cas li aucun metroient les malfeteurs en foible prison à essient, por amor ou par priere, ou par loier, et por ce est il bons que tex baras ne lor vaille [2] riens.

18. Tout aussi comme noz avons dit que li home qui ont justices en lor teres, ne poent ne ne doivent fere

---

[1] *Brisiée.* T. — [2] *Ne vaille.* B.

ne soufrir le pes de cix qui sunt ataint de cas de
crieme, ou de cix qui en sunt acusé, aussi ne doivent
il pas fere recreances à cix qu'il tiennent por cas de
crieme, s'ainsi n'est qu'il y ait plet meu, li quix ples
soit mis[1] en gage de bataille; car en tel cas doit estre
fete recreance à cix qui poent baillier bons pleges,
cors por cors, de revenir à jor et de penre droit, et
as autres non. Et se li home font recreance en cas de
crieme, là u ele n'apartiengne pas à fere, il se mettent
en peril, et est li uns des perix graindres que li
autres; car se cil qui fu recreus s'en va sans revenir au
jor comme cil qui n'oze atendre droit, cil qui fist se
recreance pert se justice, ne ce ne l'escuse pas qu'il en
prist pleges. Car li pleges ne poent pas recevoir mort
por lor plegerie; mes ce peust li malfeteres, se re-
creance ne li eust pas esté fete. Li secons perix qui
est as homes quant il font recreance el cas là u elle
n'apartient pas, si est que se li quens set qu'il aient
trop large prison par le recreance, ou qu'il voisent
là u il voelent, il les pot penre sans rendre cort ne
connissance à celi qui le recreance fist. Mais nepor-
quant, en tel cas ne pert pas li hons se justice, mais il
pert le connissance et le vengance du meffet. Et en
tele maniere porroit il fere le recreance qu'il perdroit
se justice, si comme s'il estoit coustumiers de fere tex
recreances, ou s'il fesoit le recreance sor le deffense
du segneur, car le desobeissance avec le fole recreance
lor tornent[2] en damace de lor justiche.

19. Encore porroit il avenir tel cas que li hons qui
souferroit pes de cas de crieme, ou qui leroit aler les

---

[1] *Encheus.* B. *Cheus.* T. — [2] *Li tourneroit.* B.

prisoniers à essient, ne seroit pas quites por perdre se
justice; car li aucun porroient bien tenir tele persone,
qu'il ameroient mix à perdre lor justices que eus justi-
cier; si comme se li prisonier estoient de lor lignage,
par quoi il ne vaurroient pas fere droite justiche; ou si
comme s'il estoient si grant segueur qu'il leroient
à fere droite justice por peur, et les en leroient aler :
en tel cas querroit il en amende à volenté vers le
souvrain, de lor justice et de lor autres biens, s'il ne
rendoient cix par quel consentement il s'en alerent.

20. Noz avons bien veu aucuns des homes qui
tenoient[1] prisoniers por cas de crieme, et estoient tenu
comme de fet notoire et ataint du fet; et neporquant
li home ne les voeloient justicier, ou por peur, ou por
loier, ne il ne l'osoient justicier ou delivrer, ne oster
de lor prison, por peur qu'il ne perdissent lor justice,
et ensi estoient les prisons trop longes. Et por ce noz
y meismes conseil, car noz lor commandasmes, de par
le conte, que tuit cil qui tenroient prisonniers atains
et condampnés de vilain cas de crieme, en feissent
droite justice dedens quarante jors, sor paine de perdre
lor justice. Et ce pot bien fere li quens et cil qui
tienent en baronie sor lor homes ; et se li home
n'obeissent au commandement, il poent penre les
prisoniers en le prison de lor homes, et fere ce qui
à droite justice apartient selonc le meffet, et penre le
justice de celi qui n'obei pas au commandement.

21. Porce que noz avons dit que li quens pot fere
commandement à ses homes qu'il facent droite justice
dedens quarante jors, noz avons bien dit que ce sunt

---

[1] *Rendoient.* B.

des cas qui sunt cler ou prové. Et aussi disons nous
que s'il convient fere aprise ou enqueste, que li quens
lor pot commander qu'il s'en delivrent du fere et du
jugier ce qui sera prové, dedens quarante jors. Nepor-
quant, quant li cas sunt douteus et perilleus, si ne les
doit on pas si haster qu'il ne puissent avoir certain
conseil, s'il en ont mestier; et ce conseil doivent il
penre à lor pers en l'assise, et raporter por fere lor
jugemens en lor cours. Et aussi, se li delais est si grans
qu'il passe quarante jors, porce que lor home pren-
nent lor respis de fere lor jugement, ou par le ples
qui est entre cix qui acusent et cil qui sunt acusé, on
ne les doit pas si haster qu'il ne puissent avoir lor
delais tex comme coustume de tere lor donne. Et quel
li delai poent estre, il est dit el capitre des delais que
coustume donne[a].

22. Li quens et tuit cil qui tiennent en baronnie
ont bien droit sor lor homes par reson de souvrain,
que s'il ont mestier des fortereces à lor homes por lor
guerre, ou por metre lor prisoniers ou lor garnisons,
ou por eus garder, ou por le porfit commun du païs,
il les poent penre. Nepourquant, en tele maniere les
porroient il penre, por les cas dessus dis, qu'il se mef-
feroient vers lor homes; si comme s'il faignoient qu'il
preissent por aucun des cas dessus dis, et le verité
n'estoit pas tele. Car se li quens disoit : « Je l'ai pris
« por moi aidier de me guerre », et il n'avoit point de
guerre, dont[1] aparoit[2] qu'il ne le feroit fors por son
home grever. Et aussi bien s'il les prenoit por metre

---

[1] *Doncques*. B. — [2] *Apparoist il.* T.

[a] Chapitre LXV.

en ses prisons, et il les y lessoit residens longement, et il le peust bien amender, si comme il les peust bien oster de lueques legierement et mener en le soie prison : en tel cas se mefferoit il envers son home. Et aussi s'il faignoit qu'il en eust aucun mestier, et il avoit hayne ou maneces fetes à celi qui le forterece seroit; ou s'il le fesoit porce qu'il vausist porcacier vilonnie de se feme ou de se fille, ou d'autre feme qui seroit en se garde : en toz tex cas se mefferoit il. Et sitost comme il font tex desavenans, et delaissier ne le vaurroient à le requeste de lor homes, se li hons le denonchoit au Roi, li Rois ne doit jà soufrir plet ordené entre le segneur et son home en tel cas, ançois doit tantost fere savoir por quel cause li sires a saisi le forterece son home; et s'il voit qu'il l'ait saisie par resnable cause, ou por son loial besong, on li doit soufrir; et se non, on l'en doit[1] oster et rendre à son home, et li deffendre, sor quanques[2] il pot meffere, qu'il ne les prengne plus, se n'est por son besoing cler et aparant.

23. Se cil qui tient en baronnie prent le forterece de son home por son besong, ce ne doit pas estre au coust de son home; car s'il y met garnisons, ce doit estre du sien; et s'il y a prisoniers, il les doit fere garder du sien. Et s'il enpirent de riens le forterece, il le doivent refere[3]. Et s'il l'amende por estre plus fort ou plus bele por son besong, ses hons ne l'en est tenus à riens rendre, puisque ce ne fu pas fet par li, tout soit ce que li porfit l'en demeurt[4].

---

[1] *Doit hors.* B. — [2] *Dessus tout che que.* B. — [3] Cette phrase manque dans B. — [4] *Demeure siens.* B. T.

24. Avenir porroit que mes sires aroit besoing de me forterece et mestier[1], et moi aussi : en cel point en aroie je mestier que je seroie de guerre, si seroit perilleuse cose que li autre que mi ami y alassent[2], ne n'estoient reperant; car tout ne le[3] vausist pas mes sires, si porroie je estre grevés par cex qui de par eus y seroient. Donques, en tel cas ne sui je pas tenus à baillier me tour au commandement mon signeur, se ses cors meismes n'i est, et s'il ne me prent à aidier et à garantir de me guerre, tant comme il y sera residens. Car ce que noz avons dit que li segneur poent penre les fortereces de leur home por lor besoing, c'est à entendre qu'il soient gardé de damace et de peril.

25. Tout soit il ainsi que li segneur poent[4] penre les fortereces de lor homes en le maniere que noz avons dit dessus, neporquant li home ne poent pas penre ne demander c'on lor baut les fortereces de lor signeur, ne por lor guerres, ne por lor prisons garder; car s'il estoient tenu à baillier lor fortereces, ou por eus, ou por lor prisons, donques aperroit il qu'il fussent pareil entre le segneur et son home, le quel coze ne doit pas estre; ançois a li sires, par reson de segnorie, plusors droitures sor son home que li hons n'a de sor[5] son segneur; car il le pot ajorner et justicier de ce qu'il tient de li, et penre se forterece, s'il en a mestier, mais ce ne pot fere li hons sor son segneur. Et ce c'on dist que voirs est que li sires doit autant foi et loiaté à son home comme li hons fet à son segneur, ce doit estre entendu en tant comme

---

[1] *Et mestier* manque dans B. — [2] *Aloient*. B. — [3] *Les*. B. — [4] *Puissent*. B. — [5] *N'a pas desous*. B.

çascuns est tenus li uns vers l'autre; car por ce se li sires justice son home par bone cause contre se volenté, ne ment il pas par se foi vers li.

26. Encore a li sires qui tient en baronie autre signorie sor son home que ses hons n'a sor li; car se li quens a un home qui ait aucun heritage, li quix heritages li nuise durment à se meson, ou à se forterece, ou contre le commun porfit, il ne pot pas deveer au conte qu'il ne prengne soufisant escange de son heritage; mais voirs est qu'il ne doit pas estre contrains au vendre, s'il ne li plest, mais l'escange soufisant ne pot il refuser.

Explicit.

Chi fine li capitres de haute justiche et de basse, et des cas qui apartienent à l'une justiche et à l'autre[1].

CAPITRES LIX.

Chi commenche li LIX. capitres, qui parole des guerres, comment guerre se fait par coustume, et comment elle faut, et comment chascuns se puet aidier en tous cas de droit de guerre[2][a].

1. Porce que noz avons parlé des guerres en aucuns lix, noz volons que tuit sacent que guerre ne se pot fere entre deus freres germains, engenrés d'un pere et d'une mere, por nul contens qui entr'eus mueve, nis[3] se li uns avoit l'autre batu ou navré. Car li uns n'a point de lignage qui ne soit aussi prochains à l'autre

---

. [1] B. — [2] B. — [3] *Ne.* B.

[a] En ce qui touche le droit de guerre privée, Beaumanoir paraît être resté complétement sous l'empire des idées féodales; car il ne dit rien contre l'origine ni contre les conséquences déplorables de ce droit. Voyez les *Establissemens*, l. I, c. xxvii; l. II, c. xxviii.

comme à li; et quiconques est aussi prochains de
lignage de l'une partie comme de l'autre, de cix qui
sunt quief de le guerre, il ne se doit de le guerre
meller. Dont se doi freres ont contens ensanlle, et li
uns meffet à l'autre, cil qui se meffet ne se pot escuser
de droit de guerre, ne nus de son lignage qui li voille
aidier contre son frere, si comme il porroit avenir de
cix qui ameroient mains l'un de l'autre. Donques,
quant contens naist, li sires doit pusnir celi qui meffet
à l'autre, et fere droit du contens.

2. S'il avient qu'aucuns de mes parens soit en guerre,
et je sui aussi prochains de lignage de l'un comme de
l'autre, et je ne me melle de le guerre, ne d'une part,
ne d'autre, et l'une des parties me meffet, porce qu'il
pense que j'aimme mix l'autre partie : il ne se pot
escuser du meffet par droit de guerre, ançois doit
estre justicié por[1] le meffet. Mais autrement seroit se
j'aloie en l'aide ou en le compaignie de l'une des parties
armés, ou se je li prestoie mes armes, ou mes cevax,
ou me meson, por li aidier et por l'autre partie grever;
car en tel cas me metroie je en la guerre par mon fet[2].
Dont se mal me venoit puis de l'averse partie, tout
me fust ele aussi de lignage comme l'autre partie, il se
porroit escuser de droit de guerre. Et à ce pot[3] on veoir
que cil se met en le guerre, qui se met en l'ayde de
cix qui guerroient, tout soit ce[4] qu'il n'apartiengnent
de lingnage.

3. Tout avons noz dit que guerre ne se pot fere
entre deus freres germains d'un pere et d'une mere,

---

[1] Selon. B. — [2] Meffait. B. — [3] Et si empuet. B. — [4] Fust il
ainssi. B. T.

II. 23

s'il n'estoient que de par pere, ou que de par mere,
guerre se porroit bien fere entr'eus par coustume,
car çascuns aroit lignage qui n'apartenroit à l'autre;
si comme s'il estoient frere de par pere et non pas de
par le mere, li lignages que çascuns aroit de par se
mere, n'apartenroit à l'autre frere, et por ce porroient
il guerre maintenir. Neporquant, tout soit ce que
coustume suefre les guerres en Biavoisis, entre les
gentix homes, por les vilonnies qui sunt fetes appa-
rans, li quens, ou li rois, se li quens ne le veut fere,
pot contraindre les parties à fere pes ou [1] à doner trives.
Mes de l'asseurement se doivent il soufrir, se l'une des
parties ne le requiert. Et meesment, quant guerre
muet entre cix qui sunt d'un lignage, li sires doit
metre grant paine à le guerre oster; car autrement
pot estre li lignages destruis, porce que çascuns seroit
en le guerre par devers son plus prochain, dont il
avient à le fois que li uns cousins tue l'autre.

4. Guerre monte [2] en plusors manieres, si comme
par fet ou par paroles. Ele muet par paroles, quant
li uns manece l'autre à faire vilennie ou anui de son
cors, ou quant il le deffie de li et des siens; et si muet
par fet, quant caudes mellées sourdent entre gentix
homes d'une part et d'autre. Si doit on savoir que
quant ele muet par fet, cil qui sunt au fet, sunt [3] en le
guerre si tost comme li fes est fes; et li lignages d'une
partie et d'autre ne quieent en guerre devant quarante
jors après le fet. Et se le guerre muet par maneces ou
par deffiement, cil qui sunt manecié ou deffié quieent
en guerre puis lueques en avant. Mais voirs est que

---

[1] B. T. *Et.* A. — [2] *Guerres si pueent mouvoir.* B. T. — [3] *Chieent.* B.

porce que graus baras porroit avenir en tel cas, si
comme s'aucuns avoit espié son fet avant qu'il eust
fet maneces ou deffié, et après seur le fet maneçoit
ou deffioit, il ne se porroit escuser du meffet por tele
manece ne por tel deffiement. Donques, li gentix hons
qui manece ou deffie, se doit tant soufrir que li deffiés
se puist garder et garantir, ou autrement il ne se
porra escuser du meffet, ançois devra estre justiciés
du [1] meffet.

5. Guerre par nostre coustume ne pot queir entre
gens de poeste, ne entre borgois. Donques, se maneces
ou deffiemens ou mellées sourdent en eus, il doivent
estre justicié selonc le meffet, ne ne se poent aidier
de droit de guerre. Et fust ainsi que li uns eust tué le
pere à l'autre, et li fix, après le premier fet, tuoit celi
qui son pere aroit tué, si seroit il justiciés de l'occi-
sion, s'il n'estoit que celi qui son pere aroit tué fust
banis sor le hart, por le fet du quel il ne s'oze trere
avant por atendre droit. Car en tel cas est donés con-
giés au lignage de penre tix qui lor ont meffet après
ce qu'il sunt bani, ou mors ou vis; et s'il les prendent
vis, il les doivent rendre au segneur, por justicier
selonc le meffet et selonc le banissement. Et encore
ne les ont il pas à tuer au penre, s'il ne tornent à
deffense; mais s'il se deffendent, si que il ne les poent
penre vis, ançois les mettent à mort, il se doivent
tantost trere à le justice et denoncier le fet; et le verité
seue, on ne lor en doit riens demander.

6. Or veons se maneces, ou deffiement [2], ou mellé
muet entre gentix homes d'une partie, et homes de

---

[1] *Se il.* B. — [2] B.

poeste d'autre, et borgois aussi, se li uns porra tenir
l'autre en guerre; car autre que gentil home ne poent
guerroier, si comme nous avons dit. Donques disons
nous, que guerre ne se pot fere entre gens de poeste et
gentix homes, car se li gentil home tenoient en guerre
les borgois et cix de poeste, et il ne pooient tenir en
guerre les gentix homes, il seroient mort et mal bailli.
Donques, quant tix cas avient, se li borgois ou cil de
poeste requierent asseurement, il le doivent avoir; et
s'il ne le voelent ou ne daignent requerre, et il ont
meffet as gentix homes, et li gentil home s'en vengent,
on ne lor en doit riens demander. Et se li gentil home
ont meffet as borgois, ou à cix de poeste, et après ne
daignent penre ne querre pes, n'asseurement, por ce
ne poent pas li borgois ne cil de poeste penre vengance
du meffet; car donques sanlleroit il qu'il peussent
guerroier, le quel coze il ne poent fere. Et por ce,
quant gentil home meffont à borjois ou à gens de
poeste, il lor en convient porcacier que drois lor en
soit fes par justice et non pas par guerre.

7. Tout soit il ainsi que gentil home puissent guer-
roier selonc nostre coustume, por ce ne doit pas les-
sier le justice qu'il, de s'office, ne mete paine à vengier
les premiers meffès; car se uns gentix hons tue ou
mehàigne un autre gentil home, sans guerre qui fust
aouverte [1] entr'eus, et li lignages d'une partie et d'autre
voelent torner le fet en guerre, sans traire à justice,
por ce ne doit pas le justice laissier qu'ele ne face tout
son pooir de penre les malfeteurs et de justicier selonc
le meffet; car cil qui font les meffès, ne meffont pas

---

[1] *Qui fust aouverte* manque dans B.

tant solement à lor adverses parties ne à lor lignages,
mais as signeurs qui les ont à garder et à justicier,
dont on voit toute jor, quant aucun meffès est fes de
mort d'omme, ou de mehaing, ou d'aucun vilain cas de
crieme, et pes se fet entre les amis de l'une partie et
de l'autre, si convient il qu'ele soit porcacié au signeur
sovrain, si comme au Roi, ou as barons en quix baro-
nies les parties sunt à justicier, car autre signeur ne
poent fere ne soufrir tex manieres de pes. Et par ce
apert il que cil qui font les vilains meffès de cas de
crieme, ne meffont pas tant solement à l'averse partie
n'à lor lignage, mais au signeur, si comme dit est[1].

8. Li gentix hons qui a meffet à autre gentil home,
de fet aparant, ou qui l'a manecié ou deffié, doit
savoir comme sitost qu'il[2] a aucunes de ces cozes fetes,
qu'il est queus en guerre; car cil qui manece autrui
ou deffie, por li tuer en guerre, doit savoir que il
meismes se met en guerre, tout soit ce que cil qui il
deffia ne li renvoia nul deffiement. Et por ce dist on :
qui autrui manece ou deffie, si se gart; car cil qui sor
autrui veut meffere, ne doit pas estre tout asseur.
Et autel disons noz des meffès aparans.

9. Qui autrui veut metre en guerre par paroles, il
ne les doit pas dire tourbles ne couvertes, mais si
cleres et si apertes que cil à qui les paroles sunt dites
ou envoiées, sace qu'il conviegne qu'il se gart; et qui
autrement le feroit, ce seroit traïsons. Et encore se
deffiances sunt mandées à aucun, on les doit mander
par tex gens qui les puissent tesmongnier, se mestiers
est, en tans et en liu. Et le besoing en est quant'

---

[1] *Si coume nous avons dit dessus.* B. T. — [2] *Que si tost coume il.* B.

aucuns veut metre sus à autre qu'il li a fet vilonnie en gait apensé, sans deffiance; car en tel cas est il mestiers de prover le deffiance, por soi oster de le traïson.

10. Noz avons dit dessus comment guerre se fet selonc nostre coustume, or dirons après comment guerre faut, car ele pot faillir en plusors manieres. Le premiere, si est quant pes est fete de l'assentement des parties; car puis que pes est creantée ou convenenciée à tenir, tout cil qui estoient en le guerre dont le pes fu fete, doivent tenir pes li un as autres. Et qui donques l'enfraint et en est atains, il est pendavles.

11. Se pes se fet entre les parties qui sunt en guerre, il ne convient pas que toz li lignages de l'une partie et de l'autre soient à le pes fere ne creanter, auçois souffist assés, s'ele est fete et creantée par cix qui sunt quief de le guerre. Et se il sunt aucun du lignage qui ne se voillent assentir à le pes fete et accordée par le quievetaine de le guerre, il doivent fere savoir c'on se garde d'aus, car il ne voelent pas estre en le pes. Et s'il ne font tix mandemens, et il meffont l'averse partie qui quidoit estre en bone pes vers eus, il poent estre sivy de pes brisié. Ne il ne se porront pas escuser por dire qu'il ne savoient riens de le pes, ne por dire qu'il ne s'i acorderent pas; car quant pes est fete entre les quievetains de le guerre, ele doit tenir entre tout le lignage[1] de l'une partie et de l'autre, exeptés cex qui dient ou mandent qu'il ne voelent pas estre en le pes.

---

[1] *Les lingnages.* B. T.

12. Quant pes se fet entre cix qui sunt quievetains
d'une[1] guerre, et li aucun d'un lignage ou[2] de l'autre
ne veut pas estre en le pes, ançois dient ou mandent
c'on se garde d'eus : nus de cix qui s'acorderent à le
pes, ne nus de cix qui ne firent nul mandement, ne
doivent fere nule ayde ne comfort à cix qui demore-
rent[3] en le guerre, car on les porroit sivir de pes
brisié. Ne puis qu'il seront[4] assenti à le pes, par fet
ou par parole, il n'i poent renoncier, ançois convient
qu'il tiegnent le pes. Et porce que noz avons dit que
cil qui s'asentirent à le pes, par fet ou par parole, n'i
poent renoncier ne fere mandement c'on se gart d'eus,
il est bons que noz declairons comment on s'est acordés
à le pes par fet, ou par parole sans fet.

13. On doit savoir que cil s'acorde à le pes par fet
et par parole, qui avec celi qui soloit estre ses ennemis,
boit et menje et parole et tient compaignie. Don-
ques, après ce qu'il ara ce fet, s'il li porcache ou fet
honte ou anui, il pot estre sivis de traïson et de pes
brisié.

14. Cil qui sunt en le pes par parole sans fet, ce
sunt cil qui distrent à le pes fere par devant bone gent
ou par devant justice, qu'il estoient lié de le pes, ou
qu'il voloient bien le pes. Cil qui sunt en le pes par
fait, sans parole, ce sunt cil qui sunt du lignage as
quievetains qui firent le pes, et n'ont fet mandement
ne deffiance, ançois vont sans armes par devant cix
qui soloient estre lor ennemis, car il monstrent par
fet c'on ne se doit pas garder d'aus. Et por ce avons

---

[1] *D'aucunne.* B. — [2] *Et.* B. — [3] *Se mirent.* B. — [4] *Se seroit.* B.

noz dit ces trois manieres de pes, que cil sacent qui les
brisent, qu'il poent estre sivy de traïson et de pes
brisié.

15. Le seconde maniere comment guerre faut, si est
par asseurement, si comme quant li sires contraint
les parties cievetains à asseurer l'un l'autre[1]. Et tout
soit ce bons liens, et soit[2] de pes qui est fete par amis
et de pes qui est fete par justice, encore est liens
d'asseurement plus fors. Et de ce parlerons noz en un
capitre qui venra ci après, qui parlera de trives et
d'asseurement.

16. La tierce maniere comment guerre faut, si est
quant les parties pledent en cort par gages de bataille,
d'un fet du quel il tenoient ou pooient tenir l'un
l'autre en guerre. Car on ne pot pas, ne ne doit, en un
meesme tans, querre vengance de son anemi par guerre
et par droit de cort. Donques, quant ples est de le
querele en cort, li sires doit penre le guerre en se main,
et deffendre as parties qu'il ne meffaient[3] l'uns as
autres, et puis fere droit.

17. Le quarte maniere comment guerre faut, si est
quant vengance est prise du meffet par justice, por
le quel guerre estoit; si comme s'on tue un home, et
cil qui le tuerent et furent coupable de se mort, sunt
pris par justice et trainé et pendu : en tel cas ne doivent
pas li ami du mort tenir en guerre les parens de cix
qui firent le meffet.

18. A ce qui est dit en cest capitre des guerres, pot
on veir que li gentil home quient en guerre por le

---

[1] *Les uns des autres.* B. — [2] *Fort.* T. — [3] *Meffachent.* B.

fet de leur amis, tout ne fussent il pas au fet, mes
c'est quant li quarante jors sunt passé après le fet.
Neporquant, s'aucuns se veut oster de le guerre, fere
le pot en une maniere, c'est à savoir : s'il fet ajorner
ses anemis par devant justice, il doit requerre qu'il
ne soit pas tenus en guerre, comme cix qui est apa-
reilliés de fornoier cix qui firent le meffet; adont, le
forjurement fet, li sires le doit asseurer, et en se
persone tant solement; et doit fere tel serement qu'il
doit jurer qu'il n'a coupes el fet por le quel guerre
mut, et qu'il, à cix qu'il porra savoir qui en furent
coupable, ne à cix del lignage qui le guerre vaurront
maintenir, ne fera ayde, ne solas, el grief des amis à
qui li meffès fu fes. Et cel serement fet, se le partie
adverse ne le veut droitement acuser comme copables
du fet, il doit demorer en pes.

19. S'aucuns s'est ostés de guerre en le maniere
dessus dite, il se doit garder qu'il ne voist contre son
serement; car s'il fet ayde ne compaignie à armes; ne
ne preste cevax, ne armeures, ne meson; ne ne ' fet
prester : il se remet² en le guerre par son fet. Et s'il li
mesavient, c'est à bon droit, car tout avant il est
parjures. Dont s'il plest à l'averse partie, elle le pot
tenir en guerre avec les autres; et s'il li plest miax,
ele le pot sivir par devant le justice de ce qu'il est alés
contre son serement; et s'il en est prové ou atains, il
en a deservi longe prison, et quiet en amende à volenté.
Mais autrement iroit s'il avoit batu, ou feru, ne
navré, puis le forjurement, aucun de cix as quix il

---

¹ B. — ² *Remet arriere.* B.

requist à estre hors de le gnerre, et por les quix il forjura ses parens qui maintenoient le guerre et cix qui furent copable du fet, car en tel cas seroit il aussi bien pendavles comme cil qui brise asseurement.

20. Il soloit estre c'on se vengoit, par droit de guerre, dusqu'au septisme degré de lignage, et ce n'estoit pas merveille el tans d'adont¹, car devant le septisme degré ne se pooient fere mariage. Mais aussi comme il est aprociés² que mariages se pot fere puis que li quars degrés est passés, aussi ne se doit on pas penre, por guerre, à persone qui soit plus lointaine de lignage que el quart degré; car en toz cas lignages faut, puisqu'il est si eslongés que mariages se pot fere, fors en rescousse d'eritage; car encores le pot on rescorre dusques au septisme degré, par reson de lignage. Donques, par ce qui est dit dessus pot on savoir, que cil qui se prendent, por le guerre qu'il ont, à cix qui ont passé le quart degré de lignage à cix qui furent copable du meffet por le quix le guerre mut, il ne se poent escuser por droit de guerre, ançois doivent estre justicié por le meffet, aussi comme se il n'eussent point de guerre.

21. Autrement iroit se cil qui seroit eslongiés du lingnages, dusques el quint degré u sisime, ou el septisme, se metoit en guerre avequés cix de qui lignage il seroit issus, par fet ou par parole; car adont le porroit on tenir en guerre aussi comme les autres. Aussi feroit on un qui seroit toz estranges, qui de nul costé n'apartenroit, ne n'aroit apartenu de nul tans;

---

¹ *De lors.* B. T. — ² *Raprochié.* B. T.

car qui tant aimme l'une des parties de cix qui sunt en guerre, qu'il se mete en s'ayde et en se compaignie por grever ses anemis, il se met en le guerre, tout soit ce qu'il ne lor apartiegne de lignage; exepté les sodoiers que li aucun prendent por loier por estre aydé de le guerre, car ichil[1] sodoier, tant qu'il sunt en l'ayde de l'une des parties, tant sunt il en le guerre; mes quant il s'en sunt parti, il sunt hors de le guerre. Dont s'on lor fesoit mal, puis qu'il s'en seroient parti, on ne s'en porroit escuser par[2] droit de guerre. Et aussi com noz avons dit des sodoiers, disons noz de cix as quix il convient fere aide par reson de segnorage, si comme il convient que li home de fief, et li hoste qui tienent d'eus ostises, et li home de cors, facent ayde à lor segneurs quant il sunt en guerre, tout soit ce qu'il n'apertiegnent de lignage. Donques, tant qu'il sunt en ayde aveques lor segneurs, tant les pot on tenir en guerre; et quant il s'en sunt parti, il sunt hors de le guerre, ne ne les doit on pas guerroier por ce, se il firent ce qu'il durent vers lor segneurs.

22. Aucunes persones sunt exeptées de guerre, tout soit ce qu'il soient du lignage naturelment à ciex qui guerroient, si comme clerc; et cil qui sunt entré en religion, et femes, et enfant soz aagié, et bastars, s'il ne se metent en le guerre par lor fet; et cil qui sunt mis ou rendu es maladeries et es osteleries : toutes tex persones doivent estre mis hors de perix de guerre de lor amis; et quiconques s'en prent à eus, il ne s'en pot escuser par droit de guerre. Encore sunt il autre persones qui ne doivent pas estre tenues en guerre por

---

[1] *Nul.* T. — [2] *De.* B.

le guerre de lor parens, si comme cil qui el tans que
li contens mut, estoient en le voie d'outre mer, ou en
aucun lointaing pelerinage, ou envoiés en estranges
teres, de par le Roy, ou por le porfit commun; car se
tix gens estoient en guerre por les contens qui move-
roient el tans qu'il seroient hors du païs, donques les
porroit on ocire là u il seroient, ou en alant, ou en
venant, avant qu'il seussent riens de le guerre; dont
che seroit grans maus et grans perix à cix qui seroient
en estranges terres, et malvese vengance, et desloial à
cix qui en ceste maniere se vengeroient, ne ce ne
seroit pas vengance, mes traïsons.

Explicit.

Ici define li capitres qui parole des guerres, comment elle se fait par
coustume, et comment elle faut[1].

CAPITRES LX.

Chi commenche li LX. capitres, qui parole des trives et des asseu-
remens, et li quel en poent estre mis hors, et du peril de l'en-
fraindre[a].

1. Voirs est que noz avons parlé en cel capitre de-
vant cesti, des guerres, si est bon que noz parlons en

---

[1] B.

[a] L'assurement était un moyen employé pour rendre moins funeste
le droit de guerre privée, que le régime féodal et les mœurs plaçaient
au premier rang des prérogatives seigneuriales. Le grand nombre
d'arrêts sur cette matière qui se trouvent dans les *Olim* (t. I, et II,
tables des matières, au mot *Assecurationes*) montre que la couronne
s'attachait, avec la persistance la plus louable, à combattre partout un
préjugé dont les conséquences étaient destructives de tout ordre et de
toute autorité. Dans leurs querelles, les bourgeois étaient aussi sou-

cest capitre des trives et des asseuremens, porce que trive est une coze qui done seurté de le guerre, el tans que ele dure ; et asseurement fet pes confermée à tozjors par force de justice. Et si parlerons de le diference qui est entre trives et asseurement, et comment on le doit fere, et quix gens en poent estre mis hors, et comment cil doivent estre justicié qui brisent trives ou asseurement.

2. Il est coustume, en le castelerie de Clermont, que se gent de poeste ont meffet l'un à l'autre de fet aparant, et l'une des parties demande trives de l'autre, par devant justice, il ne l'ara pas, ains fera le justice fere plain asseurement, se pes ne se fet; car gens de poeste, par le coustume, ne poent guerre demener; et entre gens qui ne poent guerroier, nule trives n'i apartient.

3. Jehans, qui gentix hons estoit, proposa contre Pierre, qui estoit gentix hons aussi, que il et li dis Pierres s'estoient mellé ensanlle et y avoit eu caus donés, par quoi li dis Jehans requeroit trives par sovrain, comme cil qui se doutoit [1]. A ce respondi Pierres, qu'il nel voloit pas doner; car por le fet qu'il proposoit, il estoit en astenanche vers li par amis, et bien voloit, par amis, alongier l'astenance toutes les fois qu'il en seroit requis. Et sor ce se mistrent en droit.

---

[1] *Si coume chelui qui se doit.* B.

mis à l'asseurement. Du Cange a publié un long fragment de l'ancienne coutume d'Amiens, qui est un code véritable sur la matière (xxixe dissertation sur Joinville, p. 340). Cette coutume, qui est digne de fixer l'attention des savants, se trouve à la Bibliothèque royale, fonds français, n° 1189. Voyez les *Establissemens*, l. 1, c. xxviii.

Il fu regardé par droit, selonc le coustume, que Jehans n'auroit pas le trive, mais li sovrains contrainde-roit Pierre qu'il alongeroit[1] l'astenance donée par amis, tant de fois qu'il en seroit rebelles. Et dirent plus : que quant guerre estoit commencié entre gentix homes, il loist à le partie qui voloit estre asseur, à requerre de trois voies le quele qui li pleust : ou aste-nance par amis, ou trives par amis ou par justice, ou asseurement; et puis qu'il avoit l'une de ces voies prises, il ne les pooit pas lessier por recouvrer à une des autres voies.

4. Il a grant diference entre trive et asseurement, car trives sunt à terme, et asseurement dure à toz jors. De requief, qui brise trives, on ne s'en prent fors à celi qui le brise; et qui brise asseurement, on se prent à cix qui les brisent, et à celi qui le dona, tout soit ce aperte coze que cil qui le dona ne fust pas au fet. Car asseuremens a tele vertu, que cil qui le done prent sor li tout son lignage, fors cix qui en poent estre mis[2] hors par reson. Car il y a certaines persones qui en poent estre mis hors au fere l'asseurement; et s'il ne sunt exepté, il y sunt tout.

5. Cil qui en poent estre mis hors par coustume, ce sunt cil qui sunt manant en lointaines teres, hors du roiame, des quix on[3] n'a pas esperanche de lor pro-chaine revenue. Mais s'il avient qu'il en soient mis hors, et il reviennent, cil qui l'asseurement dona doit fere savoir à celi qu'il asseura, qu'il se gart, que[4] tix gens sunt venu el païs, qui estoient hors de l'asseure-

---

[1] *A alongier.* T. — [2] *Que il empuet mettre.* B. T. — [3] *Il.* B. — [4] *De.* B.

ment. Et s'il ne le fet à savoir, et il demorent el païs
quarante jors ; et puis les quarante jors il brisent l'as-
seurement, on s'en prent à celi qui l'asseurement
dona. Et s'il le fet savoir, cil qui fu asseurés le doit
fere contraindre à ce qu'il soient en l'asseurement par
sovrain ; et s'il ne les fet contraindre, si sunt il en
l'asseurement par coustume, puis qu'il ont esté qua-
rante jors el païs ¹. Mais se cil qui l'asseurement dona,
ne pot fere envers eus qu'il se voillent tenir de mal
fere à celi qui fu asseurés, il le doit fere savoir à celi
qui fu asseurés et au sovrain, et jurer sor sains qu'il
ne les y pot metre. Et adont le justice les doit fere
penre, s'il sunt trové, et tenir tant qu'il aient fiancé
l'asseurement ; et s'il sunt home de poeste, il doivent
estre ajorné par trois quinsaines, à le tierce quinsaine
en prevosté ². Et s'il ne vienent dedens les trois quin-
saines, à le tierce quinsaine on doit crier qu'il viegnent
à le premiere assise après, en sivant en cas d'asseure-
ment. Et s'il ne vienent à cele assise, il doivent estre
bany.

6. Se cil sunt gentil home, et sunt tenu hors du
païs en le maniere dessus dite, il doivent estre pris
sans delai, s'il poent estre trouvé ; et s'il se defuient
qu'il ne puissent estre trové, on doit metre grant
plenté de gardes sor lor biens, s'il en ont nul ; et
doivent estre apelé qu'il viegnent au droit du sou-
vrain, par trois quinsaines en prevosté ; et s'il ne
viennent, il doivent estre apelé par trois assises après

---

¹ *Et se il le fait assavoir à chelui qui fu asseurés, les doit faire
contraindre à ce que il soient mis en l'asseurement par coustume, puis-
que il ont esté ou païs.* B. — ² *Par trois quinzaines en prevosté.* B. T.

en sivant, dont il ait d'assise à autre quarante jors d'espasse au mains; et s'il ne viennent dedens le deerraine assize, il doivent estre bani. Et tout en le maniere dessus dite doit on ouvrer en trives donées par amis ou par justiche.

7. Le seconde maniere de gens qui poent estre mis hors de trives et d'asseurement, ce sunt cil qui estoient bani avant que li asseuremens fust fes. Mes s'il sunt rapelé et assaus du banissement par volenté de sovrain, par quoi il reviennent el païs, on en doit ouvrer en le maniere qu'il est dit dessus des asseuremens.

8. La tierche maniere de gens qui poent estre mis hors, par coustume, de trives ou d'asseuremens, si sunt bastart; car bastars, par nostre coustume, n'a point de lignage; et bien y pert, car mes parens en quart degré enporteroit anchois mon heritage, se je n'avoie nul plus prochain que ne feroit mes fix bastars. Mais toutes voies, porce que li bastart sunt meu por amor naturele à aidier à lor parens, cil qui donent trives ou asseurement les doivent nommer à l'asseurement fere ou à le trive donner, si que cil qui rechoit le trive ou l'asseurement se sace de qui garder; et s'il ne les met hors de cest asseurement, cil en est coupables qui l'asseurement donna. Mais des trives, si comme j'ai dit devant, on ne s'en prent fors à celi qui fet le meffet.

9. Se ces trois manieres de gens dessus dites sunt apelées à droit por doner asseurement ou trives, et il laissent le tans corre tant qu'il soient bani, et il sunt pris puis le banissement, il ont deservi longe prison; et si est l'amende à le volenté du souvrain, soit frans hons ou hons de poeste. Et quant il aroit finé et mis

hors de prison, il fianceront l'asseurement ou le trive,
se li apel furent por trives. Mais il est autrement de cix
qui sunt apelé por cas de crieme, par malvese souspe-
chon c'on a sor eus, comme de murdre, ou de traïson,
ou d'omicide, ou de feme efforcier, ou de mesons ar-
doir, ou de biens essillier par haine, ou par prison
brisier, quant on est tenus por aucun cas dont on doit
perdre le cors par droit s'on en estoit atains, ou de
larrecin; car quiconques est apelés sor aucun des cas
dessus dis, et il atent tant qu'il soit banis par coustume
de terre, et il est repris puis le bannissement, il a perdu
le cors et l'avoir, et est justiciés aussi comme s'il avoit
fet le fet notoirement, por le quel il fu apelés.

10. Quant aucuns fes est aparans entre gentix
hommes qui poent guerroier, s'il y a mort, les trives
ou li asseuremens doit estre demandés au plus prochain
du mort; mais qu'il soit en aage de quinze ans ou de
plus. Et s'il se destorne porce qu'il ne veut pas doner
trives n'asseurement, li quens les doit apeler par quin-
saines. Et neporquant, por le peril qui est el delai, li
quens doit envoier gardes sor celi de qui on requiert
le trive ou l'asseurement, et doubler de jor en jor, si
que il viegne avant, por son damace esquiver. Et s'il
ne veut venir, ne por damace, ne por autre chose :
quant il sera apelés par trois quinsaines en prevosté,
et puis par trois assises, s'il ne vient, il doit estre ba-
nis; et puis qu'il sera banis, on pot demander le trive
ou l'asseurement au plus prochain après. Mais por le
peril du delai, quant il se destornent[1], li quens doit
penre le contens en se main, et deffendre, sor cors et

---

[1] *Du delaiement quant il se destourne.* B.

II.   24

sor avoir, qu'il ne meffecent li uns as autres. Et s'il meffont les uns as autres, et par desor le deffense au conte, s'il[1] y a mort d'omme, tout cil qui sunt au fet quieent en le merci du conte, de cors et d'avoir. Et s'il y a fet sans mort, comme de bature ou de navreure, l'amende de çascun de cix qui sunt coupable du meffet, est de soissante livres au conte.

11. S'aucune mellée[2] naist entre gentix homes, en le quele il n'a pas mort d'omme, mais navreure ou bateure, et on veut demander trives ou asseurement, on le doit demander à cix à qui li meffès fu fes ; ne on nel pot demander à autrui du lingnage, devant que cil à qui li meffès a esté fes sera banis, si comme dit est.

12. Il avient souvent que mellées muevent, ou contens, ou maneces, entre gentix homes, ou entre gens de poeste, et puis çascune partie est si orgueilleuse qu'ele ne daigne demander trives n'asseurement; mais por ce ne demore pas que, por l'establissement au bon roy Loys, on y doie metre conseil, tel que çascuns qui tient en baronnie, si comme li queus et li autre baron, quant il sevent qu'il a entre parties fet maneces, et il ne daigne requerre trives ne asseurement : il doit fere penre les parties, et contraindre les à doner trives, se ce sunt gentil home; et se ce sunt home de poeste, il doivent estre contraint à fere droit asseurement. Et s'il se destornent qu'il ne puissent estre pris, li destorné doivent estre contraint par gardes et par apiax, et mener dusques au banissement, si comme il est dit dessus.

13. Trop malvese coustume soloit quorre, en cas de

---

[1] *Est il.* T. — [2] *Merléc.* B.

guerre, el roiame de France; car, quant aucuns fes ave-
noit de mort, de mehaing ou de bature, cil à qui le
vilonie avoit esté fete, resgardoit aucun des parens à
cix qui li avoit fet le vilonie et qui manoient loins du
liu là u li fes estoit fes, si que il ne savoient riens du
fet; et puis aloient là, et sitost comme il le trovoient,
il l'ocioient, ou mehaignoient, ou batoient, ou en
fesoient toute lor volenté, et de cil qui garde ne s'en
donoit et qui ne savoit riens. Et por les grans perix
qui en avenoient, li bons rois Phelipes en fist un esta-
blissement, tel que quant aucuns fes est avenus, cil
qui sunt au fet present, se doivent bien garder puis le
fet. Ne vers cix ne quort nule trive, devant qu'ele est
prise par justice ou par amis. Mais toz li lignages de
l'une partie et de l'autre qui ne furent au fet present,
ont par l'establissement le Roi [1] quarante jors de trives,
et puis les quarante jors, il sunt en le guerre. Et par
ces quarante jors ont li lignage loisir de savoir ce qui
avient en lor lignage, si ques il se puissent porveoir
ou de guerroier, ou de porcacier asseurement, trives,
ou pes [a].

---

[1] *Le bon roy Phelippe.* B.

[a] « Selon le roy Jean, dit Laurière, *Ordonnances*, t. I, p. 56, note c,
« c'est saint Louis qui a fait l'ordonnance touchant les guerres privées.
« Beaumanoir l'attribue neantmoins à Philippe-Auguste; de sorte
« qu'il faut ou que Beaumanoir se soit trompé, ce qui est difficile à
« croire, ou qu'il y ait eu deux loix qui ayent ordonné la *Quarantaine*
« dont il est parlé dans celle-cy. » Cette dernière supposition est la
meilleure; il y eut en effet deux lois : l'une de saint Louis, datée de
l'an 1257 (*Ordonnances*, t. I, p. 84), qui ordonnait aux parties, en
cas de menaces, de fournir *trèves;* l'autre, de Philippe-Auguste, qui
établissait la *Quarantaine le Roy*. Ces deux lois, quoiqu'elles eussent le
même but, étaient différentes. L'ordonnance insérée par Laurière dans

14. S'il avient qu'aucuns cas[1] soit fes, par le quel il conviegne que cil qui sunt au fet soient en guerre, et il y a aucun de lor lignage qui se metent en lor compaignie por eus aidier, si comme s'il se tienent armé avec eus, ou il les tienent à garant avec eus en lor meson : tix manieres de gent sunt en le guerre, si tost comme il lor commencent à aidier de lor guerre; et faut quant[2] à eus le trive qui est dite dessus de quarante jors; car il est aperte coze que il sevent bien le fet, quant il s'entremetent de guerroier aveques cix qui au fet furent.

15. Quant aucuns se venge de ce c'on li a fet à aucun de cex qui ne furent pas au fet, dedens les quarante jors qu'il ont trives, par l'establissement dessus dit, on ne le doit pas apeler vengance, mais traïson; et por ce cil qui en ceste maniere meffont, doivent estre justicié; en tel maniere que s'il y a home mort, il doivent estre trainé et pendu, et doivent perdre tout le lor; et s'il n'i a fors bature, il doit avoir longe prison. Et est l'amende à le volenté du segneur de le terre qui tient en baronnie, car ce n'est pas resons que nus sires desoz celi qui tient en baronnie, ait l'amende des trives enfraintes ou[3] qui sunt donées du sovrain, ains en apartient l'amende et le connissance du meffet au conte.

16. Il avient souvent qu'aucun lignage sunt en trives ou en asseuremens les uns vers les autres, et por ce ne demore pas que aucuns noviax contens ne

---

[1] B. T. *Fes.* A. — [2] *Tant qu'à.* B. — [3] *Ou* manque dans B et T.

sa collection (t. I, p. 56), sous la date de l'an 1245, ne nous paraît pas appartenir à saint Louis.

naisse entre aucuns de cix du lignage, si que par le novel fet il y a mellée ou fet aparant. Or veons donques se trives ou li asseuremens est brisiés en tel cas. Nos disons que non, car en acuser autrui de trives ou d'asseurement brisié, il convient que li meffès dont li asseurement ou le trive est brisiée, naisse du premier meffet por quoi le trive ou li asseuremens fu donés, si que cil qui se deffendent ne puissent propozer cas de nouvel fet. Et en tel cas se doit moult le justice penre garde quix fu li premiers fes dont li asseuremens ou le trive fu donée, et quix fu li derrains fes du quel il se voelent deffendre qu'il n'ont brisié trives n'asseurement. Et se le justice voit que li derrains contens commenchast por le cause du premier fet, il doit ouvrer en tel cas comme de trives ou d'asseurement brisié. Mes se li fes est si noviax c'on ne puist savoir qu'il soit meut du premier fet, ains est aperte coze que por novel fet li contens est meus, on ne doit pas penre vengance du fet comme de trive ou d'asseurement brisié, ançois doit on penre vengance selonc le meffet, aussi comme s'il n'i eu onques eu trives n'asseurement.

17. Che que noz avons dit des nouviax fes qui avienent entre cix qui sunt en trives ou en asseurement, noz entendons entre les persones du lignage de l'une partie et de l'autre, qui ne fiancerent pas le trive ou l'asseurement. Car se cil qui droitement donerent trive ou l'asseurement, se mellent puis ensanlle, il ne se poent puis escuser que che soit de novel fet. Donques, s'aucuns plet muet entr'eus, il doivent querre lor reson par droit et par coustume. Et s'il muevent mellée où il ait fet aparant, cil qui le com-

mence doit estre justiciés comme de trives enfraintes
ou d'asseurement brisié; mais à celi qui se deffent, ne
doit on nient demander, car il loist à çascun de cix
qui est assalis, de soi deffendre por esquiver le peril de
mort ou de mehaing.

18. Pierres et Jehans s'estoient mellé ensanlle et y
avoit fet aparant, et fu li uns et li autres si orgueilleus
qu'il ne daignerent requerre trives n'asseurement, ne
plainte fere du fet. Noz seusmes le fet, si les preismes
et vausismes qu'il feist droit asseurement. Et çascunne
partie proposa qu'ele ne l'estoit pas tenue à fere quant
partie ne le requerroit, et noz requirent que noz lor
feissons droit; et noz, à lor requeste, meismes en
jugement à savoir mon se asseurement se devoit fere
entr'eus. Il fu jugié que noz, de nostre office, quant
noz savions le fet aparant, poyons et devions tenir les
parties enprisonés, dusqu'à tant que asseuremens fust
fes, ou pes bone et certaine de l'asseurement des par-
ties; car moult de malfet poent estre por ce delaissié,
et il loist bien à toz princes et as barons à estaindre
les maus qui poent avenir, en justichant.

Explicit.

[1] B.

CAPITRES LXI.

Chi commenche li LXI. capitre, qui parole des appiaus, et comment on doit former appel, et de quel cas on puet appeler, et de poursuirre son appel, et des banis, et en quelles armeures l'en se combat, et que on doit bien resgarder le teneure de l'appel[1][a].

1. Souvent avient es cours laies que li plet quient en gage de bataille, ou que apenseement li uns apele li autres de vilain fet par devant justice : si est bon que nous en fachons propre capitre, qui ensegnera des quix cas on pot apeler et estre apelés, et comment on doit former son apel, et le peril qui est entre tix apiax, et les quix apiax li segneur ne doivent pas soufrir; si que cil qui vaurront apeler sacent comment il se doivent maintenir en plet de gages; et le fin en quoi il en poent venir, s'il enquieent du plet.

---

[1] B.

[a] Les règles du duel judiciaire étaient, dans toute l'Europe féodale, à peu de chose près, les mêmes, et Beaumanoir ne dit rien ici, ni dans les quatre chapitres suivants, qui ne se retrouve, et avec autant de développements, dans l'ouvrage de Jean d'Ibelin (*Assises de Jérusalem*, t. I, p. 129, 151-155, 165-174). Mais il faut remarquer que le bailli de Clermont écrivait à une époque où l'usage du duel judiciaire avait beaucoup perdu de son autorité, et où tous les efforts des jurisconsultes et des officiers royaux tendaient à l'entourer de formalités si minutieuses et si compliquées qu'il devint presque impraticable. La popularité qui s'attacha au livre de Beaumanoir, dès son apparition, contribua au succès des idées que saint Louis s'était appliqué à répandre sur une matière aussi délicate; cependant on remarquera que Beaumanoir, qui attaque d'ordinaire les préjugés de son temps avec un si noble courage, n'élève aucune objection contre le principe du duel. Ici le gentilhomme l'emporte sur le légiste. Voyez les *Establissemens*, l. I, c. LXXXII, et le Formulaire des combats à outrance, rédigé par l'ordre de Philippe-le-Bel. (*Ordonnances*, t. I, p. 437.)

2. De toz cas de crieme on pot apeler ou venir à gages, se li acuseres en veut fere acusation, selonc ce que apiax se doit fere, car il convient que cil qui est apelés se deffende ou qu'il demort atains du fet. Mais il y a bien autre voie que de droit apel; car ains que li apiax soit fes, se cil qui veut apeler veut, il pot denoncier au juge que cis meffès a esté fes à le veue et à le seue de tant de bones gens qu'il ne pot estre celés; et sor ce il en doit fere comme bons juges, et en doit enquerre, tout soit ce que le partie ne se voille pas metre en enqueste. Et s'il trueve le meffet notoire et apert, il le pot justicier selonc le meffet; car male coze seroit s'on avoit ocis mon prochain parent en plaine feste, ou devant grant plenté de bone gent, s'il convenoit que je me combatisse por le vengement porcacier. Et por ce pot on, en tix cas qui sunt apert, aler avant par voie de denonciation [1].

3. Qui droitement veut apeler, il doit dire ainsi, se c'est por murdre : « Sire, je di sor tel », et le doit nommer, « qu'il, malvesement et en trayson, murdri « tel persone », et doit nommer le mort, « qui mes « parens estoit, et par son trait, et par son fet, et par « son porcas, s'il le reconnoist, je voz requier que voz « en faciés comme de murdrier; s'il le nie, je le voil « prover de men cors contre le sien; ou par home qui « fere le puist et doie por moi, comme cil qui ai en- « soine, le quel je monsterroie bien en tans et en liu. » Et s'il apele sans retenir avoué, il converra qu'il se combate en se persone, et ne pot puis avoir avoué.

4. S'il apele por autre cas que por murdre, comme

---

[1] *Demoustration.* B.

por ocision, ou por aucun des cas devant nommés, des quix on pot apeler, il doit nommer le cas por quoi il apele, et dire le maniere du fet, et offrir à prover, s'il li est nié de partie, par li ou par autre, si comme dit est.

5. Cil qui est apelés ne se doit partir de devant le juge, devant qu'il a respondu à l'apel. Et s'il a aucunes resons par les queles il voille dire qu'il n'i doit avoir point d'apel, il les doit toutes proposer, et demander droit sor çascune reson, si comme ele a esté proposée, de degré en degré. Et doit dire que se drois disoit que ses resons ne fussent pas bones, par quoi li gage n'i fussent, si met il jus toute vilaine oevre, et nie le fet proposé contre li, et s'ofre à deffendre par li ou par home qui fere le puist et doie comme cil qui a essoine, et le monsterra en tans et en liu. Adont li juges doit penre les gages de l'apeleur et de l'apelés, salves les resons de celi qui est apelés.

6. Se cil qui apele ou est apelés, veut avoir avoué qui se combate por li, il doit monstrer son essoine quant le bataille sera jugié. Et plusor essoines sunt par les quix, ou par l'un des quix, on pot avoir avoé. Li uns des ensoines, si est se cil qui veut avoir avoué monstre qu'il li faille aucun de ses membres, par le quel il est aperte' coze que li cors en soit plus foibles; et li secons est s'on a passé l'aage de soissante ans. Li tiers ensoines, si est s'il est acoustumés de maladie qui vient soudainement, comme de goute artentique ou de vertin². Li quars, si est s'on est malades de quartaine, de tier-

¹ *Esperte.* B. — ² *Goute article ou d'autre.* B. *Goute arreticle ou de avertin.* T.

chaine, ou d'autre maladie apertement seue sans fraude.
Li quins ensoines, si est se feme apele ou est apelée,
car feme ne se combat pas.

7. Se uns gentix hons apele un gentil home, et li
uns et li autres est chevaliers, il se combatent à ceval
armé de toutes armeures, teles comme il lor plest,
exepté coutel à pointe et mache. D'arme molue, ne doit
çascuns avoir que deus espées et son glaive; et aussi s'il
sunt escuier, deus espées et une glaive.

8. Se chevaliers ou escuiers apele home de poeste,
il se combat à pié, armés à guise de campion, aussi
comme li hons de poeste; car porce qu'il s'abaisse en
apeler si basse persone, se dignités est ramenée en tel
cas à tex armeures comme cil qui est apelés a de son
droit. Et moult seroit cruel coze se li gentix hons ape-
loit un home de poeste et il avoit l'avantage du ceval
et des armes.

9. Se li hons de poeste apele gentil home, il se
combat à pié, à guise de campion; et li gentix home à
ceval, armés de toutes armes; car en aus deffendant,
il est bien avenant qu'il uzent de lor avantages.

10. Se hons de poeste apele home de poeste, il se
combat à pié. Et de toute tele condition est li campions
à le gentil feme, s'ele apele ou est apelée comme il est
devisé par ci ¹ dessus.

11. Li ceval et les armeures de cix qui vienent en
le cort du sovrain por combatre, sunt au souvrain,
soit pes fete ou ne soit². Ne pes ne se pot fere, ne cla-
mer quite l'un l'autre, sans l'acort du souvrain. Mais s'il
se combatent et li ceval sunt tué et les armes empiriés,

---

¹ *Devisé des gentiex houmes ichi.* B. — ² *Ou non.* B.

li sires n'en r'aura nul restor, mais cil qui est vaincus
pert le cors et quanques il a, de quelcons signeur qu'il
le tiengne. Et vient le forfeture à cascun segneur de
qui il tenoit, et si mueble et si catel aussi as signeurs
dessoz qui il sunt trové. Et en ceste maniere, qui-
conques est condampnés de lait fet, par quelque fet il
doie perdre le cors, si mueble et si heritage sunt de-
mené en ceste maniere; ne li segneur qui ont le sien,
par reson de forfeture, ne sunt tenu à paiér riens que
cil qui est condampnés du fet deust de dette[1].

12. A cascun jor que gentil home viennent en cort
por gages, ou contremandent[2] as jors c'on pot contre-
mander, li premiers jors doit dix saus d'amende, et li se-
cons doit vint saus, et li tiers quarante saus; et de toz les
jors assignés de justice, ou alongiés par acort de partie,
à cascun jor l'amende double. Et se bataille est d'ome
de poeste, l'amende est de cinc saus le premiere jornée,
le seconde de dix saus, et le tierce vint saus, et toz jors
double.

13. Se bataille est en le cort d'aucun des homes le
conte, por mueble ou por heritage, entre persones de
poeste, li vaincus pert le querele por quoi li gage fu-
rent; et si est l'amende au signeur en qui cort le bataille
est, et est l'amende de soissante saus. Et se le ba-
taille est de gentil homes, cil qui est vaincus pert le
querele, et l'amende au signeur est de soissante livres.

14. Cascuns, par le coustume de Clermont, en
gages de muebles ou de catix, pot avoir avoué, s'il le
requiert, soit qu'il ait ensoine ou qu'il n'en ait point.

_____

[1] *De dette* manque dans T. — [2] *Ou pour contremandement.* B. T.

Et li campions vaincus a le poing copé; car se n'estoit
por le mehaing qu'il emporte, aucuns, par barat, se
porroit faindre par loier et se clameroit vaincus, par
quoi ses mestres emporteroit le damace et le vilonie,
et cil emporteroit l'argent; et por ce est bons li juge-
mens du mehaing.

15. Il est en le volenté du conte de remetre en se
cort, quant il li plera, les gages por muebles et por he-
ritages; car quant li[1] rois Loïs les osta de se cort, il ne
les osta pas des cours[2] à ses barons[a]. Et s'il ne les pooit
rapeler en se cort, dont aroit il mains de segnorie en
se cort, en cel cas, que li home es lor[3].

16. Il est en le volenté des homes de le conté de Cler-
mont de tenir lor cort, s'il lor plest, de cest cas, se-
lonc l'ancienne coustume ou selonc l'establissement le
Roi; mais se li ples est entamés sor l'establissement
par le soufrance du segnenr, le sires ne le pot puis
metre à gages, se partie s'en veut aidier. Et aussi, se li
ples est entamés sor les gages par l'ancienne coustume,
li sires ne le pot pas ramener à l'establissement le Roi,
se ce n'est par l'acort des deus parties, car il convient
querele de gages, et toutes autres quereles, demener
selonc ce que li ples est entamés.

17. Se gage sunt por aucunes bares de querele, non
pas du principal du plet, li vainquieres ne gaaigne
fors que le bare por quoi li gage furent doné. Et por

---

[1] *Li bons.* B. *Li sains.* T. — [2] *De le court.* B. — [3] *En leur court.* B.

[a] Cette phrase a souvent été citée, et avec raison; car c'est seule-
ment ici qu'on apprend que l'ordonnance de 1260 n'était pas un éta-
blissement royal exécutoire dans tout le royaume. Voyez les *Ordon-
nances,* t. I, p. 86.

ce est il à entendre, se le bare estoit dilatore; aussi comme se uns hons demandoit à un autre cent livres, et cil disoit que chis jors ne seroit pas venus devant un terme qu'il nommeroit à avenir; ou s'il alligoit respit, li quix termes ou respis li seroit niés du demandeur, et cil l'arramiroit[1] à prover, et li demanderes leveroit un des tesmoins : s'il vainquoit, il gaaigneroit que li jors seroit venus de le dete; et s'il estoit vaincus, cil auroit le respit. Et porce que cil li aroit demandé se dete avant le jor, il aroit tel porfit qu'il aroit tout le terme, et autant de terme[2] après le jor comme il aroit demandé devant le jor.

18. Noz avons parlé de ces deus bares dilatoires, que par ces deus pot on entendre[3] le connissance des autres. Et à briement parler, toutes bares et toutes exeptions sunt dilatoires, par les queles les besongnes de quoi on plede ne sont pas fors à alongier; et celes c'on apele *peremptores* sunt les resons c'on met avant, par les queles, ou par aucune des queles, s'on le proeve, querele est gaaignié; si comme s'on me demande cent livres, et je met avant qu'il le mes dona por mon service, ou je alligue paiement : se je proeve l'une de ces cozes, la querele est perie au demandeur; ou s'on me demande heritage, et je di qu'il m'est descendus de pere ou de mere, ou que je l'acetai, ou qu'il m'esquei de costé : toutes tex resons sunt peremptores, car se j'en puis l'une prover, j'ai le querele gaaignié.

19. S'il avient qu'aucuns des homes le conte ait

---

[1] *L'aramissoit.* B. T. — [2] *Tans.* T. — [3] *Entrer en.* B.

fet donner ¹ trives ou asseuremens à aucun de ses sou-
gès, et le trive est brisié, ou li asseuremens : li sires
le doit fere apeler en se cort par trois quinsaines, s'il
est hons de poeste, et puis par une quarantainne, en
liu d'une assise qu'il aroit s'il estoit apelés en le cort
du sovrain. Et s'il ne vient, il doit estre banis sor le
hart, et estre justiciés du fet, s'il est puis tenus.

20. Or est à savoir s'aucuns est banis sor le hart de
le cort aucun des homes le conte, por quel vilain cas
de crieme que ce soit, que li quens fera : il le doit fere
ajorner là u il soloit demorer à le premiere assise,
mais qu'il y ait quarante jors d'espasse. Et s'il ne vient,
et il est tesmognié par bone gent qu'il est banis de le
cort à un des homes, il doit estre banis de toute le
conté en le tere le conte. Et s'il vient, ou il est pris,
avant qu'il soit banis de le conté, en la terre le conte,
ou en le terre d'aucun de ses homes, des queles il ne
fu pas banis, il aura l'enqueste du fet s'il s'i veut
metre, et sera jugiés selonc l'enqueste. Et s'il ne se
veut metre en l'enqueste, li quens, de son office, en-
querra; et s'il trueve le fet notoire, il sera justiciés
du meffet. Et se li fes n'est trovés bien clerement,
por le souspechon qu'il ² atendi à estre banis, et porce
qu'il ne vaut atendre l'enqueste du fet, il doit estre
justiciés ³ et tenus en prison à toz jors, si que par celi
li autre en soient castié de tix manieres de meffès.

21. Quant uns hons est banis de le cort à aucun
des homes le conte, nus des autres homes ne le pot,
ne ne doit receter, ains le doit penre, s'il le trueve

---

¹ *Pour aucun fait ait douné.* T. — ² *Ou qu'il.* T. — ⁵ B.

sor se terre, et doit fere savoir au conte que il tient
tel bani; et le doit demener selonc ce qui est dit dessus,
que li quens le doit demener quant il le tient.

22. Tout cil qui sunt bani de le cort à aucun des
homes le conte, li banissemens ne dure que tant
comme le terre du segneur tient, en quel cort il est
banis; mais il doit estre demenés, s'il est trovés en
le conté, selonc ce qui est dit dessus.

23. Autrement doit aler s'il est banis de le cort le
conte; car li banissemens qui est fes en le cort le conte,
dure par toute se terre, et en son demaine, et el demaine
ses sougès. Et quiconques les rechete et set le banis-
sement, se meson doit estre abatue, et est l'amende
en le volenté du conte de quanques il a vaillant; et
encore paine de prison, car moult meffet à son se-
gneur qui recete son bani en se terre [1].

24. Se li quens rapele son bani por aucune cause de
pité, si comme que [2] il a entendu que cil qui fu banis,
el point qu'il fu apelés et banis fu en estranges païs
ou en pelerinage, et est aperte coze qu'il ne sot riens
des apiax ne du banissement, ne il ne fu qui, es banis-
semens ni es apiax, l'escusast [3]; ou li quens a puis seu
de certain qu'il n'ot coupes el fet porquoi il fu banis :
il fet oevre de misericorde de rapéler tex manieres de
banissemens.

25. Se li banis est rapelés par li sovrain pour au-
cune coze de pitié, si comme j'ai dit dessus, il doit
r'avoir tout ce qui estoit tenu du sien por le souspe-
chon du meffet, soit que li quens le tiengne ou autres,

---

[1] *En se terre* manque dans A. — [2] B. — [3] *L'en escusast.* B.

car cil qui est assaus en le cort du sovrain ne pot pas estre condampnés en le cort du souget. Mais autre coze seroit se li quens rapeloit son bani par loier, ou par priere, ou par se volenté, por cause de pité; car en tex rapiax, li souget ne rendroient pas ce qu'il aroient du sien por le meffet, s'il ne se fesoit purgier du meffet par jugement; si comme s'il estoit apelés, et il se delivroit de l'apel, ou il se metoit en enqueste, et il estoit delivrés par l'enqueste, car adont converroit il qu'il r'eust le sien quiconques le tenist.

26. Li home qui ont fet en lor cort aucun banissement por cas de crieme, ne le poent rapeler, sans l'acort du conte, por nule cause; mais ce pot bien fere li quens, si comme j'ai dit dessus.

27. Encore, par nostre coustume, nus ne pot apeler son segneur à qui il est hons de cors et de mains, devant qu'il li ait[1] delaissié l'omage et ce qu'il tient de li. Donques, s'aucuns veut apeler son segneur d'aucun cas de crieme, el quel il quiée apel, il doit ains l'apel venir à son segneur, en le presence de ses pers, et dire en ceste maniere : « Sire, j'ai esté une « pieche en vostre foi et en vostre homage, et ai tenu « de vous tex heritages en fief; au quel fief, et à l'om- « mage, et à le foy, je renonce; porce que voz m'avés « meffet, du quel meffet j'entens à fere[2] vengance par « apel. » Et puis cele renonciation, il le doit fere semonre en le cort du souvrain, et aler avant en son apel[3]. Et s'il apele avant qu'il ait renoncié au fiés et à l'ommage, il n'i a nul gage, ains amendera à son se-

<hr/>

[1] A. B. — [2] Guerre pour querre. T. — [3] Cette phrase manque dans B.

gneur le vilonie qu'il li a dite en cort, et à le cort
aussi; et sera çascune amende de soissante livres.

28. Noz disons, et voirs est selonc nostre coustume,
que tout autant que li hons doit à son segneur de foi
et de loiaté par le reson de son homage, tout autant li
sires en doit à son home; et par ceste reson poons noz
veir que puisque li hons ne pot apeler son segneur
tant com il est en son homage, li sires ne pot apeler
son home devant qu'il ait renoncié à son homage.
Donques, se li sires veut apeler son home, il doit qui-
ter l'omage, en le presence du sovrain devant que il
l'apele, et puis pot aler avant en son apel.

29. Li aucun quident que je puisse laissier le fief que
je tieng de mon segneur, et le foi, et l'ommage, toutes
les fois qu'il me plest, mais non puis, s'il n'i a resnable
cause. Neporquant, quant on les veut lessier, li segneur
les reçoivent volentiers par lor convoitises; mais s'il
avenoit que messires m'eust semons par son grant be-
soing, ou par l'ost du conte ou du Roi, et je en cel point
voloie lessier mon fief, je ne garderoie pas bien me foi
et me loiaté vers mon segneur; car fois et loiatés est
de si france nature qu'ele doit estre gardée, et especial-
ment à celi à qui ele est pramise. Car à l'ommage fere
pramet on à son segneur foi et loiaté; et puis qu'ele
est pramise, ce ne seroit pas loiatés[1] de renoncier el
point que ses sires s'en doie aidier.

30. Or veons donques se je renonce à mon fief,
parce que je ne voil pas mon segneur aidier à son be-
song, que mes sires en porroit fere, car il ne pot jus-
ticier fors ce que je tieng de li. Et ce li ai je rendu et

---

[1] *Che seroit grant traïson, ne ne feroit pas loiauté.* B.

lessié, que fera il dont? Je di, s'il li plest, qu'il me porra trere en le cort du sovrain par apel, et me porra metre sus que j'aurai envers li ovré faussement, malvesement et desloialment. Et y aura bone cause d'apel.

31. Porce que je dis ore que li sires doit autant de foi et de loiaté à son home comme li hons à son segneur, ce n'est pas por ce à entendre que li hous ne soit tenus en moult d'oheissances, dont li sires n'est pas tenus à son home; car li hons doit aler as semousses sen segneur, et est tenus à fere ses jugemens, et à tenir ses commandemens resnables, et à li servir, si comme j'ai dessus dit; et en toutes tex cozes n'est pas tenus li sires à son home. Mais les fois et les loiatés que li sires a à son home, doit entendre[1] à ce que li sires se doit garder qu'il n'en face tort à son home, et le doit demener debonerement et par droit, et se doit aidier à garantir ce qu'il tient de li, en tele maniere que nus ne li face tort. Et en ceste maniere pot li sires garder se foi vers son home et li hons vers son signeur.

32. Li sires ne fist pas ce qu'il dut à son home, qui li vaut demander quatre roncis que il li devoit de quatre fiés, et l'en fist semonre à quinsaine de l'un, à lendemain de le quinsaine du secont, et au tier jor de le quinsaine du tiers, et au quart jor de le quinsaine du quart; et au chienquisme jor de le quinsaine, il le fesoit semonrre à respondre à tout che qu'il li saroit que demander, car il est aperte coze que li sires ne fesoit tex semonses à son home fors por li grever. Car li sires pooit demander à son home en une sole jornée ce de quoi il le fesoit semonre en cinc[2] jornée. Or

---

[1] *Estendre*. T. — [2] *A* .xv. B.

veons donques que li home doivent fere qui sunt se-
mons en tele maniere. Il doivent venir à le premiere
jornée, et requerre à lor segneurs que il rapelent les
autres jornées des semonses, et demandent[1] en cele
jornée tout ce qu'il lor plera. Et se li segneur ne le
voelent fere, li home en doivent requerre droit. Et s'il
lor veent à fere, il y a bon apel, vers le signeur, de
defaute de droit, quant il l'ara requis et sommé par
trois quinsaines en le presence de ses pers. Et se ses
sires l'en fet jugement, et il est contre l'omme, il[2] a
bon apel de faus jugement.

33. Quiconques veut son segneur apeler de defaute
de droit, il doit tout avant requerre son segneur qu'il
li face droit en le presence de ses pers. Et se le segneur
li vée, il a bon apel de defaute de droit. Et s'il l'apele
avant qu'il l'ait sommé en ceste maniere, il est ren-
voiés en le cort de son segneur, et li doit amender ce
qu'il le trest en le cort du sovrain sor si vilain cas.
Et est l'amende à le volenté du segneur, de tout ce que
li apeleres tient de li[a].

34. Tout aussi se uns hons de poeste veut apeler de
defaute de droit, il doit sommer le segneur de qui il
tient, par trois quinsaines, si comme dit est. Et s'il se
haste trop, ou il enquiet de son apel, il est renvoiés
en le cort son segneur, et est l'amende à le volenté du
signeur de ce qui est tenu de li.

35. Cil qui apele de defaute de droit d'autre que de
son segneur, si comme se je plede en le cort d'aucun

<hr/>

[1] *Et li demande.* B. — [2] *Li hons.* B.

[a] Voyez les *Establissemens*, l. I, c. XLIX, LXXXI.

signeur, et je ne sui ne hons, ne ostes, ne tenans du signeur, si le doi je sommer par trois quinsainnes qu'il me face droit en le presence de ses homes. Et se je ne puis avoir de ses homes, je le doi sommer en le presence d'autres bones gens qui le me puissent tesmognier. Et quant je l'aurai sommé en ceste maniere, s'il ne me fet droit, ou il me vée à fere droit, j'ai bon apel. Et se je me haste trop, ou je enquies de mon apel, li sires en qui cort j'apelai, me doit contraindre à amender loi à celi de qui j'apelai. Et est l'amende, se je sui gentix hons, de soissante livres; et se je sui hons de poeste, de soissante saus.

36. Et la reson porquoi l'amende n'est à le volenté de l'apelé, si comme de ses homes ou de ses tenans, si est tele que çascuns doit plus d'obeissance et de reverence à son segneur, ou à celi de qui il est tenans, qu'à estranges persones.

37. Tout cil qui apelent de defaute de droit et sunt convaincu de lor apel, ne sunt pas quite tant solement de fere l'amende à l'apelé, ains l'amendent au signeur en qui cort il apelerent. Et se li apelés est gentix hons, l'amende est de soissante livres; et s'il est hons de poeste, l'amende est de soissante saus. Et par ce pot on veir que en cel cas il y a deus amendes en un meffet. Et aussi il en a moult d'autres cas.

38. Il ne convient pas que cil qui apele de faus jugement mete delai en son apel, ains doit apeler sitost comme li jugemens est prononciés; car s'il n'apele tantost, il convient que li jugemens soit tenus pour bons, quix qu'il soit[1].

---

[1] *Quel que il soit, ou bons ou mauvais.* B. T.

39. Se cil qui est apelés de defaute de droit ou de faus jugement est convaincus en l'apel et atains, il pert le jugier et le justice de se terre, et si l'amende de soissante livres. Et se li apiax est de cas de crieme, et il en est atains, il pert le cors et quanques il a, si comme j'ai dit ailleurs.

40. Noz avons dit dessus plusors cas de crieme des quix on pot apeler, et encore parlerons noz de deus cas, li quel se poent prover par apel. Li premiers, si est quant aucuns enfraint trives ou brise asseurement, et li meffès ne pot estre seus notoirement : li souspechonné du fet poent estre apelé, car c'est cas de crieme et grant traïsons de meffere à celi qui est asseur, porce qu'il se sent en trive ou en asseurement. Li secons cas, si est d'apeler de fere fere, si comme quant cil qui apelent ne met pas sus à celi qui il apele qu'il fu presens au fere le fet, mais il le fist fere par loier, ou par pramesse, ou par priere, ou par commandement. Et de ceste maniere d'apel vi je apeler en le maniere qui ensuit[1]. Pierres proposa contre Jehan, que li dis Jehans, par son tret et par son porcas, li avoit fet murdrir un sien oncle; et ne disoit pas en son claim qu'il y eust esté en se persone, mais il disoit qu'il l'avoit fet fere et qu'il l'avoit porcacié à fere; et por conforter son claim, il[2] metoit cause, car il disoit que cil Jehans l'avoit manecié que damace li avenroit de son cors. A ce respondi Jehans, qu'il n'estoit pas tenus à respondre, porce qu'il ne metoit pas en son claim qu'il eust esté en se persone au fet, et apiax de fere

---

[1] Que il ensieut. B. — [2] Et pour fermer se parole, il y. B.

fere n'est pas à recevoir, si comme il disoit; et se drois
disoit qu'il y fust tenus, il s'ofroit à deffendre. Et sor
ce se mistrent en droit. A chel jugement ot grant de-
bat, et voloient dire li aucun qu'il n'i avoit nul gage,
mais toute voies la fins fu tele qu'il[1] y estoient. Car
assés fet qui fet fere, et aussi grant paine doit on avoir
de fere fere vilain cas comme s'il le fesoit.

41. Il est mestiers à celi qui veut apeler autrui ou
plusors persones d'aucun vilain cas de crieme, que il
se gart comment il apelera ; car s'il en veut apeler deus,
ou trois, ou plus, et il les veut metre en gages, il doit
apeler l'un tant solement en se personne, et doit avoir
presentement de ses amis por apeler les autres, si que
çascuns en apiat un. Car s'il les apeloit toz en se per-
sone, et il s'ofroient tuit à deffendre, il converroit
qu'il se combatist tous seus à toz cix qu'il aroit apelés.
Et de cel cas veismes noz ce qui ensuit, en le cort le
Roy.

42. Uns chevaliers apela trois autres chevaliers d'une
ocision fete en traïson et malvesement; et s'il le con-
nissoient, requeroit c'on en feist comme de tix; et
s'il le nioient, il l'offroit à prover par li ou par autres,
par gages de bataille. A ce respondirent li trois, qu'il
nioient bien le fet, et s'offroient de deffendre contre
celi qui presentement les avoit apelés; mais à ce qu'il
disoit qu'il le proveroit par autres aveques li, et chil
n'estoient denommé en l'apel : il ne voloient pas qu'il
peust penre en gages autre ayde que soi, ançois re-
queroient que il, si comme il estoit seus en l'apel fe-

---

[1] Telle, car il. B.

sant, et les avoit apelés toz trois en un meisme cas vilain, du quel il s'estoient offert à deffendre, qu'il se combatist toz seus contre aus trois, sans ayde d'autrui. Et sor ce se mistrent en droit. Il fu jugié que li chevaliers qui apeloit se combatroit toz seus contre les trois; car nus ne pot apeler par persone qui n'est pas presente, et fu li jors de le bataille assignés. Et en dedens le jor li uns des trois morut, et li doi vinrent en cort armé, et cil qui apelés les avoit ensement. Et après toz les seremens, et qu'il n'i avoit fors que d'aler ensanlle, le pes fu fete. Et[1] par tel jugement pot on veoir que quant on veut acuser et metre en gages plusors persones de cas de crieme, que on apiat çascuns le sien present, por le peril dessus dit.

43. S'il avenoit qu'aucuns eust apelé aucune persone por vilain cas, et es[2] gages pendans, li uns du lignage à l'apeleur ou plusor apeloient autres de cel meisme cas, li gage feroient à recevoir; car plusors persones poent estre coupavle d'un vilain fet, si doit bien drois et coustume soufrir que vengance soit porcacié contre toz les coupables. Mes autrement seroit se li deerrain apeleur atendoient tant à apeler que li premiers apiax fust mis à fin, ou par bataille, ou par pes, car adont ne seroient pas li deerrain à recevoir. Et s'il estoit autrement, donques porroit toz jors li gages d'un cas durer, et tel coze ne seroit pas resons.

44. S'on apele[3] de faus jugement en le cort où li home fievé sunt jugeur, il y a certaine voie de sagement apeler; car en tel maniere porroit on apeler qu'il

[1] Car. B. — [2] En. B. — [3] En appeler. B. T.

se converroit combatre toz seus à toz les homes qui
aroient fet le jugement, et en tel maniere c'on se com-
batroit à deus, ou à trois, et non pas à toz. Et qui sa-
gement apele, il ne convient qu'il se combate qu'à un
tant solement. Et en tele maniere pot il apeler que li
apiax ne vaut riens, et qu'il convient que cil qui a dite
le vilonie l'amende as homes. Et de toutes tex manieres
d'apiax poés voz veir ci après.

45. Quant aucuns apele de faus jugement, et il atent
tant que li jugemens est prononciés et que tuit li home
se sunt acordé au jugement; et li apeleres dist après
que li jugemens est fax et malvès, et por tel le fera en
le cort de chix où droit le menrra : en tel maniere
d'apel il converroit qu'il se combatist toz seus encontre
toz les homes, se tuit li home offroient le jugement à
fere pour bon [1].

46. S'il avenoit que cil qui vaurroit apeler de fax
jugement se hastoit si d'apeler, qu'il ne se fussent acordé
encore au jugement, fors que deus, ou trois, ou plus,
et non pas tuit, et il apeloit en le maniere de [2] dessus :
il converroit qu'il se combatist à toz cix qui se seroient
acordé au jugement, et non pas à cix qui n'aroient pas
encore dit lor acort du jugement.

47. Qui sagement donques veut apeler et porsivir
son apel, si ques il ne se conviengne combatre fors
qu'à un, il doit dire, quant il voit les jugeurs apareil-
liés de jugier, avant qu'il dient riens, en tele maniere
au signeur qui tient le cort : « Sire, j'ai chiens un ju-
« gement à avoir à le jornée d'ui, si requier que voz

---

[1] *Faire le jugement bon.* B. — [2] *En le maniere qui est dit dessus.* B.

« le faciés prononcier à l'un des homes ; et que tel juge-
« ment qu'il prononcera, que voz demandés qui l'en-
« suit à çascun par soi et [1] par loisir, si que je puisse
« veoir se li jugemens est contre moi, et se j'en voil
« apeler, li quix ensuirra du jugement. » Et le cours li
doit fere ceste requeste. Et adont, quant li jugemens
est prononciés par l'un des homes, et li secons l'ensuit,
il ne doit plus atendre à fere son apel, ançois doit
apeler celi qui ensuit, et dire en ceste maniere à le jus-
tice : « Sire, je di que chis jugemens qui est pronon-
« ciés contre moi et au quel Pierres s'est acordés, est
« faus et malvès et desloiax, et por tel le ferai je contre
« le dit Pierre qui s'est acordés au jugement, par moi,
« ou par home qui fere le pot et doie pour moi, comme
« cil qui ai ensoine, le quel je monsterrai bien en liu
« convenable, en le cort de chiens [2], ou en autre, là u
« drois me menra par reson de cest apel. » Et quant il
ara ainsi dit, cil qui est apelés doit dire que li jugemens
est bons et loiax, et offrir loi à fere par lui, ou par
autre qui fere le puist et doie por son ensoine, en le
cort de laiens, ou là u drois le menra. Et doit requerre
qu'il soit demandé à toz les homes s'il s'acordent au
jugement, porce que sa deffense est plus bele quant il
s'i sunt tuit acordé. Et adont li juges doit recevoir les
gages et penre bone seurté de celi qui a apelé de porsi-
vir son apel. Mais à celi qui porsuit le jugement, ne
convient point de seurté fere, par le reson de ce qu'il
est hons et que, s'il ne fesoit le jugement à bon, il
perdroit le jugier et querroit en l'amende de soissante

---

[1] B. — [2] *Chaiens.* B.

livres au signeur. Et aussi, se cil qui apele ne fet le
jugement à malvès, il l'amende de soissante livres. Et
s'il apela de plusors des homes, il amende à çascun à
par soi, et est l'amende de soissante livres. Et por ce
est il resons qu'il face bone seurté de porsivir son
apel.

48. Quant gage sunt receu, soit por cas de crieme
ou pour faus jugement, les parties ne poent fere pes
sans l'acort du segneur.

49. S'aucuns apele d'ommes qui doivent jugier en
le cort d'aucun des homes le conte, li gage ne se doi-
vent movoir de cele meisme cort; et li sires doit re-
querre au conte qu'il li preste de ses pers por aidier
se cort à maintenir; et li quens doit bien fere à son
home ceste requeste.

50. Quant aucuns apele de faus jugement por plet
qu'il a de muebles, de catix, ou d'eritage, et li sires
voit que li cas dont li jugemens est fes, est moult de
fois avenus, et que le coustume est toute clere et bien
aprovée en le conté, par le quele il est clere coze que
li jugemens est bons : il ne doit pas soufrir les gages,
ançois doit fere amender à celi qui apela, le vilonnie
qu'il a dit en cort. Mais cele amende n'est que de dix
saus, car il ne loist pas à apeler en plet de mueble, de
catel ou d'eritage, quant coustume est bien aprovée por
le jugement. Et se li sires suefre les gages et li home
se meffont, si les pot et doit li quens fere oster par
le reson de ce qu'il doit les coustumes garder et fere
tenir entre ses sougès. Car s'aucuns apeloit de juge-
ment qui aparoit estre bons par clere coustume, perix
seroit, se li gage estoient soufert, que le coustume ne

fust corrumpue, si comme se li apeleres vainquoit le
bataille. Et por ce ne doit on pas tex gages soufrir[a].

51. Quant aucuns apele nicement, si comme s'il
dist : « Cis jugemens est faus et malvès », et il ne l'ofre
pas à fere tel, li apiax ne vaut riens, ançois doit amen-
der le vilonie qu'il a dite en cort; et est l'amende de
dix saus au segneur por le vilonie dite, s'il est gentix
hons; et cinc saus, de poeste. Mais s'il est hons[1] cous-
tumiers de parler vilainement, et il encaoit en tel
cas par devant noz, il ne s'en iroit pas sans paine de
prison; car il en est assés de tix qui por si poi d'ar-
gent ne leroient pas à dire vilonnie en cort, et por ce
y est paine de prison bien emploiée.

52. Voirs est que uns hons tant solement ne pot
fere un jugement nule part en le conté de Clermont,
mais doi home le font bien; et por ce soufist li apiax
du secont, sitost comme il ensuit du jugement. Don-
ques, s'il avient s'aucuns[2] des homes de le conté voille[3]
fere jugement toz seus, cix qui contre tex maniere de
jugement est fes, doit dire : « Sire, je ne tieng pas à
« jugement che que vos avés dit, quant je ne voi nului
« qui voz ensive, qui puist, ne ne doie jugier en ceste
« cort; et voz requier que voz m'en faciés droit par
« homes. » Et se li sires ne l'en veut autre coze fere,
il le doit sommer soufisamment par trois quinsaines,
en le presence de bone gent. Et se li sires ne l'en veut
plus fere, ou il dist qu'il n'en fera plus, et veut metre

---

[1] *Se uns hons est.* B. T. — [2] *Que aucun.* T. — [3] *Que il veulle.* B.

[a] Les appels de faux jugement, en matière civile, devaient être fort
rares, et dépendaient absolument de la volonté du seigneur; car lui
seul décidait de l'évidence de la coutume.

son jugement à execussion, cil qui l'ara sommé soufi-
samment en le maniere dessus dite, ara bon apel de
defaute de droit par devant le conte.

53. Li apel qui sunt fet par defaute de droit ne
sunt pas ne ne doivent estre demené par gage de ba-
taille, mes par monstrer resons par quoi le defaute
de droit soit clere. Tex resons convient il averer[1] par
tesmoins loiax, s'eles sunt niées de celi qui est apelés
de defaute de droit; mais quant li tesmong vienent
por tesmongnier en tel cas, de quelque partie qu'il
viengnent, ou por l'apeleur, ou pour celi qui est apelés,
cil contre qui il voelent tesmongnier, pot, s'il li plest,
lever le secont tesmong, et li metre sus qu'il est faus
et parjures. Et ensi poent bien nestre gage de l'apel
qui est fes sor defaute de droit, si comme noz avons
dit dessus, que qui veut apeler de faus jugement, il doit
apeler le premier qui ensuit, après le premier home
qui rent jugement.

54. Tout ainsi, qui veut fausser tesmoins, il doit
lessier passer le premier tesmoing et lever le secont;
car par un tesmong n'est pas le querele perdue ne
gaignié, mais par deus le seroit ele; si que s'il lessoit
passer les deus tesmoins, et il apeloit le tiers ou le
quart, li apiax ne vaurroit riens, se li deus tesmong
premier avoient tesmongnié clerement contre li; car
autant valent doi bon tesmoing por une querele gaai-
gnier, comme feroient vint[2].

55. Bien se gart qui veut apeler[3] tesmongnage comme
faus et parjure, que il ne laisse pas jurer tout outre
ains l'apel; car se li seremens estoit fes, il n'i aroit

---

[1] Faire vraies. B. — [2] xxiii. B. — [3] Apeler aucuns pour faus. T.

point d'apel, ains converroit qu'il fust creus de ce qu'il
diroit en le querele par son serement. Donques, qui
veut apeler aucun por faus tesmongnage, il doit dire
au juge : « Sire, tex partie ameine[1] tex tesmoins contre
« mi, je voz requier que je[2] voie jurer[3] en par soi cas-
« cun, si que je sace qu'il vaurra[4] tesmognier, et que je
« puisse dire contre aus ou contre l'un d'aus. » Et
ceste requeste li doit li sires fere. Et quant li premiers
a juré, il doit dire son tesmongnage devant toz, en
cas là u on pot lever tesmoins; car on ne pot pas lever
les tesmoins en toz cas, si comme voz poés veir el
capitre des proeves[a]. Et quant li premiers tesmoins a
juré et dit son tesmognage, se li tesmognages est contre
celi qui veut apeler, il doit dire qui est cil qui veut
jurer, et li ensivir par son serement. Et si tost comme
li secons s'agenoulle et tent se main as sains por jurer,
cil qui veut apeler doit dire au juge : « Sire, chis tes-
« moins que je voi aparellié et pres de tesmongnier
« contre mi, je le lieve de son tesmongnier comme
« faus et parjure. Et s'il connoist que il soit tex, je
« voz requier que voz en fetes comme de tel et qu'il
« soit deboutés de son tesmongnage. » Et s'il s'ofre
à deffendre, li gage doivent estre receu et demené
selonc ce qui est dit el capitre des presentations[b].

56. Quant gage sunt doné et receu du juge, la que-
rele de quoi li gage sunt, doit demorer en l'estat qu'ele
est el point que li gage sunt doné. Se li gage sunt por
mueble ou por heritage, ou por quoi li gage soient,

---

[1] *Si a amené.* B. T. — [2] *Jou.* B. — [3] *Tout.* B. — [4] *Qui voudra.* B.

[a] Chapitre xxxix.
[b] Chapitre lxiv.

bone seurté doit estre prise des gages maintenir, cors por cors. Et qui ne pot ou ne veut bone seurté fere, il doit estre retenus en prison dusques à fin de querele.

57. S'il avient que cil qui est levés por faus tesmongnage est vaincus, ou ses avoués, s'il a avoé : se bataille est por muebles ou por heritage, il doit avoir le poing copé. Et cil qui fu levé par faus tesmoins est atains du faus tesmognié, et demore en le merci du segneur de penre amende à se volenté. Et se li cas por quoi il fu levés est de crieme, il perderoit le cors aveques. Et toutes autex pertes que noz avons dit de celi qui est apelés, doit recevoir cil qui apele, s'il ne proeve s'entention.

58. Se li tesmoins d'aucun est provés à malvès par gages, si que il est deboutés de son tesmongnage, cil qui l'a trait à tesmong ne pot jamès autres tesmoins atrere en cel cas, ains a failli à proeve. Et ceste perte doit il recevoir, porce qu'il amena faus tesmong, aveques ce que s'amende est à le volenté du segneur.

59. Nus n'est tenus à tesmongner por autrui en cas où il doit avoir apel, ne ne doit estre contrains par nule justice s'il ne li plest; et s'il li plest aporter tesmongnage, il doit avoir bone seurté, s'il le requiert, de celi qui l'a trait en tesmognage, qu'il le delivrera de toz les coz et de toz les damaces qu'il ara [1] et porra avoir par le reson de son tesmognage. Et par ceste seurté, si est [2] apelés, tout li coust et tout li damace de l'apel sunt à celi qui l'a trait à tesmongnage, et convient qu'il face son tesmong bon. Et s'il ne se

---

[1] *I aura.* B. — [2] *Se il est.* B. T.

voloit avant trere por fere loi bon, si loist[1] il à cil
qui est apelés qu'il se deffende au coust de celi qui l'a
trait, par le seurté dessus dite. Mais s'il tesmonguoit,
sans avoir seurté ne convenence de celi qui l'a trait
de r'avoir coz et damaces; et cil qui l'a trait s'en traioit
arriere, comme cil qui ameroit mix à perdre le que-
rele que entrer es gages et fere le tesmoing por bon :
li tesmoins porroit bien recevoir perte et damace; car
il converroit qu'il se feist loiax tesmoins, ou qu'il de-
mourast par devers le segneur comme malvès. Et
por ce se doit bien çascuns garder comment on entre
en tesmongnage en cas ou gage poent queir[2].

60. S'on deboute aucun des tesmoins de celi qui
a à prover par autre voie d'acusation que par gages,
cil qui par bone cause en sunt debouté sunt hors du
tesmongnage, mes ne demore pas por ce que cil qui
les atraist ne puist avoir autres; mais qu'il n'ait renon-
cié as tesmoins, et que li tans ne soit passés qu'il dut
ses proeves amener. Et des resons comment on pot
debatre[3] tesmoins par autre voie que par gages, poés
voz veoir el capitre des proeves[a].

61. Çascuns, voille ou ne voille, doit estre con-
trains par son juge, se li juges en est requis, de porter
tesmognage es cas là u il n'a nul peril de gages; si
ques, par les verités seues, les quereles prengnent fin,
et que çascuns puist avoir son droit. Mais el cas où
il doit avoir gages, ne tesmongne il pas qui ne veut.
Et por ce est il bon que cil qui veut porter tesmo-
gnage por autrui, sace en quel cas on pot apeler, et

<hr/>

[1] *Affiert.* B. — [2] *Chaoir.* B. *Cheoir.* T. — [3] *Debouter.* T.

[a] Chapitre XXXIX.

en quix non, si que il se puist deffendre des gages
s'on le veut apeler. Et li cas es quix il n'a nul gage,
poés voz veir el capitre des deffenses à l'apelé[a].

62. Cil qui est pris por cas de crieme, c'on quide
souspechoneus, et mis en jugement à savoir mon s'il a
mort deservie du cas por quoi on le tient : s'il est
condampnés par jugement, il ne pot tel jugement
rapeler; que il en est peu, ou[1] nus, que s'il estoit jugiés
à mort, qu'il ne quisist[2] l'apel pour se vie sauver et
alongier, ou por venir à pes de lor meffet. Et s'il estoit
ainsi, moult de vilain fet seroient malvesement jugié[3].

63. Que ce soit voirs que escuiers pot avoir quant
il se combat capel de fer à visiere et les autres armes
que noz avons dites, il apert par le bataille qui fu el
tans que noz fesions cest livre, de mesire Renaut de
Biaurain et de Gillot de le Houssoie, au bois de Vin-
ceines, que li chevaliers debati que li escuiers n'eust
pas tel capel, ne glaive, ne escu ; car il disoit qu'à
escuier qui se combatoit à chevalier, n'apartenoit pas
tes armes, especialment quant li escuiers avoit fet
l'apel. Et li escuiers disoit que si fesoit. Et comme li
chevaliers eust hiamme, el quel il avoit tout plain de
broces par derriere, il requerroit qu'il li fu ostés. Et
disoit encore qu'il s'estoit presentés à l'ore de miedi,
par quoi il voloit son apel avoir furni. Et mesires Re-
naut disoit qu'il s'estoit presentés dedens hore et bien
à tans, et disoit que bien li loisoit avoir tel hiame. Et
puis s'apoierent à droit sor ce que çascune partie avoit
proposé. Il fu jugié que li chevaliers pooit avoir hiamme

---

[1] B. Il n'est. A. — [2] Requesissent. B. — [3] Vengiés. B. T.

[a] Chapitre LXIII.

à broches, et qu'il s'estoit presentés avant que miedis fust passés ; par quoi il estoit venus à tans ; et que li escuiers se combatroit à tout tels armes comme il avoit aportées. Et en tele maniere se combatirent bien l'ore[1] d'une liue[2], d'un home à pié, tant qu'il plot au Roi que pes fu fete[a]. Et par cel jugement pot on veir que les cozes que noz avons dites dessus des armes à l'escuier sunt vraies, et c'on porroit bien perdre par defaute qui dedens l'ore de miedi ne se presenteroit.

64. Noz avons veu apeler[3] de foi mentie, de tele foi qu'à homage[4] apartient ; en tel maniere que li apeleres mist à son home sus, que foi li devoit par le reson de l'ommage, et après ses comperes estoit devenus, et après se feme et se terre li avoit baillié à garder ; et il, comme traitres, li avoit se feme fortraite et avoit geu aveques li comme traitres ; et l'offroit à prover par gages de bataille, s'il li estoit nié. Et li apelés disoit encontre, que por teles paroles n'estoit il pas tenus à entrer en gages, car il ne li metoit sus larrecin, roberie, ne murdre, ne ce n'estoit pas cas où traïsons peut estre notée. Et bien s'offroit à deffendre, s'on regardoit que gages y eust. Et sor ce se mistrent en droit. Il fu jugié que li gage y estoient. Mais aucun porroient demander por quel cas li gage y furent, ou par le foi mentie de l'ommage dont il l'acusoit, ou por le feme ou le terre qu'il li avoit baillié à garder, ou

---

[1] *L'esrure.* B. — [2] Pendant la durée d'un jour. *Liue* ou *luye* vient de *lux,* et signifie *jour* (*Ordonnances,* t. I, p. 101, note *e*). — [3] *Appel.* B. T. — [4] *Houme.* T.

[a] On voit que le Roi autorisait les duels dans ses domaines, et y assistait, même après la publication de l'ordonnance de 1260.

II. 26

por le comperage qui estoit entr'eus. Et noz determinons, selonc nostre opinion, que se li apeleres n'eust mis avant fors que le foi mentie de l'hommage, en li fesant si grant honte comme de se femme fortrere, si y fussent li gage. Et s'il ne fust rien de l'homage, et[1] li eust baillié se terre et se feme à garder, et li apelés en eust fet si vilaine garde, si l'en peust on apeler de traïson. Mais se li apelés ne fust en l'omage de l'apeleur, ne il ne li eust baillié en garde se feme, ne le sien, noz ne noz acordons pas que li gage y fussent por le comperage tant solement. Et por ce creons noz que li gage furent jugié[2] por le foi de l'ommage et por le garde.

65. Cil qui apele, soit por defaute de droit ou por faus jugement, doit apeler devant[3] le segneur de qui on tient le cort où li faus jugemens fu fes; car s'il le trespassoit, ou apeloit par devant le conte ou par devant le Roi, si en aroit cil sa cort de qui on terroit le justice, nu à nu, où li jugemens fu fes; car il convient apeler de degré en degré, ch'est à dire selonc ce que li homages est[4], du plus bas au plus prochain segneur après; si comme du prevost au bailli, du bailli au Roi, es cors là u prevost et bailli jugent. Et es cours ou li home jugent, selonc ce que li homage vont en descendant, li apel doivent estre fet en montant, de degré en degré, sans nul segneur trespasser. Mais il n'est pas ainsi à le cort de Crestienté, qui ne veut, car de quelque juge que ce soit, on pot apeler à l'apostole. Et qui veut, il puet appeler de degré en degré; si

---

[1] Ce qui précède manque dans B. — [2] *Adjugiez*. B. — [3] *Pardevant*. B. — [4] B.

come dou dien [1] à l'evesque, et de l'evesque à l'arce-
vesque, et de l'arcevesque à l'apostole.

66. Quant aucuns a apelé de defaute de droit ou de
faus jugement, il ne doit pas estre lens de porsivir son
apel, qu'il ne perde par defaute; car quant cil qui
apele ne porsuit son apel si comme il doit, li jugemens
demore bons, et est [2] li apeleres atains [3] de faus apel.
Et li tans de porsivre ton apel si est tix que, s'il apele
du bailli le Roi de faus jugement, il le doit porsivir
au premier parlement après l'apel. Mais ajorner le
bailli ne convient il pas fere qui ne veut, car il sunt
toz jors ajorné as parlemens, as jors de lor baillies,
contre toz cix qui se voelent plaindre d'eus.

67. Et qui veut apeler en le cort le conte de Cler-
mont, des sougès le conte, il doit fere ajorner ou se-
monre celi ou cix de qui il apela, à le premiere assise
qui esquerra. Mais qu'il ait tant d'espasse que li ajornés
puist avoir quinze jors, ou plus, d'ajornement, puis
l'ajornement. Et se l'assize esquiet sitost qu'il ne puist
avoir le dite quinsaine, il converroit avoir l'autre
quinsaine après. Et se li apeleres ne le fet en ceste ma-
niere, il pot queir de son apel par defaute. Et s'il
apele en autre cort que en le cort le conte, si comme
en le cort d'aucun des sougès, si comme il avient quant
cil dont on apele tienent d'aucun signeur desoz le
conte, porce qu'il ne quort en lor cours nule assize :
li apeleres doit trere au signeur par devant qui il apele,
et fere cix ajorner de qui il apela. Et ce doit il requerre
qu'il soit fes dedens les quarante jors qu'il apela, ou
il perdroit son apel par se defaute. Neporquant,
l'ajornement fet de l'apel, se li apeleres a essoine de

---

[1] *Doien.* T. — [2] *Et se.* B. — [3] *Est atains.* B.

son cors, il pot essonier, et, après son essoine, pot
revenir à son apel porsivir tout à tans.

68. S'il avient qu'aucuns qui doit estre apelés par
devant l'un des sougès le conte, le trespasse, et apele
par devant le conte; ou il deust avoir apelé par devant
le conte, et il trespasse, et apele par devant le Roy :
li quens en aura se cort, ou li sougès du conte. Et quant
il vienent au plet, se li apelés se veut aidier de ce que
li apeleres vient trop tart à li porsivir en cele cort,
ceste exeptions ne li vaut riens, puisque li apeleres
vint à tans à porsivir son apel en le cort du sovrain,
s'on li eust soufert. Car se le cort du souget n'eust
esté requise, li apiax fust demorés en le cort du
sovrain ; et se li ples eust esté entamés devant le
sovrain, n'eust pas le cors esté rendue. Et toutes les
fois qu'aucuns r'a se court, il doit doner jor as parties
en autel estat comme il estoit en le cort du sovrain ;
ne nus ne pot metre son souget en amende n'en
defaute por ce, s'il veut pledier par devant son sovrain,
contre autrui que contre son segneur. Car se je plede
à mon segneur, en le cort du sovrain, d'aucun vilain
cas, et je ne l'en puis ataindre, je doi estre renvoiés
en se cort, et convient que je li amende selonc ce que
li cas est grans. Et l'amende quele ele est, il est dit el
capitre des meffès[a].

69. Se plusor maintiennent un plet d'une meisme
querele, et jugemens est fes contre eus, et li uns veut
apeler, et li autre s'en voelent soufrir : li apeleres,
s'il fausse le jugement, n'a pas por ce gaaingnié tout
ce dont li ples estoit, fors que se partie[1], aussi comme

---

[1] *Persoune.* B. *Part.* T.

[a] Chapitre xxx.

se jugemens eust esté fes por li et por ses compaignons.
Ne si compaignon n'ont pas por ce gaaignié ce dont il
plederent[1], porce qu'il n'apelerent pas, si que il perdent,
tout fust[2] li jugemens malvès[3], porce qu'il s'en sou-
frirent[4]. Car se li apeleres fust enqueüs de son apel, li
compaignon ne partissent pas as frais ne as damaces,
ne li apeleres ne pooit plus gaaignier que ce qui estoit
en se querele.

70. Deffaute de droit, si est de veer droit à fere à
celi qui le requiert. Et encore pot il estre en autre
maniere, si comme quant li segneur delaient les ples
en lor cours plus qu'il ne poent ne ne doivent contre
coustume de tere. Et quix delais il poent avoir, et li
home qui jugent ensement, il est dit el capitre des
delais que coustume donne[a].

71. Noz veismes un plet de cix de Gant et du conte
de Flandres, sor ce que cil de Gant furent plaintif au
Roi du dit conte de defaute de droit; et les resons
proposées de cascune partie, il fu resgardé par juge-
ment qu'il s'estoient trop hasté d'apeler de de-
faute dedroit; car li quens lor avoit ofert droit à
fere, et n'avoit pas pris tant de delais comme il pooit
fere par coustume de le tere, avant que si souget le
peussent apeler de defaute de droit. Et por ce il furent
renvoié en le cort le conte, et fu commandé au conte
qu'il lor feist droit. Et quant il vinrent en se cort, il
les contraint qu'il li amenderoient ce qu'il s'estoient
plaint de li de defaute de droit: Et por l'amende, il
saisi et prist du lor, dusqu'à le valor de quarante

---

[1] *Plaident.* B. — [2] *Fust che.* B. — [3] *Bien mauvais.* B. — [4] *Il se souf-
frirent d'appeler.* B. T.

[a] Chapitre LXV.

mille livres. Et por ce li dit borgois revinrent plaintif
au Roi en requerant que cele amende fust jugié. Et
tout fust il ainsi que li quens en peust avoir[1] sa cort s'il
vausist. Il s'acorda qu'il fust jugié par le conseil le
Roi, s'il en pooit et devoit tant lever. Et sor ce il fu
jugié que bien en pooit et devoit tant lever, et plus
s'il vausist; car s'il l'eussent ataint de defaute de droit,
de quoi il l'avoient apelé, il eust perdue le juridition
qu'il avoit sor eus et le pooir qu'il avoit d'eus justi-
cier, et avec ce il l'eussent mis en grosse amende
devers le Roi[a]. Et quiconques met son segneur en
tel peril et ataindre ne l'en pot, il n'est pas merveille
se l'amende du souget est à le volenté de son segneur,
selonc ce qu'il a desoz li, et des biens temporex. Et
cel cas avons nous dit, porce que cil qui vaurront
apeler lor segneurs de defaute de droit voient le
peril où il entrent s'il ne poent lor segneur ataindre.

72. Çascuns doit savoir que li ples des apiax, soit de
defaute de droit ou de faus jugement, comment que
li apiax soit demenés, ou par gages, ou par erremens
du plet : la cours où li apiax est, doit estre demenés

---

[1] *Ravoir.* B.

[a] Voici en quels termes ces arrêts sont mentionnés dans les *Olim*,
t. II, p. 142, n° v, à la date du parlement de la Toussaint 1279 :
*Cum scabini, vacui et consiliarii Gandenses, dilectum et fidelem
nostrum comitem Flandrensem, coram nobis, super defectu juris,
fecisset adjornari; audita eorum peticione, et racionibus predicti
comitis intellectis, pronunciatum fuit, per curie nostre judicium, dic-
tam peticionem non admittendam esse. Postmodum, ex parte dicti
comitis, petita declaracione dicti judicii, partibus iterum auditis, per
nostram curiam fuit declaratum dictos scabinos, vacuos et consilia-
rios male appellasse, et nullum ibi defectum juris fuisse, propter quod
a peticione sua succumbere debebant omnino, et condempnati fuerunt
ad emendandum hoc dicto comiti; et emendaverunt.*

selonc le coustume du liu où li apiax est fes, et selonc
le coustume qui couroit el tans que li apiax fu fes; si
comme on voit toute jor que se cil d'Artois, ou de
Vermandois, ou de Biavoisis, ou d'autre tere, pledent
ensanlle par devant le Roy, à Paris, d'aucuns apiax
qui sunt fet à li par reson de le sovraineté, ou d'autres
cas qu'il a sor ses sougès par reson de resors : on ne
juge pas le cause selonc le coustume de France, qui
quort à Paris, mais selonc le coustume du païs dont li
ples mut, et qui courut el païs quant li ples mut. Car se
le coustume estoit cangié le plet pendant, par aucun
establissement, ce ne greveroit riens à nule des parties.
Et aussi, comme noz avons dit de le cort le Roi,
entendons noz de toutes autres cors; là u on en vient
par reson de resort, si comme les justices et les
signories sunt tenues les unes des autres de degré en
degré.

Explicit.

Ici define li capitres des appiaus, comment on doit fourmer appel, et
de quel cas on doit appeler, et de poursieurre son appel, et des
banis [1].

CAPITRES LXII.

Chi commenche li LXII. capitres, qui parole des apiaus, et de deffaute
de droit [2], et comment on doit araisonner son seigneur, avant que
on ait bon appel contre lui par deffaute de droit [a].

1. Noz avons parlé en cest capitre ci dessus de trois
manieres d'apiax, c'est assavoir d'apiax qui se font par

---

[1] B. — [2] Ce qui suit est tiré de B.

[a] Voyez P. de Fontaines, c. XXI; Montesquieu, *Esprit des Lois*,
l. XXVIII, c. XXVIII; et l'ordonnance de saint Louis de l'an 1260.
(*Ordonnances*, t. I, p. 86.)

gages de bataille, et d'apiax de faus jugemens, qui
sont demenés par erremens de plaist; et d'apiax de
deffaute de droit; si comme quant droit est deveé à
fere; ou quant on a si souffisament sommé celi de qui
on veut apeler, que li apiax quieent. Et encore parle-
rons noz de ceste deerraine maniere d'apel de defaute
de droit; car noz veons aucuns signeurs si en malice
contre cix à qui il ne voelent fere droit, qu'à paines
les pot on ataindre de defaute de droit. Si convient à
à cix qui ont mestier d'apeler qu'il soient soutil de
sommer les soufisamment, si ques il puissent avoir
droit en le cort de cix où il le requerroient, si ques
il puissent avoir seur apel de defaute de droit. Et porce
que toutes gens ne sunt pas en un estat, et que li un
doivent sommer en autre maniere cix de qui il voelent
apeler que les autres, noz parlerons briement de trois
manieres de gens qui se diversefient en sommer cix
de qui il voelent apeler, et quele sommations apartient
à çascun de ches trois.

2. Le premiere maniere de gens, si sunt cil qui
tienent en fief et en homage d'autrui, et lor segneur
ne lor voelent fere droit, ou il lor delaient trop lor
droit : ichele gent, se lor segneur tienent le lor saisi, ou
prennent, ou lievent, ou empeecent à lever, doivent
requerre lor segneur qu'il lor rende, ou resaisisse, et
mete jor en se cort, et maint par droit et par ses pers.
Et ceste requeste pot çascuns fere à son segneur en
quelque justice qu'il le truist. Et à le requeste, il doit
mener deus de ses pers au mains. Et s'il ne les pot
avoir par priere, il doit porcacier au Roi, ou à celi
qui tient en baronie, que commandemens soit fes à
ses pers, que toutes les fois qu'il les vaurra avoir de

quinze jors à autre, por veoir comment il sommera
son segneur, qu'il les ait à son coust. Et adont, se le
requeste est fete hors de le justice au segneur, et li
sires respont malicieusement : « Venés en me cort, et
« là me requerés ce que voz quiderés que bon soit, et
« je voz ferai droit »; adont ses hons li doit requerre
qu'il li assiece jour, et il yra volentiers querre se
delivrance, et droit li soit fes; adont se li sires li veut
metre plus lonc jor que de quinze jors, le sien tenant
ou saisi, en tele maniere que cous ou damaces puissent
courre sor li, il n'est pas tenus à recevoir le jor, s'il
ne li plest. Et s'il ne veut penre cel jor, il doit re-
querre qu'il li mete jor avenant, porce que par le
grant delai il porroit estre damaciés. Et se li sires ne
le veut fere, cele jornée pot estre contée por une
deffaute contre le segneur.

3. Noz avons bien dit ailleurs, en cest capitre
meisme[a], que toutes les fois que li home qui tienent
d'aucun segneur en fief, les voelent apeler de defaute de
droit, il convient qu'il les somment par trois diverses
jornées; et tant disons avec qu'il convient que entre
deus jornées ait quinze jors d'espasse au mains. Et noz
avons dit l'une des manieres comment li sires pot
queoir en l'une des trois jornées; et la seconde ma-
niere, si est se li hons fet à son segneur la requeste,
et li sires se taist qu'il ne veut respondre qu'il fera se
requeste, ou il n'en fera pas; ou il fet par fraude
l'embesognié, si que il faint qu'il ne pot entendre
à li : se ce pot estre tesmognié par les pers, ce redoit
estre tesmognié por une jornée de defaute. Car li sires

---

[a] C'est-à-dire dans le chapitre précédent.

se met bien en deffaute de droit, qui ne daigne respondre à son home qui li requiert que drois li soit fes.

4. La tierce maniere[1], si est s'il li convenence, ou s'il li fet vilonnie de son cors, por son droit requerre. Ne en ceste maniere de defaute de droit ne convient il pas que li home somment lor signeur par trois diverses jornées; car s'il estoit batus ou vilenés à le premiere jornée, il y aroit malvès aler à l'autre; et por ce tele coze fete savoir au sovrain, il devroit l'omme fere resaisir par sa main, et le segneur ajorner contre son home, sans rendre li cort ne connissance, et puis fere droit selonc le pledoié, et le manecié asseurer avant toute oevre. Et des autres voies comment li segneur se poent metre en defaute vers cix qui sunt lor home de fief de ce qui apartient à lor fief, noz en avons assés parlé en cest capitre.

5. Or dirons la seconde maniere de gens as quix il est mestiers qu'il somment lor segneur, tant qu'il les puissent sivir de defaute de droit, porce c'on ne lor fet droit : che sunt cil qui tienent d'eus heritages vilains, des quix le connissance apartient au segneur. Tex maniere de gens poent plus briement sommer lor segneur de defaute de droit, que ne fout li home de fief; car il ne sunt pas tenu à sommer par pers, qu'il n'en ont nul. Et si ne sunt pas tenu à sommer par quinsaines, ançois soufist s'il poent lor signeurs metre en trois pures defautes, par trois diverses jornées, par devant bones gens qui en puissent porter tesmongnage, en tans et en liu, et en toutes les manieres que cil qui

---

[1] *Maniere coument le seigneur se puet mettre en deffaute de droit envers son houme.* B. T.

tienent de fief poent metre lor signeur en defaute de droit. Li segneur se poent metre en deffaute envers cix qui tienent d'aus en vilenage, car aussi bien sunt il tenu de fere droit as uns comme as autres. Et les resons por quoi li sommemens[1] des gentix homes est plus lons que cil de cix qui tienent en vilenage, c'est par le foi que li uns pramist à l'autre à l'ommage fere; car por se foi garder vers son segneur, on doit moult metre avant qu'il le sieve de defaute de droit. Et avec le foi, il y a grant peril d'avoir grant damace, car se li sires est atains de le defaute, il pert l'ommage et quiet en grant amende, si comme dit est aillors. Et se li hons ne l'en pot ataindre, il pert le fief et est aquis au signeur.

6. S'il avient qu'aucuns sires ait pris ou saisi de son home, et après, avant que ses hons li ait fet requeste qu'il li rende, ou recroie, ou maint par droit, li sires s'en va hors du païs, ou manoir en autre castelerie, que fera donques li hons, car grief coze li seroit qu'il li convenist porsivir son segneur en estranges teres et en autre castelerie que en chele dont li fiés muet? Donques, se tix cas avient, doit li hons savoir se ses sires a lessié nului en son lieu, qui ait aussi grant pooir de fere fere droit comme li sires, s'il y estoit presens. Et à celi doit il fere sa requeste, et li sommer par ses pers, en le maniere qui est dite dessus c'on doit sommer son signeur. Et se drois li est deveés à fere de celi que li sires lessa en son liu, et il se met en tant de defautes, que par les defautes li apiax est bons, aussi bien se pot li hons plaindre de defaute de

---

[1] *Souverains.* B.

droit comme se li sires y estoit presens. Et por cel
peril et por autres, doivent bien regarder li segneur
quele persone il laissent en lor lix por garder lor
justiche.

7. Quant aucuns sires a pris ou saisi de son home,
et après s'en va manoir en autre castelerie, ou il s'en
va hors du païs, ou il va manoir en autre castelerie
avant qu'il feist le prise sor son home, et il ne lesse
nului en son liu à qui ses hons puist fere requeste c'on
li rende le sien et maint par droit : en tel cas doit li
hons traire au signeur de qui ses sires tient, le droit
qu'il a sor li de prendre; et li doit monstrer en com-
plaingnant que ses sires a le sien saisi, si que il n'en
oze esploitier, se li siens n'est levés; et si ne set à
qui requerre que drois li soit fes, car ses sires est
hors du païs, et si n'a nului lessié por li, par quoi
damace quort sor li çascun jor; por quoi il requiert
qu'il contraingne son segneur à ce que drois li soit
fes. En tel cas doit li sires pardessus ajorner le se-
gneur de celi qui se plaint à quinsaine; et s'il vient
à cel jor, illueques pot ses hons fere sa requeste en la
presence du segneur de qui il tient, qu'il li rende le
sien ou recroie et maint par droit, et qu'il demeurt
el liu, ou autres por li, contre le quel il puist aler en
liu soufisant sommer. Et s'il ne veut, ançois se part
sans establir home en son liu pour droit fere; ou il
l'a convent à fere, et après n'en fet riens : en tel cas
se pot il metre en defaute de droit, et à ses homes et
à ses sougès, et si a bon apel contre li.

8. S'aucuns fet ajorner son segneur par devant son
desus segneur, por le sien qui est pris ou saisi, et porce
qu'il li puist requerre qu'il li rende ou recroie et

maint par droit, et li sires s'en defaut ou contremande,
ₒdont y doit li sires metre le main à le coze ; en tele
maniere que se li bien de l'home furent saisi et non
pas levé, il les doit baillier à l'omme par recreance,
dusqu'à tant que ses hons, qui est sires de celi qui se
plaint, viegne avant. Et quant il venra, li pleges que
ses sires prist respondront vers li des cozes saisies
quant il les aura gaaigniés par jugement, et autrement
non. Car recreance qui est fete par sovrain, par le
defaute du segneur, doit durer dusqu'à tant c'on sace
s'il avoit saisi par resnable cause. Et se li sires avoit
levé les biens de ses homes, et après defaut ou contre-
mande, si comme dit est, en cel cas ne pot li sires par-
dessus fere recreance, puisque le coze est levée. Mais
tant en doit il ouvrer plus radement en autre maniere,
car il sanlle qu'il ne voille avant venir par malice,
porce qu'il avoit levé. Et por ce le doit li sires pardes-
sus contraindre par gardes et par saisir, et lever ce
qu'il tient de li, dusqu'à tant qu'il viengne avant et
qu'il ait recreu à son home ce qu'il a levé sor li, ou
qu'il die bone reson par quoi il n'i est pas tenus. Et
bien se gart, que s'il se met en trois pures defautes
contre son home, par devant son segneur sovrain,
les cozes qu'il prist sor son home ou saisi doivent estre
rendues à l'omme tout à ¹ delivre; car aussi bien pot
perdre li sires par defaute, quant il est ajornés en le
cort de son pardesus, comme li hons fet contre son
segneur.

9. Toutes les fois qu'aucuns a mestier de sommer

---

¹ *En.* B.

son segneur à ce qu'il le porsuit[1] de defaute de droit,
s'il n'a nul per, les quix il puist avoir avec li ; si comme
s'il n'en a que uns, et il l'en convient deus ou mains ;
si comme s'il n'en a nul, où si comme s'il en a plusors,
mais il sunt hors du païs, ou il sunt essonié, par quoi
il ne poent aler avec li : en toz tex cas et en sanllavles
li hons doit requerre le segneur pardessus, qu'il li
baille de ses homes à son coust. Et en le presence de
tix qui li seront baillié, il porra sommer son segneur,
car c'est la voie de sommer son segneur de cix qui
n'ont nul per.

10. Noz avons parlé de deus manieres de gens, li quel
ont mestier de sommer aucun segneur à ce qu'il le
puissent sivir de defaute de droit, c'est à savoir de cix
qui sunt home de fief, et de chix qui ne sunt pas home
de fief, mais il tiennent heritages vilains ou ostises,
par quoi il convient qu'il respondent par devant les
signeurs de qui il tienent. Or parlerons après de l'autre
maniere de gens qui ont aucune fois mestier d'apeler
aucun signeur de defaute de droit, ce sunt cil qui ne
sunt home ne oste, ne tienent riens de cix qui il voelent
apeler de defaute de droit, mais il pledent en lor cort
contre aucun de lor sougès, por lor detes avoir, ou por
lor heritages, ou por aucunes convenences. Si disons
de ceste maniere de gent[2], que il poent trop plus legie-
rement porsivir de defaute de droit, s'on ne lor fet
bon droit et hastif, que ne font cil qui tienent en fief
et en vilenage de segneur, de qui il voelent apeler ; car
cil qui tienent d'aucun signeur, li doivent reverence et

---

[1] *A qui il le puist sievir de.* T. — [2] *En ceste maniere.* B.

obedience de ce qu'il tienent de li ; mes cil qui riens
n'en tiennent, n'en doivent point ; dont nous disons
que s'il poent avoir droit hastif selonc le coustume du
païs, prendre le doivent ; et s'il lor est deveés une sole
fois, ou li sires delaie plus son droit que coustume ne
done, ou li sires l'a manecié, ou il dit qu'il ne l'en fera
plus : en toz tix cas, celi qui requeroit que drois li fust
fes de son souget, pot trere s'averse partie par devant
son avant segneur ; et adont li sires qui devea le droit
à fere, ou cil qui n'en fist pas ce qu'il en dut[1] fere par
coustume, requiert se cort à avoir. Adonques cil, por li
debouter qu'il ne r'ait se cort, doit metre avant qu'il
a esté en se cort, tant que par se defaute de droit il est
venus au pardessus segneur. Et doit dire le defaute
quele ele fu et prover, s'ele li est niée du segneur qui
requiert se cort à avoir. Et porce que noz avons dit
que, entre toutes gens qui voelent aucun porsivir de
defaute de droit, il convient laissier les delais passer
que coustume done, noz en ferons propre capitre,
par quoi cil qui aront mestier d'apeler de defaute de
droit ou de faus jugement sachent comment et com-
bien il lor convient atendre avant qu'il puissent avoir
resnavle apel.

11. Li aucun segneur ne sunt pas bien aaisié de fere
jugement en lor cours, porce qu'il n'ont nul home
de fief, ou por qu'il en ont trop poi ; neporquant por
ce ne doivent il pas perdre lor justices, ançois y a
certaine voie, le quele noz avons veu aprover par ju-
gement. Car il poent requerre à lor segneur qu'il lor

---

[1] *Devoit.* B.

preste de ses homes, à son coust, por li conseillier à
fere tel jugement, et ses sires li doit fere; et adont il
meismes pot rendre jugement en se cort, en le pre-
sence des homes que se sires li a prestés. Mes bien se
garde que s'on apele de li de faus jugement ou de de-
faute de droit, li perix de l'apel torne sor li et non
pas sor les homes son segneur qu'il emprunta. Tout
soit ce que li home li soient presté por conseillier,
por ce ne sunt il pas tenu à fere jugement, s'il ne s'i
metent folement; car s'il jugoient de lor volenté, on
porroit apeler d'aus de faus jugement, et converroit
qu'il feissent lor jugement por bon. Et s'il ne voëlent
jugier, li jugemens quiet sor le segneur qui les em-
prunta, si comme noz avons dit dessus.

12. Quant aucuns povres sires est, qui n'a pas homes
qui puissent fere jugement en se cort, et qu'il n'em-
prunte nul de ses pers, ou por se povreté, ou por se
paresse, ou porce que ses sires ne l'en veut nul pres-
ter, tout soit ce qu'il ne li doit pas refuser : il ne pot
fere jugement en par soi. Et por ce, en tel cas, doi-
vent aler li plet par devant l'avant signeur, li quix a
homes por fere jugement; car nus n'est tenus à ple-
dier en cort où jugement ne se pot fere de le querele
de quoi on plede.

Explicit.

Ici define li capitres des appiaus qui sont fais par deffaute de droit;
et comment on doit araisonner son seigneur, avant que on ait bon
appel contre lui par deffaute de droit[1].

---

[1] B.

CAPITRES LXIII.

Chi commenche li LXIII. capitres, qui parole que les defenses pueent valoir à chiaus qui sont appelés[1], pour anientir les gages. Et des cas des quiex gages ne font pas à recevoir, par pluiseur chozes, si come il est dit en ce capitre.

1. Plusors resons sunt à celi qui est apelés, des queles, s'il en pot l'une metre en voir, il n'y a point d'apel. Le premiere reson, si est se feme l'a apelé, et ele n'a retenu en son apel avoué : li apiax est de nule valor, car feme ne se pot combatre. La seconde, si est se feme apele, qui ait baron, et ele fet son apel sans l'auctorité de son baron : li apiax est de nule valeur, car feme sans le congié de son baron ne se pot metre en tel cas en cort por apeler; mais ele pot bien estre apelée, voille ses barons ou non. La tierce reson, si est se li apeleres n'apartient de riens de lignage à celi por qui il apele, car il ne loist pas à apeler por autrui que por soi, ou que por son lignage, ou por son seigneur lige. Le quarte reson, si est se cil qui est apelés a esté autrefois apelé por cel propre cas, et s'en parti de cort par jugement; car autrement ne penroient jamès li apel fin, se cil du lignage pooient apeler l'un après l'autre d'un meisme fet, puis que li apelés seroit delivrés, par jugement, du premier apel. La quinte reson, si est se cil qui apele est sers ou serve, par deus resons : l'une, si est qu'il ne loist pas à serf à combatre soi à france persone; l'autre, si est que li sires du serf le porroit oster de le cort en quelque

---

[1] *Qui apelent.* A. Le surplus est tiré de B.

II. 27

estat qu'il le trovast, et fust ainsi qu'il eust jà l'escu
et le baston por combatre. Le sisime reson, si est se
cil qui apele est clers, car il ne se pot obligier en
cort laie, fors que de son heritage temporex.

2. Noz ne tenons pas bigame pour clerc, car il
sunt tout revenu de toutes cozes à le laie juridition,
et por ce pot il bien apeler et estre apelés. Mais li
clers ne pot apeler, car il ne se pot obligier à laie juri-
diction, ne renoncier à son previliege. Le septisme
reson, si est se cil qui est apelés est clers, car il n'en
est pas tenus à respondre en cort laie, ne li juges n'en
doit tenir nul plet, puisqu'il sace qu'il soit clers,
pour l'onnor de sainte Eglise, et porce que ses or-
denaires l'osteroit de le cort laie, en quelque estat
qu'il le troveroit en tel plet. Le uitisme reson, si est
se cil qui est apelés en le cort du sovrain por le sous-
pechon du cas dont li apiax est fes, et il vint en cort
por penre droit, et fu tenus en prison, et fist savoir
li sovrains communement et crier as assises qu'il
tenoit tel home por le souspechon de tel cas, et se
nus li savoit que demander, il estoit apareilliés de
droit fere; et il fu hors de prison par jugement, puis-
que nus ne venoit avant qui riens li demandast, et
porce que li fes n'estoit pas si notoires qu'il en fust
atains par jugement. Car male coze seroit s'on pooit
retrere en cort por le cas dont on seroit delivrés par
le jugement du sovrain. Le noevisme reson, si est se
li cas n'est avenus pour le quel on apele; ainsi comme
se li apeleres disoit c'on li eust tué Pierre son parent,
et il estoit mis en voir que cis Pierres fust encore vis;
car apiax qui n'est veritavles, n'est pas à rechevoir,

et tix manieres d'apiax sunt apelé *auvoire*. Autant
vaut auvoire comme bourdes proposées en jugement.
Le disisme reson, si est se li apeleres dist que chil qui
il apele fu à fere le fet à tel jor, et en tel lieu, et à
tele hore, et il est prové que cil qui est apelés estoit
à tele hore si loins du liu, qu'il est certaine coze qu'il
ne peust pas estre au fet; car li apiax est provés[1] en
borde, si comme il est dit dessus. Le onzisme reson,
si est se cil qui apele est bastars, et li apelés est frans
hons, car il ne loist pas à franc home entrer en ba-
taille contre bastart. Mais se li apeleres et li apelés
sunt bastart, li apiax tient. Le dousisme reson, si est
se pes a esté fete du fet de quoi on apele, à le quele
pes cil qui apele s'acorda. Et s'il ne s'i acorda, et il
fist pes à plusors des parens au mort plus prochains,
et fu le pes confermée par justice sovraine, li apias
tient; car se li souvrains set que pes de vilain cas soit
fete, dont aucuns se soit obligiés à rendre argent, ou
qui vaille argent, ou paine, si comme d'aler en peleri-
nage, ou d'autre paine : li sovrains pot penre celi por
ataint du fet. Le tresisme reson, si est quant aucuns
est apelés por ocision, et li mors, avant qu'il morust,
nomma cix qui ce li firent, et descoupa celi qui est
apelés. Et por cel cas fere mix entendant, noz dirons
ce que noz en veismes en le cort de Compiegne.

3. Pierres apela Jehan, en disant que cis Jehans,
par son tret, et par son fet, et par son porcas, il li avoit
fet murdrir[2] un sien oncle. A ce respondoit Jehans,
que il ne voloit pas estre tenus à soi deffendre de cel

---

[1] *Trouvés.* B. T. — [2] *Li avoit murdri.* B.

apel par bataille, se par droit ne le fesoit; car il disoit
que cil por qui il estoit apelés, avant qu'il fust mors,
une partie de ses parens et autre gens vinrent à li, et
li demanderent qui ce li avoit fet, il respondi : Thomas,
Guillames, Robers. Demendé li fu se Jehans y avoit
coupes nules, et il dit que nennil. Et quant il estoit
descoupés de celi meismes, por qui li apias estoit, et
que par certains nous en avoit d'autres acusés, il
requeroit que li apiax fust nus. Et sor ce se mistrent
en droit. Il fu jugié que puisque Jehans avoit esté
descoupés de celi por qui li apiax estoit, et autres
acusés, il n'i avoit nul gage contre le dit Jehan. Mais
s'il fust ainsi anemi que cil por qui li apiax estoit
n'eust nului nommé de cix qui ce li firent, ne nului
descoupé, li apiax fust. Et s'il en eust descoupé Jehan,
et ne vausist dire que ce li fist il, si comme il avient
c'on pardone se mort por Dieu; por ce ne demorast il
pas que li apiax ne tenist, que li pardons de celi qui
on ocist par si malvese cause, ne taut riens à ses
parens à porcacier le vengance du fet par apel, ne à
guerroier, se li fes est entre gentix homes et il poent
guerre demener.

4. Le quatorzisme reson, si est se cil qui apele, ou
est apelés, est dessoz l'aage de quinse ans; car male
coze seroit de soufrir enfans en gages devant qu'il aient
aage, par quoi il doient connistre le peril qui est en
gages. Et en moult de pays il convient plus d'aage.
Et, par nostre coustume, croi je qu'il aroit avoué
dusqu'à ¹ vint ans.

---

¹ *Disques atant que il aroit.* B.

5. Voirs est quant aucune guerre est entre gentix homes por aucun fet, et aucuns du lignage met le fet en gages, le guerre faut; car il apert que on veut querre vengance par justice; et par ce doit le guerre faillir. Et qui en tel plet pendant mefferoit l'un à l'autre, il seroit pusnis selonc le meffet, aussi com s'il n'i eust onques eu guerre. Et quant li gage sunt hors, parce que cil qui est apelés est assaus par jugement, ou parce que li gage sunt mis à execussion, ou par bataille, li lignage ne poent puis ne ne doivent guer-roier du cas dont li gage furent. Et s'il le font, il meffont li un as autres, et doivent estre pusni selonc le meffet, aussi comme se guerre n'eust onques esté.

6. Le quinsisme reson[1], si est quant cil qui apele est atains notoirement du cas por quoi il apele; si comme se Pierres apeloit Jehan por une ocision d'un sien parent, ou por un larrecin; et il seroit aperte coze et bien seue que li dis Pierres meismes aroit fet, ou fet fere l'ocision ou le larrechin : il ne seroit pas drois ne resons qu'il peust metre le meffet sor autrui, car çascuns qui est acusés et atains notoirement de vilain cas de crieme, se metroit volentiers en gages por esquiver le justice du meffet. Mais en tel cas, entendons noz quant li fes est bien apers contre l'apeleur; car por aucune presontion qui seroit sor li, ne demorroient pas li gage, se le coze n'estoit clere et aperte. Et ce poés voz entendre clerement par ce qui en suit que noz veismes en le cort de Com-piengne.

---

[1] *Raison des des deffencez à l'appele.* B. T.

7. Une feme fu acusée d'un bailli, qu'ele li deist qu'ele avoit fet d'un sien enfant, car il estoit aperte coze qu'ele avoit esté grosse et qu'ele avoit esté oye traveillier, et ne savoit on que li enfes estoit devenus. La feme respondi que se mere avoit l'enfant reçeu quant il fu nés. Ichele mere fu trete en cort, et li demanda li baillis qu'ele avoit fet de cel enfant, et le mere avoit respondu voirs estoit qu'ele avoit l'enfant receu de se fille, et l'avoit baillié à un vallet qui estoit ses peres; et proposa contre le vallet en cort qu'il li avoit convent qu'il metroit l'enfant à norrice et en bon liu, et certain qu'il li avoit jà porveu si comme il disoit. Et s'il le connissoit, ele requeroit qu'il ensegnast l'enfant; et s'il le nioit, elle l'offroit à prouver par gage de bataille, par li ou par avoé, comme feme. A ce respondi li vallès, qu'il n'estoit pas tenus à respondre à le feme du cas dont ele l'acusoit, porce qu'ele connissoit qu'ele avoit l'enfant eu; et quant ele ne le monstroit ou ensignoit l'enfant, ele estoit coupavle, ne pooit ele ne ne devoit autrui metre en gages. Et se drois disoit que ceste deffense ne li vausist, si s'ofroit il à defendre, et nia qu'ele ne li bailla onques l'enfant. Et sor ce se mistrent en droit. Il fu jugié que le deffense au vallet ne valoit pas, par quoi li gage n'i[1] fussent; car tout fust ce qu'il eust grant presontion contre le feme de le mort à l'enfant, neporquant li fes n'estoit pas si clers ne si apers c'on en peust le feme justicier, meesment quant ele disoit qu'ele l'avoit baillié au vallet comme au pere de l'enfant. Et par

---

[1] *Ne.* B.

cel jugement pot on veoir qu'aucuns qui est apelés
et met en se deffense que cil qui l'apele est cou‑
pables du fet por quoi il l'apele, il convient que ce
soit clerc coze et bien provée, et adont le deffense
seroit bonne.

8. Avenir pot que uns lerres fet un larrecin, et le
coze qu'il a emblée il baille à porter à aucun, par
malice, ou par loier, ou par priere; et après, li lerres
est sivis, et prent on celi qui le larrecin porte, saisi et
vestu du larrecin. Quant cil se voit pris, il dist que
tix hons li bailla, et cil le nie : or est à savoir se cil
qui est pris à tout le larrecin, saisis et vestus, venra
à gages contre celi à qui il met sus qui li bailla à porter;
car cil qui est apelés por le baillier dist à le justice que
cil qui est pris saisis et vestus du larrecin est tout
notoirement atains du fet; et quant il en est atains,
il ne pot ne ne doit autrui acuser, ains en doit porter
le paine du meffet. Or disons noz ainsi que quant tex
cas avient ou cas sanlavles, que le renommée doit
moult labourer des persones en cel cas; c'est à entendre,
se cil qui est pris saisis et vestus est de bone renom‑
mée, et veut bien atendre l'enqueste de toz vilain cas
de crieme; et cil qui le larrecin li dut baillier à porter
est de malvese renommée, ou il ne veut atendre l'en‑
queste de toz vilains cas de crieme : li gage doivent
bien estre reçut. Et aussi se cil qui est pris saisis et
vestus est de malvese renommée, et li autres est de
bone renommée, li gage ne sunt pas à recevoir, ançois
doit cil estre justiciés du larrecin, qui est pris saisis et
vestus. Et se li uns et li autres est de malvese renom‑
mée, ne ne voelent atendre l'enqueste de toz vilain

cas de crieme, on pot bien les gages soufrir, car il ne
pot caloir li quix perde. Et s'il sunt estrange, c'on ne
puist savoir lor renommée, li gage funt à recevoir;
car il avient toute jor que estrange gent qui oirrent[1]
par le païs font porter lor fardel à autrui; si que se
uns estranges fesoit le larrecin, et il le fesoit porter
à un estrange, se li gage n'estoient receu, il porroit
avenir que on pendroit celi qui coupes n'i aroit. Et
se çascuns est de bone renommée, et bien veut atendre
l'enqueste, encore font li gage[2] à recevoir; car il avient
sovent c'on cuide tex à bons qui ne le sunt pas, et ce
ne pot estre que li uns d'aus deus n'ait fet le larrecin.
Et s'il avient que cil qui est pris saisis et vestus du
larrecin ne pot trouver ne fere penre celi qui le
larrecin li bailla à porter, et aveques ce cil qui est pris
est de bone renommée, on doit fere rendre les cozes
emblées et assaurre celi qui est pris. Mais se cil qui est
pris ne pot trover celi qui li bailla, ne il n'a nul
tesmoins de bonté, il doit estre justiciés du larrecin.
Et por ce se doit bien çascuns garder comment il
rechoit autrui coze.

9. Or est à savoir se cil qui est pris saisis et vestus
a fet penre celi qui li dut baillier, et cil nie qu'il ne li
bailla pas, et cil qui est pris[3] li veut prover par bons
tesmoins qu'il li bailla, et cil qui de ce est acusés veut
lever un des tesmoins comme faus parjure, se li gage
font à recevoir en tel cas. Noz disons que nennil, et
que li gage ne doivent pas estre reçut contre les
tesmoins en tel cas. Et por ce, cil qui est pris a deus

---

[1] *Errent.* B. T. — [2] *Font il.* B. — [3] *Pris saizi.* B. T.

voies de prover, ou par gages, ou par tesmoins. Mes
s'il a pris l'une des deus voies, il ne pot pas penre
l'autre, si comme s'il disoit : « Je voil prover par
« tesmoins; et se je nel pooie prover par tesmoins [1],
« si l'offre je à prover par gages de bataille. » S'il falloit [2]
as tesmoins, il ne recouverroit [3] pas as [4] gages,ançois
seroit atains du larrechin.

10. Le seizisme reson, si est quant mesiax apele
home sain, ou quant li hons sains apele un mesel :
li mesiax pot metre en se deffense qu'il est hors de
le loy mondaine, ne qu'il n'est pas tenus à res-
pondre là u il ait gages. Et encore par plus vive re-
son, se li mesiax apele home sain, se pot li hons sains
deffendre que il n'est pas tenus à respondre à un mesel
en tel cas.

11. Le dixseptisme reson, si est quant aucuns apele
de cas là u il n'apartient point d'apel, si comme quant
aucun veut apeler de jugement d'arbitres, car en tels
jugemens n'a point d'apel; ou quant home qui ont
pooir de jugier font aucun recort de jugement por le
debat des parties, car en recort n'a point d'apel; ou
en cas de doaire, car en doaire n'a point d'apel; ou en
cas de plet d'eglise ou de persone previlegié, car contre
lor persone n'a point d'apel. Mais en plet de muebles
ou d'eritage pot bien avoir gages, s'on veut lever les
tesmoins. Et en cas de si petite coze li gage ne font pas
à recevoir, si comme de douse deniers, ou de mains;
ou en cas d'eritage d'orfelin sous aagié, car en ce qu'il
demandent, ou lor est demandé, n'apartient nul gage,

---

[1] B. — [2] Se je failloie. B. — [3] Recheveroit. B. — [4] Les. B.

par le reson de ce que lor droit doivent estre gardé
sans nul damace de gages recevoir. Donques, en teles
manieres de quereles doit on aler par plet ordené, sans
gages.

12. On ne doit pas apeler de toz cas, ne torner en
gages; mais il n'est nuls cas c'on ne puist apeler de
faus jugement malvès ou de defaute de droit, quant
drois lor est veés à fere, ou quant on a sommé soufi-
samment le segneur qui le droit doit fere, ou qui le doit
fere fere à ses homes, et il se met en plus de defautes
que us et coustume ne done. Et comment on le pot
sivir de defaute de droit, il est dit u capitre des delais
que coustume donne[a] Et li quel cas sunt exepté des
gages, sunt cil qui sunt dit ci après.

13. Li cas qui sunt dit qui naissent des rescoussés
d'eritage, doivent estre exepté des gages; car s'on pooit
lever tesmoins qui sunt atrait por prover le lignage
et l'eritage de celi qui veut rescorre, à paines porroit
li povres contre le rice r'avoir par rescousse heritage
qui issist de son lignage par reson de vente, por
doute que li aceteres ne meist le plet en gages.

14. Li secons cas[1], si est de coze lessié en testament,
le quele coze doit estre paiée par les executeurs, car
male coze seroit que li executeur despendissent en plet
de gages les biens qui doivent estre converti el porfit
de l'ame à celi qui fist le testament. Donques, qui
veut debatre aucun testament ou aucune partie de
testament, il doit pledier par autre voie; si comme

---

[1] *Cas ouquel les gages si ne doivent pas estre recheus.* B. T.

[a] Chapitre LXV.

par monstrer que li testamens ne fu pas à droit fes, ou par monstrer que le coze qui fu lessié n'estoit pas à celi qui fist le testament. Et se li executeur estoient si fol qu'il se vausissent metre en gages, ou qu'il y fussent mis, ne le devroit pas li juges soufrir; car çascuns est tenus à fere ayder [1] à ce que le volenté de cix qui font les testamens soit aemplie, si comme noz vaurriemes c'on feist por noz; et grans peciés est d'empeecier testamens qui sunt à droit fes. Et comment on doit fere testament, il est dit au capitres qui parole des testamens [a].

15. Li tiers cas, si est en plet qui est fet por doaire; car li previliege des femes qui tienent par reson de douaire, est si frans, que lor [2] doaires doit estre gardés et garantis sans delai. Et comment on pot et doit venir en avant en ples qui sunt por doaire, il est dit el capitre des doaires [b]. Neporquant, tout aions noz dit que en plet de doaire ou de rescousse d'eritage, ne doit avoir nul gage, c'est à entendre quant chil qui est apelés s'en veut deffendre. Car il lor loist bien, s'il lor plest, à renoncier à lor droit et aler avant en gages. Et s'il lor plet, il s'en poent deffendre et oster les gages par coustume; mais que ce soit avant que gage soient receu. Mais de cas de testament, il ne sunt à recevoir n'avant n'après.

16. Li quars cas du quel gage ne doivent pas estre recheu, si est quant ples naist d'eritages amortis qui est d'Eglise; car li drois de sainte Eglise doit estre

---

[1] *Aide.* B. T. — [2] B.

[a] Chapitre xii.
[b] Chapitre xiii.

gardés pesivlement sans gages, si que cil qui sunt tenu
especialment à fere le service Dieu, ne soient pas em-
pecié par anieus ples, comme par gages. Neporquant,
nous avons veu en aucuns cas gages contre Eglises; si
comme quant aucuns prelas, qui a justice en ce qu'il
tient de sainte Eglise, veut sivir contre aucun de servi-
tute, li quix dit qu'il est frans, et prover le servitute
ou le francize, noz avons veu gages par lever les tes-
moins. Neporquant, se li prelas vausist avoir prove
par ourine de lignage tant solement, et avoir les gages
debatus, noz creons qu'il n'i eust eu nul gage; mes li
prelas passa[1] outre el plet de gages, sans li aidier de
nule reson qui les gages peust oster. Et por che creons
noz que li gage y furent.

17. Li quins cas, si est de plet de novele dessaisine,
car li establissemens des noveles dessaisines si est tix
c'on doit tenir en saisine celi qui on trueve saisi deer-
rainement de pesivle saisine d'an et de jor. Mes quant
li ples vient à pledier de le proprieté, là poent estre
li gage. Neporquant, quant il avient que çascunne
partie dit qu'il est en le derraine saisine pesivle d'an
et de jor, et çascune partie amene tesmoins à ce prover,
et l'une des parties veut lever tesmoins, et l'autre
partie ne le debat pas, ains veut bien entrer en gages:
il est en le volenté du conte à qui le connissance des
noveles dessaisines apartient, de soufrir les gages ou
de non soufrir.

18. Li sisismes cas, si est quant aucuns est establis
garde ou tuteres d'enfans sous aagés, plede por le droit
au soz aagié maintenir, porce que tuit li sous aagié, de

---

[1] Si s'en passa. B.

droit et de coustume sunt en le garde du sovrain, et tout ce qui est en le garde du sovrain doit estre gardé sauvement, sans metre grans coz, comme il convient metre en ples de gages. Neporquant, cil qui tient par reson de bail por enfans soz aagiés, se pot bien metre, s'il li plest, en plet de gages, et perdre el plet les porfis qui li poent venir du bail. Mes puis l'aage de l'enfant, li enfes ne let pas à venir à son heritage, por le plet de celi qui le tint en bail. Et s'il plest à celi qui tient en bail, il pot esquiver les gages, tout fust il que l'autre partie les vausist avoir. Et se cil qui tient en bail, ou en garde, ou en doaire, ou comme tuteres, ou comme de coze engagié à terme, se voloit metre en gages d'aucun plet qui nasquesist[1] d'aucune de ces cozes, cil contre qui il pledent poent les gages esquiver, s'il lor plest; car puisque cil qui pledent par les causes dessus dites, se poent esquiver des gages, il est bien resons que cil contre qui il pledent aient autel avantage, car autrement pendroit li drois d'une part.

19. Li septismes cas, du quel on ne pot apeler, si est du cas qui se pot prover par recort, et il est dit el capitre des proeves[a]. Et le reson pourquoi gage n'en poent ne ne doivent naistre, si est porce que çascuns porroit revenir à ce qu'il aroit perdu par jugement fet contre li; car qui apele de faus jugement, il doit apeler tantost après le jugement; et s'il se part de cort sans apeler, il pert son apel, et tient li jugemens. Et s'il pooit apeler de faus recort, il porroit recovrer ceste perte, car il porroit lonc tans après le jugement

---

[1] *Naquist.* B. T.

[a] Chapitre xxxix.

fet, dire que li jugemens fu fes en autre manierc, et ensi querroient en un recort; et au recort fere, il leveroit un des recorderes, et ainsi aroit il recovré par bareteuse voie ce qu'il aroit perdu par lessier le jugement passer contre li. Et por ce noz est il avis que, en coze qui se pot prover par recort, ne doit avoir nul gage.

20. Li uitismes cas el quel li gage ne doivent pas estre receu se partie les veut debatre, si est quant on demande aucune coze par obligation qui est fete par letres, puis c'on ait renoncié en le letre à toutes cozes c'on porroit faire ou dire contre le letre, fors en un sol cas; car se cil qui se veut aidier de le letre, voloit dire qu'ele fust malvesement et faussement empetrée, sans li et sans son acort, ou par seel contrefet : en ce porroit avoir gages, car il convient que cil qui se vaurroit aidier de le letre s'ostast de¹ le malvesté. Et encore porroit il avoir aucunes resons par quoi il ne venrroit pas à gages, si comme se les lettres estoient seelées du seel de le baillie, ou du seel au signeur sovrain à² celi qui se seroit obligiés; car li seel autentiques tesmongneroient le letre à loial, si que il n'i aroit nul gage, ançois l'amenderoit cil au signeur et à le partie le vilonie qu'il aroit dit contre le letre. Et s'il en voloit toutes voies fere apel, il ne le porroit fere, si comme noz avons dit contre le partie. Mes contre le signeur qui le seela, porroit il venir à gages, par dire qu'il l'aroit seelé faussement et desloiament, par loier ou par aucune malvese cause. Et se le letre estoit seelée du seel à celi qui le veut fausser, il ne pot apeler, s'il a fet le renonciation dessus dite, s'il ne li met sus

---

¹ *Hors de.* B. — ² *Ou à.* B.

qu'il a contrefet le seel. Et s'il li met sus qu'il l'ait contrefet, et cil pot prover par deus loiax tesmoins qu'il furent au seeler, ou qu'il l'oïrent connoistre à celi qui le seela, ou qu'il furent à le convenence de quoi le letre parole : il n'i a nul gage, ançois amende cil la vilonnie qu'il a dite. Et cex amendes sunt entre gentix homes, de soissante livres et du damace rendre à le partie; et entre homes de poeste, à le volenté du segneur.

Explicit.

Ici define li capitres qui parole quelles deffences pueent valoir à chaus qui sont appellés por anientir les gages, et des cas de coi gages sont à recevoir [1].

CAPITRES LXIV.

Chi commenche après li LXV. capitres, qui parole des presentations qui doivent estre fetes en plet de gages, en armes et en paroles; et des seremens, et des coses qui ensivent dusqu'à le fin de le bataille [a].

1. Mult a de perix en plet qui est de gages de bataille, et mult est grans mestiers c'on voist sagement avant en tel cas, et à l'apeleur et à l'apelé; et por ce nous traiterons en ceste partie des presentations qui doivent estre fetes après ce que li gage sunt receu, et comment il se doivent demener dusqu'à fin de bataille.

2. Quant gage sunt receu du juge, et li juges lor assigne jour de venir ainsi comme il doivent, li apelés

---

[1] B.

[a] Voyez Jean d'Ibelin, c. cii-ciii; Philippe de Navarre, c. xii (*Assises de Jérusalem*, t. I, p. 166-174, 459, 485, 589), et le *Formulaire des combats à outrançe* (*Ordonnances*, t. I, p. 437). Beaumanoir rapporte, dans ce chapitre, plusieurs cas de duel tirés de la jurisprudence du bailliage de Clermont, qui font connaître les seuls points de cette matière qui donnaient lieu à quelque incertitude.

et cil qui apele doivent regarder en quiel estat il sunt;
en tele maniere que cil qui apele, s'il est gentix hons
et il apele home de poeste, bien se gart qu'il ne se pre-
sente pas armés à ceval comme gentix hons, car il se
doit presenter à pié et en guise de campion. Et s'il se
presente à ceval et armés comme gentix hons, et li
païsans qu'il apela se presente à pié comme campions,
li gentix hons en a le pieur; car puisqu'il pert les
armes es queles il se presente, il demore, quant il est
desarmés, en pure se quemise. Et comment qu'il se
combate en icele maniere, sans armeures, sans escu
et sans baston, et que ce soit voirs, il est aprové par
un jugement qui a esté fes à Crespi. Et porce que cis
livre parole especialment des coustumes de Biavoisis,
ne loist il pas, s'il parole d'aucuns cas des quix nuls n'a
memore qu'il soient avenu en Biavoisis, que il ne le
conferme par jugement des casteleries environ; car se
li cas queoit en jugement à Clermont, u quel cas
coustume ne porroit estre trovée, porce que li cas ne
seroit pas autre fois avenus, on jugeroit selonc les
coustumes des casteleries prochaines où li cas aroit esté
jugiés.

3. Pierres qui gentix hons estoit, apela Jehan qui
estoit hons de poeste. Au jor de le presentation, après
ce que gage furent receu, et au jor qui lor fu assignés
de venir ainsi comme il devoient, l'une des parties et
l'autre se presenterent nicement; car li escuiers se
presenta à ceval, comme gentix hons armés, et li hons
de poeste se presenta à pié, en pure se cote, sans ar-
meure, fors de baston et d'escu. Jehans qui à pié se
presenta, proposa contre Pierre qui apelé l'avoit, que
li dis Pierres s'estoit presentés en armes, es queles il

ne se devoit pas combatre, por quoi il requeroit que
les armes li fussent ostées, et qu'il se combatist sans
armes, à pié, comme cil qui s'estoit presentés sans
armes soufisans à combatre contre li, selonc l'apel. A
ce respondi Pierres, que soufisamment s'estoit presen-
tés, car[1] gentix hons estoit, et en armes de gentil home
se devoit combatre, por quoi il requeroit se bataille;
et plus requeroit il[2] que Jehans ne peust avoir autres
armes que celes es queles il s'estoit presentés. Et sor
che se mistrent en droit. Il fu jugié que Pierres per-
droit les armes et le ceval comme meffès au signeur,
et se combatroit el point qu'il seroit quant les armes
li seroient ostées, c'est à savoir en se quemise, sans
escu et sans baston; et Jehans ensement en se cote se
combatroit au dit Pierre, ainsi comme il se presenta,
si comme dit est, et aroit l'escu et le baston. Et par
cel jugement pot on savoir le peril qui est en presen-
tation, et comment on doit regarder en quel estat de
persone on est, et qui est apeleres ou apelés. Car se
Jehan qui estoit hons de poeste eust apelé le dit Pierre,
Pierres se fust soufisamment presentés, car en soi def-
fendant il se combatist armés et à ceval; et li hons de
poeste si[3] comme il se presenta; ou en armes de cam-
pion, s'il s'i fust presentés.

4. Quant home de poeste apelent l'un[4] l'autre, il se
doivent presenter au jor qui lor est assignés après les
gages receus, à pié et en armes de campion. Et s'il
sunt gentil home, il se doivent presenter sor cevax
armés de toutes armes. Et qui se presente mains sou-

---

[1] B. *Et.* A. — [2] *Il, car il requeroit.* B. T. — [3] *Aussi.* B. — [4] *Li uns.* B. T.

II. 28

fisamment d'armeures qu'il ne doit, il n'i pot puis re-
covrer. Aussi, comme[1] il est grans mestiers c'on se
prengne garde en[2] queles armes on se presente selonc
son estat, aussi est il grans mestiers c'on paraut[3] sa-
gement à fere se presentation. Et faire le pot on sou-
fisamment en deus manieres : le premiere, en gene-
ral; le seconde, en especial. Le presentations qui doit
estre fete en general, si est ainsi que cil qui parole
por celi qu'il presente, doit dire : « Sire, vesci Pierres
« qui se presente par devant voz, por tant comme il
« doit, à le jornée d'ui contre Jehan, de tel liu »; et
s'il le fesoit autrement apeler, ne vaurroit pas por ce
Pierres perdre. Et s'il a avoué, il doit presenter li et
son avoé; et se presenter par amendement d'armes, et
de conseil[4], et de toz tex amendemens comme drois
et coustume li pot donner, dusqu'à point de le ba-
taille; de tant qu'il apartient à ceste jornée, ou à
autres, s'autres jors li estoit assignés par le volenté
de le cort ou par l'assentement des parties; ou en
autre maniere, en quelque maniere que ce fust.

5. Le seconde maniere de presentation, si est qui
est fete en especial, doit estre fete en tele maniere
que cil qui parole por celi qui se presente, doit dire :
« Sire, vesci Pierres qui se presente par devant vous,
« li et son avoué, por tant comme il doit à le jornée
« d'ui contre Jehan, de tel liu »; et s'il se fesoit au-
trement apeler, ne vaurroit pas por ce Pierres perdre,
« et se presente par amendement d'armes et de conseil,
« d'estraindre[5] et d'alasquier[6], d'oindre et de roon-

---

[1] *Quant.* B. — [2] *Es.* B. — [3] *Parole.* B. T. — [4] *Et le conseilg de l'amen-*
dement. B. T. — [5] *Et d'estraindre.* B. — [6] *De laachier.* B. *De aleschier.* T.

« gnier, de [1] fil et d'aguille; de remuement d'armes,
« qu'il en puist oster se trop en y a, et penre se se
« poi en y a ; de cangier escu et baston [2], de penre
« autre avoué de celi qu'il presente aveques li, s'il li
« plest; et de toutes autres cozes c'on pot et doit rete-
« nir par le coustume de le cort de cheens, dusqu'à
« point de le bataille. Et se li jors d'ui estoit alongiés
« par volenté de cort, ou par assentement des parties,
« ou en autre maniere, se retient il à l'autre jornée
« les cozes dessus dites et toutes manieres d'amende-
« mens. » Des deus manieres dessus dites, le deerraine
parole, qui est en especial, est le plus bele presenta-
tions et le meilleur, et mains [3] pot on dire encontre;
nepourquant l'autre soufist.

6. Quant les parties se sunt presentées, cil qui
apele doit recorder son apel et requerre se bataille; et
cil qui est apelés, s'il a nule reson par les queles il
voille dire qu'il n'i a nul gage, et il les proposa à le
jornée que li gage furent receu, il les doit ramentevoir
en recordant, et requerre droit sor çascunne reson, et
ofrir à prouver s'ele li est niée; et après ses resons
recordées, il ne doit pas oublier que il ne die que se
ses resons ne li valent, si s'offre il à deffendre, et à
aler avant en se bataille, si comme drois dira. Adonques,
le justice se doit conseillier sor les deffenses à celi qui
est apelés, se il a nule bone reson conneue ou provée,
par le quele li gage doient estre nul, le cours les doit
prononcier à nul par jugement. Et tex manieres de
resons que li apelés pot metre avant, poés voz veir

---

[1] *Et de.* B. — [2] *Baston, se mestiers est.* B. — [3] *Miex.* B.

les queles sunt bones, el capitre des deffenses à
l'apelé [a].

7. Quant aucunne reson est proposée de celi qui
est apelés, par [1] le quele il dit qu'il n'i a nul gage, et
cil qui apele le nie en le maniere qu'il le proposa,
et li apelés trait tesmoins à prover : cil qui apele ne
pot pas lever les tesmoins, ne metre en gages de ba-
taille; car gage sor gage ne sunt [2] pas à recevoir. Et
s'on soufroit gages en tel cas, il emporroit naistre
deus [3] perix l'un sor l'autre, ou plus; et ensi vaurroit
il mix que cil qui est apelés se teust de ses bones
deffenses se il les eust, et aler avant es gages, le quel
coze ne seroit pas resons. Donques, cil qui apele, s'il
veut riens dire contre les tesmoins à celi qui est apelés,
il les pot debatre, s'il sunt tex persones qu'il ne puis-
sent tesmognier. Et qui veut debatre tesmoins, il pot
veoir comment on les pot et doit debatre en cest cas
et en autres, el capitre des proeves [b].

8. Se cil qui est apelés ne pot metre avant, ne tro-
ver [4] resons par quoi li gage soient nul, le bataille doit
estre jugié; et quant ele est jugié, tans est venus de
metre les ensoines avant à cix qui par lor essoines
voelent avoir avoé, li quel essoine sunt dit el capitre
des apiax [c]. Et quant li essoine sunt receu, il doivent
baillier les avoueries à cix qui por eus emperdent les
batailles, et puis doivent venir as seremens en le ma-
niere qui ensuit.

---

[1] *Pour*. B. — [2] *Si n'est*. B. — [3] *X*. B. T. — [4] *Prouver*. B.

[a] Chapitre LXIII.

[b] Chapitre XXXIX.

[c] Chapitre LXI.

9. Cil qui apele doit jurer premierement sor saintes Evangilles, et dire : « Se Dix m'ahit [1], et li saint, et « toutes saintes, et les saintes paroles qui chi sunt », et doit tenir le main sor le livre, et dire : « Si m'ait « Dix et tout li saint, que Jehan, que j'ai apelé, fist « le fet », ou « fist fere », se il l'apele de fere fere, « en le maniere que je l'ai proposé contre li, et à tel « le proverai à l'ayde de mon droit. » Et quant il a ce dit, cil qui est apelés doit dire : « Je voz en lieve « comme parjure », et puis se doit ajenoullier et metre le main sor le livre, et dire : « Si m'ahit Dix et « li saint, et toutes saintes, et les saintes paroles qui « ci sunt, que je n'ai coupes el fet por le quel Pierres « m'a apelé; et de ce qu'il a proposé contre moi, il a « menti et est parjures, et por tel le ferai à l'ayde de « Diu et de mon bon droit. » Et quant il ont fet ces premiers seremens, et il viennent à l'aprochier de le bataille, il doivent fere les secons seremens en le maniere qui ensuit.

10. Cil qui apele et qui est apelés, au deerrain serement doit jurer et dire en ceste maniere : « Se « Dius m'ahit, et li saint, et toutes les saintes, que je « n'ai quis ne porcacié, art, barat, ni engieng, ne « forcerie n'enquerrai [2], par quoi cil à qui je me doi « combatre soit grevés en le bataille, fors de mon cors « et de mes armes tant solement, teles comme je les « ai monstrées en apert, au jor d'ui, en ceste court. » Quant tuit li serement sunt fet, le justice doit regarder se le bataille est par avoué, et le cas por quoi il se combatent. Se li cas est tix que le partie qui est

---

[1] M'ait. T. — [2] Ne charroi. B.

vaincue doie recevoir mort, et le bataille est par
avoués, il doit fere metre en prison l'apeleur et l'apelé,
en tel liu qu'il ne puissent veir le bataille, et le corde
entor aus, de le quele cil sera justiciés qui ses avoués
sera vaincus. Et se c'est feme, le besque à li enfouir
li doit estre baillié presente [a].

11. Quant tuites ces cozes dessus dites seront fetes,
cil qui se combatent doivent estre mis el camp de le
bataille, et adont li sires doit fere crier trois bans : le
premier, s'il y a nului du lignage de l'une partie ne
de l'autre, sor cors et sor avoir qu'il wide le camp et
qu'il s'en voist; li secons, que nus ne soit si hardis
qu'il die mot, et que tuit se taisent et tiengnent coi;
li tiers bans, que nus, sor cors et sor avoir, ne face
ayde à nule des parties ne nuisance à l'autre partie,
par fet, ne par porcas, ne par parler, ne par signe,
ne en nule autre maniere. Et quiconques enfranderoit
ne trespasseroit l'un de ces trois bans, il quiet en le
merci du segneur, ou en amende à volenté, et a li
cors deservi longue prison. Et en tele maniere le
porroit on enfraindre c'on perdroit le cors, si comme
s'on veoit apertement que l'une des parties fust vain-
cue par l'ayde de celi qui enfrainderoit le ban. Quant
li ban sunt fet et li lignages awidié, cil qui sunt por
le justice doivent garder le parc que nus n'i entre-
prengne, et puis doit commander à cix qui se doivent
combatre, qu'il facent ce qu'il doivent; et adont cil
qui apele doit mouvoir : sitost comme cil qui se def-

---

[a] L'exhibition de la corde et de la bêche n'est point indiquée dans
les Assises de Jérusalem. On ne voit pas non plus, dans cette législa-
tion ni ailleurs, que la femme dont le champion avait été vaincu dût
être enterrée vive.

fent le voit meu, il doit mouvoir por li deffendre. Neporquant, se li deffenderes mouvoit avant, n'en pot on l'apeleur acoisonner; car il loist à çascunne partie à fere du mix qu'il pot, puis qu'il ont congié de le justice d'aler ensanlle.

12. S'il avient que¹ cil qui se combatent sunt ensanlle, et c'on voille parler de le pes, le justiche doit mult regarder l'estat de çascunne partie, et les doit fere tenir cois en cel meisme estat; si que se pes ne se pot fere, que nule des parties ne gaainst el delai quant il aront commandement de r'aler ensanlle et de tenir. En tel estat veismes noz cel cas² qui ensuit.

13. Uns chevaliers et uns escuiers se combatoient en le cort le Roi, à Paris, sor lor cevax et armé de toutes armes. Quant il se furent une piece combatu, l'une des resnes du ceval à l'escuier entorteilla entor le pié du chevalier, et en cel point on les fist tenir cois por parler de le pes. Et en cel delai c'on parloit de le pes, li chevaliers osta son pié et le mist en l'estrier; mais il li fu dit, de cix qui gardoient le parc, qu'il se preist pres de fere pes; car s'il r'aloient ensanlle, il li remetroient son pié entor le resne du ceval à l'escuier, en autel estat comme devant; par quoi li chevaliers se prist plus pres de fere pes, et en fu pes fete. Et par ce pot on savoir c'on doit remetre çascunne partie arriere en bataille, en tel estat qu'ele estoit quant on les fist tenir cois.

14. Pes ne pot estre fete de nul gages, se ce n'est par l'acort du segneur en qui cort li gage sunt. Mais

¹ Endementiers que. B. T. — ² Et de tenir en tel estat, nous disons chc qui ensieut. B.

il loist à çascun segneur qui a gages en se cort, de soufrir que pes soit fete des gages, s'il li plest; mais que ce soit avant que l'une des parties soit vaincue, car s'on atendoit tant, le pes ne se porroit fere sans l'acort du conte. Car quant le coze est alée si avant, il n'i a fors que de fere le justice. Et de nului qui soit à justicier provés et atains de cas de crieme, nule pes n'en doit ne n'en pot estre fete [1], sans l'acort du conte.

15. Se li souget le conte fesoient ou soufroient aucune pes d'aucun de lor sougès qui ont mort deservie par loier, il perdroit se justice et amenderoit de soissante livres; et si ne demorroit pas porce qu'il [2] ne justichast le malfeteur.

16. Bien se gardent li souget le conte, quant il tiennent prisonniers por cas de crieme, qu'il ne lor escapent par foible prison ou par malvese garde, ne qu'il ne facent pes par loier; car il perdroient lor justiche, et si seroit l'amende de soissante livres; et porroit rapeler li quens le pes, et pusnir du meffet; car les justices qui sunt tenues du conte ne doivent pas estre vendues à cix qui ont deservi à estre justicié. Et se li souget le conte pooient fere et soufrir tels pes entre lor sougès, mult de vilain fet en porroient venir, li quel ne seroient pas vengié.

17. Quant aucuns se combat por autrui, comme avoués, s'on parole de le pes, il ne pot fere pes sans celi por qui il se combat. Mais cil por qui il se combat pot bien fere pes par l'acort du segneur et de l'adverse partie, voille ses avoés ou non. Mais li avoés

---

[1] Fe'. A. — [2] Que le conte. B.

puis le premier estor[1] de le bataille, ne quitera point de son salere s'il ne li plest.

18. Bien se gart qui rechoit avoué por autrui, car il ne loist pas à repentir de l'avouerie, puis qu'il a receu en le jornée qu'il le rechoit. Mais se li jors estoit alongiés, et il n'avoit convenence à fere le bataille, à quel jor qu'ele esqueist, il ne seroit pas tenus à recevoir l'avouerie à l'autre jornée, s'il ne voloit. Et s'il le voloit recevoir, ne l'aroit il pas, se cil à qui le bataille apartenroit voloit autre ; mes qu'il eust retenu en se presentation remuement d'avoué, si comme il est dit dessus.

Explicit.

Ici define li capitres des presentations qui doivent estre faites emplet de gages, en armes et emparoles ; et des seremens et des chozes qui s'ensuivent disques à le fin de la bataille[2].

CAPITRES LXV.

Chi commenche li LXV. capitres, qui parole des delais que coustume donne, et des respis que les hommes pueent prendre avant que il puissent ne ne doivent estre contraint de faire jugement[3].

1. Il sunt mult de delais que coustume done as signeurs et as homes qui jugent en lor cours, por quoi il est grans mestiers à cix qui voelent apeler de defaute de droit, qu'il se prennent garde que cil de qui il apelent ne se puissent aidier, et puis, qu'il aient atendu, ains lor apel, toz les delais que coustume done, de celi de qui il apelent. Or veons dont quix manieres de delais il convient soufrir par coustume.

2. Li segneur, s'il lor plest, de lor actorité, poent

---

[1] *Estour.* B. T. — [2] B. — [3] Ce qui suit, depuis *respis*, est tiré de B.

continuer les ples qui sunt par devant eus, par trois quinsaines, en un meisme estat; mais s'il le fet por les parties ou por aucunne des parties[1] grever, ce n'est pas loiautés. Neporquant, fere le poent, s'il voelent. Et qui apeleroit de defaute de droit por ces trois continuations, il n'aroit pas bon apel.

3. Li home qui sunt carquié de[2] jugement poent, s'il lor plest, penre trois respis, ains qu'il facent jugement, dont cascuns respis contiegne au mains quinse jors en soi; et après, il poent penre un respit de quarante jors; et après, s'il lor plest, un respit de sept jors et de sept nuis; et après, un respit de trois jors et de trois nuis. Et dont, quant il ont pris toz ces respis, li sires les doit tenir en prison tant qu'il aient jugié. Et qui apeleroit en cel delai pendant, il n'aroit pas bon apel; car li segneur ne poent pas contraindre lor homes à jugier, fors selonc le coustume de le conté.

4. Quant ples est en le cort le conte, et il est demenés par assises, et li home prennent lor respis de fere aucun jugement, il poent penre respis par trois assises; et après les trois assises, quarante jors; et puis, sept jors et sept nuis; et puis, trois jors et trois nuis. Mais se li quens veut que li jugemens soit plus hastés, il pot tenir ses assises cascunne quinsaine, tant que li trois respit premier soient passé. Mais les quarante jors, et les sept jors, et les trois jors, et les trois nuis que li home poent penre, ne lor pot li quens acorchier; mais alongier les pot il, s'il veut.

5. Li ples qui est commenciés par assise doit estre

---

[1] Manque dans B. — [2] De fere. B.

demenés et determinés par assise, se li quens, par
l'acort des parties, ne le remet en prevosté. Et se li
quens le metoit en prevosté, puis que ples seroit
entamés en assise, sans l'acort des parties, il feroit
tort.

6. Se ples est entamés en prevosté, li prevos, de
s'auctorité, ne lor pot pas mettre en assise, se ce n'est
par l'acort des parties. Mes quant li ples quiet en ju-
gement, et li home dient qu'il sunt trop poi por fere
tel jugement, et qu'il ne sunt pas avisé : il poent
metre cel jugement à l'assise, porce qu'il y a plus
d'ommes accoustumeement qu'il n'a es prevostés. Et
quant li jugemens sera fes, s'il est[1] d'aucunne bare
par le quele le querele ne soit pas toute perdue ne
gaaignié, li ples doit estre renvoiés en prevosté, s'il ne
demore en assise par consentement[2] des parties.

7. Se li home sunt en respis pendans de fere aucun
jugement, et li sires continue et alonge de s'auctorité
le jor que li home doivent venir en cort, cele alonge
n'est pas contée as homes por respit; ne jà por conti-
nuations ne alonge que li sires face, li home ne leront
à avoir lor respis toz entiers, tix comme il sunt dit
dessus.

8. Se les parties qui pledent de lor assentemens
requierent delai dusqu'à autre jornée, en autel estat,
li sires ne lor doit pas veer, s'il n'est ainsi que le que-
rele touque le segneur, et qu'il ne fust arrieragiés de
son droit, por le delai des parties; si comme se li ples
est d'aucunne coze dont li sires ne pot faillir à avoir
amende ou autre gaing, de celi qui ara tort en le

---

[1] *S'il a.* B. — [2] *L'assentiment.* B.

querele. Neporquant, il lor doit doner, s'il le requierent, le plet pendant, delai par trois quinsaines, s'il les prennent en esperance de pes. Et se le pes se fet, ele doit estre raportée au signeur, que ses drois n'i soit pas peris et qu'il s'en sace au quel aerdre. Et par tex delais que li sires doit doner, mult de ples et de contens sunt apesié, quant li home ont à fere aucun jugement, il lor est commandé de par lor segneur qu'il se delivrent.

9. Se li home sunt avisé du jugement fere, il ne doivent pas penre respit, car li respit si ne sunt pas, fors porce que li home qui ne sunt pas conseillié ne avisé de jugier, aient espasse de tans por eus conseillier et aviser. Donques poés voz veoir que li home se meffont qui ne se delivrent du jugement du quel il sunt avisé. Mais de tix meffès ne les pot li quens sivir, car il sunt creu par dire : « Je ne sui pas bien avisés »; et s'il mentent, li meffès est couvers et gist en lor conscience.

10. Il avient souvent, quant[1] li home sunt ensanlle por fere un jugement, que l'une partie des homes sunt avisé et l'autre non; et quant il avient ainsi, cil qui sunt avisé ne se meffont de riens, s'il requierent respit aveques cix qui ne sunt pas avisé, porce que par le delai li desavisé se puissent aviser por jugier ensanlle et por eus acorder. Car laide coze est quant li home qui sunt per l'un à l'autre, sunt en descort de jugier; et par ce, quant li descors y est, sunt bon li respit à penre.

11. Mult doivent metre li home qui sunt ensanlle

[1] *Que.* B.

por jugier, grant paine et grant entente à jugier bien et loialment, car quiconques s'acorde à malvès jugement, il est tenus à rendre le damace à celi qui pert par faus jugement, selonc Dieu, s'il veut avoir pardon du meffet. Et por ce fu il dit as jugeurs : « Gardés « comment voz jugerés, car voz serés jugiés[a]. » Et mult avient que cil contre qui on fet le faus jugement, laissent à apeler por le doute des haines et des despens qui en naissent; et ainsi, par ches deus doutes, perdent mult de gens lor droit.

12. Grans respis et lons poent penre li home à fere lor jugement, si comme j'ai dit devant. Or veons donques, quant il ont pris toz lor respis, et l'une partie des homes vient à cort por jugier, et l'autre partie se defaut, que li sires doit fere. Il doit retenir cix en prison, qui sunt venu, s'il ne jugent. Et s'il dient qu'il ne voelent pas jugier devant que li autre home seront venu, li sires doit contraindre les defalans par tenir les fiés saisis, et metre grant plenté de gardes, tant qu'il viegnent avant, sans delai, por jugier aveques les premiers venus. Et se cil qui premiers vinrent, dient, sor le foi qu'il ont à lor segneur, qu'il ne laissierent à jugier fors [1] atendre les defalans, li defalant sunt tenu à partir es coz et es damaces des prisoniers soufisans. Et s'il sunt en descort de jugement, que l'une partie des homes voille jugier por Pierre qui pledoit, et l'autre partie por Jehan, on se doit tenir au jugement des plus sages et de le greignor partie. Et se l'une partie veut jugier et juge, et l'autre partie

---

[1] *Fors pour.* B. T.

[a] *Matt.,* VII, 2.

ne veut fere jugement, ne ne se veut acorder à celi qui est fes, li sires doit delivrer cix qui ont jugié et retenir cix en prison qui ne voelent jugier, ne eus acorder au jugement, dusqu'à tant qu'il se seroient acordé au dit jugement, ou il aront fet autre; et s'il font autre, on se doit tenir à le plus soufisant partie, si comme dit est.

13. S'il avient que li home soient ensanlle por fere jugement, et li home sunt en descort, si que on ne set de le quele partie il en a plus d'acordans¹, li sires, quant il ne se poent acorder de s'auctorité, doit penre deus homes, ou trois, ou quatre, selonc ce que le besongne est grans de çascunne partie; et doit fere metre les paroles en escrit, sor les queles li jugemens doit estre fes; et les doit baillier as homes qu'il ara pris, et les doit envoier conseillier à le cort sovraine; c'est à dire se li descors est en le cort d'aucun des sougès le conte, il doivent aler querre conseil à le cort de Clermont; et se descors est en le cort de Clermont, il doivent aler querre conseil en le cort au Roi, en parlement. Et le conseil tel qu'il aporteront en le cort, là u li descors fu mus, li sires le doit fere tenir et prononcier par jugement. Car s'il y avoit apel, s'iroit en le cort dont li consaus fu aportés; et ce seroit grans seurtés as homes de fere lor jugement bon, quant il l'aroient fet par le conseil de cex par qui il converroit qu'il fust aprovés bons ou malvès, car cil qui aroient le conseil doné iroient à enuis contre ce qu'il aroient conseillié.

14. Quant li home sunt carquié d'aucun jugement,

---

¹ *De descordans.* B.

et, en prenant [1] lor respis, li aucun des homes defalent, por ce ne demore pas que li tans des respis ne keure contre les defalans ; car autrement gaigneroient il en lor deffaute, et cil perderoient qui maintenroient les jors de lor segneurs. Car quant il aroient pris toz les respis, il converroit qu'il jugassent sans le compaignie des defalans. Donques, quant il voient tex defalans, il doivent requerre à lor segneur qu'il soient contraint à venir jugier avec aus ; et adont li sires les doit contraindre et justicier par lor fiés tenir saisis, et gardes metre sor eus, dusqu'à tant qu'il soient venu por jugier avec les autres. Car se li sires ne lor fesoit damace fors que de lever amende [2], la quele n'est que de dix sous por çascunne defaute, il y a assés d'ommes qui por si petit damace ne venroient, et por ce les pot et doit li sires justicier, si comme dit est.

15. Toz les contremans et les ensoines que çascuns pot avoir par coustume de terre, si comme j'ai dit el capitre des ensoines [a], n'apetichent pas ne ne doivent apeticier les continuations que li sires pot fere de ses plés, ne li respis que li home poent penre ; car se partie contremande ou ensonie, li plés demore en autel estat comme il estoit, dusqu'à le jornée qu'il vienent en court.

16. S'il convient que li home voisent en ost hors du païs, par le commandement du Roi ou du conté, les quereles qui sunt en jugement doivent demorer en autel estat, dusqu'à tant qu'il soient revenu ; ne tix delais qui est fes par commandement du sovrain ne taut pas as homes lor respis.

---

[1] *Emprennent.* B. — [2] *S'amende.* B.

[a] Chapitre III.

17. Se feme qui a mari[1] a à pledier por son heritage, et ses maris ne veut pledier, et il muert grant tans après : le feme pot commencier le plet tout de nouvel, et ne li nuira pas li tans qui est courus el tans de son mari ; car ele n'avoit pooir de demander le coze, puisque ses maris ne le voloit. Mais, en tel cas, il convient qu'ele commence le plet dedens l'an et le jor que ele vient en se plaine poeste puis le mort de son mari. Et s'el lait l'an et le jor passer, toz li tans sera courus contre li ; c'est à dire que le partie à qui ele aura à fere, se porra aidier de tenure, s'ele est si longue qu'il en doie gaaigner se querele ; c'est à savoir dix ans en plet d'eritage, et vingt ans u plet de mueble et de catel, si com je dis u capitre de venir trop tart à se demande fere[a].

18. Quant li sires veut continuer le jor qu'il a doné à son home qui tient de li en homage, s'il atent à fere le continuation dusqu'au jor que ses hons vient en cort, ou si pres du jor que li hons ne le pot contremander à son conseil, il ne le pot[2] pas continuer à un jor, n'à deus, n'à mains de quinse jors ; car grief porroit estre à l'omme d'avoir son conseil si pres à pres, si ques il porroit bien perdre par defaute de conseil. Et se li sires est demanderes vers son home, il li pot bien metre plus lonc jor que de quinse jors ; car il ne li metra jà si lonc jor que li hons ne peust voloir que li jors ne fust encore plus lons. Mais se li hons est demanderes vers son segneur, et li sires li met le jor plus lonc qu'il ne convienne, sans resnavle cause, il li fet

---

[1] *Est mariée.* T. — [2] *Ne li doit.* B.

[a] Chapitre VIII.

tort. Neporquant, il ne li doit doner jor à mains de
quinse jors, soit que li hons demande à son segneur,
soit que li sires demant à son home; car c'est droite
continuation de jor, que a quinsaine ne à mains ne le
pot li sires metre, se n'est par le consentement de celi
qui le jor reçoit, si comme voz orrés par un jugement
qui ensuit.

19. Li quens tenoit un sien home à plet, et li ot
doné certain jor. Au jor, li hons le conte fu et ses con-
saus; le quens ne cil qui tenoit son liu n'i furent pas,
ains y envoia li baillis, et fist continuer le jor à len-
demain. Li baillis y fu, et proposa contre l'omme le
conte ce qu'il li plot, et li hons respondi : « Sire,
« j'estoie ajornés à hier contre le conte, et m'estoie
« garnis de conseil, et gardai bien¹ mon jor dusqu'à
« hore. Sire, bien connois que voz le continuastes à hui,
« et mes consaus s'en est partis, ne ne le puis hui avoir;
« par quoi je ne voil pas estre teuus à respondre aujor-
« d'ui, s'il ne m'est esgardé par droit; ains voz requier
« que voz m'en donés jor à quinse jors. » Li baillix dist
qu'il le pot bien continuer en ceste maniere sans tort
fere; neporquant, il ne le voloit pas fere se li autre
segneur de le conté ne le pooient fere sor lor sougès.
Et sor ce se mirent en droit. Il fu jugié que li hons le
conte n'estoit pas tenus à respondre, se li jors de le
continuation n'estoit de quinse jors ou de plus; car
puisqu'il convient au gentilhome quinse jors d'ajor-
nement au mains, ne qu'il n'est tenus à respondre à
plus brief jor s'il ne veut, meesment des cas qui poent
atendre le delai : en quelque maniere li sires continue

¹ B.

II. 29

le jor de s'auctorité, le continuations doit estre de quinse jors au mains. Mais il y a diference se li sires a à fere contre son home de poeste, car il le pot ajorner par son sergant du jor à lendemain, par trois fois, avant qu'il li ait fet demande. Mes s'il li a fet demande, et ele est d'eritage, puis le demande fete tout li jor qui seront continué doivent estre de quinsaine. Et se le demande est de mueble, de catel ou d'aucunne autre forfeture, li sires li pot metre ses jors de wit jors à autre, et demener son plet dusqu'à fin par teles assignations de jor.

Explicit.

Ici define li capitres qui parole des delaiemens que coustume doune, et des respis que les houmes pueent prendre[1].

CAPITRES LXVI.

Chi commenche li LXVI. capitres, qui parole de refuser les juges, et en quel cas un seûs tesmoins est creus, et que li segneur facent vigoureusement tenir et metre à execussion ce qui est jugié et passé sans apel.

1. Or est mestiers que noz parlons de cix qui voelent refuser les juges. Qui ne les refuse avant que jugement soit fes, il ne les pot refuser fors par apel; mais devant le jugement le pot on refuser par plusors causes, si en ferons mention d'aucunnes.

2. L'une des causes[2], si est se cil qui veut jugier est mesavenus, en tele maniere qu'il me vée se parole, ou qu'il y ait fet aparant de nos persones, ou d'aucun de noz lignages, par quoi guerre soit aouverte ou que noz

---

[1] B. — [2] *Causes par quoi on puet refuser jugez.* B. T.

soions en trives; car perix seroit que je ne fusse forjugiés par hayne. Mes se pes est fete du contens qui fu, je ne le puis pas oster; car on doit croire, puisque pes est fete, que li cuer sunt apesié. Et se noz sommes en asseurement, cil poent bien estre au jugement qui vers moi sunt en asseurement. Mes qu'il y ait des autres homes; car nos entendemens est tix que, se tuit li home qui me doivent jugier en le cort de mon signeur sunt vers moi en asseurement, je puis refuser que je ne soie pas jugiés par eus, por cause de souspechon de haine. Et qui par bone cause pot debouter toz cix qui sunt si per et qui le doivent jugier en le cort de son segneur, li ples de le querele doit aler en le querele à l'avant segneur, et lueques doit li ples estre demenés, exeptée le cort le conte. Car qui par bone cause porroit toz ses hommes debouter qu'il ne jugassent, si en aroit li quens le plet, et feroit li quens jugier par le conseil de son ostel. Et se de cix de son ostel estoit fes apiax por faus jugement, li ples de l'apel seroit demenés en le cort le Roy sans gages, car en juges de conseil n'a nul gage[a]. Mes quant li home jugent, gage en poent venir, si comme dit est el capitre des apiaus[b].

3. Autres resons y a par quoi juge poent estre refusé, si comme s'il m'ont manecié à fere damace, ou s'il m'ont dit que je perderai le querele par devant bone gent, ou s'il ont esté procureur, ou avocat, ou conseil-

---

[a] Les juges de conseil étaient des clercs, des maîtres ou hommes de loi, qui formaient le conseil particulier du Roi et des seigneurs suzerains; étrangers au métier des armes, ennemis déclarés du duel, ils avaient fait admettre en principe qu'on ne pouvait pas les prendre à partie.

[b] Chapitre LXII.

lier à le partie contre qui je pledai; où s'il ont part
ou poent avoir en ce dont ples est, ou s'il sunt partie
contre mi en aucunne coze de le querele, ou se li cas
est en eus alegant, si comme s'il sunt deté, ou plege
por celi contre qui je plede; ou s'il ont pris loier ou
pramesse receue por estre favorable à l'autre partie,
où s'il est peres ou fix à celi contre qui je plede,
et se li cas de quoi li ples est, est de crieme qui
touque mort d'omme ou mehaing : je puis debouter
tous cix de son lignage du jugement. Tuit cil qui sunt
dit dessus poent estre refusé juge par les causes desus
dites.

4. Encore en poent estre refusé cil qui ne poent
estre tret en gages, si comme clers ou soz aagié, à qui
li sires a fet tele grace qu'il l'a receu à home; et li
ediote à qui il apert qu'il n'eussent pas de bone memore
ou prengnent viellece, ou par sotie naturele, ou par
autre maladie, par quoi il sunt hors de lor ancienne
memore : tuit cil poent estre debouté qu'il ne facent
jugement, car les causes en sunt resnables.

5. Cil qui, tient en baronnie doit estre durment vi-
greus de fere tenir les cozes dont li jugemens a esté fes
autrefois en se cort, ne ne doit pas soufrir c'on replede
de novel de ce qui fu jugié autrefois contre celi qui en
veut pledier ou contre son devanchier. Et se cil
meismes contre qui li jugemens fu fes, enplede, il ne
se pot escuser de l'amende de ce qu'il va contre le jugié.
Mais s'autre personne enplede, on le doit amonester
qu'il ne voist pas contre le jugié; car autrefois en a on
jugié contre son devancier ou contre celi de qui il en-
tent à avoir cause. Et quant il est amonestés, s'il lesse
le plet, il n'est en point d'amende de ce qu'il parla

contre le coze jugié, car pot estre qu'il n'en savoit
mot. Mais s'il maintient le plet puis l'amonission, il
quiet en l'amende au signeur, pource qu'il va contre
le jugié, et si ne doit pas estre receus el plet. Et
l'amende d'aler contre ce qui a esté jugié autrefois à
essient, est de cix de poeste de soissante sous, et à
gentil home de soissante livres.

6. Tuit li jugement n'est pas fet es cors de cix qui
tienent en baronnie, ançois en fet on mult es cours
de lor sougès qui ont homes et justice et segnorie en
lor teres; dont, se ples muet en cort del baron, et
partie se veut aidier de ce que jugement a esté fes en
autre cort, de cele querele, on doit amonester l'autre
partie qu'il ne voist pas contre le jugié; et s'il ne veut
cesser, cil qui se veut aidier du jugement doit estre re-
ceus à prover qu'il gaaigna le querele par jugement en
autre cort. Et ceste proeve doit il fere par le recort des
homes qui firent le jugement. Et s'il ne pot avoir les
homes, porce qu'il ont essoine ou porce qu'il sunt de
loins, si comme se li jugemens fu fes en autre contrée :
il pot bien prover par tesmoins, et le jugement prové,
il doit estre delivres de ce c'on li demandoit. Car ças-
cunne court doit fere tenir le jugement li uns de
l'autre, ou autrement porroit on les ples recommen-
cier.

7. Mult de quereles sunt qui ne se poent pas prover
par vis tesmoins presens, ne par recort des homes,
si comme se mes parens est mors en estranges teres, du
quel je doi estre oirs. Or veons donques en cel cas
comment je venrai à l'esqueance de li. Je di que s'il
est tesmognié par letres d'omme qui ait seel autenti-
que, en tele maniere qu'il soit contenu es lettres qu'il

ait oï par seremens loiax tesmoins de le mort à celi, tele proeve doit bien valoir. Et se li sires de le terre où il fu mors tient en baronnie, si comme duc, ou conte, ou princes, ou roys, ses seaus doit bien estre auten- tiques en tel cas.

8. Se le court d'eglise s'entremet de jugier d'aucun cas dont le connissance apartient à cort laie, li juge- mens doit tenir, porce que les parties s'i assentirent et entamerent le plet. Et se l'une des parties s'en veut aidier, et li jugemens li est niés de partie, par quoi il conviegne prover : les letres de l'official tant solement ne vaut pas à ce prover, par nostre coustume, que por un tesmoing. Mais qui a un bon tesmong avec le tes- mong de l'official, il proeve soufisamment.

9. Se li sougès d'aucun baron veut pledier en cort de Crestienté, d'aucun cas dont le connissance apar- tiegne à li, bien pot contraindre ses sougès à ce qu'il laisse le plet par le prise de ses biens, car autrement porroit il perdre le connissance qui à li apartient. Mais s'il pledent des cas qui apartienent à sainte Eglise, il ne lor doit pas deffendre ne contraindre à laissier, car il feroit contre le droit de sainte Eglise. Et li quel cas apartienent à sainte Eglise, et li quel à le cort laie, il est dit el capitre des cas qui apartienent à l'une cort et à l'autre[a].

10. Li juges pot encore estre refusé s'il a autel plet en cele cort meismes où li jugemens doit estre fes, ou en aucunne cort de cele castelerie, comme est cil de quoi on doit fere jugement, por le souspechon qu'il n'aidast le jugement à fere malvès; porce c'on preist

---

[a] Chapitre xi.

garde que tix jugemens fu fes quant on venroit au
jugement de se querele. Car on ne feist pas volentiers
ne drois ne divers jugemens en une castelerie, de
deus ples saullavles; et por ce pot il estre deboutés.
Et ce entendons noz du bailli en le cort où il pot ju-
gier, et des homes en le cort où il font le jugemens.

11. Encore pot on oster le juge, ou aucun des homes
qui poent jugier, de fere jugement, si comme quant
l'une des parties a mestier de son tesmongnage; car
en cel cas convient il que il laist à estre juges pour estre
tesmoin, selonc droit. Mais cis drois a esté malvesement
gardés de lonc tans en le castelerie de Clermont, car
li home dient qu'il pot estre tesmoing en le querele ou
au conseil de l'une des parties. Mais que ce ne soit par
loier, ou du lignage si prochains come il pot estre à
l'une des parties. Mais qu'il ne soit oirs de ce dont li
ples est. Et si ne leront jà por ce qu'il ne soient au
jugement et qu'il ne dient lor avis. Neporquant, noz
ne lor avons pas soufert, el tans de nostre baillie,
quant partie l'a volu fere debatre; mais quant partie
ne l'a pas debatu, noz l'avons eu beau soufrir.

Explicit.

Ici define li capitres de refuser les juges, et en quel cas un seul
tesmoin est creus[1].

---

[1] B.

CAPITRES LXVII.

Chi commenche li LXVII. capitres, qui parole des jugemens, et de le
maniere de fere jugement, et comment on doit jugier, et li quel
poent jugier, et comment li sires doit envoier por savoir le droit
que si home font, et comment on pot fausser jugement, et com-
ment li sergant doivent estre renvoié por conter[a].

1. Drois est et tans venus que après ce que noz avons
parlé, el capitre devant cesti, comment on pot refuser
juges, que noz disons en cesti quix gens poent et
doivent jugier, et comment on doit fere jugement, et
comment on le pot fausser, et comment li segneur
doivent envoier por savoir quel droit lor souget font.
Et si touquerons encore de le maniere de debouter les
jugeurs, et li quel jugement valent, et li quel non.

2. Nus par nostre coustume ne pot fere jugement en
se cort, en se querele, por deus resons : le premiere,
porce que uns hons seus, qui est en se persone, ne
pot jugier; ançois y en convient deus, ou trois, ou
quatre, ou mains, autres que le segneur ; et le seconde,
porce que le coustume de Biavoisis est tele, que li
segneur ne jugent pas en lor cours, mais lor home
jugent.

3. S'aucuns a poi d'ommes à fere jugement en se
cort, il doit requerre au segneur de qui il tient qu'il
li prest de ses homes qui sunt si per ; et li sires le doit

---

a Les détails que l'on trouve dans ce chapitre sur le caractère, l'au-
torité et la forme des jugements, sont d'autant plus curieux, que les
ordonnances, les chartes, les coutumiers et autres monuments judi-
ciaires du XIIIᵉ siècle, ne fournissent sur cet objet important que des
notions insuffisantes. Ce que dit ici Beaumanoir se rapportant spécia-
lement au comté de Beauvoisis, il faut se garder d'en tirer des consé-
quences trop générales.

fere. Mes or veons s'aucuns emprunte des homes son segneur por jugier en se cort, et aucuns apele de faus jugement, s'il converra qu'il facent le jugement bon, aussi comme s'il l'eussent jugié en le cort de lor signeur. Noz disons que oïl, car puisqu'il sunt tenu à jugier en le cort de lor per qui a defaute d'ommes, au commandement de lor segneur, il sunt tenu à fere le jugement bon. Et doit estre li apiax demenés en le cort de lor segneur qui les envoia, s'il a tant d'autres homes qu'il puist cort tenir; et s'il n'a tant de ses homes, en le cort le conte doit venir li apiax.

4. Li quens n'est pas tenus à prester son home ou ses homes por aler jugier en le cort de ses sougès, s'il ne li plest, si comme funt li autres seigneur desoz li à lor homes; car se cors doit demourer entiere de ses homes. Et tuit cil qui ont defaute d'omes, par quoi il ne poent jugement fere en lor cort, poent metre le plet en le cort du conte, et là le doivent li home le conte jugier.

5. Noz avons veu aucunne fois que li home le conte ne voloient pas rendre jugement, porce que tuit li home le conte n'i estoient pas. Mes ce n'est pas à soufrir, car s'on atendoit tant qu'il y fussent tuit atant de jugemens qu'il y convient fere, trop seroient grevé li home et trop delaieroient les quereles; ne nus ne doit lessier à fere son devoir por ce se ses compains ne le fet. Donques, cil qui vienent à cort au commandement de lor signeur, ne doivent pas atendre les defalans, puisqu'il soient sage de jugier, se le querele n'est si grans qu'il y ait doute d'apel. Car en tex cas doit bien contraindre li quens toz ses homes qu'il y soient, cix qu'il pot avoir, ou li plus souffisans.

6. Quant li sires plede à son home, en se cort
meismes, par devant ses homes, en plet ordené, il
pot avoir toz autix[1] contremans ou ensoniemens, et
toz autres delais comme coustume done à l'omme
quant il plede contre son segneur en ajornemens, en
contremans et en ensoniemens. Et des ensoniemens
convient il que li sires en face creances, en le maniere
qu'il converroit que li hons le feist. Et s'il ensonioit,
et li sires requeroit qu'il se feist creavles de l'ensoine,
il le feroit.

7. Quant li sires plede en se cort contre son home
meisme, il n'est pas juges, ne ne doit estre au conseil,
en se cort, du jugement. Et quant li home font le ju-
gement, et il le font contre li, apeler en pot comme
de faus jugement. Et doit estre li apiax demenés en
le cort du segneur de qui li sires tient les homages de
cix de qui il apela du jugement. Et s'il apela simple-
ment en disant : « Cis jugemens est faus et malvès,
« et requier l'amendement de le cort mon segneur » :
tex apias ne se fet pas par gages du signeur contre les
homes. Mais s'il dist à celi contre qui il veut fauser le
jugement : « Voz avés fet le jugement faus et malvès,
« comme malvès que voz estes, » ou par loier, ou par
pramesse, ou par malvese autre cause, li quele il met
avant, li apiax se demaine por gages[a]; car il loist bien
à l'omme à soi deffendre contre son segneur quant il
l'acuse de malvestié. Jà por ce, s'il se deffent, ne con-
verra qu'il laisse le fief qu'il tient de li. Mais se li hons
acuse son segneur de malvestié, il converroit qu'il li

<hr/>

[1] *Autès*. B.

[a] *Establissemens*, l. 1, c. LXXI.

rendist avant son homage. Et quant li sires apele simplement, li errement sor quoi li jugemens fu fes doivent estre porté en le cort où li apiax est, et doivent regarder li home de le cort se li jugemens fu bons ou malvès selonc les erremens; et s'il est trovés malvès, cascuns des homes qui s'asenti au jugement quiet en l'amende de quarante livres vers le signeur, et se perdent le jugement[1]. Et se li apiaus est tix que gages y ait, li vaincus, soit li sires, soit li hons, pert le cors et l'avoir. Mais li autre homme qui s'asentirent au jugement ne perdent fors le jugier et l'amende cascuns de soissante livres.

8. Par ce qui est dit dessus pot on veoir qu'il sunt deus manieres de jugemens fausser, des queles li uns des apias se doit demener par gages, quand on ajouste aveques l'apel vilain cas; l'autre se doit demener par erremens sor quoi li jugemens fu fes. Neporquant, s'on apele de faus jugement des homes qui jugent en le cort le conte, et li apeleres ne met en son apel nul vilain cas, il est el cois de celi contre qui on veut fausser le jugement, de fere le jugement bon par gages devant le conte et devant son conseil; car li quens pot bien tenir le cort de ses homes qui sunt apelé de faus jugement et fere droit par ses autres homes qui ne s'asentirent pas au jugement.

9. Chil qui apele de faus jugement et ne le proeve à malvès, quiet en l'amende del signeur de soissante livres, et à cascun des homes de cix qui s'asentirent au jugement et furent au jugement rendre, soissante livres. Mais cil qui ne s'asentirent au jugement et ne furent pas

---

[1] *Jugier.* B. T.

au rendre loi, ne doivent avoir point d'amende porce qu'il furent hors du peril d'estre apelé en lor persones.

10. Cil qui se combat ou met campion por li, por autre cas que por cas de crieme, si comme de faus jugement, sans ajouster vilain cas en l'apel; ou por debouter tesmoins de lor tesmongnage, ou por son heritage : s'il est vaincus, il ne pert fors que le querele, et son ceval et ses armes, que li sires a, et l'amende as homes, se li apiax fu de fausser jugement. Mais se le bataille fu de campion, il pert le poing.

11. Pierres vint à l'ommage de Jehan d'un fief qui li estoit descendus, et, quant il ot fet son homage, il s'en ala en estranges teres; et avant qu'il revenist, Jehans mist hors de se main le droit qu'il avoit de l'homage Pierre en l'homage de Robert; et cis Robert mist le main au fief, porce que Pierres ne venoit pas à son homage. Li procureres de Pierre se traist au dit Robert, et li requist qu'il en ostast se main, que Pierres s'en estoit partis du païs en l'ommage de Jehan; et se Jehans avoit osté son droit de l'hommage et mis en autrui main, Pierres ne devoit pas por ce perdre, comme cil qui riens n'en savoit et qui n'estoit pas en liu qu'il le peust savoir[1] legierement. Et Robers dist encontre, que por ce qu'à li apartenoit li homages, il pooit fere toutes les levées soies, dusqu'à tant que li dis Pierres venroit à son homage. Et sor ce se mirent en droit[2]. Il fu jugié que Robers n'avoit droit en penre les levées, porce que Pierres s'estoit partis en l'ommage du segneur, car il representoit tant solement le per-

---

[1] *Qu'il le seust.* B. — [2] *Lidis Robert et li procurierres dudit Pierre.* T.

sone de Jehan, et li dis Pierre qui estoit en l'ommage
de Jehan. Mais se li dis Pierres estoit el païs, bien li
porroit commander qu'il venist à son homage dedens
quarante jors; et encore s'il y fust et li commandast
qu'il venist à son homage, ne fust pas tenus Pierres
à obeir au commandement devant que Jehans li com-
mandast, car nus ne doit issir de l'ommage son segneur
por entrer en autrui homage, sans le commandement
de son segneur, s'ainsi n'est que li sires soit mors, ou
en tel liu qu'il n'en pot fere commandement, et que
li hons sace certainement que ses homages doie estre
à celi qui le requiert. Car en tel cas pot fere li hons
son homage sans le commandement de son segneur.
Et moult est bons li jugemens dessus dis; car male coze
seroit que cil qui s'en vont por resnables causes hors
du païs, et s'en partent en foi et en homage de segneur,
perdissent por remuement de signorage. Neporquant,
tout ne puist il fere son novel homage au signeur, ne
laisse pas por ce à goïr li sires des autres droitures du
fief, si comme de services que li fiés doit, ou des
quins deniers et des racas, s'il y ' avienent.

12. Aussi comme noz avons dit qu'il sunt deus ma-
nieres de fausser jugement, aussi sunt il deus manieres
de sivir de defaute de droit. Le premiere, si est quant
on acuse droitement le signeur de defaute de droit,
comme partie; et l'autre, si est quant on plede à aucun
en le cort du conte, et aucuns sires en requiert se
cort, et le partie dit qu'il nel doit pas ravoir, porce
qu'il est en defaute de droit, à ceste fin tant solement
qu'il ne r'ait se cort. Et grant deference à entre ces

___
¹ B. T.

deus porsuites[1]; car se li sires est sivis droitement
comme partie, et il en est atains, il pert les jugemens
de se cort, et se l'amende au conte de soissante livres.
Et s'on le suit par l'autre voie, à ceste fin qu'il ne r'ait
se cort d'aucun, et il est atains de defaute de droit, ou
qu'il veast droit à fere, ou qu'il abandonast celi dont
il demande se cort : il ne pert fors qu'il ne r'a pas se
cort de celi de qui il le requiert. Car il ne pot perdre
fors ce qui est en se querele, et le querele n'est fors de
le requeste qu'il fesoit de ravoir se cort. Et por ce, en
tele porsuite de defaute de droit, n'a nul gage; mais
en l'autre voie d'acuser droitement, pot bien avoir
gages. En tele maniere pot on bien fere son claim, si
comme s'on ajouste vilaine cause avec le defaute de
droit, mais se li clains est simples, si comme s'il dit :
« Il m'a defali de droit, et je voil prover, s'il le nie,
« par le recort de cix que voz y envoiastes por savoir
« quel droit il me feroit, ou par autres soufisans qui
« ont veues et seu les deffautes : » en tix clains n'a nul
gages, si n'est en debouter les tesmoins qui en sont
tret de faus tesmognage; car là poent naistre gage,
exepté cix que li sires y envoia; car cil ne poent estre
mis en gages, porce qu'il dirent en recordant ce qu'il
virent, et lor recors doit estre creus.

13. Bien se gart cil en qui cort ses sires envoie por
savoir quel droit il fera, qui cil sunt qui y sunt envoié;
car s'il ne les debat avant qu'il dient lor raport, par
bone cause soufisant, il ne pot aler contre lor dit. Et
des causes c'on pot dire contre eus, y a il plusors; si
comme s'il furent au consel de le partie por qui il

---

alerent, ou s'il manecerent l'autre partie ou le segneur
à fere damace : le verité seue, il ne devroient pas estre
creu de lor recort, ançois converroit que li sires
rendist le cort et renvoiast autres qui ne fussent pas
souspeconneus, por veoir quel droit on lor feroit.

14. Toutes les fois que li quens est requis de partie,
qu'il envoit en le cort de son souget, por veir quel
droit il fera, il le doit fere. Et aussi, toutes les fois
qu'aucuns n'oze venir à droit por peur de ses anemis,
il li doit baillier conduit; mais li conduit et li envoi
qu'il fet en autrui cort, sunt au coust de cix qui les [1]
requierent.

15. Il est bien mestier à cix qui voelent fausser juge-
ment qu'il se prengnent garde que, l'apel pendant,
il ne rechoivent jugement de cix de qui il apelerent;
car il aroient renoncié à lor apel, porce qu'il tenroient
à bons jugeurs cix de qui il aroient apelé. Donques, se
cil qui apele de faus jugement a aucunne coze à fere en
le cort de celi de qui il apela les homes de faus juge-
ment, por le querele dont il apela ou por autre, et li
sires li demande : « Volés voz oïr droit? » il doit res-
pondre : « Oïl, par cix qui me poent et doivent jugier;
« et je debat que cil ne me jugent pas qui s'asentirent
« au jugement de quoi j'ai apelé; mes se voz avés autres
« homes, je voil bien avoir droit par eus. » Et se tuit
li home du segneur s'asentirent au jugement, il ne
doit pas atendre droit, l'apel pendant, en cele cort;
ains doit pledier de ses quereles en le cort du sovrain
où li ples de l'apel doit estre demenés.

16. Qui veut debatre jugeurs, il les doit debatre

_____

[1] _Le._ B. T.

avant qu'il facent jugement; car s'il atent tant qu'il
aient fet jugement, il ne pot dire encontre eus fors
que en apeler de faus jugement; mes c'est à entendre
quant cil font le jugement qui sunt home de le cort;
car se li sires le fesoit en se persone, ou home d'autre
castelerie que de cele dont il se deveroit justicier, ou
par borgois, il porroit debatre le jugement sans apel,
s'il ne s'estoit mis especialment en lor jugement. Car
on fet bien de son non juge son juge par obligation;
mais s'il ne s'obliga, et il se taist quant jugemens est
fes, et s'en part sans riens dire : on li pot conter por
jugement, car il li loisoit à debatre quant li dis fu
rendus par jugemeut. Et li debas en tel cas doit estre
tix que se li sires en se persone fet jugement, il doit
dire : « Sire, je ne tieng pas ce que voz ferés[1] por juge-
« ment; car le coustume de Biavoisis est tele, que li
« segneur ne jugent pas en lor cours, mais lor home
« jugent. Et ce que voz volés fere contre le coustume
« ne pot ne ne doit valoir. » Et se li jugemens fu fes
par autres homes que de le castelerie, ou par borgois,
il pot dire : « Je ne tieng ce pas por jugement, car il
« est fes par cix qui ne me poent, ne ne doivent ju-
« gier. » Et ainsi s'ostera il de tel manieres de jugemens,
sans apel.

17. Plusors manieres de voies sunt comment on pot
debouter tix c'on a souspechonnés[2] d'estre en jugement,
tout soit che qu'il soient home de le cort et per à celi
qui debouter les veut; et l'une des resons[3], si est s'il a
esté au conseil de l'autre partie, porce que douteuse
coze est que on ne juge pas volentiers contre ce que

---

[1] *Faites*. B. T. — [2] *Souspechonneus*. T. — [3] *La premiere raison*. B.

on a conseillié ; neporquant nostre home de Clermont
dient que il puent bien estre au conseil de l'une par-
tie, et après estre au jugement; mes nos creons que
ce ne doit pas estre soffert, puisque partie le debat.
Et coment que li home le dient, nos ne l'avons pas
soffert de nostre tans, quans le partie l'a volu debatre.

18. Le seconde voie comment on pot debatre ju-
geurs, si est quant il sunt hoir, ou quant il poent partir
en aucune coze à ce qui est en le querele; car il seroient
juge en lor querele meismes, et nus drois ne nule
coustume ne s'i acorde. Et por ce, quant aucuns cas
avient de monsegneur le conte contre ses homes, li
quix cas touque toz ses homes, noz ne volons pas
metre en lor jugement, porce que il tuit sunt droite-
ment partie ; mais quant aucuns cas touque le conte,
si comme à esclairier aucune coustume, le quele pot
estre contre les homes en lor cort comme contre le
conte : tex cas metons noz bien en lor jugement.

19. La tierce voie comment on pot debouter jugeurs,
si est quant il est atains d'aucun cas de crieme, tout soit
ce que le deboneretés du segneur ait soufert qu'il ne soit
pas justiciés du fet, car quiconques est atains de cas de
crieme, il ne doit puis entrer en jugement. Mais or
veons s'aucuns veut debouter par ceste reson, s'il y
querra gages. Noz disons que nennil, car il ne met le
crieme avant, fors à ceste fin qu'il soit deboutés de ju-
gier, meesment quant il est venus à pes du cas qu'il li
met sus. Mais s'il l'acusoit droitement, en disant :
« Voz estes tix que voz ne devés pas jugier, car voz
« estes lerres, roberres ou traitres », ou « voz preistes
« là cele feme à force », ou « voz arsistes cele meson »,
ou « voz fustes atains de faus jugement », ou « voz

« acesistes celi malvesement; et se voz le niés, je le
« voil prover au regart de le cort » : en toutes tès acu-
sations converroit il que li acusés se deffendist par
gages. Mais l'autre voie comment il le pot debouter
sans gages, si est par voie de denonciation, si comme
dire : « Sire, je voz denonce que Jehans fist un tel fet
« et en fu atains en tele cort, et par volenté du sovrain
« il fu delaissiés à justicier; et toutes voies, comme il
« fu atains du fet, je voz requier qu'il ne soit pas à fere
« jugement. Et se voz ne savés que ce soit voirs, je le
« voz metrai en voir, par le recort de le cort où ce fu
« fet » : en ceste voie n'a nul gage, car gage ne poent
estre se on ne se fet partie. Et quant tel coze est denon-
cié, li sires doit dire à celi sor qui on denonce, qu'il
se voille soufrir d'estre au jugement; et s'il ne veut,
ançois dit que ce ne fu onques voirs, li jugemens
doit demorer à fere, dusqu'à tant que le cours sara
se le denonciation est vraie. Et quant il convient sa-
voir à le cort la verité des causes por quoi on veut
debouter les jugeurs, on ne doit doner que un sol jor
de proeve à celi qui denonce ou acuse, s'il n'a loiel
ensoine, par le quel on li doinst seconde prodution;
car trop porroient retarder li jugement à fere.

20. Le quarte maniere comment on pot debouter les
jugeurs, si est par loier ou par pramesse, si comme cil
qui veut debouter dit : « Je requier que Jehans ne soit
« pas au jugement, car il a pris loier ou recheue pra-
« messe de celi à qui je plede, por li aidier en ceste que-
«rele. » Ceste coze provée, il doit bien estre deboutés,
car cil qui doit jugier n'est pas loiax, qui prent loier
ne pramesse por estre plus d'une partie que d'autre.
Et en tel cas doit prendre le cours le serement de le

partie, s'ele li a riens doné ne pramis; et de Jehan le
serement, s'il en a riens eu ne atent à avoir. Et se le
cors n'en pot savoir le verité par eus, se le doit ele sa-
voir par les tesmoins que li denonceres atrait. Et se
Jehans en est atains, il doit estre deboutés du juge-
ment. Et se noz acordons que li sires en doie lever
soissante livres d'amende, porce qu'il prist loier ou
rechut pramesse contre bones meurs.

21. La quinte maniere comment on pot jugeurs
debouter, si est par maneces ou par haine mortel; car
perilleuse coze seroit que cil qui m'a manecié à fere ·
damace, ou qui est en tele haine vers moi qu'il me
vée se parole, ou en tel guerre qu'il me vorroit avoir
ocis, fust à moi jugier.

22. Li jugemens est bons et le coustume est bone
qui quort en Biavoisis, en ce que çascuns pot et doit
penre les malfeteurs à justice et sans justice, et especial-
ment les larrons, et les banis, et les omecides, et toz cix
qui s'enfuient, por quelque cas que ce soit, quant cris
est après eus; et loist à toz à penre les vis s'il poent, et
mener en main de justice. Et se li malfeteur tornent à
deffense, et on les ocis en prenant, on ne doit riens
demander as preneurs, car mix vaut qu'il soient ocis,
qu'il escapent. Et plusors fois avons noz commandé en
noz assizes, que tuit saillent as cris qui avenront, et
que çascun mete paine en arester les malfeteurs dessus
dis. Et c'est bon à ce que mains de malice en soient
fet, et à ce que cil qui sunt fet soient radement
vengié.

23. Or veons comment cil qui sunt en gages, et li
apelés dist qu'il n'i ait nul gage par ses resons, et se
metent en jugement; et on dit par jugement que li

gage y sunt, et li apelés veut fausser tel jugement que on
doit fere : li premier gage, sor quoi li jugemens fu fes,
doit demorer en estat, dusqu'à tant que li gage du faus-
sement soient demené. Et se cil qui apela de faus juge-
ment le pot feré malvès, il est delivrés de l'autre bataille
qu'il avoient jugié, porce que li jugemens est bons.
Et que li apeleres soit vaincus, il n'est pas por ce de-
livrés de le premiere bataille, ançois convient qu'ele
se face contre celi qui l'apela ; et en tel cas poent naistre
gage sor gage. Et ce que noz avons dit allieurs que gage
sor gage ne sunt pas à recevoir, c'est à entendre des
erremens qui poent naistre du plet entre celi qui apele
et l'apelé.

24. Chil qui autrui servent, et s'en partent sans le
gré de lor mestres, et s'en vont manoir sor autrui juri-
dition, doivent estre renvoié à lor mestres, por conter,
puisqu'il aient lor cozes mainburnies. Et se li sergans
se doute c'on ne li face aucun grief ne anui de son cors,
li sires qui veut avoir conte de li, doit fere seurté
d'avoir sauf aler et sauf venir; et le seurté doit il
baillier au segneur à qui il requiert qu'il li renvoit.
Et s'il a debat du conte entre le segneur et le sergant,
le connissance du debat doit estre par devant le segneur
desoz qui li sergans est alés couquier et lever.

25. Plusors gens sunt, si comme marceans et gens
errans par le païs, qui n'ont nules mansions, ou il les
ont hors du roïame : tix manieres de gens poent estre
justicié de lor meffès en quelque juridition qu'il s'em-
batent, et lor bien poent estre aresté por detes, en tele
maniere que cil qui arester les fet, baille seurté de
rendre coz et damaces as marceans, se il ne proeve
s'entention. Car male coze seroit c'on alast pledier à

tex gens hors du roiame où lor mansions sunt ; aussi
seroit ce male coze c'on les peust fere arester à tort,
sans rendre lor damaces.

26. Plusor jugement poent bien estre rendu en une
sole querele, avant c'on viengne au principal de le que-
rele ; si comme quant aucuns met avant resons por de-
laier le plet, en demandant jor de conseil, ou jor de
veue, ou aucune autre reson dilatoire qui sunt dites el
capitre des exeptions [a] ; et l'autre partie dist qu'il ne
doit pas avoir chel delai, et il s'apoient à droit sor ce :
tel jugement ne sunt pas du principal de le querele.
Et por ce, font li clerc diference entre tix jugemens et
cix du principal [1], car il apelent tex jugemens *interlo-
cutoires ;* et le jugement qui est du principal, il
l'apelent *sentence diffinitive.* Mais noz ne lor metons
nul divers nom, ains tenons tout por jugement. Et
aussi bien pot on apeler de tel jugement qui vient d'en-
costé comme du principal.

27. Coustume est en le cort le Roy, quant on rent
les jugemens, que on n'apele pas les parties : se eles
voelent, si y soient ; et se eles ne voelent, non. Et
c'est porce qu'il n'i cort point d'apel [b] ; car on ne pot
apeler de lor jugement. Mais ce ne pot on fere, ne ne
doit fere es cours dont on pot apeler ; anchois, quant li
home ou li baillis veut rendre jugement, il doit apeler
les parties et savoir s'eles sunt presentes ; et se eles y
sunt, rendre poent lor jugement. Et s'aucunne des
parties en defaut, on doit savoir se ele avoit jor à

---

[1] *Le principal adjugié et tès jugemens.* B.

[a] Chapitre LXV.

[b] Voyez l'ordonnance de 1303. (*Ordonnances,* t. I, p. 357.)

atendre jugement. Et se ele avoit jour, et il defailli sans
essonier, por ce ne doit pas li jugemens estre rendus à
cele jornée, ançois doit l'amende de le defaute tant so-
lement; et doit estre resemons à un autre jor, qu'il
viegne oïr son jugement à un jor certain c'on li doit
nommer. Et li doit on dire, en le semonse fesant, que,
viengne ou ne viengne à cele jornée, on rendera le
jugement, s'il n'ensonnie le jor par loial ensoine de
cors; car adont le converroit il atendre dusqu'à tant
qu'il fust hors de son ensoine. Mais s'il avenoit que
il se presentast en le jornée c'on vaurroit prononcier
le jugement, et après, quant ce venroit ou point de
prononcier, deffausist et s'en alast, sans congié de
cort, par malisce, porce que il ne vorroit mie estre
au jugement rendre; en tel cas il doit estre apellés en
en se cort, et viengne ou ne viengne, on pot pronon-
cier le jugement, puisqu'il se presenta por tant
comme il devoit à le jornée; car autrement porroit
on gaaignier par malice, par defalir, puisc'on se se-
roit presentés en cort. Mais voirs est s'aucuns s'en
aloit en le vile, en entention de revenir, et il entendoit
que jugemens fust rendus contre li, il porroit requerre
c'on li deist derequief le jugié, et venroit à tans
d'apeler; car autrement, quant li juge se douteroient
d'apel, porroient il le jugement prononcier el point
qu'il saroient que le partie n'i seroit pas, contre qui li
jugemens corroit; si en porroient perdre lor apel,
porce qu'il convient apeler, par le coustume de le cort
laie, sitost que li jugemens est fes, sauf ce qu'il se pot
bien conseillier s'on en apelera, ou s'on s'en souferra
à apeler.

28. Toutes les fois c'on prononcera jugement en

derriere de partie, sans li apeler por oïr rendre le jugement, li jugemens doit estre prononciés derequief en le presence de le partie qui se deut, si que il puist apeler s'il en a conseil.

29. Li jugement se desguisent en moult de manieres de le cort laie à cix de le Crestienté, car quant aucuns juges de Crestienté a doné aucune sentence contre une partie des jugemens qui viennent par encosté, qui ne sunt pas du principal : s'il voient qu'il aient erré ou qu'il soient deceu, il les poent rapeler et doner autres sentences. Mais ce ne pot on fere en cort laie; car puisque li home ont doné lor jugement, ou li baillix, là u il juge, soit du principal de le querele, soit de bares qui poent estre par encosté, il ne poent rapeler, ne cangier, ne muer ce qu'il ont pronuncié pour jugement, ançois convient il qu'il soit tenus pour bons des parties, ou qu'il soit faussés par apel. Car s'il le voloient rapeler, ou cangier, ou remuer, le partie por qui li jugemens seroit prononciés, ne le souferroit pas s'ele ne voloit; ne dui jugemens contraire ne poent estre en une querele, et por ce se convient il tenir au premier jugement.

30. Jugemens qui est fes en le presence des faus procureurs ne vaut riens, c'est à entendre s'aucune partie rechoit contre li procuration qui ne soit soufisant à rechevoir, et on fet jugement sor le pledié contre le procureur : li sires de le procuration n'est pas tenus à tenir le jugié, ançois pot dire qu'il n'avoit pas doné si grant poeste à son procureur. Et ainsi sera rapelés toz li erremens qui fu fes contre le procureur, et li jugement nus, et venront les parties derequief au plet. Et por ce se doit on penre garde quel procureur on

rechoit en cort, que le cours et l'autre partie ne se traveillent en vain. Et li quel procureur sunt convenable, il est dit el capitre des procureurs[a].

31. Cil qui doivent fere les jugemens doivent savoir, avant qu'il facent jugement, que li jugemens apartient à aus, car autrement se porroient il traveillier en vain ; si comme se le cors de Crestienté rendoit jugement de l'iretage qui seroit tenus du conte de Clermont, ou se li home de Clermont rendoient jugement d'aucun cas dont cort laie ne doit pas connoistre, ançois en apartient le connissance à sainte Eglise ; ou se li home d'une castelerie font un jugement de ce dont une autre castelerie le deust fere ; ou li home d'un gentil home en se cort, de ce dont le connissance n'apartient pas à lor signeur : tous tel jugement sunt de nule valor, car il ne poent metre lor jugié à execussion. Neporquant, se les parties s'assentirent de lor bone volenté, sans contrainte, à penre jugement en le cort, là u il nel preissent pas s'il ne vausissent, il vaut autant ; car le partie por qui li jugemens fu fes, s'en pot bien aidier en le cort de celi à qui le connissance del plet apartient, par dire qu'il s'assenti à penre jugement en cort, et de cele querele, sans debatre les jugeurs, ne le jugié. Et por ce dist on c'on fet bien de son non juge son juge. Mes li bailli, ne cil qui font les jugemens, ne sunt pas tenu à fere jugement, s'il ne lor plest, de ce dont le connissance n'apartient pas à eus. Et s'il le voloient fere, et partie les debatoit, ne vaurroit il riens.

32. Aussi comme noz avons dit que jugemens ne

---

[a] Chapitre IV.

vaut riens qui est fes en derriere de partie qui n'est
apelés soufisamment, aussi ne vaut il riens quant il est
fes contre celi qui est sous aagé, que cil qui est sous
aagé ne le puist rapeler quant il est en son aage, fors
es cas qui sunt dit el capitre des sous aagiés [a]; car au-
cun cas sunt es quix il convient pledier cix qui ont les
sous aagiés, ou en garde, ou en bail, et tenir ce qui
est jugié por eus ou contre eus. Et li quel cas ce sunt,
il est dit el capitre des sous aagiés.

33. Porce que noz avons dit que coze jugié doit
estre mise à execussion, nos l'entendons, es cas où on
le pot fere sans peril et sans trop grant damace à le par-
tie contre qui li jugemens est fes. Car aucun cas sunt
des quix li jugement ne poent pas tantost estre mis à
execussion, si comme quant jugemens est fes por dette
dont li terme sunt à avenir; car en tel cas convient il
atendre les termes; ou quant jugement est fes d'eri-
tage, le execussions est c'on mete celi en saisine pesivle
por qui li jugemens est fes; ou quant li jugemens est
fes d'aucunne coze que cil n'a pas en se main ne en sa
baillie, ançois convient il qu'il porcache qu'il l'ait ou
qu'il en face restor : en tel cas doit estre donés termes
de porcacier qu'il ait ce qui fu jugié contre li, ou
qu'il face soufisant restor, s'il s'escuse par son sere-
ment que il a fet son pooir de ravoir en, et il ne le pot
ravoir.

34. Quant on rent jugement, il n'est pas besoins
de tout recorder ce qui fu proposé des deus parties,
sor quoi il s'acorderent au jugement, ançois est perix
de recorder tout; car quant cil qui pronunce le juge-

---

[a] Chapitre XVI.

ment recorde le procès du plet, noz avons veu que le
partie qui se doutoit d'avoir jugement contre li, disoit
que li pledoiés n'avoit pas esté tix, ançois avoit esté
autre, et disoit en quoi. Et par cel debat il convenoit
detrier le jugement, dusqu'à tant que li recors du ple-
doié fust fes : si en ont aucun jugement esté retargié.
Donques, ne doit on pas tuit recorder, ançois soufist
se cil qui prononce le jugement dist en ceste maniere :
« Pierres et Jehans pledoient ensanle sor le saisine d'un
« tel heritage », ou « sor tel coze », et doit bien dire
le coze sor quoi li ples est; « çascune partie ont pro-
« posées resons por soi : lor resons oyes et provées en
« jugement, noz disons, par droit, que Pierres enpor-
« tera le saisine ou le proprieté de ce dont ples estoit. »
Mais, sans faille, en cort de Crestienté recorde on, à
rendre le sentence, tout le pledoié; mais il n'i a nul
peril, porche que li pledoiés est par escris seelés de le
cort, si que les parties ne poent pas dire qu'il fust au-
trement. Et por ce pot li juges au prononcier recorder
le pledoié sans peril.

35. Debas fu entre un segneur et son home, de ce
que li sires voloit qu'il relevast un fief qui li estoit
esqueus de costé, u quel fief il avoit demainne et ho-
mages : si voloit qu'il racatast le demaine de le valeur
d'une anée, et por çascun hommage, soissante sous. Et
li hons disoit encontre, que bien s'acordoit à relever
le demaine, et non pas les homages. Et sor ce se mirent
en droit, à savoir mon se il paieroit point de rachat
pour li homage. Il fu jugié que li demaines se raçete-
roit et non pas li homage, puisque demaine y avoit :
mais s'il n'i eust point de demaine, et il y eust homages;
de çascunes vint livrées de terre, vint sous fussent

paiés por le racat. Et par cel jugement pot on savoir
que li demaines aquite les arriere fiés.

36. Bien sacent tuit li home qui sunt tenu à jugier
en le cort d'aucun signeur, que il ne sunt tenu à fere
jugement fors de ce qui muet de le castelerie, de le
quele lor homage descent; car se li sires a plusors cas-
teleries, il ne pot pas penre ses homes d'une castelerie
por jugier l'autre.

37. Sacent tuit que nus, por service qu'il ait, n'est
escusés de fere jugement en le cort là u il le doit fere,
par raison d'homage; mais s'il a aucun loial ensoine,
envoier y pot home qui selonc son estat puist repre-
senter se persone.

Explicit.

Ici define li capitres des jugemens, et de la maniere faire jugemens,
et les quiex houmes si pueent jugier, et les quiex on doit debouter.

CAPITRES LXVIII.

Chi commenche li lxviii. capitres, qui parole de usure[1] et des ter-
moiemens, comment on se puet deffendre por cause de usure contre
les useriers.

1. Nous avons dit, el capitre des convenences[a], que
convenences qui sunt fetes contre bones meurs, ne
sunt pas à tenir; et si avons bien dit que ce est bien
contre bones meurs, quant il a en le convenence uzure
ou rapine. Si est bons que noz declairons briement[2],
en cest petit capitre, qu'est uzure et rapine, et com-
ment ele pot estre provée.

---

[1] Ce qui suit est tiré de B. — [2] B.

[a] Chapitre xxxiv.

2. Usure, si est quant aucuns preste denier por autre, à termes ou à semaines; si comme li aucun prestent vingt livres, por trois sous le semaine, ou por quatre, ou por tant comme convenence quort : en tel cas li denier qui vienent au presteur par desor les vingt livres, sunt uzures apertes. Ou si comme aucuns preste, au Nouel, vingt livres, por vingt cinq livres à rendre à le saint Jehan ou à le saint Remy : en tel cas sunt li cent sous d'uzure aperte.

3. Or sunt autres manieres d'usure; si comme li aucuns, quant ce vient el tans d'esté, prestent as besongneus soile, en tele maniere qu'il en rendront fourment après aoust. En tel cas y a il uzure, tant comme li fourmens vaut mix du soile, el tans que li formens fu bailliés; car il avient aucunnes fois que soiles vaut autant d'argent devant aoust, comme li formens vaut après aoust. Et quant tel cozé avient, cil qui emprunta le soile ne pot riens demander au presteur par reson d'usure, car li presteres n'en r'a que son chastel. Et se il presta en entencion d'usure, bien en conviegne, entre Diu et li, de sa conscience.

4. Li uzerier et li termoieur, qui plus doutent le honte du siecle que le pequié d'usure, se soutillent malicieusement comment il puissent prester, en maniere que li emprunteur ne se puissent aidier d'usure contre eus. Si en sunt aucun qui vendent un ceval ou autres denrées, li quix quevax ou les queles denrées ne valent pas, en plain marcié, plus de vingt livres, et il les vendent trente livres, por l'atente du terme qui est nommés; ou aucunnes fois il prestent deniers et baille denrées aveques les deniers, si comme blés, ou vins, ou cevax, ou autres muebles; et font des deniers prestés

et des muebles bailliés une somme d'argent à rendre à un terme qui est nommés : en toz tex cas, le value du sorplus de le valor des denrées bailliés et des deniers doit estre tenus por uzure.

5. Voirs est que qui veut pledier d'usure, la connissance en apartient à sainte Eglise. Neporquant, se uns uzeriers demandoit à court laie se dete, et s'averse partie se deffendoit par cause d'usure, le justice laie pot bien connoistre de l'uzure. Donques, il est el cois de celi qui se deffent, d'aler à le cort de Crestienté ou demourer en le cort laie; mais puisqu'il ara plet entamé en l'une des cors, il ne le pot pas lessier por penre l'autre cort; ançois convient que le querele soit determinée en le cort là u li ples est entamés.

6. S'aucuns est obligiés par letres ou par pleges, en le cort laie, à rendre une somme d'argent, et reconnut, à l'obligation fere, qu'il devoit cele dete, por deniers prestés, por cevax, ou por autres denrées qui li estoient bailliés ou delivrées; et après, quant li creanciers li demande se dete, et li detes fet semonre le creancier sor cause d'usure à le Crestienté, et fet deffendre par le Crestienté à le cort laie qu'ele ne justice ses biens ne ses pleges, devant que le querele de l'uzure sera determinée : le justice n'est pas tenue à obeir à tel commandement s'il ne li plest; ançois doit justicier le deteur à le requeste du creancier, tant qu'il soit paiés. Ne por ce ne demore pas que li detes ne puist maintenir son plet de l'usure à le Crestienté; et s'il gaaigne sor l'userier, sainte Eglise le pot denoncier por escommenié, s'il ne rent au deteur ce qu'il leva por cause d'usure. Et

ainsi ara fet çascunne cors ce qu'ele devera de son office.

7. On ne pot pas proposer cause d'usure en toutes les cozes qui sunt vendues à terme, car aucunnes cozes sunt vendues à terme par coustume et par necessité, si comme bois, fermes, heritages loués; car on ne trouveroit pas qui à deniers ses l'acetast selonc lor valeur, c'on n'i perdist trop; et si convient bien que li termes y soit, porce que cil qui les acate puist lever et fere son porfit. Neporquant, se cil qui acate autrui bois, ou prent autrui ferme, fet deus fuers d'une meismes denrées et d'une meisme valor, l'un à denier ses[1], et l'autre à creances[2]; si comme s'il done le mont[3] de buce à deniers ses, pour dix[4] huit deniers, et il le vent, à creances, deus sous por le terme : en tel cas creons noz que en çascun mont vendu à creances, a six deniers d'usure. Mes c'est quant à Diu, car, quant au siecle, ne veismes noz onques tele uzure rendre; porce que tel uzerier se kevrent par dire qu'il font mesquief de lor denrées, et qu'il en donnent une partie por mains qu'eles ne valent, por le mestier qu'il ont d'argent.

8. Quant aucuns est en mariage, et se conscience le reprent qu'il ait aucunne coze mal aquise par uzure, par termoier, ou en autre maniere : il ne lesse pas, por se feme, s'il ne li plest, à fere enterine restitution, tant comme il vit; mais s'il ordenne, en son testament, par le main à rendre de ses executeurs, le feme pot retenir le moitié du torfet sor li, s'ainsi n'est

---

[1] *Secs.* T. — [2] *Creanchiers.* B. — [3] *Trueve le mausle.* B. — [4] *XX.* B.

que cil qui le restitution doivent avoir, pledent à li du torfet, si comme d'usure ou d'autre tort, dusqu'à tant qu'ele les vaurra rendre, ou à se vie, ou en son testament. Car le partie du mort ne doit pas paier tout le torfet, et le feme emporte toute se partie quite, sans riens paier. Donques, s'on veut pledier à le feme, on a bone reson de li porsivir du torfet. Et se cil qui pledier en poent, n'en voelent pledier, bien en conviengne à le feme de rendre les, car ele le tient el peril de s'ame.

9. Il est deffendu as Crestiens qu'il ne prestent à uzures. Et s'il est deffendu as Crestiens, por ce n'est il pas abandonné as Juis; car, en toutes manieres et en toutes gens, uzure doit estre deffendue; ne puisqu'ele soit prövée, nule justice ne le doit fere paier.

10. Quant aucuns preste sor gage, et cil qui le gage bailla le veut ravoir por l'argent qu'il presta sus, et li presteres nie qu'il n'ot pas le gage c'on li demande: s'il est prové contre li, il doit rendre le gage à cil qui li bailla, et si doit perdre le dete qu'il bailla sor le gage, et si quiet en l'amende vers le signeur. Et tel damace doit il bien recevoir, porce qu'il voloit le gage malvesement aproprier à soi. Neporquant, se convenence courut que li gages fu racetés dedens certain terme, ou, se ce non, il demoroit à l'engageur comme forgagiés : en tel cas pot il demorer au presteur, s'il se veut aidier de le convenence [1].

11. Encore est il une autre maniere d'usure, de quoi noz n'avons pas parlé, que li aucun apelent *mor-*

---

[1] Ce paragraphe manque dans B.

*gage*¹, si comme aucun preslent une somme d'argent
sor aucun heritage qui sunt nonmé, en tele maniere que
tant que li emprunteres tenra les deniers, li presteres
tenra l'eritage, et feront les despuelles soies tant qu'il
r'ait le somme d'argent qu'il presta, sans riens rabatre
des levées de l'iretage : en tel cas disons noz que nule
plus aperte uzure ne pot estre que chele que li pres-
teres oste des despuelles de l'iretage. Donques, se cil
qui emprunte en morgages veut pledier de l'usure,
toutes les despuelles que li uzeriers leva sunt rabatues
de le dette.

12. En soi deffendant c'on ne soit pas tenus à paier
aucunne dete à uzerier, pot on pledier de l'usure en
cort laie. Mes se le dete est paié, et li emprunteres fet
ajorner l'userier en cort laie, por fere droitement
demande contre li : le uzeriers n'en respondra pas, s'il
ne veut, fors en le cort de Crestienté.

13. Cil qui tient en baronnie, s'il set en se tere apert
uzerier, prestant denier por autres par semaines ou à
terme, de son office pot penre le cors de l'uzerier et
toz ses biens, et li contraindre à rendre toutes les
uzures; mais c'est à entendre quant il a deffendu en
se terre le prester; car par le reson de ce que li uzeriers
qui est ses sougès fet contre se deffense, y pot li sires
geter le main, tant qu'il ait fet rendre les uzures fetes
puis sa deffense, et penre l'amende du commandement
trespassé.

14. Cil qui preste à uzure pot estre sivis d'usure en
se persone, si comme noz avons dit dessus; mais s'il

---

¹ *Muiage.* B.

meurt, sans ordener que ses uzures soient rendues, on
ne pot pas fere demande contre les oirs, après ce que
le dette est paié. Mais se je devoie au mort par cause
d'usure, et li hoirs le veut avoir, je me puis deffendre,
si comme je feisse contre le pere. Donques pot veir
que je devroie estre oïs contre l'oir en deffendant et
non en demandant.

15. Porce que cil qui vivent en tele rapine comme
d'usure, ou de taute, ou de larrecin, ou de ter-
miement[1], ou d'autres malveses aquisitions, sacent ou
quel peril il sunt s'il ne rendent les cozes mal aquises,
noz lor dirons le descendement qui descend d'eus quant
il moerent atout. Sacent donques tuit, que lor ames
sunt données as ennemis d'enfer, et lor cors as vers,
et lor avoirs à lor parens. Et si ne vaurroit nus doner
de ces trois sa part por les autres deus ; car li anemi ne
donroient pas l'ame por le cors et por l'avoir, et li ver
ne donroient pas li cors por l'avoir et por l'ame, et li
parent ne donroient pas l'avoir por la vie et por le
cors ; ainsi se tient çascuns por paiés, et li quetis[2] est
perdus perdurablement.

16. Tout soit il ainsi c'on ne pot fere droite demande
contre l'oir de l'uzerier, de cause d'usure, n'entende
pas por ce li hoirs qu'il le puist detenir selonc Diu ;
car se li avoirs d'usure estoit descendus d'oir en hoir
dusques en le disime lignie, si seroit li hoirs qui le
tenroit, tenus à rendre à cix dont il vint. Et s'il ne le
fet, il emporte autel paine comme cil qui malicieuse-
ment l'aquist, c'est à entendre que s'ame est perdue
s'il muert atout.

---

[1] *Termoiement.* B. T. — [2] *Chetis.* B. T.

17. Aucunnes cozes sunt uzures en conscience, qui ne sunt pas apertes au monde; car toutes les convenences qui sunt fetes en tele maniere que li creanciers ne pot perdre et si pot gaaignier, par le convenence, sunt uzures et quant à Diu. Et en mult de manieres se poent mult tex uzures couvrir au monde, de quoi li uzerier se deffendent par coustume. Et queles lor deffenses sunt et poent estre, noz n'en parlerons pas, que li uzerier n'i prengnent malvès examples pour lor uzures maintenir.

18. De tix uzeriers y a qui baillent lor bestes à loier, en tele maniere que se les bestes moerent, que cil qui les pristrent sunt tenu à rendre les et le loier. En ceste marceandise pot avoir uzure en aucun cas, et en aucun cas non; car se je loue mon ceval, et il muert entre les mains de celi qui le loua, ce n'est pas uzure se je voil ravoir mon ceval o tout le loier. Et ainsi de me vaque ou de mes brebis, puisque cil qui les loua metoit le porfit de mes bestes en son preu par le loier rendant. Mais se je bailloie me vaque ou mes brebis, en tele maniere que tuit li porfit fussent mien, por prest de denier ou d'autre coze, et les bestes moroient, sans les coupes de celi qui de par mi les auroit en garde, et je les voloie ravoir, parce qu'il[1] fu convenencié : ce seroit uzure. Et teles uzures apele on *bestes de fer*, porce qu'eles ne poent morir à lor segneurs.

Explicit.

Ici define li capitres qui parole des usures et des termoiemens, comment on se puet deffendre par cause d'usure contre les useriers[2].

---

[1] *Parche qui.* B. — [2] B.

CAPITRES LXIX.

Chi commenche li LXIX. capitres, qui parole des cas d'aventures qui avienent par mesqueance, es[1] quix cas pités et misericorde doivent mix avoir liu que rude justice.

1. Plusor cas aviennent souvent es quix il est grans mestiers que li segneur soient piteus et misericors, et qu'il n'uevrent pas tousjors selonc rigueur de droit. Neporquant, drois suefre bien le misericorde d'aucun des cas des quix noz volons tretier. Et li cas sunt apelé *cas de mesaventure*. Et de ces cas touquerons noz d'aucuns, et non pas de toz, car nus ne pot savoir toz les cas qui par mesaventure poent avenir. Mais par cix que noz dirons, porra on penre example à cix qui poent avenir dont noz ne ferons pas mention.

2. Nus ne doit douter, se je vois avec[2] mon pere, ou mon fil, ou mon frere, ou aucun de mes cousins, por li aidier à se guerre, et nostre anemi noz queurent sus; et, en moi deffendant, je quide tuer un de mes anemis, et je tue un de mes amis, que ce ne soit mesaventure; car nus n'en est plus corciés de mi; et por ce m'en doit on riens demander en tel cas, fors de tant que je m'acort por oster les fraudes et les baras qui poent estre par le malvese convoitise de cest siecle, que se je sui hoirs du mort, que si bien ne me puissent venir, ains les ai[3] perdus. Neporquant, noz n'en veismes onques fere jugement; mes il m'est avis que c'est resons, porce que çascuns gart plus curieusement celi dont[4] il est hoirs.

---

[1] *Oncques.* T. — [2] *Et en.* B. — [3] *Aie.* B. T. — [4] *De qui.* B.

3. Aucunne fois avient il que uns hons trait avecques autres à [1] estaques, et en ce qu'il a son cop levé et lessé aler, aucuns passe le travers, si que il est ferus de le saiete, et qu'il en devient mors ou mehaigniés : en tel cas s'il muert, on ne lor en doit riens demander, ne metre en guerre celi qui trait le seete; mais s'il n'est fors navrés, ou il couste à garir de sa folure, cil qui traist le cop est tenus à paier les coz. Et por les mesqueances qui poent avenir, il est bon c'on se gart de trere es lix qui sunt hanté de gent. Et ainsi comme noz avons dit de cix qui traient à estaques, entendons noz de cix qui traient à oziax ou à bestes sauvages, en liu où il n'espoire qu'il y ait gens. Car qui trairoit à un oisel sor un arbre d'une saiete, et eust gens entor l'arbre, à le veue et à le seue du traieur, et le seete requeoit sor aucun et le tuast, ou mehaignast, ou navrast : li traieres ne seroit pas quites du meffet, ançois seroit justiciés por sa sotie du [2] meffet.

4. Cil qui caupe un arbre sor un cemin commun, là u gent passent acoustumeement, et voit gens venir el point que ses arbres doit queir, il les doit escrier de loins qu'il se gardent; et s'il ne l'escrie, et li arbres quiet el point qu'il en tue ou mehaingne, il me saulle qu'il doie estre coupables du meffet; car qui enpeeque quemin commun en damace d'autrui, il est tenus au damace. Mais je croi que autrement iroit se li mors ou li navrés estoit presentement avec le copeur; car nus ne doit demorer [3] en liu là u il ait peril, qu'il ne se gart, puisqu'il soit en aage; mais s'il estoit sous aagé, il seroit en le garde de celi qui l'arbre coperoit. Et

---

[1] *Aus.* B. — [2] *Selon le.* T. — [3] *Estre arestans.* T.

aussi, se li arbres estoit hors du quemin, si loins qu'il
ne peust queoir sor le quemin, ne sor sentier com-
mun, seroit li coperes hors de peril; car cil qui font
aucuns ouvrages en liex qui ne sunt pas commune-
ment hanté de gent, n'entendent pas volentiers fors
à lor besongne fere; mais cil qui oevrent es lix com-
muns as trespassans, ne doivent pas tant entendre
à lor ouvrage, qu'il n'entendent à esquiver le peril
as trespassans. Et ce que noz avons dit des arbres,
entendons noz de toz autres ouvrages qu'il sunt fet
perilleusement sor liex communs, ou si pres de
liu commun que cil qui vont par le cemin sunt en
peril.

5. Quant aucuns a son enfant mort, si comme par
fu, ou par yaue, ou parce c'on l'estaint en dormant,
ou par aucunne autre malvese garde : on n'en doit
riens demander au pere ne à le mere, car li grant
courous qu'il en ont les doit delivrer du damace tem-
porel. Ne à le norrice de l'enfant n'en doit on riens
demander, car qui les justiceroit por tele mesaventure,
trop seroit sote le norrice qui tele garde enprende-
roit. Mais moult doivent penre garde li peres et le
mere à qui il font norrir lor enfans, car nourrices
poi curieuses ont mis maint enfant à mort.

6. Li aucun qui ont justices en lor teres, si font
justice des bestes quant eles metent aucun à mort; si
comme se une truie tue un enfant, il le pendent et
trainent, ou une autre beste; mais c'est noient à fere,
car bestes mues n'ont nul[1] entendement qu'est biens
ne qu'est maus; et por ce est che justice perdue. Car

---

[1] Pas. B.

justice doit estre fete por le venjance du meffet, et que
cil qui a fet le meffet sace et entende que por cel mef-
fet il emporte tel paine; mais cix entendemens n'est
pas entre [1] les bestes mues. Et porce se melle il de
nient qui en maniere de justice met beste mue à mort
por meffet; mais faicent li sires son porfit, comme de
se coze qui li est aquise de son droit. Et toutes voies,
il est bon, se c'est tors, ou porciax, ou moutons, ou
beste esragié, quéle qu'ele soit, qu'il face que ele
muire en son porfit fesant, porce qu'ele ne face une
autre fois autel. Et ce c'est cevax, ou mules, ou asnes,
retenir le pot li sires por ferent [2] son profit, sans metre
à mort. Por ce, se mes quevax ou me beste, quele
qu'ele soit, met à mort aucunne personne, ne me pot
on pas demander le meffet; mais s'il le navre tant
solement, ou fet damace, je sui tenus à rendre le da-
mace, et r'ai me beste, l'amende du meffet paiée. Et
s'ele fait mort ou mehaing, le beste qui fet le mehaing
est aquize au signeur, de son droit, et ne m'en pot
on riens demander. Neporquant, en tele maniere pot
me beste avoir fet mort ou mehaing que j'en seroie
coupavles, si comme se je li fesoie fere. Je li feroie
bien fere se j'estoie montés sor mon ceval et le feroie
des esperons parmi enfans ou par presse de gent, et
mes cevaus, par l'ardeur de li, en tuoit aucun : en tel
cas seroie je coupables; mais s'il estoit aperte coze que
mes cevaus m'emportast par dure gole, ou par desroi,
je me porroie escuser du meffet.

7. Qui ocist home en caude mellée, ou navre, ou
mehaigne, ce n'est pas cas de mesqueance, par quoi

---

[1] B. *Contre.* A. T — [2] *Faire en.* B.

cil qui commence le meffet, ne cil qui sunt de se partie
et s'entremettent de le mellée, soient escusé, ançois en
doivent porter paine selonc le meffet. Mais se cil qui
est assalis sor li deffendant, en tue aucun por li garantir
de mort, on ne lor en doit riens demander.

8. Or veons se une mellée estoit commencié et
aucuns se met entre deus, por bien[1] et por deffere loi,
et li caus quiet sor li par mesqueance, par quoi il est
mors ou mehaigniés, s'on en doit riens demander
à celi qui le dona le cop. Noz disons en ceste maniere,
que se li mors ou li mehaigniés estoit bien amis et du
lignage à celi qui dona le cop, misericorde apartient
en cel cas, car nus n'en est plus dolens que cil qui le
cop dona. Mes se li mors ou mehaigniés est estrange
persone, ou des amis à l'autre partie, contre les quix
le mellée estoit, cil qui le cop dona doit estre justiciés
selonc le meffet.

9. Cil qui se tue par mesqueance, si comme s'il quiet
en un puis, ou en une riviere, et noie; ou qui quiet
d'un arbre ou d'une meson; ou qui se tue, en aucune[1]
autre maniere, par mesqueance, ne meffet pas le sien,
ains doit estre delivrés as hoirs. Mais s'il pot estre seu
clerement qu'il le feist à essient, por li metre à mort;
si comme s'il est trovés pendus, ou il a dit : « Je me
« tuerai ou noierai, por tel coze c'on m'a fete », ou
« por tel coze qui m'est avenue » : on doit fere justice
de li; et a le sien meffet, et est aquis au segneur sor
qui terre li bien sunt trové.

10. Aucunne fois avient il qu'aucuns est trovés
mors, et ne pot on pas bien savoir s'il se tua à essient,

[1] *Por bien* manque dans B. — [2] B. *Par.* A.

ou s'il fu tués d'autrui, ou s'il se tua par mesqueance. Et quant tex cas avient qui est si orbes c'on n'en pot savoir le verité, il convient moult que le justice prengne garde à le maniere du fet et à le maniere de le mort; car s'il est trovés pendus en privé liu, on doit mix croire qu'il le feist que autres, et tout à essient, car ce n'est pas mors de mesqueance. Et s'il est trovés en püis noiés, on doit regarder en quel liu li puis siet, et le cause qu'il avoit d'aler au puis, et le maniere du mort quant il estoit vis; car se li puis est en destor, et non pas hantés de gent, on doit moult penre garde s'il estoit hays ou maneciés de nului, ou s'il estoit faus ou yvres, par quoi il y fust alés; ou s'il estoit acoustumés d'aler au puis por penre de l'yaue; et s'on trueve qu'il fust hays de gens ou maneciés, on doit avoir plus grant presontion c'on [1] ne li ait fet ou fet fere, que penser que ce ait il [2] fet à essient, ne par mesqueance; mesment s'il n'estoit pas coustumiers d'aler au puis por avoir de l'yaue, et s'il n'estoit pas fax de nature, ne yvrongnes. Et s'on n'y pot trover haine ne maneches, mais on trueve que li puis est perilleus et qu'il y aloit aucunne fois por son aisement, on doit mix croire qu'il y queist par mesqueance qu'autrement. Et s'on ne pot trouver nule de ces trois voies, mais on trueve qu'il estoit fax de nature, ou frenetiques, ou yvrongnes, on doit mix croire qu'il le se feist à essient que autrement. Mais s'on esperoit qu'il se fust tués par aucunne maladie, par le quele il ne fust pas [3] à soi, si oir ne doivent pas perdre ce qui de li vient; car à ce que li hoir perdent en tel cas por cix qui sunt trové mort, ne ne set on qui

---

[1] *Que il.* T. — [2] *Il se le soit.* T. — [3] *Mie.* B.

ce a fet, il convient moult de cleres presontions. Et por
le mix entendre, noz en dirons un cas que noz veismes.

11. Une feme fu trouvée noiée en un puis. Li sires
vaut avoir se terre et le sien, porce qu'il disoit qu'ele
s'estoit tuée à essient; et le voloit prover parce qu'ele
s'estoit manécié; et parce que li puis estoit tix c'on
n'i queist pas legierement par mesqueance, et parce
qu'il estoit en destor et non pas en liu hanté ne peril-
leus, et parce qu'ele n'avoit nule cause d'aler à cel puis,
comme cele qui n'estoit pas voisine. Et li hoirs disoit
encontre, que se toutes ces cozes que li sires disoit
estoient trouvées, les queles cozes il ne connissoit pas,
ançois les metoit en ni, n'estoit ce pas clere proeve par
quoi il deust perdre l'eritage. Et sor ces proeves [1] du
segneur, les presontions dessus dites, ils s'en mistrent
en droit. Il fu jugié que li sires aroit l'eritage comme
meffet. Et ce qui plus mut les homes à fere cel juge-
ment, ce fu qu'il fu prové que ele avoit dit, qu'ele fe-
roit tant que si ami en aroient honte; et par ce furent
il meu aveques les autres presontions. Et par cel ju-
gement pot on veir que tuit li orbe cas qui avienent
en tele maniere c'on n'en pot savoir le verité, ne se
poent prover fors par presontions.

12. Voirs est que quant aucuns est trovés mors, de
quelque mort que ce soit, et on ne pot trover le verité
du fet, ne apertes presontions contre le mort qu'il le
feist : li bien doivent estre delivré as hoirs, car on ne
doit pas croire que nus se mete à mort à essient, s'il
n'est prové clerement ou par apertes presontions.

13. Porce que noz avons parlé ci devant que li juges

---

[1] *Ce prouveer.* B.

doit moult penre garde à le maniere de le mort et as
circonstances du fet, et en avons jà parlé de cix qui
se sunt pendu, et de cix qui sunt trové noié en puis,
parlerons noz encore des autres mors. Or veons
donques de cix qui sunt trové noié en rivieres, ou en
viviers, ou en fossés. S'on les trueve noiés où il fust
acoustumés d'aler, si comme por baignier, ou por avoir
de l'yaue, ou por pesquier : on doit mix croire que ce
fust par mesqueance qu'autrement; mais s'il est trovés
noiés en un sac, ou liés, ou navrés, il apert mix c'on
li feist que ce li fust avenu par mesqueance, ne qu'il
l'eust fet à essient.

14. Quant aucuns est trovés mors, et il n'apert sor li
nul signe par le quel li mors li soit venue, on doit mix
croire qu'il soit mort de mal d'aventure qu'autrement;
car malvesement met on nului à mort, ne soi à essient,
qu'il n'i pere aucunne maniere au cors. Et por che, de
ce de quoi on ne pot savoir le verité, on se doit penre
au plus cler quidier de ce qu'il pot avenir.

15. Aucunne fois avient que li barons est trovés
mors delès [1] se feme, ou se feme delès son baron; et
quant il avient, on doit penre garde au mort, s'il pert
c'on li ait ce fet; et s'il y pert, c'est grans presontions
contre le vivant, s'il ne cria, ou s'il ne moustre qui ce
fist. Et en tele maniere porroit li mors estre trovés,
qu'il converroit moult penre garde à le renommée du
vivant et à le vie qu'il menoient ensanlle; et s'on
trueve que cil qui est demorés menast male vie au
mort, c'est assés presontions contre li à estre tenus en
prison à toz jors, s'on n'en set puis tant du fet qu'il

---

[1] *Debout.* B. T.

n'i eust coupes. Et por penre example comment on doit encerquier tex murdres, noz dirons un cas que nous en veismes [1].

16. Une feme avoit fet son plet à deus ribaus, qu'il tueroient son baron, et ele lor metroit en tel point que legierement le porroient fere; et lor dist qu'il venissent en se meson entre quien et leu, et il troveroient qu'ele li laveroient se teste : « Et en ce point « le porrés vos assomer. » Et li ribaut l'asommerent en tele maniere. Et quant il orent ce fet, il pristrent un baston de mellier [2], et y firent osques [3] d'une espée, por doner à entendre qu'il fust tornés à deffense. Et quant il orent ce fet, il s'en partirent, et le feme demora et osta toutes les cozes par quoi on ne se perceust c'on le lavast [4], et puis leva le cri et cria : « Hareu! « hareu! on me tue mon baron. » Li voisin y coururent, et troverent le mort emmi le meson, et le baston delès li; puis denoncha on le fet à le justice. Ele vint là, et prist le feme, et li demanda comment ses barons avoit esté tués. Ele respondi que laiens estoient entré gent armé qu'ele ne connissoit, et li avoient coru sus; et il s'estoit deffendus tant comme il pot d'un baston, et bien y paroit as osques qui estoient fetes el baston des espées. On li demanda de queles armeures il fu tués, ele respondi d'espées, et voirs fu que puisqu'il l'orent assommé il l'avoient feru d'espées por couvrir le cop de le machue. Et le justice qui fu soutix prist le baston et fist aussi comme s'il se deffendist contre un autre qui tenoit une espée, et resgarda que les osques qui estoient el baston, ne pooient estre fetes teles comme

---

[1] *Vous en verrés.* B. — [2] *Nesflier.* T. — [3] *Ochs.* B. — [4] *Levast.* B.

estoient en li deffendant. Et après il fis cerquier le
teste du mort, et trouva on le test esquartelé en tele
maniere que ce ne peust estre fet d'espée; puis acusa
le feme de menchongnes qu'ele avoit dites, et li mit
sus que ce avoit ele fet fere. Et si tost comme il le veut
metre à gehine, ele reconnut toute le verité, et fu arse;
et li ribaut furent apelé as drois tant qu'il furent bani
sor le hart. Et ce cas avons noz dit, porce que li juge
y prengnent example à cerquier les orbes cas qui avie-
nent, si que par soutilesce venjance soit prise des
meffès.

17. Aucunne fois avient il que jus est commenciés,
si comme por behourder, ou por choler¹, ou por juer
as bares, ou por autres jus; et avient qu'aucuns est
tués ou afolés par le jeu; porce qu'il est encontrés
contre le cuer, ou que le lance le tue, ou en aucune
autre maniere. Et quant tix coze avient, on n'en doit
riens demander à celi qui le fist, car jus qui est commen-
ciés por juer et sans malice, et il mesavient par mes-
queance, nule justice n'en doit estre prise. Mais au-
trement iroient s'il se courouchoient en joustant, si
que li fes fust fes par le courous; car en tel cas cil se-
roit justiciés qui le feroit. Car si tost comme li couroz
vient, li jus faut.

18. Cil qui maine une carete, et tue ou mehaigne
aucun par le verser de sa carete, c'est cas de mes-
queance; et bien apartient c'on ait misericorde du ca-
retier, s'il n'apert qu'il versast à essient se carete, por
li blecier par hayne; car en tel cas ne seroit il pas es-
cusés, ains seroit justiciés selonc le meffet.

---

¹ *Chuller*. B.

19. En toz les cas d'aventure, es quix on blece li et autrui, tuit ensanlle, la bleceure, ou li grans perix là u il est de soi, le doit bien escuser des autres. Si comme il avient que j'abatrai une meson, ou un arbre, ou une autre coze, et querra plust tost que je, ne cil qui avec moi seront, ne quideront, et serai bleciés, et li aucun seront mort ou afolé : en tel cas me bleceure me doit escuser. Et aussi se je sui delès me carete, et ele me blece au verser, et autrui aveques : on ne me doit pas metre sus que je l'aie fet à essient, car trop fort est à croire que je me meisse en tel peril por autrui fere mal. Por ce, se je maine aucun avec mi, sans esperance que mal li viegne; si come por baignier en riviere, ou en vivier, ou por monter à fruit sor un arbre, ou à oisiax, ou à autre coze, por quoi on mainne gent aveques soi compaigner, ou por avoir ayde à aucunne besogne fere qui n'est pas malicieuse; et il mesavient à celi que j'arai mené, si comme s'il quiet du liu là u il sera montés, ou s'il se noie, ou il quiet du ceval : por ce ne m'en pot on, ne ne doit riens demander. Mais autrement iroit se je le menoie pour aucun meffet; et en fesant le meffet il li mesavenoit, car li fes porroit tex estre, si comme se c'estoit cas de crieme, c'on me porroit acuser de malvesté, tout fust ce qu'il en fust mesavenu à celi par qui je l'aroie fet fere. Car piecha dist on, qu'aussi est coupables cil qui recete le larrecin comme cil qui l'emble; car se li malvès receteur n'estoient, il ne seroit pas tant de malfeteurs.

20. Aucunne fois avient il que cil qui bée à fere aucun malace, maine compaignie aveques li, si comme de ses parens ou de ses amis, et ne lor dit pas ce qu'il bée à fere, porce qu'il se doutent qu'il ne li desloassent,

ou qu'il ne vausissent aler au fet avec li; et pense que
quant il ara commencié le coze, il ne li faurront pas à
cel besong. Grans malices est de ainsi fere, et si en
ont aucun esté decheu; car tele sousprisure ne les
escuse pas, s'il sunt au fet fere, et il y metent conseil,
ne comfort, ne ayde; et s'il se voelent oster du meffet,
il convient, si tost comme il perchoivent que cil qui
les mena veut fere mal, qu'il li destornent à fere se
volenté, ou qu'il s'en departent¹ sans delai, sans fere
confort ne ayde à celi qui les mena, et ainsi il porroit
estre escusés du meffet.

21. Grans mesaventure est quant prodons est pris
en compaignie de malvès, et mult se doit çascuns gar-
der en quele compaignie il s'embat, car mult en ont
esté destruit qui n'avoient coupes el meffet. Et que ce
soit voirs, noz en monstrerons un example. Uns pele-
rins vint à une bone vile, et, à un soir, il aloit jouer
au dehors de le vile, et oït une compaignie qui cantoit
et jouoit de plusors instrumens, en une taverne. Il co-
voita a oïr lor canchons et à veir quix gens c'estoient.
Si vint à l'uis, si vit que c'estoient sis vallet et femes
avec eus, et sooient à une table. Quant il virent que cil
les regardoit, il li prierent qu'il venist boire avec eus;
et tant li prierent qu'il y ala, et s'asist avec eus. Et en
cel point qu'il estoit en lor compaignie, cil furent acusé
à le justice qu'il estoient murdrier et larron². La justice,
à grant plenté de gent à armes, vindrent en le taverne,
et les trova, et le pelerin prist avec eus. Et assés tost après
furent pendu et trainé por plusors meffès, et li pelerins
avec; car on ne le vaut pas croire qu'il ne fust de lor

---

¹ S'empartent. B.—² Et que grant compaignie estoit en le taverne. T.

compaignie; et encore li pires, porce qu'il fesoit le pe-
lerin. Et ensi fu mis à mort cil qui coupes n'i avoit, par
soi embatre en malvese compaignie. Et en ceste aven-
ture pot on penre deus examples : l'un, que la justice
qui prent plenté de gent por souspechon d'un meffet,
sace le meffet de çascun avant qu'il soit justiciés; l'au-
tre, c'on se gart de malvese compaignie, tout soit ce c'on
ne pense se bien non, por les perix qui en poent avenir.

22. Perilleuse coze est d'entrepenre à nului batre,
car piecha dist on que tix quide batre qui tue. Et quant
li batus muert de le bateure dedens quarante jors que
il fu batus; ou après les quarante jors, se il apert que
il morut por le bateure, si comme s'il ne leva puis
en maniere qu'il aparust [1] estre garis : on se prent de se
mort à cex qui le batirent. Et s'il en y ot aucun au
batre qui onques n'i mist le main, mais toutes voies
il y ala en confort et en ayde de cix qui le batirent, il
n'est pas escusés du fet; car pot estre que li autre
n'eussent pas entrepris le fes du batre, se ne fust l'espe-
rance de l'ayde de cix qui vindrent en lor compaignie.

23. Se je sui en liu où il ait plenté de mes amis, et
por fiance de lor ayde, tout soit ce que je ne lor aie
point dit, je quor sus aucun, et je le tue ou navre : je,
toz seus, en doi porter le paine du meffet; car puisque
il n'i vinrent apenseement aveques moi por le fet fere,
et il n'i mistrent le main, il doivent estre escusé.

24. Aussi [2] comme il sunt cas d'aventure dont mes-
quief poent venir à [3] personnes, si comme noz avons dit
dessus, sunt il autres cas c'on apele cas d'aventure, si
comme cozes d'espave. Car il avient aucunne fois
qu'aucuns a ses bestes privées et se perdent, en tele ma-

---

[1] *Appereust.* B. — [2] *Ainssint.* B. — [3] *Aus.* B.

niere que cil qui eles sunt ne les set où querre ne où trouver : et tex espaves sunt au segneur en qui terre elles sunt trovées.

25. La coze n'est pas espave qui est porsivye de celi qui ele est, ou de son commandement, et proévé qu'ele est soie. Et s'il ne le porsivoit pas, mais il ot[1] après dire le liu où ele est, si le doit il avoir, s'il le proeve à soie. C'est à entendre des cozes c'on pot prover de certain, car aucunnes cozes sunt c'on ne pot pas prover à soies legierement; si comme vaissiaus de hez, quant il s'en va si loins que cil qui le porsuit en pert le veue; ou bestes sauvages qui yssent de garenne, ou poisson qui vont de vivier en autre : tex cozes et les saullavles ne pot on pas prover à soies, tout soit ce c'on proeve bien c'on a eu[2] damace de tix cozes.

Explicit.

Ici define li capitres des cas d'aventure qui avienent par mescheanche[3].

CAPITRES LXX.

Chi commenche li LXX. capitres, qui parole des dons outrageus, qui, par reson, ne doivent pas estre tenu; et de cix qui font à tenir, c'on ne pot ne ne doit por nule raison[4] debatre.

1. Touquié avons, en pluisors capitres, d'aucunes manieres de dons, si comme el capitre de descendement et d'esqueance[a], et en autre liu, là ù il enconvenoit parler, selonc ce que li cas des quix noz parlions le desiroient. Mes por ce ne lerons noz pas que nous ne parlons briement d'aucuns, des quix noz n'avons

---

[1] *Ooit.* B. — [2] *A.* B. — [3] B. *Exquiex pitié et misericorde ont lieu.* T. — [4] B.

[a] Chapitre XIV.

pas parlé, et si en ferons cest capitre, li quix ense-
gnera li quel don font à tenir et li quel non.

2. Çascuns doit savoir que tout li don qui sunt fet
contre Diu ou contre sainte Eglise, contre le commun
porfit, contre bones meurs, ou en desiretant autrui, ne
font pas à tenir, ançois doivent estre depecié et anienti
comme cil qui sunt de nule valeur. Et aussi disons noz
que nule promesse qui soit fete contre aucunes des
cozes dessus dites, ne doit estre paiée.

3. Il avient aucune fois qu'aucuns done aucune coze
qu'il quide qu'ele soit soie, et si ne l'est pas ; si comme
s'aucuns me done une piece de terre qu'il quide qu'ele
soit soie, et après ce qu'il m'a fet metre en saisine,
aucuns me trait devant justice, et dist qu'à li en apar-
tient li drois de l'iretage. En cel cas, me puis je bien
aidier de toutes les resons de quoi cil se peust aidier
qui le don me fist ; mais je ne le puis pas fere con-
traindre qu'il me viegne porter garant de ce qu'il me
dona, s'il ne s'obliga au doner qu'il le me garantiroit ;
car qui done aucune cose simplement, sans soi obli-
gier à garantir, il ne done que tel coze come il a en
l'eritage ; et par ce pot on entendre que cil qui done
autrui coze, sans fere obligation de garantir [1], ne
donne riens. Mais autrement iroit si le coze estoit
vendue, car quiconques fet vente, soit de sa coze,
soit de l'autrui, il est tenus à garantir et à restorer le
damace à l'achateur, si c'est coze qu'il puist garantir
en nule maniere.

4. Li grant signeur qui tiennent en baronnie poent
bien doner de lor heritage à lor homes, ou à lor ser-

---

[1] *Au warandir.* B. T.

II. 32

jans, ou à autres personnes, là u il quident qu'il soit
bien emploié, et retenir ent les homages, tout soit ce
que, en cel don fesant, il facent de l'une partie de lor
baronie qu'il tienent en fief, arriere fief. Neporquant,
il porroit bien estre si fol largues et tant doner, que li
Rois ne l'auroit pas à soufrir; et creons qu'il ne poent
pas passer le quint de lor baronnie. Et s'il en donne,
par pris, le quint à son vivant, et après muert et lesse
le quint de son heritage en testament, li Rois ou si
hoir le poent debatre par bone reson; car ainsi aroit
il osté deus quins de son heritage et mis en l'arriere
fief de son segneur, le quele coze il ne pot fere. Ne-
porquant, selonc nostre coustume, tout li don qui
sunt fet, entre vives persones, par cause de bone foi,
sunt à tenir, sauf le droit de son segneur de qui li
heritage sunt tenu; mais on pot bien savoir que cil
ne sunt pas doné por cause de bonne foi, qui sunt
donné contre Dieu et contre coustume dou païs, ou
pour ses hoirs desheriter par haine, se il n'a en le
haine resnable cause.

5. Aussi, comme noz avons dit en plusors capitres,
que toutes fraudes doivent estre ostées là u eles sont
conneues ou prouvées, aussi le disons noz en cest
capitre, que cil qui done à l'un par fraude, por tolir
à l'autre, li dons doit estre de nule valor. Et especial-
ment, nus ne pot donner à ses enfans de son heritage,
ne de ses muebles, ne de ses aquès, fors que de tant
qu'il en poent porter par coustume de terre, que li
autre frere et les sereurs ne puissent demander partie,
après le decès du pere qui le don dona, en che qui fu
doné trop outrageusement. Neporquant, li hons ou
le feme poent bien doner, au quel qui li plest de ses

enfans, de ses muebles, de ses conquès, et li garantir
tant comme il vit[1]; mais après se mort, se li dons fu
si outrageus que li autre en demorent deshireté, li
dons n'est pas à soufrir; car il n'est pas resons entre
cix qui sunt frere et seror, que li uns ait tout et li
autres nient; et quele partie çascuns doit avoir, il est
dit u capitre des descendemens et desqueances[a]. Et ce
c'on dit que cil que pere et mere marient ont le cois
de raporter et de partir, ou d'aus taire sans raporter
et sans partir, quant il se tienent por paié de che qui
lor fu doné à mariage, c'est à entendre quant li don
ne furent pas si outrageus que li autre en demorerent
desherité. Et tex dons qui sunt si outrageus doivent
estre amesuré par estimation de loial juge.

6. Aucune fois avient que li parrastres et le mar-
rastres, por l'amor qui est entr'ax en[2] mariage, donent
à lor fillastres lor heritages, ou lor conquès, ou lor
muebles, tel hore est tout ou partie, et trespassent lor
enfans. Et quant tex avient, on doit moult penre garde
quele cause mut le parrastre ou le marrastre à ce fere;
et s'il ne fu meus par bone cause, li dons ne doit pas
estre tenus de tant comme à l'eritage monte; car des
muebles et des conquès poent il bien trespasser lor
enfans et doner à lor fillastres; et aussi feroient il à
estranges persones, s'il lor plesoit.

7. Voirs est que nul don que fame mariée face,
soit de son heritage, soit de s'aqueste ou de son
mueble, el tans de son mariage, n'est à tenir que ses

---

[1] *Comme vit.* B. — [2] *Ou.* T.

[a] Chapitre xiv.

barons ou si hoir nel puissent rapeler, s'ele nel fet de l'auctorité et de l'assentement de son baron. Neporquant, s'ele done aucune coze, et li barons se taist, porce qu'il ne le set pas, ou porce qu'il li plest que li dons tiengue ; tout soit ce qu'il ne feist point d'otroi, et après muert, et le feme veut rapeler son don : elle ne pot pas, ne ne doit estre oye en cel cas, ançois doit estre li dons tenus, quant à ce qu'ele ne le pot rapeler ; car tout soit ce que li barons le peust rapeler à son vivant, puisqu'ele meigne en se franche poeste, il convient qu'ele tiegne son fet.

8. Noz avons veu aucuns qui avoient enfans, li quel enfant avoient enfans, si voloient li taions ou le taie trespasser ses enfans et doner as enfans de ses enfans ; mais ce ne pot estre fet, ne par devis, ne par testament, selonc nostre coustume. Car mes peres, se je ne li meffès, ne me pot pas trespasser por donner à mes enfans après son decès. Mais tant comme il vit, pot il bien marier mes enfans de son mueble, s'il li plest, ou de ses aquès. Et s'il le pooient fere après lor decès, il le feroient aucune fois par fraude, por empeecier une coustume qui quort. Et le coustume si est tele que se j'ai freres ou sereurs, nostre pere ou nostre mere ne me pot doner fors ce que coustume done, que mi frere et mes sereurs n'i puissent partir après lor decès, exeptés les dons de cix que peres et mere marient, si comme il est dit dessus. Et porce que mes peres verroit qu'il ne me porroit doner hors partie des autres par le coustume dessus dite, il donroit à mes enfans ; et li dons qui est fet à mes enfans qui sont en me garde, ou en me mainburnie, est durment

en men porfit fesant et el damace de mes freres et
de mes sereurs. Et por ce ne doivent pas tel don estre
soufert.

9. S'il avient que en un meisme tans Guillames et
Pierres font demande contre Jehan, li uns de se dete
qu'il li doit de terme passé, et li autres de pramesse
ou de convenance qu'il li fist de doner; et le dete est
bien conneue et provée, et le promesse de doner
aussi; et Jehans n'a pas tant vaillant qu'il puist paier
le dette et le don : le dette doit estre premiers paiée,
et tout enterinement; et après, s'il y a remanant, le
convenance du don qui fu fete par bone cause doit
estre tenue, selonc ce qu'il demeure après le dete
paiée. Et il est bien resons que detes soient avant
paiées que pramesses.

10. Noz veismes, en le cort le Roy, un plet du conte
de Guines qui avoit obligié generalment lui et toz ses
biens muebles et non muebles à ses creanciers; et
quant il vit que li terme[1] aucuns de ses creanciers
aprochoient, et des aucuns li terme estoient jà passé,
il[2] resgarda que tant y avoit de detes, que s'il vendist
toute se terre, s'eust il assés à fere à paier tout; adont
il resgarda aucun de ses prochains parens, et leur fist
grans dons de son heritage; et d'aucuns il retint les
fruis se vie, et des aucuns non. Et quant li creancier
virent que il avoit mis hors de se main, por cause de
don, son heritage, li quix lor estoit obligiés, et il
defailoit de paiement, il trerent en cort le dit conte
et tos cix à qui li don estoient fet. Et le verité seue
des dons fes après l'obligation des deteurs, il fu res-

---

[1] B. *Il vit que.* A. — [2] B. *Et.* A.

gardé par jugement que li don ne tenroient pas, ançois
seroient li heritage vendu por paier les creanciers; et
les detes paiées, li don tenroient selonc ce qu'il de-
mourroit. Et par cel jugement pot on entendre que
li don qui sunt fet après ce que li heritage sunt obli-
gié generalment, ne sont pas ne ne doivent estre el
damace des creanciers.

11. Autrement seroit se je vendoie mon heritage
après ce que je l'aroie generalment obligié, car por
general obligation, je ne sui pas contrains que je ne
puisse vendre mon heritage et garantir à l'aceteur.
Mais se je l'avoie obligié especialment, adont ne le
porroie je vendre, ne doner, ne escangier, en nule
maniere par quoi il peust estre damaciés, au quel il[1]
fu obligiés especialment.

12. Porce que noz avons parlé dessus d'une diffe-
rence qui est entre obligation general et obligation es-
pecial, noz declairrons quel coze est obligations ge-
neral, et quele est obligations especial.

On doit savoir que obligation general, si est d'obli-
gier tout ce que on a, sans nommer nule certaine
coze en par soi. Si comme aucun dient en lor lettres,
après ce qu'il ont devisées lor convenances : « Et à ce
« tenir fermement, j'ai obligié moi et le mien mueble et
« non mueble, presens et à venir » : par tex mos est
fete obligations general. Et obligations especial, si est
fete en autre maniere, si comme s'aucuns dist en ses
lettres : « Et à ce tenir fermement, j'ai obligié tex bois,
« tele vigne ou tel pré, seans en tel lieu », tex obli-
gation sunt especiax, et de tele vertu que puisqu'ele

[1] Sc il. B.

est fete, cil qui l'obliga ne le pot estrangier sans l'acort
de celi à qui l'obligation fu fete, devant qu'il a aemplie
le convenence. Mais quant il a le convenence aemplie,
le coze obligié li revient en se premiere nature, fran-
quement et delivrement.

13. Cil qui done aucune coze, par tele convenence
que cil qui le don rechut[1] en doit au fere donneur aucun
service ou aucune redevance, se cil qui le don rechoit
ne veut fere le service ne le redevance qui fu conve-
nencié, por ce ne pot pas li doneres redemander son
don arriere. Mes il le pot fere contraindre par justice
à ce qu'il face ce qu'il ot convent à fere por le don. Ne-
porquant, se li dons fu por heritage[2], et aucun service
ou aucune redevance fu convenencié por le don avoir;
et cil qui le don rechut ne pot estre justiciés à ce qu'il
face le service et le redevance qu'il pramist, porce qu'il
est trop povres, ou porce qu'il maint hors du païs, ou
por autre cause : en tel cas li doneres le doit sommer,
par devant les signeurs de qui li heritages muet, qu'il
li dona. Et s'il se met en trois pures defautes, li don de
l'iretage doit estre rendus au donneur, en tele maniere
que se cil qui le don receut se trait avant, dedens an et
jour que ses sires li osta le don, et il veut rendre tout
ce qu'il doit de tans passé : il doit ravoir l'eritage qui
li fu donnés; mais puis an et jour il n'en est pas à oïr,
s'il ne monstre loial ensoine; si comme s'il estoit en
prison, ou en pelerinage de le Crois, ou empeeciés par
le commandement du Roy, por se besoigne ou por le
commun pourfit; ou porce qu'il jut si longement

---

[1] *Requiert ou rechoit.* B. — [2] *De lingnage.* B.

malades qu'il n'i pot venir por se maladie : en toz tex cas porroit il revenir après l'an et le jor, por fere de l'iretage et des arrierages son devoir.

Explicit.

Ici define li capitres des dons outrageus[1].

———

Ici commence la conclusion de cest livre. *Deo gratias*[2].

Voz, Rois des Rois, Sires des seigneurs, vrais Diex, vrais Hons, Peres et Fiex et Sains Esperis; et voz tres glorieuse Roine, Mere et Ancele de celui qui tout fist et qui tout puet, gracie je lo et aour de ce que voz m'avez donné espace de tans et volenté de penser, tant que je sui venus à le fin de ce que je avoie propos à fere en mon cuer, c'est assavoir un Livre des Costumes de Biauvoisins. Bien say certainement que je ne puis, ne ne sai, ne ne vail[3] tant que je peusse avoir perseveré en ceste euvre, se ce ne fust vostre douce misericorde, porce que pora estre li porfis d'aucun de cix qui vorront estudier el tans à avenir. Et come le verité soit tele que costumes se corrumpent par les juennes jugeurs, qui ne sevent pas bien les anciennes costumes, par quoi l'on voie, el tans à venir, le contraire d'aucunes des cozes que noz avons mises en cest livre, noz prions à tos que l'on noz en vueille tenir por escusés ; car, el tans que noz le feimes de tot nostre povoir, noz escrisimes che qui

———

[1] B. — [2] Cette conclusion ne se trouve pas dans A. *Le priere de le fin dou livre.* B. — [3] *Vaus.* B.

coroit et devoit estre fet quemunement en Biauvoi-
sins : si ne noz doit pas diffamer ne blasmer nostre
livre le corruption du tans avenir. Et après ce que
noz avons ordenées les costumes et mises en escrit,
noz regardames le siecle et le movement de cix qui
volentiers et acostumeement pleident; et quant plus
les regardames, meins les prisames, et plus les despi-
sames, et penssames des choses les queles fesoient miex
à porcacier en cest siecle. Et quant noz eumes mout
pensé seur ceste matere, il noz sembla que il n'est
riens que nus doie convoitier tant come ferme pes;
car cil qui ferme pes a afermée en son cuer, est droite-
tement sires du siecle et compaignons de Diu; car il
est sires du siecle, en tant come il est en bonne pensée
et le cuer em pes, que il ne convoite à otrage nule
chose terriene, et compaires de Diu, porce que il est
en estat de grace et sans pechié. Ne sans ces deus voies
nus ne puet avoir en son cuer ferme pes; car se il est
convoiteus des cozes terrienes en aucune malicieuse
maniere, son cuer est en guerre et en tribulation du
porcacier, et donques n'a il pas ferme pes en son cuer.
Et se il est hors d'estat de grace, si come en pechié
mortel, se conscience meismes le guerroie; car noz
ne creons pas que il soit nul si mal home que ses
cuers ne soit guerriés[1] de se conscience meismes;
donques cil qui vuelent avoir ferme pes, doivent seur
totes cozes Diu amer et prisier, et les cozes ter-
rienes despisier. Et qui che puet fere, il a Diu et le
siecle, si come noz avons dit par dessus. Et porce
que li aucun poroient dire que il n'a pas pes qui veut,

[1] *Guerroiés.* B.

il ne dient pas bien, que se l'on assaut aucun de guerre ou de plet, ou aucunes pertes li viennent de amis ou de avoir, et il aime bien Diu, et il convoite ferme pes : il sofferra ses tribulations si boennement que poi ou nient li greveront, et porcacera de tot son pooir, par quoi pes enterine puist demorer en son cuer. Et puisque noz avons dit que ferme pes est le meilleur coze à porcacier, noz prierons celi qui est fontaine de pes, c'est assavoir Jesus Christ, li Fiex Sainte Marie, et cele qui puise en le dite fontaine pes totes les fois que il li plest por ses amis, c'est à dire sa benoite Mere, en tele maniere noz vuelent donner et envoier pes, comme il sevent que mestiers noz est au sauvement des ames nostre Seigneur, selonc son pooir et selonc se misericorde; liquiex pooirs puet tot, et le quele misericorde n'est comparable à nule autre misericorde. Et che noz otroit il par le priere de se tres douche Mere. *Amen.*

Ici define Philippe de Biaumanoir son livre, le quel il fist des cos-
tumes de Biauvoisins, en l'an de l'Incarnation mil deus cens quatre-
vins et trois.

> Chil Diex li otroit bonne fin,
> Qui regne et regnera sans fin. *Amen* [1].

---

[1] Le Ms. B porte cette souscription : *Explicit le livre des coustumes de Biauvoisins, qui furent escriptes par le main Bauduin, l'enlumi-
neur de Noyon.*

FIN.

GLOSSAIRE.

A.

Abandon pri public. — (Par), sans jugement.

Abatre, diminuer, rabattre.

Aboné (serf), serf soumis à un cens determiné.

Acesir, brûler, incendier.

Achoison, occasion.

Achoisoner, actionner, inquieter,

Acreanter, promettre.

Aemplir, remplir une formalité.

Aerdre, s'adresser à quelqu'un en justice, attacher, poursuivre.

Afermement, affirmation.

Affiert (qui), qui convient.

Afoler, blesser, estropier.

Aguet empensé, piége, embûche.

Aheriter, donner son héritage.

Ains, avant.

Aisement, dépendance d'une habitation.

Ajornieres, celui qui porte l'ajournement.

Alonge, retard, répit.

Alouer, vendre, louer, prendre à bail.

Alues, alleu, terre qui ne devait aucun service féodal ni aucun cens.

Amande de loy, amende coutumière.

Amendement, protestation faite en justice, changement.

Apareiller, équiper, se préparer à.

Apensement, sagement, après y avoir pensé.

Apostole, pape.

Appiax, appiaux, appel, appels.

Aprise, enquête volontaire faite par le juge et qui ne termine pas le procès.

Aquest, propriété achetée par un des conjoints, pendant la durée du mariage.

Araisoner, proposer ses raisons.

Areé, armé.

Arramirer, prêter serment, jurer.

Arreance, conseil, secours.

Arretance, domicile, habitation.

Arrieragier, assurer, garantir.

Ars, brûlé.

Arson, incendie.

Artentique, articulaire.

Asseurement, assurance donnée de ne point poursuivre la vengeance d'un méfait, ou de ne point troubler l'ordre.

Assoudre, absoudre.

Atargier, retarder.

Atempreement, modérément.

Atout, avec tout.

Atraire, attirer, appeler.

Attenance, trêve, accommodement.

Attenir, entretenir.

Autel, même, semblable.

Autresi, aussi.

Auvoire, tromperie.

Avenant (faire son), faire son devoir.

Avisement (jour d'), jour de conseil.

Avoué, champion qui combattait à prix d'argent.

Avoutre, adultère.

Awles, aveugle.

B.

Bail et garde, tutelle et defense de la personne et des biens d'un mineur. Par *bail* on entendait généralement la tutelle noble, et par *garde* la tutelle roturière.

Baillie, bailliage; — durée des fonctions d'un bailli.

Ballereisce (ville), qui n'a point de charte de commune.

Barat, tromperie.

Bareteur, trompeur, chicaneur.

Baronie, seigneurie tenue immédiatement de la couronne.

Barre, exception, moyen propre à retarder le jugement d'une affaire.

Behourder, jouter, lutter.

Biers, berceau.

Bonage, bornage.

Bourse, argent.

Buffe, soufflet.

C.

Campart, droit du seigneur de lever une gerbe de blé sur le champ de son sujet, avant que celui-ci ait enlevé la moisson.

Camparter, lever le terrage.

Carroi, charme, sorcellerie.

Catix, chatiex, immeubles par nature, qui sont considérés comme meubles.

Caus, coup.

Cerquemanage, bornage.

Chaïens, chiens, ici même.

Chastel, objet quelconque, en la possession d'une personne, synonyme d'*avoir.*

Choler, jouer au ballon.

Clés le Roi (uzer des), enfoncer les portes.

Colée, accolade.

Comparer, acheter.

Conceler, retenir.

Concordance, accord, transaction sur procès.

Conoissament, avec connaissance.

Conquêt, propriété achetée en commun par les conjoints pendant la durée du mariage.

Consaus, conseil.

Contremant, excuse proposée en justice pour faire remettre ou différer une assignation, avec l'engagement de venir à un jour certain.

Cos, cocu.

Costume, loi particulière d'une localité, redevance, droit utile.

Cottier (cens), censive imposée sur un héritage vilain.

Coucher et lever (aller), aller s'établir sous un seigneur.

Creantement, promesse.

Creanter, assurer, cautionner, garantir.

Cremeur, crainte.

Crestienté, cour d'Église.

Criemer, craindre.

Cuens, comte.

Cuider, penser, croire, espérer.

D.

Daurrer (se), se plaindre.

Debouter, récuser.

Deerrain, dernier.

Defaut de droit, déni de justice.

Delaïer, laisser, abandonner.

Delés, à côté.

Demener, intenter une action, conduire une affaire en justice.

Depecher, séparer, déchirer.

Descendement, succession en ligne directe.

Desarester, donner mainlevée.

Deseurance, séparation.
Deseurer, séparer.
Desirier, désir.
Despoise, poids des monnaies.
Despueille, récolte.
Desroi, désordre, emportement.
Dessaisine, trouble apporté à la possession.
Destor, détour.

Destourber, destourbier, évincer, troubler.
Dete, débiteur.
Detrier, refuser, retarder.
Devise, partage.
Douve, fossé, mare, étang.
Droiture, redevance, ce que le sujet doit à son seigneur.
Dusques, jusques.

E.

Embler, voler.
Empleidier, mettre en procès.
En aage, en aagié, majeur.
Encosté, de côté, collatéralement.
Enfrainture, atteinte portée aux droits de quelqu'un.
Escheette, escheoite, esqueute, héritage collatéral.
Esgard, jugement.
Esmer, évaluer.
Esporer, penser, croire.
Essieutés, excepté.
Essiler, détruire, ravager.

Essoine, excuse proposée en justice, pour faire remettre ou différer une assignation, sans prendre l'engagement de venir à un jour certain.
Establissement, ordonnance royale.
Estaindre, étouffer.
Estaque, cible.
Estreper, arracher.
Esvier, égout.
Exceptions, défenses présentées en justice.

F.

Faitures, façon.
Fardel, sorte de vin récolté dans le Beauvoisis.
Fausser une cour, soutenir qu'elle a rendu un jugement faux et mauvais.
Felonessement, traîtreusement.
Fermeté, forteresse.
Feurs, fumier, fourrage. — Forgeron.
Feuté, fidélité.
Fiance, promesse.
Fié, fief.
Finer, terminer.
Folure, blessure.
Fonc de bestes, troupeau.

Forgage, gage qui n'ayant pas été retiré par l'emprunteur, devient la propriété du prêteur.
Forjurer, quitter, abandonner.
Formariage, mariage conclu hors de la seigneurie des contractants.
Formentix, vin receüilli à Formentin, en Normandie.
Fortraire, enlever.
Fors, excepté, si ce n'est.
Forspaïsé, qui est hors du pays.
Frerage, partage.
Fries, friche.
Froz, terre abandonnée, inculte.
Fuer, prix, estimation, loyer.

G.

Gaaingnables (*terres*), terres affermées.
Gans, droit de deux deniers que l'acheteur doit au seigneur censuel pour la saisine.

Gauge pour *Jauge,* vase contenant douze pintes à la grande mesure.
Garandise, garantie.
Garandiseres, garant.

Gas, faux.
Gascetes, façon des vignes.
Gastes (*terres*), terres en friche.
Gehine, question, torture, prison.
Goet, vin de Gouex, village des environs de Vienne en Dauphiné.

H.

Haitier, souhaiter.
Hardement (*fol*), témérité.
Hart, corde.
Heritage, propriété foncière en général, et, de plus, hérédité en ligne directe.
Home. Beaumanoir prend souvent ce mot dans le sens de vassal.
— *couquant et levant*, mainmortable.
Hommes (*sages*), juges.
Hoir, héritier.
— *de costé*, héritier collatéral.

I.

Iert, était.
Isnelement, également.

L.

Laïens, là, ici.
Larrenesse, voleuse.
Legierement, difficilement.
Lens. Voyez *Laïens*.
Lès, lois.
Leus, loup.
Libelles, demande faite par écrit en justice.
Lierres, voleur.
Loi, le.

M.

Mainburnir, gouverner.
Maladrerie, hôpital pour les lépreux.
Marchissans, ceux qui se servent d'une chose.
Mehaing, mutilation de membre.
Mecine, *mescine*, servante.
Meitel (*blé*), blé mélangé.
Mellix, mauvais, querelleur.
Mepresure, méprise.
Mesaler, se gâter.
Mesel, lépreux.
Mesqueance, hasard, accident.
Mestier, besoin.
Meuroison, maturité.
Miege, médecin.
Mires, médecin.
Mise, arbitrage.
Miseur, arbitre, mesureur, arpenteur.
Moiterie, bail à moitié.
Moitoires (*vignes*), vignes tenues à moitié.
Mon, donc, si.
Moreillons, vin de Morillon, dans le Bordelais.
Morgage, gage dont les produits appartiennent au dépositaire.
Mout, beaucoup.

N.

Nans mangans, garnisaires.
Neporquant, cependant.
Nice, niais, imbécile.
Nicement, simplement.
Niceté, simplicité.
Nient, rien.
Nuis, jour.
Nus, nul.

O.

O, avec.
Oches, osques, entaille.
Oeulles, huile.
Omniement, également.
Oncques mes, jamais.
Onnies, semblables.
Orbe, obscure.
Orbement, en cachette.
Orendreit, présentement.
Ordene, ordinaire.

Oste, serf cultivateur résidant sur une terre déterminée.
Ostel le Roy, le parlement de Paris.
Ostise, ferme, exploitation rurale tenue par des ostes.
Ourine, origine.
Outrageus (don), donation excessive, qui dépasse le droit de disposer.

P.

Parastre, beau-père.
Parçonnier, commun, consentant à une chose.
Pardessous, vassal.
Pardessus, seigneur suzerain.
Paumée (tout à une), tout à la fois.
Pendans (lettres), lettres scellées, munies d'un sceau pendant.

Piecha, depuis longtemps.
Pieur, pire.
Planté, nombre.
Plevine, assurance, cautionnement, fiançailles.
Plevir, assurer, cautionner, promettre, fiancer.
Plevisaille, cautionnement.
Poieur, pire.
Proisme, parent prochain.

Q.

Quadruplications, moyens de droit présentés par le demandeur, quand il parle pour la quatrième fois contre le défendeur.
Quartaine, fièvre quarte.
Quevage, chevage, cens, droit

que le Roi levait sur les bâtards.
Quievetaine, capitaine, gouverneur.
Quint, cinquième denier du prix de la vente, dû au seigneur par le vendeur, ou l'acheteur, ou tous les deux par moitié.

R.

Racat, retrait, faculté accordée à un parent d'entrer en possession de l'héritage vendu par son parent, en remboursant à l'acquéreur l'argent qu'il a payé.
Ramentevoir, recorder, répéter.
Rebriches, articles mis en écrit, et présentés par les parties à une cour.
Recreance, provision judiciaire.
Religion, communauté religieuse.
Remuement, changement.

Renforcier, excommunier.
Rente et truage, rente foncière, surcens.
Repairer, demeurer, habiter.
Replegier, cautionner une seconde fois.
Replications, moyens opposés par le demandeur à ceux qui ont été présentés par le défendeur.
Repost (en), en cachette.
Ressaisine, acte par lequel on remet quelqu'un en la possession de sa chose.

Rescouerres, celui qui opère le retrait lignager.

Resqueure, reprendre, retraire.
Roberres, voleur.

S.

Sacher, jeter.
Saisine, possession.
Sajetes, flèches.
Saute, soulte, complément du prix.
Sergant. Beaumanoir emploie ce mot dans deux acceptions, comme désignant un officier public qui sert sous les ordres d'un seigneur, d'un bailli, d'un prévôt; ou comme indiquant l'homme de corps ou sujet d'un seigneur féodal.

Semonce, assignation.
Sivir, poursuivre en justice.
Soile, seigle.
Sorcerie, sorcellerie.
Soudée, solde, paiement.
Sougès, vavasseur.
Sousclave, fausse clé.
Sousprisure, surprise.
Soz aage, soz aagié, mineur.
Sozestabli, procureur substitué.
Surcens, double cens.
Sarcot, surtout, sorte de vêtement.

T.

Taïons, aïeule.
Taute, vol, tromperie, dol.
Taye, aïeul.
Tençon, querelle.
Termoieur, prêteur d'argent.
Terriens (seigneur), seigneur féodal au premier degré.
Tès, tiex, tel.
Tierçaine, fièvre tierce.
Tolte, ravissement, force, enlèvement.

Tonlix, droit d'entrée ou de passage.
Torfet, préjudice, dommage.
Tramois, mélange de grains, menu blé.
Travers (droit de), droit de transit.
Trestos, aussitôt.
Triplications, moyens de droit présentés par le demandeur, quand il plaide pour la troisième fois contre le défendeur.

U.

Useres, usager.

V.

Valet, écuyer.
Veechi, voici.
Veer, refuser.
Vestue (cour), cour au complet, garnie de beaucoup de juges.

Vilenage, obligation imposée à un vilain par son seigneur.
Voir, vrai.
— *(mettre en)*, prouver.
Voiser, aller.

TABLE DES MATIÈRES.

A.

II.   33

B.

C.

D.

E.

F.

G.

H.

I.

J.

L.

M.

II.

Q.

R.

S.

T.

CORRECTIONS.

___

TOME I.

Page   6, n° xxxiv, *au lieu de* couvenance, *lisez :* convenance.

      98, ligne 4, *après* mout bele², *supprimez* le chiffre.

    341, ligne 7 et ailleurs, *au lieu de* haiés, *lisez :* haies.

    415, la note *a* de cette page est la suite de la note *d* de la page 413.

    448, dernière ligne du texte, *au lieu de* as jugemens. Quant, *lisez :* as jugemens, quant.

TOME II.

Page 117, ligne 9, *au lieu de* saint Eglise, *lisez :* sainte Eglise.

    509, *au lieu de* fonc, *lisez :* fouc.

___